실전 예제로 알아보는
서점직원의
실전
UI/UX

실전 예제로 알아보는 서점직원의
실전 UI/UX

지은이 서점직원

펴낸이 박찬규   엮은이 전이주, 윤가희   디자인 북누리   표지디자인 Arowa & Arowana

펴낸곳 위키북스   전화 031-955-3658, 3659   팩스 031-955-3660
주소 경기도 파주시 문발로 115, 311호(파주출판도시, 세종출판벤처타운)

가격 28,000   페이지 344   책규격 175 x 235mm

초판 발행 2024년 10월 17일
ISBN 979-11-5839-553-7 (93000)

등록번호 제406-2006-000036호   등록일자 2006년 05월 19일
홈페이지 wikibook.co.kr   전자우편 wikibook@wikibook.co.kr

Copyright © 2024 by 서점직원
All rights reserved.
Printed & published in Korea by WIKIBOOKS

이 책의 한국어판 저작권은 저작권자와의 독점 계약으로 위키아카데미가 소유합니다.
신저작권법에 의해 한국 내에서 보호를 받는 저작물이므로 무단 전재와 복제를 금합니다.
이 책의 내용에 대한 추가 지원과 문의는 위키북스 출판사 홈페이지 wikibook.co.kr이나
이메일 wikibook@wikibook.co.kr을 이용해 주세요.

실전 예제로 알아보는
서점직원의 **실전 UI/UX**

서점직원 지음

토스의 계좌 개설은 왜 쉽고 간편할까?

위키북스

작가소개

그림 그리는 걸 좋아하지만 실력이 형편없어 미대를 가지 못했고, 소프트웨어 공학과를 졸업했지만 개발에 대한 자질이 부족해 기획자가 된 13년 경력의 기획자입니다. 우리나라 특성에 맞는 UI/UX 연구에 관심이 많습니다.

- 브런치: brunch.co.kr/@fbrudtjr1
- 이메일: fbrudtjr1@nate.com
  fbrudtjr1@gmail.com

서문

13년 전, 에이전시에 입사해 처음 기획자가 되었을 때 기획자 생활은 내가 생각했던 것과 많이 달랐다. UI/UX라는 단어조차 생소하던 때였고 지금처럼 UI/UX를 교육하는 기관이나 커리큘럼도 없던 시절이었다. 입사하자마자 프로젝트에 투입되어 어깨 너머로 사수가 하는 일을 따라 하며 일을 배웠다. 조선시대 도자기 장인에게 기술을 배우는 견습공이 이런 느낌이었을까?

1년, 2년, … 시간이 흐르고 업무에 익숙해지자 그동안 관성적으로 해오던 일들에, 당연하다고 생각했던 지식에 하나둘씩 의문이 생기기 시작했다.

'이 버튼은 왜 꼭 여기에 있어야 하는 걸까?'
'A 서비스의 UI와 B 서비스의 UI가 다른 이유는 뭘까?'

사수에게 혹은 선배들에게 답을 구해봤지만 아무도 명쾌한 답을 주지 못했다. 한번 시작된 의문은 꼬리에 꼬리를 물고 이어졌다.

'이 버튼을 여기에 두는 게 맞는 건가?'
'왜 이렇게 만들었냐고 하면 어떻게 설명해야 하는 거지?'

이론적인 기반이 부족하다 보니 스스로 만든 작업물에 대한 확신이 없었다. 내가 만든 작업물에 대한 확신을 얻기 위해서라도 이론적인 지식이 필요했다.

UI/UX 서적, 강의, 논문, 해외 아티클 등 UI/UX에 관한 것이라면 닥치는 대로 공부했다. 그런데 아무리 공부해도 근본적인 의문은 해결할 수 없었다. 수많은 UI/UX 서적이 출간됐고 인터넷상에 수많은 UI/UX 관련 글이 떠돌고 있지만 정작 내가 알고 싶은 정보는 어디에도 없었다. 내가 알고 싶은 건 페르소나를 이용한 사용자 모델링이나 휴리스틱 평가를 이용한 사용성 평가 방법론이 아니라, 버튼 위치에 따라 사용성이 어떻게 달라지는지, 로그인 페이지는 어떻게 설계해야 하는지 같이 UI를 설계하는 데 필요한 실무 지식이었다.

아무도 알려주지 않으니 혼자 분석하고 공부하는 방법밖에 없었다. 서비스와 기능을 분석하고, 그 분석 내용을 바탕으로 브런치에 글을 쓰기 시작했다. 이 과정에서 많은 깨달음을 얻었다. 수많은 책과 글을 봤지만 내가 알고 싶은 정보는 어디에도 없었던 이유, 그것은 바로 내가 본 정보가 대부분 실리콘밸리발이었기 때문이다. 미국과 한국의 문화적 특성과 환경이 다른데, 미국 기준으로 쓰인 글이 한국 실정에 맞을 리 없었다.

우리에게 필요한 것은 실리콘밸리의 거창하고 화려한 이론이나 방법론이 아니라 우리의 환경과 문화적 특수성을 고려한, 지금 당장 실무에 적용할 수 있는 한국적 UI/UX 방법론이다. 지금부터 만나볼 글은 서점직원이라는 기획자가 연구한 한국 서비스와 문화적 특성을 고려한 UI/UX 방법론이다. 이 책이 한국적 UI/UX 연구의 자그마한 밑거름이 될 수 있기를 기원한다.

2024년 10월

서점직원

목차

CHAPTER 0 / UI/UX에 대해 이해하기   1

0.1 _ UI/UX란 무엇인가?   2

0.2 _ 한국적 UI/UX란 무엇인가?   7

0.3 _ 왜 UI/UX를 공부해야 할까?   10

CHAPTER 1 / 10분 만에 정리하는 UI/UX의 역사   11

1.1 _ 1970년 - 전설의 시작/제록스의 팔로알토 연구소   12

1.2 _ 1997년 - 리얼 메타포/IBM의 Real Thing   13

1.3 _ 2007년 - 실감나게/iPhone의 스큐어모피즘   16

1.4 _ 2011년 - One Source Multi Use/MS의 메트로 UI   18

1.5 _ 2013년 - 디지털 모더니즘/iOS7의 플랫 디자인   23

1.6 _ 2014년 - 플랫에 입체감과 원근감 한 스푼/구글의 머터리얼 디자인   26

CHAPTER 2 / 기획자라면 꼭 알아야할 UI 필수 이론   31

2.1 _ 사람의 시선은 어디서 시작하나요?   32

2.2 _ 필수 이론 첫 번째: 구텐베르크 다이어그램   43

2.3 _ 필수 이론 두 번째: 제이콥 닐슨의 웹 콘텐츠 읽는 방법 – F 패턴   47

2.4 _ 인간은 어떻게 정보를 탐색할까?   52

2.5 _ 필수이론 세 번째: 스티븐 후버의 모바일 디바이스 파지 방법론   55

2.6 _ 주시 영역과 활동 영역   64

2.7 _ 색과 색채   66

CHAPTER 3 / 실전 UI/UX – 로그인과 회원가입   75

3.1 _ 로그인 필수 서비스의 로그인 페이지 설계법   76

3.2 _ 로그인 선택 서비스의 로그인 페이지 설계법   84

3.3 _ 회원가입의 3가지 유형   93

3.4 _ 회원가입 UI – 일반회원 가입 시 고려해야 할 것들   95

3.5 _ 회원가입 UI – SNS 가입 시 고려해야 할 것들   108

3.6 _ 약관 동의 페이지를 설계할 때 고려해야 할 것들   119

3.7 _ 비밀번호 표시 및 처리   128

CHAPTER 4 / 실전 UI/UX – 이커머스 / 목록과 상세 페이지 135

4.1 _ 상품 유형에 따른 목록 페이지 구성법 136

4.2 _ 가격과 할인율 표시법 146

4.3 _ 페이지네이션과 무한 스크롤 154

4.4 _ 카테고리 표시와 이동 168

4.5 _ 상세 페이지 레이아웃 구성법 173

CHAPTER 5 / 실전 UI/UX – 이커머스 / 장바구니와 구매하기 185

5.1 _ 장바구니와 구매하기의 역할과 콘셉트 186

5.2 _ 장바구니 – 상품 정보 표시 193

5.3 _ 장바구니 – 상품의 수량 변경 203

5.4 _ 장바구니 – 품절과 오류 208

5.5 _ 장바구니 – 재고 차감과 쿠폰 적용 213

5.6 _ 구매하기 – 쉽고 빠른 결제 지원 229

CHAPTER 6 / 실전 UI/UX – 실 사례로 공부하는 실전 UI/UX   235

6.1 _ 토스의 계좌 개설은 왜 쉽고 간편할까?   236

6.2 _ 맥도날드 키오스크는 왜 불편할까?   246

6.3 _ 당근과 중고나라, 번개장터는 무엇이 다를까?   269

6.4 _ 현물 기부 플랫폼, 따스한 선물상자(가칭) 만들기   282

부록 A / AI를 활용한 실전 UI/UX 디자인   305

A.1 _ AI를 이용한 이미지 제작   307

A.2 _ AI를 이용해 프로토타입 만들기   310

A.3 _ AI를 이용한 UX Writing   315

부록 B / 2024년 판 서점직원 표 모바일 디바이스 파지 방법론   323

CHAPTER

0

UI/UX에 대해 이해하기

많은 사람들이 UI/UX를 얘기한다. UI/UX가 대세이고 앞으로는 UX적 사고방식으로 바뀌어야 한다고. 사회가 고도화되고 취향이 다양해지면서 사람들의 취향을 만족시키기 위해 IT뿐만 아니라 다양한 분야에서 UX, 사용자 경험이라는 단어가 폭 넓게 쓰이고 있다. UX는 IT뿐만 아니라 사회에서 빠질 수 없는 담론으로 자리 잡았지만 정작 우리는 UX에 대해 제대로 알지 못한다. UI/UX란 무엇이고 왜 우리는 UI/UX를 공부해야 할까? 이번 장에서는 UI/UX란 무엇이며, 한국적 UI/UX와 왜 UI/UX를 공부해야 하는지 그 이유를 알아보고자 한다.

0.1 UI/UX란 무엇인가?
0.2 한국적 UI/UX란 무엇인가?
0.3 왜 UI/UX를 공부해야 할까?

0.1 _ UI/UX란 무엇인가?

"UI와 UX는 어떤 차이가 있나요?"

기획 관련한 외부 강연이나 신입 교육을 가게 되면 제일 먼저, 그리고 제일 많이 받게 되는 질문 중 하나가 UI와 UX에 대한 개념이다. 지금도 포털 사이트 검색창에 UI 또는 UX를 검색하면 수없이 많은 검색 결과가 노출된다. 서점가에 깔린 수많은 UI/UX 관련 서적을 봐도 제일 먼저 소개하는 것이 UI/UX에 대한 개념이다. 이렇게 정보가 많은데 왜 사람들은 UI와 UX에 대해 제대로 이해하지 못하는 걸까?

UX라는 용어를 처음 만들어낸 사람은 도널드 노먼(Donald Norman)이다. 애플의 사용자 경험 설계자로 일하던 도널드 노먼은 자신의 직함에 'User Experience Architect'라는 용어를 사용하면서 User Experience(UX)라는 단어를 세상에 알렸다.

> "내가 사용자 경험이라는 용어를 만들었던 이유는 휴먼 인터페이스(human interface)나 사용성(usability)이라는 말이 협소하다고 생각했기 때문입니다. 산업 디자인, 그래픽, 인터페이스 등 시스템과 인간 경험의 모든 경험을 총괄하고 싶었죠.
> 하지만 이 용어가 널리 퍼지면서 의미가 퇴색되었습니다.
> 사용자 경험, 인간 중심 디자인, 사용성, 어포던스에 이르기까지 많은 용어가 사용되지만 사람들은 흔히 그 단어가 의미하는 바가 무엇인지, 그 기원과 역사를 알지 못한 채 UX라는 단어를 무분별하게 남용하고 있습니다."
>
> - UX에 대한 피터 멀홀츠와 도널드 노먼의 대화[1] 중

UI와 UX의 개념과 정의를 명확하게 한 가지 단어나 문장으로 설명할 수 없는 이유는 애초에 도널드 노먼이 제시한 개념 자체가 너무 포괄적이고 UX라는 용어가 여기저기서 남용

---

[1] https://huffduffer.com/clagnut/370516

되고 있기 때문이다. 개념이 모호하니 다양한 해석이 등장하고 해석의 과정에서 의미가 확대 재생산되는 것이다.

도널드 노먼은 UX의 정의에 대해 이렇게 이야기한다.

> "사용자 경험은 최종 사용자가 회사, 서비스 및 제품과 상호작용하는 모든 측면을 포함합니다. 높은 품질의 사용자 경험은 엔지니어링, 마케팅, 그래픽 및 산업 디자인, 인터페이스 디자인 등 다양한 분야의 서비스를 원활하게 통합해야 합니다."
>
> - 닐슨 노먼 그룹, 사용자 경험(UX)의 정의[2]

UI가 사물 또는 기계와 사람을 연결하기 위한 수단이나 매개체라면 UX는 연결뿐만 아니라 그 과정에서 오는 기술이나 경험, 고객 만족 등을 포괄하는 개념이다. 단순히 기능을 제공하는 것에 그치지 않고 서비스의 사용성을 높여 사용자에게 높은 만족도를 제공하고 서비스에 대한 긍정적 인상을 주는 총체적인 경험, 그것을 UX라고 한다.

개념 설명만으로는 이해가 어려우니 우리가 실생활에서 흔히 접하는 사물로 UI와 UX의 차이를 알아보자. 패스트푸드점에서 흔히 볼 수 있는 키오스크로 UI와 UX의 차이를 비교해 보자.

키오스크의 역할은

1. 사용자가 먹고 싶은 메뉴를 선택해서
2. 주문과 결제를 완료하고
3. 주문 정보를 주방에 전달하는

것이다.

---

[2] https://www.nngroup.com/articles/definition-user-experience/

UI 관점에서 보면 다양한 니즈와 사용 환경을 고려해 사용자가 원하는 주문을 쉽고 빠르게 처리할 수 있도록 도와주는 것이 키오스크의 역할이다. 사용성을 높인다고 해봐야 주문 빈도를 고려해 사람들이 많이 주문한 메뉴를 상단에 노출하는 것 정도가 전부일 것이다.

이제 UX 관점에서 키오스크를 살펴보자. 사용자의 경험을 어떻게 키오스크에 접목할 수 있을까?

사람들은 보통 자기가 선호하는 햄버거 메뉴가 하나씩은 존재한다. (나는 맥도날드의 쿼터 파운더를 좋아한다.) 일주일에 한 번 정도 맥도날드에서 쿼터 파운더를 먹는 서점군(가칭)이라는 사람이 있다고 가정해 보자. 서점군이 키오스크 앞에 섰을 때 베이컨 토마토 디럭스나 상하이 치킨버거 광고가 나오는 건 아무 의미가 없다. 서점군이 먹고 싶은 건 쿼터 파운더니까! 좋은 UX 경험이란 서점군이 키오스크 앞에 섰을 때 서점군이 좋아할 만한 메뉴를 예측해서 먼저 보여주는 것이다.

서점군이 좋아할 만한 메뉴를 어떻게 예측하냐고? 그건 기술의 영역이다. 키오스크에 달린 카메라로 서점군의 얼굴을 인식해 서점군의 주문 데이터를 수집한 후 수집한 주문 데이터를 바탕으로 선호하는 메뉴를 예측하는 방식도 가능하다(개인정보 수집 이슈가 있다).

여기서 단순하게 주문을 제공하는 인터페이스가 아니라,

1. 고객이 선호하는 메뉴를 알아낼 수 있는 방법은 없을까?
2. 카메라의 얼굴인식을 이용해 고객정보와 주문 정보를 수집한다
3. 수집한 고객정보와 주문 정보를 바탕으로 추후 주문 시 활용하여 선호 메뉴를 먼저 제시한다

라는 일련의 과정이 UX인 것이다.

한 발 더 나아가 볼까?

아무리 맛있는 햄버거라도 한 가지만 먹다 보면 질리기 마련이다. 업체 입장에서도 고객이 한 가지 메뉴만 고집하는 것은 위험하다. 그 메뉴가 없다면 고객이 더 이상 우리 햄버거 가게를 찾지 않게 될 테니까! 그래서 고객의 선택권을 넓히려는 시도가 필요하다. 다시 서점군의 예를 보자.

앞서 설명했듯이 서점군은 쿼터 파운더를 좋아한다. 쿼터 파운더가 뭔가? 빅맥보다 2.5배 큰 패티를 가진 육식주의자들의 햄버거다. 쿼터 파운더만 먹는다는 것은 서점군이 고기가 많은 햄버거를 좋아한다는 뜻으로 해석할 수 있다.

쿼터 파운더   더블 쿼터 파운더

쿼터 파운더와 더블 쿼터 파운더 [출처: 맥도날드 공식 홈페이지]

어느 날 패티가 2개 들어간 더블 쿼터 파운더 햄버거가 출시된다. 여느 때처럼 맥도날드 키오스크 앞에 선 서점군. 평소라면 늘 주문하던 쿼터 파운더 햄버거 세트가 가장 잘 보이는 곳에 위치해 있거나 장바구니에 미리 담겨 있을 것이다(실제 키오스크는 그렇지 않지만 여기서는 그렇다고 가정해 보자). 그런데 똑똑한 맥도날드의 키오스크 AI는 이런 생각을 한다.

> '서점군은 늘 쿼터 파운더만 먹으니까 고기를 좋아하는 게 틀림없어.
> 그렇다면 이번에 나온 더블 쿼터 파운더는 고기가 더 많이 들었으니
> 이것도 좋아하지 않을까?'

키오스크의 판단에 따라 늘 추천하던 쿼터 파운더 대신 더블 쿼터 파운더의 광고가 노출된다.

극강의 육식주의자인 당신을 위해 준비했습니다. 신제품 더블 쿼터 파운더!

호기심이 생긴 서점군. 신제품인 더블 쿼터 파운더를 주문하여 맛본 뒤 큰 만족감을 느낀다.

> "그래 이게 내가 원하던 진짜 햄버거였어."

이 과정에서 서점군이 느낀 것은 3가지다.

1. 맥도날드가 추천해 준 신제품은 내 취향에 잘 맞는다. (신뢰도 상승)
2. 더블 쿼터 파운더라는 내 취향에 딱 맞는 메뉴를 발견했다. (맞춤 큐레이션)
3. 맥도날드는 미국 브랜드라 그런지 본토 햄버거 맛을 잘 재현해 낸다. (브랜드 충성도 상승)

맥도날드 키오스크가 추천해 준 신제품이 내 취향에 잘 맞는다는 경험을 한 서점군은 앞으로 키오스크가 다른 신제품을 추천해도 신뢰할 가능성이 높다. 이미 성공해 본 경험이 있기 때문이다.

서점군이 키오스크 앞에 선 순간부터 햄버거를 먹고 만족하는 순간까지 이어지는 일련의 모든 과정과 경험이 UX, 즉 사용자 경험이다.

서점군이 키오스크 앞에 섰을 때부터 햄버거를 먹는 순간까지 수많은 변수가 있다. AI가 데이터를 잘못 해석해 서점군의 취향과 정반대되는 베이컨 토마토 디럭스를 추천해 줄 수도 있고 운 좋게 서점군이 좋아할 만한 햄버거를 추천해 줬더라도 광고 문구가 꽂히지 않으면 서점군은 광고를 닫고 늘 먹던 쿼터 파운더를 주문할 수도 있다. 사용자의 취향을 정확히 예측하는 정교한 AI 추천 알고리즘, 사용자의 호기심을 자극하고 주문을 유도하는 광고 메시지, 일련의 주문 과정을 매끄럽게 제공하는 주문 프로세스, 이 중 하나라도 삐끗하면 좋은 사용자 경험은 순식간에 불쾌한 사용자 경험으로 변질된다.

UX는 오케스트라와 같다. 모두가 계획한 대로 자기 역할을 유기적으로 매끄럽게 수행하면 조화로운 음악이 되지만, 반대로 어느 하나라도 문제를 일으키면 불협화음이 되어버린다.

마지막으로 UI와 UX의 차이를 정리해 보자.

- UI _ 사용자가 목적을 달성하기 위한 수단 또는 장치
- UX _ 제품이나 서비스를 이용하면서 사용자가 겪는 총체적인 경험이나 느낌

0.2 _ 한국적 UI/UX란 무엇인가?

인터넷을 돌아다니다 보면 심리학부터 데이터 분석, 디자인 원칙, 가이드에 이르기까지 UI/UX와 관련된 정보를 어렵지 않게 찾을 수 있다. 하지만 막상 이런 정보는 파편화된 지식에 머무르거나 실무에 활용하기에는 애매한 경우가 많다. 이유가 뭘까? 인터넷에 떠돌아다니는 대부분의 UI/UX 글들이 미디움이나 UX 포럼 등지에서 떠도는 미국발 UX 이론을 번역한 글이기 때문이다.

한국은 IT 산업에 있어 갈라파고스라는 표현이 부족하지 않을 정도로 폐쇄적이고 독특한 특성을 가지고 있다. 좁은 국토에 적극적으로 IT 인프라 투자를 한 결과 비교적 이른 시기에 전 세계 최고 수준의 광대역 인터넷망을 구축할 수 있었고 인프라 역시 세계 최고 수준이다. 반대로 소프트웨어 부분에 있어서는 갈라파고스적인 특성을 많이 보이는데, 남들보다 빠르게 네트워크 인프라를 구축한 결과 세계 표준이 정해지기도 전에 한국에서만 통용되는 독자 기술을 만든다거나(공인인증서) 특정 기술이 적극 활용되는(액티브X, 어도비 플래시) 전 세계에서 유래를 찾아볼 수 없을 정도로 독특하고 기형적인 시장 구조를 가지고 있다. 기형적이라고 해서 한국의 소프트웨어 역량이 서구에 비해 뒤처졌다는 뜻은 아니다. 오히려 몇몇 부분에서는 서구에 비해 굉장히 선진적이고 앞서가는 분야도 많다. (공인인증서만 해도 도입 당시에는 혁명 소리를 듣던 최신 기술이었다.)

한국과 미국을 위시한 서구의 IT 환경은 어느 것이 우월하다든지, 옳다 그르다의 문제가 아니다. **그저 다른 것이다.** 동양과 서양의 문화가 다르고 기술 도입과 발전 과정도 시차가 있다 보니 어떤 분야는 세계적으로 최고의 경쟁력과 역량을 지닌 반면, 어떤 면에서는 폐쇄적이고 후진국스러운 정책을 고수하는 측면이 있다.

UI/UX 역시 마찬가지다.

많은 사람이 한국의 UI/UX 환경은 폐쇄적이고 구시대적일 것이라고 생각하지만, 의외로 한국의 UI/UX 기술은 선진적이고 꽤 앞서 있다. 몇 가지 예를 들어보자.

기업 홈페이지를 비교해 보면 해외 기업들은 메뉴나 콘텐츠 구성이 심플한 경우가 대부분이지만, 국내 기업 홈페이지는 메뉴가 많고 제공하는 콘텐츠도 풍성한 편이다. 제품 소개 하나만 비교해 봐도 해외 기업들은 제품 카탈로그 PDF 파일만 올려놓고 끝내는 경우가 대부분이지만, 국내 기업들은 제품 하나하나 설명 페이지를 만들고 담당자 문의나 직접 구매 등의 기능을 지원한다. 왜 이런 차이가 생기는 걸까?

답은 네트워크의 차이다. 한국은 2000년대 초반 이미 전국에 초고속 인터넷이 보급되었고 세계 최초로 5G 상용화에 성공할 정도로 속도에 진심인 나라다. 속도가 빠르다 보니 홈페이지를 만들 때 메뉴가 많고 이미지를 많이 사용해도 속도가 느려 불편해지 않을까, 라는 고민을 조금 덜 해도 되는 것이다. 그래서 홈페이지와 서비스가 트래픽이나 속도보다 고객의 편의성에 중점을 두고 다양한 기능을 제공하는 형태로 발전되어 왔다.

외국의 사정은 좀 다르다. 한국에 비하면 초고속 인터넷 보급률도 낮고 속도 또한 느리다. 그렇다 보니 홈페이지도 이미지나 미디어는 최소화하고 느린 인터넷망에서 끊김 없이 안정적으로 동작할 수 있도록 콘텐츠를 최소화하고 최적화에 중점을 두는 형태로 발전했다.

국내에서만 유독 플래시가 웹사이트에서 적극적으로 쓰였던 이유, 미디어 쿼리와 반응형 웹이 등장했을 때 한국만 유독 대응이 느렸던 이유, 워드프레스와 같은 홈페이지 제작 툴이 한국에서 각광받지 못한 이유 모두 속도 때문이다. 플래시는 트래픽을 많이 차지하는데, 트래픽에 대한 부담이 상대적으로 적은 우리나라만 적극적으로 플래시를 사용할 수 있었고 홈페이지에서 제공하는 기능과 콘텐츠가 많다 보니 기능과 콘텐츠가 적고 텍스트 위주인 해외 사이트들이 손쉽게 반응형 웹으로 전환하는 사이 우리는 비대한 콘텐츠를 어떻게 반응형으로 전환할 수 있을까에 대한 방법론과 대응책을 마련하느라 반응형 웹 전환이 느릴 수밖에 없었다. 워드프레스도 마찬가지다. 워드프레스는 메뉴가 몇 개 없는 콘텐츠 위주의 홈페이지나 서비스를 만드는 데 적합한 도구이지 우리나라처럼 메뉴와 기능이 많고 다양한 서비스를 지원하는 형태의 홈페이지를 만들기에는 제약이 너무 많은 솔루션이다.

한 가지 더 예를 들어보자. 2015년 해외 직구가 막 태동하던 시절, 사슴 로고로 유명한 모 패션브랜드의 옷을 브랜드 공식 몰에서 구매했던 적이 있다. 급하게 주문하느라 사이즈를 잘못 주문해 주문 취소를 하려고 주문관리 페이지에 들어가 보니 주문 정보 상세 보기만 있고 주문 취소 버튼이 없었다. 그렇다. 2010년대 중반만 해도 해외 쇼핑몰 대부분이 홈페이지에서 주문 취소 기능을 지원하지 않았다. 주문 취소를 하려면 콜센터로 전화해 상담원에게 주문 번호를 불러준 뒤 **"오더 캔슬 플리즈~"**라고 외쳐야 겨우 주문 취소가 가능한 시스템이었다. 이미 2010년대 초반에 주문 취소, 부분 결제 취소, 사이즈 변경 등 완벽한 온라인 주문 관리 시스템을 갖춘 한국 쇼핑몰에 익숙했던 나에게는 꽤 충격적인 경험이었다.

우리의 선입견과 다르게 한국은 오래전부터 UI와 UX 개념을 받아들이고 이를 실무에 적극적으로 활용해 왔다. 해외에 비해 일찍이 빠른 네트워크를 구축한 덕분에 트래픽보다 사용자의 편의성을 우선시하는 문화가 자연스럽게 자리 잡았기 때문이다.

우리가 UI와 UX의 개념을 헷갈리는 이유도 환경과 관련이 있다. 우리와 환경이 다른 해외 아티클을 필터링 없이 무분별하게 받아들이고 맹신하며 한국의 UI/UX 환경은 후진적이라는 고정관념에 사로잡혀 실리콘밸리의 선진화된 기법과 시스템을 받아들여야 한다는 사대주의적 관점을 설파하는 사람들 덕분에 한국의 UI/UX 역량은 그동안 과소평가 받아왔다. 우리는 오래전부터 UX의 시대에 살고 있는데 이건 UX가 아니고 UI이며 앞으로는 UX를 해야 한다고 말하는 사람들이 많으니, 사람들이 혼란을 느낄 수밖에 없는 것이다.

'내가 여태까지 경험하고 만들었던 것들은 종합적이고 총체적인 경험이 아니었나?
그럼 뭘 더 해야 UX가 되는 거지?'

한국에는 한국 실정에 맞는 UI/UX 방법론이 필요하다. 무작정 해외 방법론이 좋은 것이라고 맹신할 것이 아니라 받아들일 것은 받아들이되 우리 실정에 맞는 커스터마이징이 필요하다. 우리에게 필요한 것은 실리콘밸리의 거창하고 화려한 이론이나 방법론이 아니라 우리나라의 환경과 문화적 특수성을 고려한, 지금 당장 실무에 적용할 수 있는 한국적 UI/UX 방법론이다.

나는 오랫동안 이 문제를 고민해 왔다. 한국적 UI/UX 방법론이란 뭘까? 해외와 우리나라는 어떻게 다를까? 지금부터 이 책에서 다루는 내용은 서점직원이라는 기획자가 다양한 서비스를 분석하고 실무경험을 곁들여 나름대로 정의한 한국적 UI/UX 방법론이다. 이 책을 계기로 한국적 UI/UX 방법론이 활발하게 연구되는 그런 세상이 되길 기원한다.

0.3 _ 왜 UI/UX를 공부해야 할까?

시중에 존재하는 UI/UX 강의나 서적들은 대부분 스케치, 피그마같이 툴을 다루는 기술이나 사용자 리서치, 저니맵, 사용성 테스트 등 기획이나 전략에 대한 방법론만 이야기한다. 사람들이 궁금해하는 게 과연 그런 걸까? 이 버튼은 왜 여기에 있는지, 어떤 의도로 여기에 있는지, 업종이 같아도 사용자 연령대에 따라서 UI/UX는 어떤 차이가 있는지 그런 게 더 궁금하지 않을까?

다들 실무를 이야기하지만, 그들이 말하는 실무는 현장과 동떨어져 있다. 필수 기초 이론을 알려준다고 하면서 디자인의 기본이 되는 색상 이론은 건너뛰고 리서치와 어피니티 다이어그램을 이야기한다. 걷지도 못하는 아이에게 뛰는 법을 알려주는 꼴이다.

많은 사람이 UI/UX에는 정답이 없다고 얘기하지만, 내 생각은 좀 다르다. UI도 보편적으로 통용되는 정석 방법론이 있고 정답이 있는 학문이다. 단지 각자 해석의 차이가 있을 뿐이다.

UI/UX에 있어 기획자에게 가장 중요한 것은 이해할 수 있는 눈, 지식과 안목이다. UI/UX란 수학과 같다. 기본기와 정석이 베이스로 깔려 있으면 응용은 쉽다. 아무리 어려운 변형 문제가 출제돼도 정석을 응용해 대응할 수 있다.

이 책에는 UI/UX의 뼈대가 되는 이른바 UI/UX의 정석, 기초 필수 이론과 이를 실무에 활용하는 방법이 담겨 있다. UI/UX의 역사부터 UI의 기본이 되는 법칙, 색상 이론과 시각적 메커니즘, 형태 심리학 등 다양한 이론을 함께 공부해 보고 이를 실무에 대입하면서 함께 UI/UX 역량을 키워보자.

CHAPTER

1

10분 만에 정리하는 UI/UX의 역사

역사는 미래를 비추는 거울(The Past - Mirror of the Future)이라는 말이 있다. 역사뿐만 아니라 분야를 막론하고 이 말은 유효하다. 인간은 같은 실수를 반복하고 역사는 반복된다. 역사를 안다는 것은 미래를 아는 것과 같다. 또한 UI의 역사와 발전 과정을 알아야 내가 만드는 것에 대한 이해도도 높아진다. UI의 시작부터 현재에 이르기까지 하나씩 차근차근 UI의 역사를 알아보자.

1.1 1970년 - 전설의 시작 / 제록스의 팔로알토 연구소
1.2 1997년 - 리얼 메타포 / IBM의 Real Thing
1.3 2007년 - 실감나게 / iPhone의 스큐어모피즘
1.4 2011년 - One Source Multi Use / MS의 메트로 UI
1.5 2013년 - 디지털 모더니즘 / iOS7의 플랫 디자인
1.6 2014년 - 플랫에 입체감과 원근감 한 스푼 / Google의 머터리얼 디자인

1.1 _ 1970년 – 전설의 시작/제록스의 팔로알토 연구소

UI의 역사와 기원을 거슬러 올라가다 보면 역사의 제일 앞자락에 있는 것이 바로 제록스의 팔로알토 연구소(PARC, Palo Alto Research Center)다. '**애플이 아니고 제록스?**'라고 생각하는 사람이 있을지도 모르겠다. 여러분이 아는 그 복사기 만드는 회사, 제록스 맞다.

제록스의 팔로알토 연구소[1]

제록스는 1970년 캘리포니아 팔로알토에 연구소를 설립했는데, 이 연구소가 훗날 전설로 회자될 제록스의 팔로알토 연구소(PARC)다. 팔로알토 연구소는 스탠퍼드 대학교 근처에 있어 연구원 영입이 용이했고 본사와 거리가 멀어(제록스 본사는 뉴욕, 연구소는 캘리포니아에 있다) 본사의 간섭이 적어 연구원들이 하고 싶은 연구를 마음껏 하기에 좋은 환경이었다.

인재 영입의 용이함과 자유로운 연구 환경이 결합하면서 팔로알토 연구소는 전설적인 기술을 많이 만들어냈다. 대표적인 것만 꼽자면 레이저 프린터, 개인용 컴퓨터, 객체 지향 프로그래밍, 이더넷, 유니코드 등이 있다(물론 상업화는 실패했다). 팔로알토 연구소는 UI 부문에서도 굵직한 업적을 많이 남겼는데, GUI, WIMP, 마우스, 멀티태스킹, 위지윅, 정

---

1 https://en.wikipedia.org/wiki/PARC_(company)

보시각화, 협업 필터링, 햄버거 메뉴 등 현대 UI의 기본이 되는 개념들이 바로 팔로알토 연구소의 작품이다(이 역시 상업화에는 실패했다).

팔로알토 연구소의 명성은 이미 당대 최고였고(누군가 컴퓨터의 미래를 묻거든 고개를 들어 팔로알토 연구소를 보라!) 이 명성은 실리콘밸리에서 제일 핫(hot)한 사업가 중 한 명이었던 애플의 스티브 잡스에게까지 전해졌다. 1979년 흥미가 생긴 잡스는 제록스에 100만 달러를 투자할 기회(애플이 상장하면 투자금이 몇 배로 불어난다)를 주겠다는 미끼로 팔로알토 연구소를 견학할 기회를 얻는다.

> "그들은 제게 세 가지를 보여줬죠. 그런데 첫 번째로 본 게 너무 충격적이어서 뒤에 본 두 가지는 생각도 나지 않았습니다. 제가 평생 본 것들 중 단연 최고였습니다."
> - 1996년 PBS, Triumph of the Nerds 다큐멘터리 인터뷰 중 스티브 잡스의 말

이때 잡스가 본 것이 바로 GUI(Graphical User Interface)였다.

당시 컴퓨터는 키보드로 명령어를 입력하여 동작하는 방식을 당연히 여기던 시절이었으니 잡스가 받은 충격이 이해가 간다. 잡스는 팔로알토 연구소에서 GUI 라이선스를 구입해 마우스와 GUI 시스템을 도입한 컴퓨터를 선보이는데, 이것이 바로 1983년 출시된 기업용 컴퓨터 Lisa와 1984년 출시된 개인용 컴퓨터 매킨토시다.

바야흐로 UI의 대중적인 첫걸음이 태동하던 시기였다.

1.2 _ 1997년 – 리얼 메타포/IBM의 Real Thing

1984년 매킨토시의 성공 이후 10여 년간 GUI는 흑백에서 컬러로 전환되고, 아이콘과 그래픽이 향상되는 정도의 기술 발전만 있었을 뿐 큰 변화 없이 그대로 이어졌다.

IBM HCI 디자인팀은 이러한 세태에 의문을 가지고 변화를 시도한다. IBM은 기존 GUI 양식인 WIMP(Windows, Icon, Menu, Pointer)가 사용자 친화적이지 않고 불편한 사용

성을 가지고 있다고 생각했다. 학습할 필요 없이 초보자들도 한 번에 보고 인지할 수 있는 UI, IBM HCI 디자인팀은 실제 세계의 환경과 물건을 모방해 시각적으로 쉽게 인지하고 사용하기 편리한 인터페이스 양식을 제안한다.

IBM Real Phone (1997)[2]

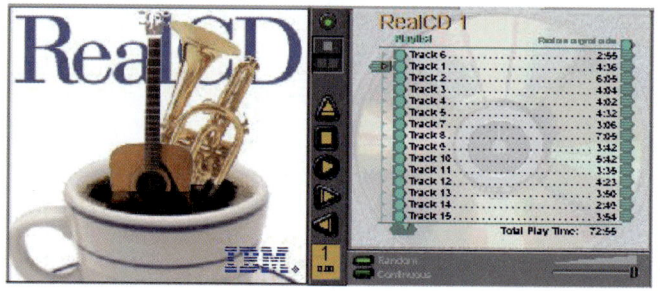

IBM Real CD (1998)[3]

IBM Real Thing으로 명명된 이 프로젝트는 'Real Phone'과 'Real CD'라는 두 가지 제품을 선보였다. 상단 바와 메뉴 표시줄 없이 실제 제품을 그대로 옮겨 놓은 듯한 디자인이 특징이었던 Real Thing 시리즈는 이전에 없던 혁신적인 디자인임에도 불구하고 IBM의 기대와는 반대로 끔찍한 사용성으로 사용자들의 외면을 받았다.

2 http://hallofshame.gp.co.at/phone.htm
3 http://hallofshame.gp.co.at/realcd.htm

IBM은 실제 사물을 스크린상 디자인으로 옮기는 데만 초점을 맞추고 사물의 입체감과 스크린 평면감의 차이를 고려하지 못했다. 한 가지 예를 보자. Real Phone은 전화를 걸기 위해 마우스로 수화기 부분을 클릭해야 했는데, 실제 사물의 액션을 재현한다는 측면에서 좋은 시도였지만 사용자 입장에서 마우스로 수화기를 클릭한다는 행위 자체가 익숙하지 않고 불필요한 액션이었다.

결정적으로 IBM이 간과한 부분은 바로 GUI의 익숙함이다.

매킨토시가 등장한 지 10년, 윈도우95가 주류로 자리 잡은 상황에서 사람들은 GUI에 익숙해져 있었다. UI에는 오랫동안 내려오는 격언이 하나 있다. 사용성이 잘못된 UI라도 오랫동안 쓰이고 사람들이 익숙해지면 그것이 편한 UI가 된다는 것이다. 사람들은 생각보다 급진적인 변화에 적응하지 못한다. 기존 GUI에 실제 사물의 인터페이스를 조금씩 입히고 사람들이 그것에 적응하면서 조금씩 변화를 주는 것이 바람직했지만 IBM은 기존 인터페이스의 문제에만 초점을 맞추고 UI의 익숙함은 전혀 고려하지 않았다.

음향 장비의 이퀄라이저를 UI로 재현해낸 Winamp[4]

---

4 https://celestiaradio.fandom.com/wiki/Radio_Tutorial-_Winamp

현실 세계의 환경과 물건을 GUI 디자인으로 옮긴 IBM의 시도는 실패로 끝났지만, 이후로도 비슷한 시도는 계속 이어졌다. 그중 가장 대중적인 성공을 거둔 것이 Winamp다. 기존 GUI 문법은 유지하면서 음향 장비의 이퀄라이저를 UI로 옮긴 Winamp는 현실 세계의 디자인을 GUI로 옮긴 훌륭한 융합 사례로 기억될 만한 디자인이었다. 하지만 이 역시 기존 GUI 디자인의 문제점과 한계를 극복하지 못했고 IBM의 시도는 우리 기억 속에서 서서히 잊혀가는 듯 보였다. 2006년까지만 해도 말이다.

1.3 _ 2007년 – 실감나게/iPhone의 스큐어모피즘

오늘 우리는 이처럼 혁신적인 제품을 무려 3개나 선보이려고 합니다.

터치로 조작할 수 있는 와이드 스크린 아이팟, 혁신적인 휴대폰, 획기적인 인터넷 통신기기

이것들은 3개의 제품이 아닙니다.

단 하나의 제품입니다.

우리는 이 새로운 제품을 iPhone이라고 부릅니다.

오늘 애플이 휴대폰을 재발명할 것입니다.

Mac World 2007의 아이폰 발표 장면[5]

---

[5] https://podcasts.apple.com/us/podcast/macworld-san-francisco-2007-keynote-address/id275834665?i=1000026524322

2007년 1월 9일, 스티브 잡스는 'Mac World 2007'에서 아이폰을 공개했다.

정전식 터치스크린, 멀티 터치 인터페이스, 멀티태스킹 등 아이폰은 오늘날 스마트폰의 표준을 확립한 혁신적인 기능으로 가득했다. 수많은 아이폰의 혁신 중 가장 파급력이 컸던 것은 바로 스큐어모피즘으로 대표되는 아이폰의 사용자 인터페이스였다.

스큐어모피즘(Skeuomorphism)은 실제 존재하는 사물의 특징을 디자인에 반영하는 기법이다. 가죽 박음질이 적용된 캘린더, 나무 베니어판이 있는 책꽂이, 카메라 셔터를 모방한 촬영 앱 등 실제 사물과 유사하게 디자인하여 사용자의 접근성과 거부감을 줄여주는 것이 특징이다.

IBM Real Thing 사례에서 보았듯이 기존 GUI에 스큐어모피즘을 접목하려는 시도는 꾸준히 있었지만, 모두 큰 성과를 거두지 못했다. 데스크톱이 대중화되면서 사람들은 WIMP(Windows, Icon, Menu, Pointer) 인터페이스에 익숙해져 있었고(대표적인 것이 마이크로소프트의 윈도우 시리즈) 평면 디바이스에 키보드나 마우스로 데이터를 입력하는 형태에서는 사용성에 큰 변화를 주기 어려웠기 때문이다. 데스크톱 자체의 태생적인 한계가 WIMP로 대표되는 GUI 환경을 강요하고 있었던 셈이다.

사물의 특징을 디자인에 반영한 애플의 스큐어모피즘 UI[6]

---

[6] https://www.take.net/blog/designers/ui-e-ux-design-para-chatbots-e-interfaces-conversacionais/

하지만 스마트폰은 달랐다. 스마트폰은 대화면 모니터에 비해 작은 스크린 크기와 오직 터치로만 이루어지는 입력 인터페이스를 가졌다. 사물의 특징을 디자인에 반영하여 이용자의 경험에 기반한 자연스러운 판단을 끌어내고 디지털 기기를 사용하는 익숙함과 심리적 안정감, 친밀감을 주었던 아이폰의 UI에 사람들은 곧잘 적응했다. 아이폰의 성공으로 스큐어모피즘은 애플 고유 디자인 철학으로 자리 잡았고 업계에서는 '**현실 세계와 디지털 세계 사이의 교량 역할을 한다**'라는 극찬을 받았다. 아이폰을 통해 보여준 애플의 혁신은 '역시 잡스'라는 말로는 부족할 정도로 위대했다. 그만큼 애플이 선보인 스큐어모피즘 기반의 UI는 혁신적이었다.

스큐어모피즘은 영원할 듯 보였다. 2011년 10월 5일, 잡스가 타계하기 전까지만 해도…

1.4 _ 2011년 - One Source Multi Use[7]/MS의 메트로 UI

2011년 9월 14일, 마이크로소프트는 윈도우 8의 개발자 버전을 공개했다.

이 자리에서 훗날 역사상 가장 대담한 변화이자 최악의 변화라고 불릴 만한 것이 세상에 공개되었는데, 그것이 바로 윈도우 8부터 본격 도입된 **메트로 UI(Metro UI)**이다.

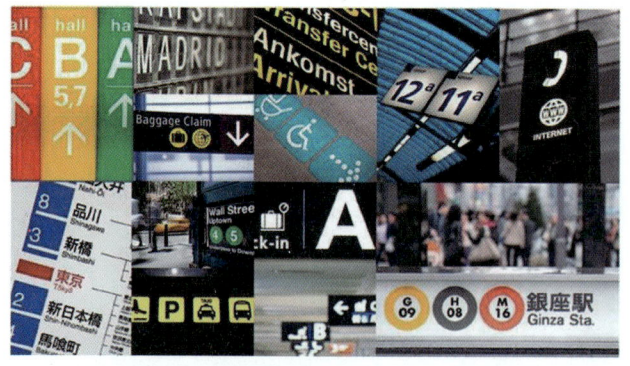

마이크로소프트 디자인팀에게 영감을 준 교통 안내 표지판[8]

---

7 하나의 자원을 토대로 다양한 사용처를 개발해내는 전략
8 https://blogs.windows.com/windowsdeveloper/2011/02/17/from-transportation-to-pixels/

메트로 UI는 도로, 공항 등 대중교통의 안내 표지판에서 영감을 받아 제작되었는데, 디자인의 장식적인 요소를 모두 배제하고 타이포그래피와 단순화된 아이콘(픽토그램)에 중점을 둔 디자인을 특징으로 한다. 스큐어모피즘이 리얼리즘에 기반을 둔 디자인이라면 메트로 UI는 미니멀리즘에 기반을 둔 디자인이다.

마이크로소프트 디자인팀은 이렇게 생각했다.

> '저 교통 안내 표지판을 봐. 글자와 단순한 아이콘만으로 사용자들에게 정보를 전달할 수 있잖아. 복잡한 디자인이 무슨 필요가 있겠어? 그냥 단순하게만 표현해 줘도 사용자들은 다 알아먹을 수 있다고!'

사실 스큐어모피즘으로 대표되는 iOS 디자인은 하루아침에 탄생하지 않았다. 매킨토시 시절부터 잡스와 OS를 담당하는 스콧 포스톨은 GUI에 스큐어모피즘 철학을 담아내려고 노력했다. 오늘날 우리가 데스크톱에서 흔히 볼 수 있는 파일 서류철 모양의 폴더 아이콘, 디스켓 모양의 드라이브 아이콘이 매킨토시부터 이어져온 스큐어모피즘을 GUI에 녹인 대표적인 사례들이다.

 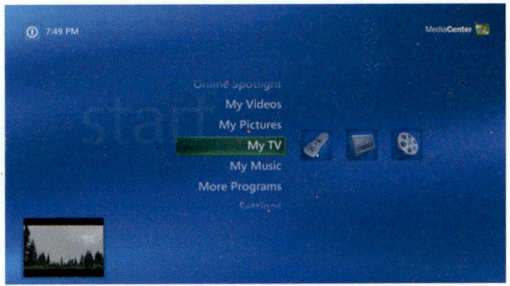

타이포그래피를 강조한 Zune[9](좌) / Windows Media Center[10](우)

윈도우 8에서 선보인 메트로 UI 역시 하루아침에 갑자기 등장한 것이 아니다.

---

9 https://en.wikipedia.org/wiki/Zune
10 https://en.wikipedia.org/wiki/Windows_XP_Media_Center_Edition

2006년 11월 마이크로소프트가 iPod의 대항마로 선보인 음악 플레이어 'Zune'과 'Windows Media Center'에서 Metro UI의 초기 흔적을 볼 수 있다. 타이포에 중점을 둔 디자인에 평면 색상의 라이브 타일이 합쳐지며 윈도우 폰7에서 본격적으로 메트로 UI를 선보였고 이를 계승 및 발전시켜 윈도우 8의 메트로 UI가 탄생하게 된 것이다.

잡스의 iOS가 스큐어모피즘을 더 발전시키는 방향으로 디자인 혁신을 이뤄냈다면 메트로 UI는 미니멀리즘에 기반한 디자인 철학으로 디자인 혁신을 도모했다. 즉, 메트로 UI는 애플과 iOS로 대표되는 스큐어모피즘에 대한 반감에서 탄생한 것이 아니라 타이포와 픽토그램에 심취한 마이크로소프트 고유의 디자인 철학이라고 보는 것이 옳다.

Windows 8의 메트로 UI[11]

방향성은 달랐지만 메트로 UI는 21세기 디지털 바우하우스, 역사상 가장 대담한 변화라는 평가와 함께 업계의 주목을 받았다. 하지만 업계의 주목과는 별개로 사용자들은 메트로 UI에 악평을 쏟아냈다.

---

[11] https://bmg.bg/?attachment_id=3118

> 나는 많은 시간 동안 스타일러스를 쓰는 태블릿을 예상했습니다.
>
> - 빌 게이츠, 스티브 잡스 전기 중

> 마이크로소프트 관계자는 태블릿 PC가 세상을 완전히 바꿔놓을 거라고 말했어요. 그가 보여 준 기기(서피스)는 스타일러스가 딸려 있었어요. 나는 집에 돌아와서 이렇게 말했죠.
> "웃기고 있네. 진짜 태블릿이 어떤 건지 보여주지"
>
> - 스티브 잡스, 스티브 잡스 전기 중

여러 가지 인터뷰를 종합해 보면 빌 게이츠는 앞으로 PC의 시대는 저물고 사람들이 스마트폰과 태블릿으로 업무를 처리하는 세상이 올 것이며 그에 따라 빠른 모바일 전환이 필요하다고 생각했던 것 같다.

마이크로소프트가 모바일 시대에 대응하는 전략은 간단했다.

- 스마트폰 전용 OS를 만들고 (윈도우폰)
- 태블릿 PC를 개발하며 (서피스)
- 스마트폰 및 태블릿과 호환되는 데스크톱용 OS를 개발 (윈도우 8)

One Source Multi Use의 예[12]

---

[12] https://www.redmondpie.com/metroon-for-dreamboard-brings-windows-8-metro-ui-theme-to-iphone-video/

마이크로소프트의 전략은 One Source Multi Use로, 기기 간의 호환성과 연동을 극대화한 생태계 구축이었다. 지금 맥북-아이패드-아이폰-애플워치로 이어지는 전략과 일맥상통한다. 하나의 윈도우로 PC, 태블릿, 모바일 모두 대응하는 전략인데 '3개의 기기가 유사한 UI로 사용자 경험을 제공하고 애플리케이션 간 호환성이 보장된다면 윈도우에 익숙한 사용자들이 자연스럽게 윈도우폰과 서피스를 이용하지 않을까?'라는 게 마이크로소프트의 생각이었다.

윈도우 8에 메트로 UI를 도입한 것도 이 계획의 일환이었다. 문제는 사람들이 가장 많이 사용하는 것은 PC인데, 메트로 UI는 태블릿이나 스마트폰에 최적화된 UI라는 것이었다. 터치 시스템에 최적화된 메트로 UI는 키보드와 마우스로 이용하기에 불편했고, 익숙하지 않은 인터페이스 환경(특히 시작 버튼의 삭제)은 사용자들의 반감을 불러일으켰다. 사용성에 대한 불만과 비판이 이어지면서 많은 사람이 윈도우 8의 구입이나 업데이트를 주저했고, 이는 곧 메트로 UI의 평판 하락으로 이어졌다. 역사상 가장 담대한 변화가 역사상 가장 위대한 삽질이 되는 순간이었다.

아이폰은 성공했지만 윈도우 8은 실패한 이유가 뭘까?

잡스는 스마트폰이라는 기기의 특성을 제대로 이해하고 있었다. 스마트폰이라는 기기 자체가 사람들에게 익숙하지 않기 때문에 익숙한 디자인으로 사람들의 시선을 사로잡아야 한다고 생각했다. 잡스가 내놓은 스큐어모피즘 디자인은 철저히 아이폰이라는 기기의 특성을 고려해 제작되었다.

반대로 마이크로소프트는 기기의 특성보다 생태계 구성과 하나의 윈도우라는 관념에 집착했고 데스크톱과 메트로 UI가 과연 어울릴까, 라는 부분은 고려하지 않았다. 억지로 끼워 맞춘 UI는 불협화음을 일으켰고 메트로 UI에 대한 소비자의 신뢰마저 무너뜨리는 효과를 낳았다.

마이크로소프트가 '맥OS-아이폰'처럼 생태계는 동일하게 구성하되 UI는 다르게 가져가는 이원화 전략을 썼다면 지금 우리가 기억하는 메트로 UI에 대한 이미지도 조금은 달라졌을지 모르겠다. 실패한 UI가 아니라 혁신적인 UI로 말이다.

1.5 _ 2013년 - 디지털 모더니즘/iOS7의 플랫 디자인

스큐어모피즘은 오랫동안 생명력을 유지했지만, 동시에 강한 비판을 받기도 했다.

실제 사물을 재현한 디자인은 스마트폰에 익숙하지 않은 사람들에게 주효했지만, 사람들이 스마트폰에 점점 익숙해지면서 과도한 장식이 사용성을 저해한다는 비판을 받았다. 대충 계산기 모양처럼 보여도 사람들은 다 알아볼 텐데, 계산기 모양을 똑같이 모방하는 게 무슨 의미가 있겠냐는 거다.

스큐어모피즘 디자인은 앱을 만드는 사람들에게도 상당한 피로감을 불러왔는데, 디자이너들은 오브젝트를 실제와 비슷하게 구현하기 위해 그림자와 장식 요소를 넣느라 많은 시간을 쏟아야 했고 개발자들은 디자인 용량을 어떻게 하면 줄일 수 있을까, 스마트폰의 리소스를 어떻게 하면 덜 잡아먹을까를 고민해야 했다. 업계에서 스큐어모피즘 무용론이 슬슬 등장하던 것도 이즈음이다.

외부적인 비판과 별개로 내부적인 변화도 있었다.

애플의 최고 책임자였던 잡스는 '소프트웨어는 스큐어모피즘, 하드웨어는 미니멀리즘'이라는 디자인 철학을 가지고 있었고 자신과 스큐어모피즘 철학을 공유하는 스콧 포스톨에게 소프트웨어 디자인을, 미니멀리즘 철학을 공유하는 조너선 아이브(Jonathan Ive)에게 하드웨어 디자인을 맡겼다. 이 체계에서 아이맥과 아이팟, 아이폰 등 애플을 대표할 만한 희대의 명작들이 탄생했다. 이 구도는 잡스가 타계하면서 균형추가 흔들리기 시작했고 소프트웨어 디자인을 담당하던 스콧 포스톨이 애플에서 퇴사하며 조너선 아이브가 하드웨어, 소프트웨어 디자인을 총괄 관리하는 최고 책임자가 되었다.

디터 람스의 영향을 받은 iOS7의 플랫 디자인[13]

조너선 아이브는 미니멀리즘의 아버지라 불리는 디터 람스(Dieter Rams)의 열렬한 추종자였다. 조너선 아이브는 디자인 문제로 스콧 포스톨과 대립했는데 스콧 포스톨이 물러나자 스큐어모피즘을 버리고 소프트웨어에도 자신의 디자인 철학인 미니멀리즘을 도입했다.

이러한 배경하에 탄생한 것이 애플이 iOS7에서 처음 선보인 **플랫 디자인(Flat Design)**이다.

스큐어모피즘기반의 iOS6(좌) / 플랫기반의 iOS7[14](우)

---

13 http://www.uxdesign.cc
14 https://www.cultofmac.com/244414/ios-7-interface-review/

플랫 디자인의 핵심은 미니멀리즘, 즉 심플함이다. 사용자가 기능에 집중할 수 있도록 그림자 효과, 입체적인 반사 효과 등을 배제하고 이차원적 그리드와 색상의 대조, 그리고 컬러풀한 색조로 시각적 요소를 강조해 사용자가 색상만으로 기능을 인식할 수 있도록 설계했다. 조너선 아이브는 그래픽 요소를 제거함으로써 로고와 심볼이 더욱 강조되고 이를 통해 사용자가 기능과 콘텐츠에 더 집중할 수 있을 것이라 생각했다.

윈도우 폰의 메트로 UI[15](좌) / iOS의 플랫 디자인[16](우)

동일한 플랫 베이스 디자인이라도 MS 메트로 UI와 애플의 플랫 디자인은 큰 차이가 있다. 메트로 UI가 픽토그램을 활용해 아이콘을 심플하게 만들고 타이포그래피로 기능을 설명했다면, iOS의 플랫 디자인은 기존 스큐어모피즘 기반 디자인에서 그림자와 반사광 같은 디자인 요소를 제거하고 오브젝트를 평면으로 구성한 것이 특징이다.

두 UI의 공통점도 있는데, 색상만으로 기능을 인식할 수 있도록 원색의 컬러를 적극 활용했다는 점이다. 컬러를 적극 사용했다는 것은 동일하지만 사용법에서는 약간 차이를 보이는데, 메트로 UI가 배경 타일에 컬러를 넣어 기능을 구분하려 했다면, 플랫 디자인은 아이콘 자체에 컬러를 강조해 기능을 구분하려 했다.

---

[15] http://www.neowin.net
[16] http://www.cultofmac.com

애플이 선보인 새로운 디자인에 대한 평가는 엇갈렸다. 21세기 디지털 모더니즘, 잡스 사후에도 애플의 혁신은 계속된다는 긍정적인 평가도 있었던 반면, 혁신에 매몰된 조너선 아이브의 잡스 색채 지우기, 시각적인 면만 중시하고 사용성은 고려하지 않은 디자인이라는 비판도 있었다.

국내 한 연구에 따르면 사용자는 스큐어모피즘보다 플랫 디자인이 타이포그래피와 아이콘 디자인 면에서 더 예쁘고 미적 만족감을 주지만, 아이콘을 보고 앱의 기능을 연상하거나 표현하는 데는 플랫 디자인보다 스큐어모피즘이 더 낫다고 응답했다[17].

애플의 변화는 업계에 큰 파장을 일으켰고 iOS7 이후 많은 회사가 속속 플랫 디자인을 도입하면서 플랫 디자인은 스마트폰 UI의 대세가 되었다.

1.6 _ 2014년 - 플랫에 입체감과 원근감 한 스푼/구글의 머터리얼 디자인

애플이 보여준 플랫 디자인으로의 변화는 분명 파괴적 혁신이었지만, 동시에 급진적인 변화이기도 했다. 한동안 플랫 디자인이 대세로 지속되었지만, 동시에 플랫 디자인의 한계도 속속 드러났다.

플랫 디자인은 디자이너 입장에서 작업의 효율성을 가져다주었지만, 지나치게 심플함을 강조해 사용자가 아이콘을 보고 기능을 유추하기 어렵다는 단점 또한 가지고 있었다. 디자인 업계에서 플랫 디자인을 열광적으로 지지했던 것에 비해 변화된 디자인에 사용자들의 혹평이 쏟아졌던 건 이런 배경이 있었기 때문이다.

미니멀리즘만을 강조한 플랫 디자인은 곧 몰개성화로 이어졌다. 사용할 수 있는 오브젝트나 디자인 요소가 제한되다 보니 앱 디자인이 비슷비슷해지는, 이른바 디자인 동질화가 진행되었고, 안 그래도 사용성과 인지 효과가 떨어지는데 앱 디자인마저 비슷비슷해서 사용성이 더 떨어지는 악순환이 이어졌다.

---

[17] "모바일 플랫폼의 미학적 특징과 UX 평가" 광운대학교 미디어영상학부 정동훈, 2015

구글의 머터리얼 디자인[18]

이러한 문제점과 한계를 극복하고자 다양한 대안이 등장하기 시작하는데, 그중 하나가 구글이 선보인 **머터리얼 디자인(Material Design)**이다.

머터리얼은 플랫 기반이기는 하지만 물질의 질감을 중요하게 생각한다. 플랫 베이스의 2차원 평면에 그림자 효과와 음영을 넣고 인터랙션을 적극 활용해 공간감과 원근감을 느끼게 하는 것이 머터리얼 디자인의 특징이다. 플랫이 추구하는 최소한의 정보와 스큐어모피즘의 입체감, 두 가지 장점을 융합한 디자인이다.

머터리얼 디자인은 그동안 소프트웨어 회사로만 인식되었던 구글의 대중적인 인식 전환을 불러왔다. **'공대 감성인 줄 알았는데 디자인도 좀 하네?'**라는 것이 사람들의 공통적인 반응이었다.

애플이 플랫 디자인을 전면에 내세운 후로 많은 디자이너들이 대세에 따랐지만, 사실 내심으로는 한계를 많이 느끼고 있었던 듯하다. 머터리얼 디자인이 발표되자 디자이너들은 열광했고 순식간에 대세가 머터리얼로 기울었다.

18　https://m3.material.io

머터리얼 디자인이 단순히 스마트폰 UI에만 영향을 끼친 것은 아니다. 머터리얼 디자인이 가장 많은 영향을 끼친 건 웹 분야다.

PC, 태블릿, 스마트폰(거기다가 스마트 TV까지) 등 디바이스가 다양화되면서 디자이너들은 다양한 화면 크기와 해상도에 대응할 수 있게 디바이스마다 별도의 웹 페이지를 만들어야 했다. PC 웹 페이지 전용 디자인, 모바일 디바이스 전용 디자인, 이런 식으로 말이다. 이런 별도 디자인은 작업 리소스를 많이 소모했고 이에 따라 대안으로 등장한 것이 **반응형 웹(Responsive Web)**이다.

해상도에 따라 자동으로 레이아웃이 변환되는 반응형 웹

해상도에 맞춰 화면이 자유자재로 변환되는 반응형 웹은 분명 혁신적이었지만, 디자이너 입장에서는 꽤 골치 아픈 존재이기도 했다. 오브젝트마다 변화하는 해상도를 고려해 디자인해야 했기 때문이다.

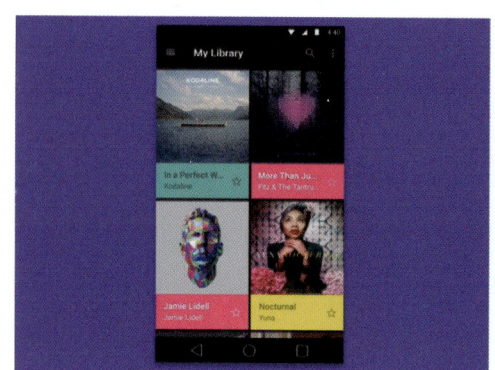 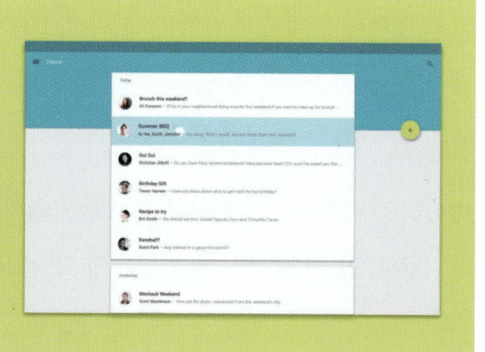

머터리얼 디자인의 카드형 UI 예[19]

---

[19] https://m3.material.io/

머티리얼 디자인은 반응형 웹과 찰떡궁합이었다.

구글은 타일을 활용한 카드형 UI를 선보였는데, 카드형 UI를 이용해 반응형 웹을 만들면 아이콘이나 이미지 등 오브젝트는 그대로 두고 카드 크기나 배치만 변화하는 형태로 반응형 웹을 구현할 수 있었다. 머티리얼 디자인을 활용하면 이전보다 반응형 웹 대응이 훨씬 더 수월해지는 장점이 있다. 많은 디자이너가 머티리얼에 열광했던 것도 이런 이유에서다.

미니멀리즘을 강조했던 애플은 플랫에 스큐어모피즘을 결합한 디자인을 선보이고 있고 물질과 질감을 강조했던 구글은 반대로 극단적으로 심플한 머티리얼 유(Material You)라는 디자인을 선보였다.

디자인 트렌드는 변화무쌍하지만 한편으로는 돌고 돈다. 디자인 트렌드는 현대 미술 사조 변화와 유사하면서도 다른 특성을 보인다. 리얼리즘 → 미니멀리즘으로 이어지는 변화는 유사하지만, 이후 현대 미술은 추상, 입체, 초현실 등 여러 갈래로 분파한 반면 스마트폰 UI는 하나의 유행이 대세로 자리 잡으면 사람들이 대세를 쫓아가려는 움직임을 보인다. 그래서 변화가 쉽게 일어나지 않지만 한번 트렌드가 바뀌면 급격하게 대세가 기울어지는 특징이 있다.

다음 트렌드는 과연 뭐가 될까?

실전 예제로 알아보는
서점직원의
실전
UI/UX

CHAPTER

2

기획자라면 꼭 알아야할 UI 필수 이론

인간은 대부분의 정보를 시각을 통해 습득하고 받아들인다. 로버트 뮈르 (Robert Muir)의 연구에 따르면 인간이 습득하는 정보의 83%는 시각을 통해 이루어진다는 결과가 있을 정도로 정보 습득에서 시각이 미치는 영향은 절대적이다.

UI를 공부할 때 가장 선행돼야 할 것이 시각적 메커니즘에 대한 이해다. 인간의 눈이 어떻게 동작하고 어떻게 정보를 받아들이는지에 관한 시각적 메커니즘을 이해해야 올바른 UI를 설계할 수 있다. 이번 장에서는 UI의 기초가 되는 시각적 메커니즘과 필수 이론을 알아보고 실제 서비스 예제를 통해 실무에서 이론이 어떻게 활용되는지 알아보겠다.

2.1 사람의 시선은 어디서 시작하나요?
2.2 필수이론 첫 번째 : 구텐베르크 다이어그램
2.3 필수이론 두 번째 : 제이콥 닐슨의 웹 콘텐츠 읽는 방법 - F 패턴
2.4 인간은 어떻게 정보를 탐색할까?
2.5 필수이론 세 번째 : 스티븐 후버의 모바일 디바이스 파지 방법론
2.6 주시 영역과 활동 영역
2.7 색과 색채

2.1 _ 사람의 시선은 어디서 시작하나요?

지금으로부터 10년 전.
서점직원이 꼬꼬마 신입사원이던 시절의 이야기다.
신입 교육을 담당하던 사수님은 나에게 이런 말씀을 하셨다.

> "서점아. 사람의 시선은 왼쪽에서 시작해서 오른쪽으로 끝나.
> 시선 이동을 고려해 UI를 설계하렴."

대학을 갓 졸업한 신입 기획자(서점직원)에게 10년 경력의 베테랑 기획자가 가르쳐 주는 지식은 곧 법이고 진리였다. 사수님이 왼쪽에서 시작한다고 하니 당연히 그런가 보다 할 뿐, 그것에 대해 어떤 의문도 가지지 않았다.

시간이 흘러 업무에 익숙해지고 여유가 생기자 당연하다고 생각했던 지식과 습관처럼 사용하던 UI에 의문이 들기 시작했다.

> '사람의 시선은 왜 왼쪽에서 시작하는 걸까?'
> '왼쪽에서 시작해서 오른쪽으로 이동하는 이유는 뭘까?'
> '내가 신입 교육을 하게 되면 왼쪽에서 시작하는 이유를 뭐라고 설명해 줘야 하지?'

처음에는 단순히 직업적 호기심에서 시작된 의문이었다. 그런데 파고들면 파고들수록 사람의 시선이 왼쪽부터 시작하는 이유가 실은 꽤 복잡하고 정교한 신체적 메커니즘과 다양한 역사적, 문화적 영향과 관습에 의해 형성된 총체적이고 종합적인 결과물임을 알게 되었다.
넓고 깊은 UI/UX와의 첫 만남이었다.

지금부터 하려는 이야기는 업계에서 통용되는 정설이라든가 학술적으로 인정받은 공식적인 내용은 아니다. 서점직원이라는 일개 기획자가 다양한 연구 자료와 과학적 근거를 바탕으로 정리한 개인의 의견일 뿐이다.

사람의 시선은 왜 왼쪽에서 시작해 오른쪽으로 이동하는 걸까?

초기 가설은 지구 자전설이었다. 지구가 왼쪽에서 오른쪽으로 자전하는데 오랫동안 우리의 몸이 왼쪽에서 오른쪽으로 도는 지구 자전에 익숙해져 있어 시선도 자연스럽게 왼쪽에서 오른쪽으로 이동한다는 논리였다. 과거 많은 문명이 태양을 신처럼 받들거나 숭배하는 관습이 있었음을 고려할 때 태양도 왼쪽에서 시작해 오른쪽으로 이동하니 지구 자전설은 꽤 그럴듯한 논리였다(흔히 많은 사람이 해가 동쪽에서 떠서 서쪽으로 진다고 알고 있으나, 북반구 기준으로 지구 자전 때문에 해는 왼쪽에서 떠서 오른쪽으로 이동한다).

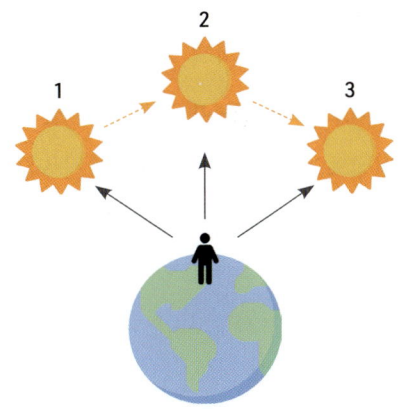

사람이 보는 방향을 기준으로 해는 왼쪽에서 오른쪽으로 이동한다.

다음에 등장한 가설은 문자 기원설이다. 문자를 읽고 쓰는 방향에 따라 자연스럽게 시선 시작점과 이동 동선이 정해졌고 사람들이 문화적 관습에 익숙해지면서 그것이 고착화되었다는 이론이다.

문자는 읽고 쓰는 방향에 따라 크게 3가지 형태로 분류된다.

1. 왼쪽 위에서 시작해 오른쪽 아래에서 끝나는 로마자 문화권 (**영어, 프랑스어, 독일어**)
2. 오른쪽 위에서 시작해 왼쪽 아래에서 끝나는 한자 문화권 (**중국어, 일어**)
3. 오른쪽에서 시작해 왼쪽에서 끝나는 아랍 문화권 (**아랍어, 히브리어**)

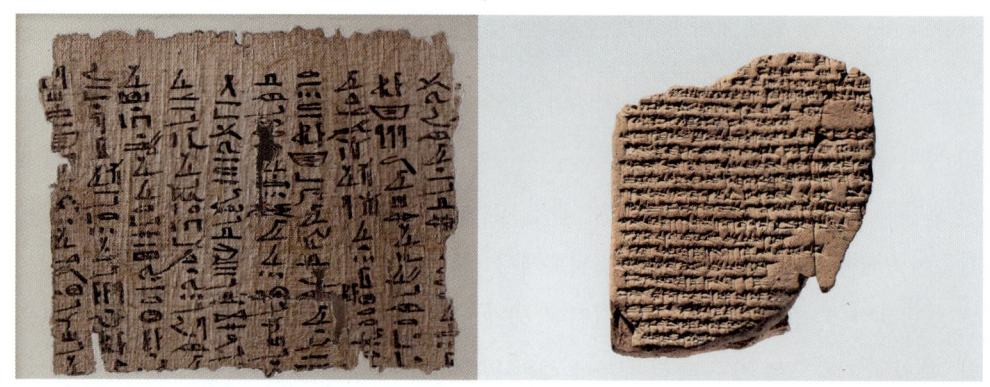

이집트의 기록 매체였던 파피루스(좌)와 수메르인들의 기록 매체였던 점토판(우)

언어를 쓰는 방향은 기록 매체와 깊은 연관이 있다. 인류 최초의 문명인 메소포타미아의 수메르인들은 진흙으로 빚은 점토판에 글을 새긴 후 태양 빛에 말리거나 불에 구워 기록을 남겼다. 기원전 3000년경 이집트에서 파피루스가 발명된 이후에도 수메르인들의 점토판 사랑은 계속되었는데, 파피루스는 가볍고 휴대하기 좋았지만 습기에 취약해 오래 보관할 수 없었기 때문이다. 결과론적으로 보면 수메르인들의 선택은 옳았다. 내구성이 약한 파피루스는 온전한 상태로 남아있는 것이 많지 않지만, 파피루스보다 더 오래된 수메르 점토판은 현재까지 완벽한 상태로 보존된 것들이 많이 남아있다.

수메르 문명은 현대 아랍의 조상이라 불리는 셈족에게 정복된다. 셈족은 수메르 문명의 영향을 많이 받았는데, 그중 하나가 보존이 용이한 기록 매체의 선호였다. 셈족 역시 파피루스가 대중화된 이후에도 점토판을 애용했는데 철기시대에 이르자 정과 망치를 이용해 돌에 글자를 새길 수 있게 되면서 점토판 대신 더 단단하고 오래가는 돌에 글을 쓰게 된다.

아랍어 문화권이 오른쪽에서 왼쪽으로 글을 쓰는 이유는 돌과 연관이 있다. 오른손잡이 석공이 글을 새길 때 왼쪽에서 오른쪽으로 글을 새기는 것보다는 오른쪽에서 왼쪽으로 새기는 것이 더 편하기 때문이다. 잘 이해가 안 간다고? 사진으로 살펴보자.

왼손에 정, 오른손에 망치를 들고 글을 새기는 모습[1]

오른손잡이 석공이 돌에 글을 새길 때 왼손에 정을 들고 오른손에 망치를 든다. 이때 정의 각도는 앞의 그림과 같이 오른쪽으로 45도 정도 기울어진 형태가 된다. 오른쪽으로 기울어져 있으니 석공 입장에서는 오른쪽에서 시작해 왼쪽으로 진행하는 것이 더 자연스러운 형태가 된다.

아랍어가 다른 문화권들과는 다르게 오른쪽에서 왼쪽으로 글을 쓰는 것은 석공이 돌에 글을 새길 때 관습이 굳어져 종이가 보편화된 이후에도 오른쪽에서 시작하는 관습을 바꾸지 못해 현재에 이르렀다는 것이 학계의 설이다.

사우디의 국영기업 아람코의 영문 홈페이지(좌)와 아랍어 홈페이지(우)

---

1 http://www.pixabay.com

아랍어의 이런 관습은 홈페이지 디자인에도 영향을 미쳤다. 사우디의 국영기업 아람코의 영문 홈페이지와 아랍어 홈페이지를 비교해 보자. 영문 홈페이지에서 좌우가 반전된 상태로 아랍어 홈페이지가 구성되어 있는 것을 알 수 있다. 아랍어는 오른쪽에서부터 글자를 읽기 때문에 영어와 반대로 오른쪽에서 글자가 시작되도록 레이아웃을 구성한 것이다.

아랍어가 돌에 글을 새기는 방향 때문에 오른쪽에서 왼쪽으로 읽는 거라면 영어는 왜 왼쪽에서 오른쪽으로 읽는 걸까? 이 역시 기록 매체와 연관이 있다.

이집트에서 파피루스가 발명된 이후 파피루스는 고대 그리스와 로마 등 인근 국가에서 널리 사용되었다. 파피루스는 이집트에서만 만들 수 있었는데 사용하는 곳이 많다 보니 항상 수요가 부족했고 이집트가 인근 국가의 침략을 받아 생산량이 줄어들자 가뜩이나 부족한 파피루스가 더 귀해져 품귀 현상이 일어났다. 이때 파피루스의 대체제로 주목받은 것이 어린 양의 가죽을 평평하게 펴고 약품 처리를 하여 글을 쓸 수 있도록 만든 양피지였다.

파피루스의 대체제로 주목받은 양피지 [자료 출처: 세계기독교박물관]

양피지는 본래 동물 가죽이라서 아무리 무두질을 잘해도 둥글게 말리는 경향이 있다. 보관 시에도 둥글게 말아서 보관하는 경우가 많아 양피지에 글을 쓰려면 둥글게 말려 있는 가죽을 편 후 글을 써야 했다. 오른손잡이가 양피지에 글을 쓴다고 생각해 보자. 어떻게 쓰는 것이 편할까? 왼손으로 양피지가 말리지 않게 고정하고 오른손으로 글을 쓰는 것이 가장 일반적인 방법일 것이다(이는 말려 있는 종이에 글을 쓸 때도 마찬가지다). 왼손으로 고정하고 오른손으로 글을 써야 하니 문장이 자연스럽게 왼쪽 위에서 시작해 오른쪽 아래로 끝나게 된다. 로마자에서 파생된 언어들이 왼쪽에서 시작해 오른쪽에서 끝나는 이유도 양피지에 글을 쓰는 습관이 굳어져 현재에 이르렀다는 것이 학계의 설이다.

마지막으로 한자문화권은 왜 문장이 오른쪽 위에서 시작해 왼쪽 아래에서 끝나는 걸까? 이것 역시 기록 매체와 연관이 있다.

종이 발명 이전, 중국에서 대중적으로 사용된 기록 매체는 대나무를 엮어 만든 죽간이었다. 죽간은 고대 중국을 배경으로 한 사극에서 흔히 볼 수 있는데, 재료인 대나무의 나뭇결이 세로라 글을 쓸 때 위에서 아래로 쓰는 것이 더 편하기도 했고 재료 특성상 폭을 넓게 만들기가 어려워 세로쓰기가 더 적합했다(반대로 죽간의 가로 폭이 좁아 한자가 세로로 긴 형태로 발달했다는 견해도 있다). 한자가 세로쓰기가 가능했던 것은 글자 하나하나에 뜻이 있는 표의문자인 이유도 있다. 단어의 조합인 알파벳은 세로쓰기를 하면 가독성이 떨어지지만 표의문자인 한자는 세로쓰기를 해도 가독성이 떨어지지 않아 알파벳과 다르게 세로쓰기가 가능한 것이다.

죽간은 오른쪽 끝을 오른손으로 잡고, 왼손으로 한 단씩 펼쳐가면서 읽는다.
[자료 출처: KBS '신삼국지' 66화 중]

죽간은 구조상 돌돌 말린 형태로 보관하고 읽을 때 오른손으로 오른쪽 끝을 잡고 왼손으로 뭉치를 펼쳐가면서 읽게 되는데, 이런 구조 때문에 문장의 진행 방향이 오른쪽 위에서 시작해 왼쪽 아래로 끝나게 된다. 종이 발명 이전인 후한말 시대를 다룬 삼국지를 보면 그 시대 사람들이 죽간을 어떻게 읽고 쓰는지 자세하게 묘사되어 있다.

세로쓰기를 사용하는 일본의 신문(좌)과 소설책(우)
[자료 출처: 멜론북스, 마이니치 신문]

한자의 세로쓰기 경향이 지금까지 가장 많이 남아있는 나라는 일본이다. 일본 신문은 세로쓰기를 하며 오른쪽에서 왼쪽으로 읽는다. 소설책도 가로쓰기가 혼용되기는 하지만, 아직까지는 세로쓰기가 주류이고 역시 오른쪽 위부터 읽는다.

> **추가 설명** 잠깐 토막상식
>
> 같은 한자 문화권인 우리나라는 근현대까지 세로쓰기를 사용했으나 띄어쓰기가 도입되면서 소설은 가로쓰기가 일반화되었고 신문은 1988년 순우리말 신문인 한겨레 신문 창간과 주요 일간지의 한자 병기 폐지 및 가로쓰기의 도입으로 가로쓰기가 완전하게 자리 잡았다.

오른쪽부터 봄-여름-가을-겨울 순서대로 그려져 있는 병풍
[백천 이한동 - 사계절 산수화]

동양과 서양의 읽는 방향에 대한 차이를 가장 극명하게 비교해 볼 수 있는 것이 바로 그림이다. 서양화는 대체로 왼쪽에서 오른쪽으로 감상하는 것이 자연스러운 형태다. 동양화는 반대로 오른쪽에서 왼쪽으로 감상하는 것이 자연스러운 형태로 구성되어 있다. 대표적으로 사계절을 표현한 산수화를 보면 오른쪽부터 계절의 시작인 봄-여름-가을-겨울 순으로 구성되어 있다. 문자를 쓰는 방향이 그림의 방향에도 영향을 준 것이다.

문자 기원설을 정리하면 이렇다.

1. 문자가 형성된 시기에 어떤 기록 매체를 사용했느냐에 따라 글자를 읽고 쓰는 방향이 정해진다.
2. 일부 문화권에서는 과거에 정해진 방식이 관습처럼 굳어져 현재에도 통용되고 있다(오른쪽에서 왼쪽으로 읽는 아랍 문화권, 세로쓰기를 하는 일본).

글자 읽는 방향에 따라 왼쪽 위에서부터 시작되는 한국 홈페이지와 오른쪽 위에서 시작되는 아랍어 홈페이지

왼쪽부터 쓰는 영미권은 홈페이지 레이아웃이 왼쪽 위부터 읽도록 설계되어 있고 오른쪽부터 쓰는 아랍어권은 홈페이지 레이아웃이 오른쪽 위부터 읽도록 설계되어 있으니 문자 기원설에 따라 사람의 시선 이동 방향이 정해진다는 가설은 일견 그럴듯해 보인다. 그런데 여기서 하나의 의문이 남는다.

동일하게 왼쪽 위에서 시작되는 한국어와 중국어 홈페이지

40 실전 예제로 알아보는 서점직원의 실전 UI/UX

동일하게 오른쪽 위부터 세로쓰기로 글을 쓰는 한자 문화권은 왜 홈페이지 레이아웃이 오른쪽 위가 아닌 왼쪽 위에서 시작하는 걸까? 중국과 한국은 책과 신문도 왼쪽 시작에 가로쓰기가 보편화되어 있으니 인쇄매체에 영향을 받았다 쳐도, 일본은 책과 신문도 오른쪽 시작에 세로쓰기를 하니 이론적으로는 아랍어처럼 오른쪽 위에서 읽는 것이 더 자연스러울 텐데 말이다.

문자 기원설은 **사람의 시선은 왜 왼쪽부터 시작하는가**, 라는 질문에 대한 답이 될 수 없다. 문자 기원설 말고 다른 가설은 없을까?

다시 문자 기원설로 돌아가 보자. 문자 기원설을 자세히 보면 한 가지 공통점이 존재한다.

- **아랍 문화권**: 오른손잡이 석공이 돌에 글을 새길 때 왼손에 정을 들고 오른손에 망치를 든다…
- **로마자 문화권**: 우리가 오른손잡이일 때 양피지에 글을 쓴다고 생각해 보자…
- **한자 문화권**: 왼손으로 뭉치를 잡고 오른손으로 펼쳐가면서 읽게 되는데…

보다시피 문자 기원설은 사람들이 오른손잡이임을 가정으로 이루어진다. 통계에 따르면 전 세계 인구의 90%가 오른손잡이고 10%만이 왼손잡이라고 한다. 오른손잡이 비율이 압도적으로 높으니 자연스럽게 행동 기준이 오른손잡이가 되는 것이다.

연구에 따르면[2] 50만 년 전 인류도 오른손잡이와 왼손잡이의 비율이 9대 1로 현재 비율과 거의 차이가 없었다고 한다. 오른손잡이 선호가 문화적으로 굳어진 관습이 아니라는 이야기다.

그렇다면 왜 유독 오른손잡이 비율이 높은 걸까? 진화론적 관점에서 접근해 보자.

---

2 https://www.sciencetimes.co.kr/news/50만년-전-인류도-오른손잡이-일색/

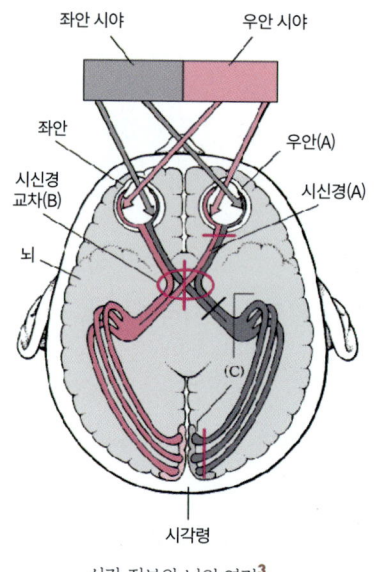

시각 정보와 뇌의 연결[3]

사람의 몸은 왼쪽과 오른쪽으로 나뉘어 반대편 뇌의 통제를 받는다. 오른쪽 팔과 다리는 왼쪽 뇌가 통제하고 왼쪽 팔과 다리는 오른쪽 뇌가 통제하는 식이다. 왼쪽 뇌는 운동 능력을 담당하는데, 오른쪽 뇌가 통제하는 왼쪽보다 왼쪽 뇌가 통제하는 오른쪽 손과 발이 더 사용하기 편하니 오른쪽 팔과 다리를 많이 쓰게 되고, 이것이 이어져 오고 진화되면서 오른손잡이가 많아졌다는 것이 하나의 가설이다.

그렇다면 왼손잡이보다 오른손잡이가 많은 것이 시선이 왼쪽으로 먼저 향하는 것과 어떤 연관이 있을까? 오른손잡이는 몸의 오른쪽 부위를 더 많이 사용하는데, 이 영향으로 몸의 균형이 오른쪽으로 치우치게 된다. 오른쪽 날개뼈가 몸 안쪽으로 휘어지면서 어깨가 오른쪽으로 기울어지는 식이다. 오른쪽 날개뼈가 몸 안쪽으로 휘어지니 상대적으로 왼쪽 어깨뼈는 오른쪽보다 앞으로 튀어나온 형태가 된다. 이렇게 되면 왼쪽이 오른쪽보다 앞으로 더 나와 있는 형태가 되고 자연스럽게 왼쪽 안구가 물체를 더 빨리 인식할 수 있는 상태가 된다. 왼쪽 안구가 물체를 더 빨리 인식하니 사람의 시선이 왼쪽으로 쏠리게 되고 결국 왼쪽으로 먼저 향하게 되는 것이다.

---

3 http://www.msdmanuals.com

이것 역시 수많은 가설 중 하나일 뿐 정설은 아니다.

자, 이제 사람의 시선은 어디서 시작하는가에 대한 서점직원의 가설을 정리해 보자.

> 1. 운동 능력을 담당하는 왼쪽 뇌가 오른쪽 신체를 통제해 자연스럽게 오른손을 자주 사용하고 오른손이 발달하다 보니 오른손잡이가 많아지는 쪽으로 진화가 이루어졌다.
> 2. 오른손을 많이 쓰니 몸이 오른쪽으로 기울어져 상대적으로 왼쪽 몸이 오른쪽보다 앞으로 나와 있는 형태가 되고 왼쪽 안구가 물체를 더 빨리 인식해 사람의 시선이 왼쪽부터 향하게 된다.
> 3. 이런 신체적 특성 때문에 문자를 쓸 때도 왼쪽에서 시작해 오른쪽으로 진행하는 것이 더 자연스러운 형태가 되었다.
> 4. 단, 일부 문화권에서는 기록 매체의 특성으로 문장이 오른쪽에서 시작하는 경우가 있는데 이것이 현대까지 이어지면서 관습적으로 시선이 오른쪽부터 시작하는 경우가 있다(아랍 문화권, 일본어 신문과 소설책).
> 5. 사람의 시선이 먼저 향하는 방향은 인간의 신체적 특성과 다양한 역사적, 문화적 영향과 관습에 의해 형성된 총체적이고 종합적인 결과물이다.

2.2 _ 필수 이론 첫 번째: 구텐베르크 다이어그램

현대 신문의 아버지라 불리는 에드먼드 C. 아널드(Edmund C. Arnold)는 1950년경 새로운 레이아웃 이론을 발표한다. 이 이론은 현재까지 신문, 책, 홍보물, UI 등에서 널리 활용되고 있는데, 이것이 바로 금속활자의 아버지 요하네스 구텐베르크의 이름을 딴 구텐베르크 다이어그램이다.

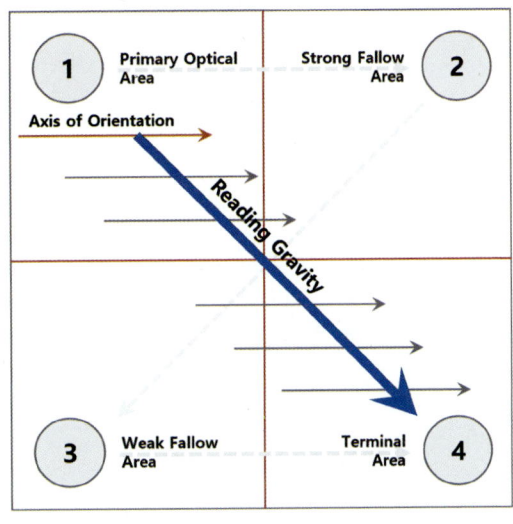

에드먼드 C. 아널드의 구텐베르크 다이어그램

구텐베르크 다이어그램은 사람의 시선은 **왼쪽 위에서 시작**해 오른쪽으로 이동하면서 글자를 읽고 중력을 따라 아래로 떨어지면서 **오른쪽 아래에서 끝난다**고 정의한다. 이때 시작점인 왼쪽 위와 끝점인 오른쪽 아래를 연결한 대각선이 시선이동 방향이 되며, 이를 독서 중력(Reading Gravity)이라 불렀다.

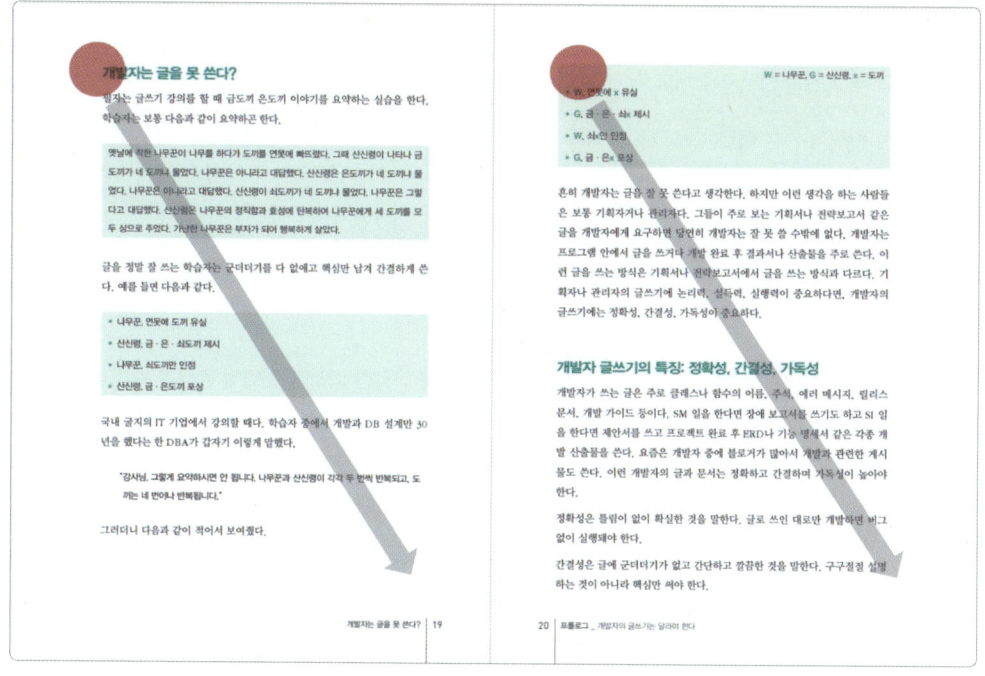

책을 읽을 때 사람의 시선이 이동하는 방향

우리가 책을 읽는다고 생각해 보자. 책의 왼쪽 위부터 읽기 시작해 오른쪽으로 갔다가 아래로 떨어지면서 마지막에서는 오른쪽 아래에서 끝나게 된다. 사람이 책을 읽을 때 흐름과 시선 이동 방향을 분석해 이를 이론화한 것이 구텐베르크 다이어그램의 기본 골자다.

그렇다면 구텐베르크 다이어그램이 UI와는 어떤 연관이 있을까? 구텐베르크 다이어그램을 모니터에 대입해 보자. 사람의 시선은 모니터 왼쪽 위에서 시작해 오른쪽 아래에서 끝난다.

사용자의 시선이 가장 먼저 닿는 곳에 서비스 로고를 노출한 네이버

지금 자주 사용하는 서비스의 홈페이지나 앱에 접속해 보자. 대부분 서비스가 왼쪽 위에 로고가 있다. 이유가 뭘까? 이는 구텐베르크 다이어그램을 고려한 의도된 배치다. 사용자의 시선이 가장 먼저 닿는 곳에 브랜드나 서비스 로고를 노출시켜 사용자에게 무의식적으로 브랜드를 각인시키기 위한 전략이다. 사용자가 서비스에 접속했을 때 가장 먼저 시선이 머무는 곳에 로고를 배치해야 사용자가 우리 서비스를 기억해 줄 확률이 높을 테니까.

여기서 이런 질문을 하는 사람이 있을 것이다.

"사람들의 시선이 무조건 왼쪽 위부터 시작한다는 보장이 있나요?"

좋은 질문이다. 자, 다시 우리가 책을 읽을 때의 감각을 떠올려보자.

우리가 책을 읽을 때 항상 시선이 왼쪽 위로 향하게 될 것이다. 어떤 책이든 보통은 왼쪽 위에서 문장이 시작하기 때문이다. 우리 뇌에는 책을 볼 때 **왼쪽 위가 시작이다**, 라는 명령어가 각인되어 있다. 그래서 책을 펼치면 습관적으로 시선이 왼쪽 위로 향한다.

홈페이지나 앱도 마찬가지다.

사용자들은 책을 읽을 때와 마찬가지로 서비스에 접속하면 시선이 자연스럽게 왼쪽 위로 향한다. 그리고 대각선 방향으로 이동하면서 오른쪽 아래에서 끝나게 될 것이다.

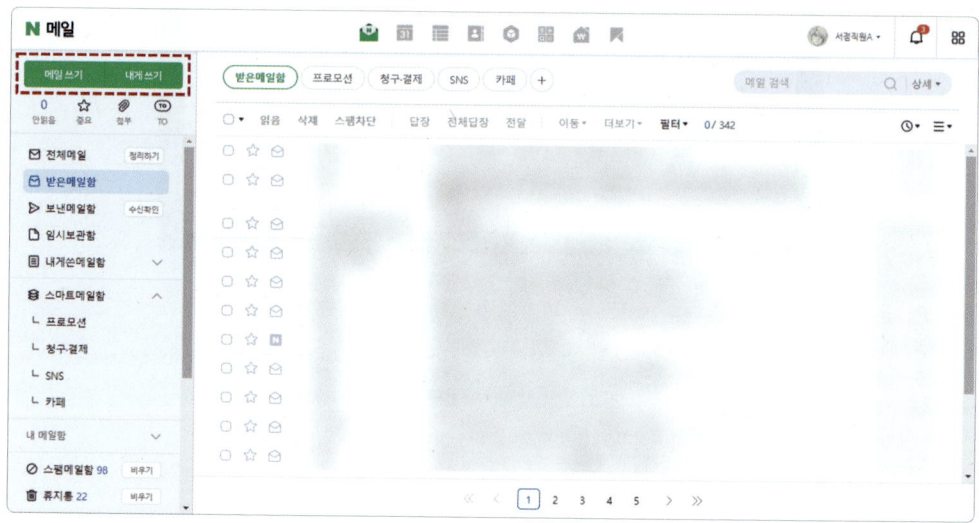

사용자가 가장 많이 쓰는 메일쓰기 기능을 왼쪽 위에 배치한 네이버 메일

구텐베르크 다이어그램을 UI에 응용하는 방법은 간단하다. 사용자의 시선 흐름과 이동 방향, 콘텐츠의 중요도와 플로우를 고려해 레이아웃을 설계하고 콘텐츠를 배치하는 것이다. 중요도가 높고 자주 사용하는 기능은 가장 먼저 시선이 향하는 왼쪽 위에 배치해 사용자가 기능을 빨리 인지할 수 있게 하고, 정보를 입력하거나 다음 스텝으로 이동하는 페이지는 사용자의 시선이 끝나는 지점에 완료나 다음 버튼을 배치해 플로우와 시선 이동 방향을 일치시키는 것이다.

구텐베르크 다이어그램은 인지과학 측면에서 강력한 이론이다. 발표된 지 70년이 지났지만 데스크톱에서 모바일로 흐름이 넘어온 현재에도 바이블처럼 활용되고 있으며 10년, 20년 후에도 통용될 법칙이다. 앞으로 이 책에서 진행되는 많은 UI 법칙과 예제들은 구텐베르크 다이어그램을 기초로 진행될 것이다.

2.3 _ 필수 이론 두 번째: 제이콥 닐슨의 웹 콘텐츠 읽는 방법 – F 패턴

닐슨 노먼 그룹[4]의 제이콥 닐슨(Jakob Nielsen)은 2006년 아이트래킹 장비로 232명의 웹 페이지 이용 패턴을 분석해 새로운 이론을 발표한다. 이 이론은 바로 UI를 공부해 본 사람이라면 한 번쯤 들어본 적이 있을 **제이콥 닐슨의 F 패턴**[5]이다.

제이콥 닐슨은 연구에서 사용자들이 웹사이트 콘텐츠를 읽을 때 일정한 패턴이 있음을 발견했으며 이 패턴이 영문 F와 모양이 유사하다고 하여 F 패턴이라고 명명했다.

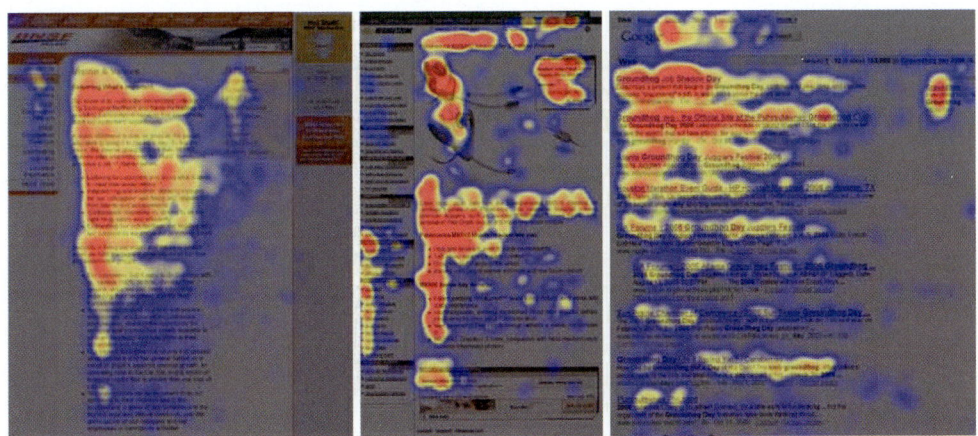

제이콥 닐슨의 F 패턴[6]

제이콥 닐슨이 정의한 F 패턴의 흐름과 특징은 다음과 같다.

1. 사용자는 콘텐츠 영역의 위쪽을 가로질러 수평으로 이동하며 읽는다. 이 최초의 움직임은 F의 첫 번째 줄을 만든다.

2. 다음으로 사용자는 위치를 약간 아래로 이동해 첫 번째 줄보다 더 짧은 수평 이동을 하며, 이것이 두 번째 줄을 만든다.

---

[4] UX라는 단어를 창시한 도널드 노먼과(Donald A. Norman) 제이콥 닐슨(Jakob Nielsen)이 공동 설립한 UX 연구 및 컨설팅 회사
[5] https://www.nngroup.com/articles/f-shaped-pattern-reading-web-content-discovered/
[6] http://www.nngroup.com

3. 마지막으로 사용자는 아래로 이동하면서 콘텐츠의 왼쪽을 스캔한다. 이것은 아이트래킹 히트맵에 단색 줄무늬로 나타나는 느리고 체계적인 스캔이다. 다른 경우에는 사용자가 더 빠르게 이동하며 히트맵을 생성한다. 이 마지막 요소는 F의 줄기를 만든다.

물론 모든 사용자의 이동 패턴이 정확히 F자 모양은 아니다. 하지만 일반적인 사용자의 읽기 패턴은 대략 F와 유사한 모양을 보인다.

제이콥 닐슨은 F 패턴의 의미와 활용법에 대해 이렇게 이야기한다.

1. 사용자는 단어 단위로 텍스트를 꼼꼼하게 읽지 않는다.
2. 처음 두 단락은 가장 중요한 정보를 명시해야 한다.
3. 사용자가 수직으로 이동하며 왼쪽의 콘텐츠를 스캔할 때 사용자의 이해를 돕기 위해 부제, 단락 제목 및 글머리를 넣어주는 것이 좋다.

제이콥 닐슨이 2006년 F 패턴 이론을 발표한 이후 15년이 지났지만, 지금까지 F 패턴은 UX 관계자들 사이에서 교과서처럼 인용되고 있다. 아무도 F 패턴의 효용성을 의심하지 않는다. UX 업계의 원로이자 거물인 제이콥 닐슨이 주창한 이론이기 때문이다. 그런데 십년이면 강산도 변한다는데, 모바일 시대에도 F 패턴이 여전히 유효한 이론일까?

여기 용감하게 F 패턴에 대해 반론을 제기하는 사람이 있다. 잠시 그녀의 말을 들어보자.

> 닐슨 노먼 그룹의 연구 중 UX 업계에서 가장 많이 인용된 연구는 웹 콘텐츠에 대한 F 자형 읽기 패턴일 것입니다. 이 연구는 2006년에 발표되었는데 많은 사람들이 이것을 잘못 해석하고 있습니다. 이에 우리는 F 패턴에 대한 동향과 함께 사람들이 F 패턴에 대해 가지고 있는 잘못된 오해를 바로잡고자 합니다.
> 웹에서 콘텐츠를 읽을 때 항상 F 패턴으로 읽는 것은 아닙니다. 다른 스캔 패턴도 존재합니다.
> 2017년 11월 12일, 닐슨 노먼 그룹 부사장 카라 페르니스(Kara Pernice)의 글[7] 중 일부 내용 발췌

---

[7] https://www.nngroup.com/articles/f-shaped-pattern-reading-web-content/

카라 페르니스는 사용자의 웹 콘텐츠 읽기 패턴은 F 패턴 이외에도 다양한 형태가 존재하며, 사람들은 F 패턴만이 유일한 유형이라고 생각하는데 이는 착각이라고 주장했다. 그녀의 말이 사실이라면 닐슨 노먼이 틀린 걸까? 왜 사람들은 F 패턴만이 유일한 유형이라고 생각하게 된 걸까?

제이콥 닐슨이 2006년 공개한 F 패턴에 대한 글은 닐슨 노먼 그룹에서 발간하는 유료 보고서[8] 판매를 위한 홍보 글이었다. 99달러짜리 유료 보고서를 팔기 위해 보고서 주요 내용 중 한 단락을 뚝 떼어 글을 썼는데(이른바 미끼상품이다) 그 글이 예상외로 큰 히트를 쳤고 **사람들은 보고서를 구매하는 대신 제이콥 닐슨의 글만 보고 F 패턴만이 유일한 패턴이라고 착각**한 것이다.

실제로 유료 보고서에서는 F 패턴 이외에도 Bypassing 패턴, Layer Cake 패턴, Spotted 패턴, Commitment 패턴 등 총 5가지 패턴을 소개하고 있다.

01. **F 패턴**: 기사, 스토리 등 텍스트가 대부분인 페이지를 볼 때 사용자는 F자 모양의 히트맵을 만든다.

---

[8] https://www.nngroup.com/reports/how-people-read-web-eyetracking-evidence/

02. **Bypassing 패턴**: 동일한 단어가 여러 줄에서 반복되는 경우 사용자는 줄의 첫 번째 단어를 의도적으로 건너뛰고 중간부터 읽기 시작한다.

03. **Layer Cake 패턴**: 사람들은 제목을 스캔하면서 본문 내용을 읽을지 여부를 판단한다. 이 히트맵은 레이어 케이크를 연상시킨다.

04. **Spotted 패턴**: 페이지에 원하는 정보가 없으면 사용자는 원하는 정보를 찾기 위해 시선을 이리저리 움직이며 특별한 패턴이 없는 원형 히트맵을 만든다.

05. **Commitment 패턴**: Spotted 패턴에서 사용자가 원하는 정보를 발견하면 해당 정보에 시선을 고정하는데 이때 집중적인 히트맵이 만들어진다.

보고서의 내용처럼 실제로는 F 패턴 이외에도 다양한 읽기 패턴이 존재하며 서비스나 페이지 유형, 사용자의 목적과 관심사에 따라 읽기 패턴은 차이가 있다. 동일한 페이지라도 어떤 목적과 의도를 가지고 있느냐에 따라 읽기 패턴이 달라질 수 있다는 얘기다. 사용자의 읽기 패턴은 정형화될 수 없다. 이것이 바로 F 패턴에 대한 맹목적인 믿음을 경계해야 하는 이유다.

2.4 _ 인간은 어떻게 정보를 탐색할까?

그동안 기획자와 디자이너 사이에서 F 패턴, Z 패턴은 레이아웃의 공식처럼 여겨졌다.

그런데 **사용자의 읽기 패턴은 정형화될 수 없으며 서비스 유형, 사용자의 목적, 관심사 등에 따라 달라질 수 있다**고 한다면 우리는 어떤 기준으로 UI를 설계해야 할까?

기술은 바뀔지라도 인간은 바뀌지 않는다. 이럴 때일수록 원론으로 돌아가야 한다. 기술이나 유행, 취향이 아니라 인간에 초점을 두고 UI를 설계하는 것이다. 최근 인간 행동 분석에 기반을 둔 HCI(Human-Computer Interaction)가 각광받는 이유도 이런 맥락이다.

UI는 인간의 정보 탐색 활동에 뿌리를 두고 있다. 인간의 정보 탐색 활동과 특성을 이해하면 인간 행동에 기반한 UI 설계가 가능해진다.

인간은 어떻게 정보를 탐색할까? 닐슨 노먼 그룹의 연구[9]에 따르면 79퍼센트의 사람이 원하는 정보를 찾기 위해 글을 빠르게 훑어보면서 스캔한다고 한다(글을 단어 단위로 읽는 사람은 전체의 16%에 불과했다).

영상 콘텐츠의 발달과 문해력 저하로 사람들이 글을 읽는 것을 어려워하며 글을 정성스럽게 읽기보다 스캔하듯이 주요 내용만 훑어본다고 생각하는 사람이 많다. 하지만 글을 스캔하듯이 소비하는 경향은 최근의 일이 아니다. 모바일 시대 훨씬 이전부터 학습된 인간 고유의 습성에 가깝다.

---

[9] https://www.nngroup.com/articles/how-users-read-on-the-web/

그렇다면 사람들은 왜 글을 읽지 않고 스캔하는 걸까?

오로지 읽는 행위만을 위해 존재하는 책과 달리 데스크톱이나 스마트폰 같은 디바이스는 버튼을 클릭하고 정보를 탐색하는 동적인 행위에 더 익숙한 매체다. 정보를 습득하기 위해 한 줄 한 줄 꼼꼼히 읽어봐야 하는 책과 달리, 웹 페이지는 정보를 습득하기 전 수많은 정보 중 자신이 원하는 정보만 빠르게 찾고 원하는 정보가 없으면 다른 페이지로 이동하는 정보 탐색 과정이 필요하다. 평면으로 정보가 나열된 책과 달리 웹 페이지는 링크를 통해 서로 연결되어 있고 정보가 파편화되어 있다. 웹 페이지는 정보를 탐색하고 페이지를 스캔하는 과정이 필요할 수밖에 없는 구조인 것이다.

시선 추적 연구의 선구자인 알프레드 야버스(Alfred L. Yarbus)는 1965년 그의 저서 《Eye Movements and Vision》에서 시각 운동(안구가 정지했다가 다른 지점으로 이동하는 과정)은 관찰자가 수행하는 작업의 목적에 따라 달라질 수 있다고 말했고, 인지 심리학자인 로버트 솔소(Robert L. Solso)는 인간은 레이아웃 전체를 탐색한 다음 **흥미를 끄는 지점에 시선을 집중**해 정보를 습득하는 경향이 있다고 말했다. 시선에 관한 다양한 연구 결과를 종합해 보면 **인간은 정보를 습득하기 위해 반드시 탐색의 과정을 거치며 눈이 대상을 빠르게 스캔하며 정보의 유효성 여부를 판단**한다고 한다. 스캔이라는 행위 자체가 효율적으로 빠르게 원하는 정보를 얻기 위한 인간의 본능적이고 동물적인 움직임이라는 뜻이다.

닐슨 노먼 그룹은 사용자가 웹 페이지에 머무르는 시간은 4가지 요소에 의해 결정된다고 정의했다.

1. **동기 부여**: 사용자에게 얼마나 중요한 정보인가?
2. **작업 유형**: 사용자의 목적에 부합하는가? 새로운 정보를 찾고 있는가?
3. **초점 수준**: 사용자가 얼마나 읽기에 집중할 수 있는 환경인가?
4. **개인의 특성**: 사용자의 독해력과 평소 웹 페이지를 읽는 습관

동기 부여나 작업 유형은 너무 뻔한 얘기이니 넘어가자. 근래 들어서 더욱 심화되는 것이 초점 수준과 개인의 특성이다. 웹 페이지에 접근하는 수단이 데스크톱밖에 없던 시절에는

초점 수준이 크게 중요하지 않았다. 하지만 스마트폰 시대에 접어들면서 이동 중에도 웹 페이지에 접근하는 것이 가능해지면서 우리 웹 페이지와 서비스에 사용자들이 어떤 환경에서 주로 접속하느냐가 UX 구현의 핵심 고려 사항 중 하나가 되었다.

개인의 특성도 마찬가지다. 비디오 플랫폼의 발달로 글보다 영상을 선호하며 짧고 자극적인 콘텐츠만 소모하는 경향은 점점 강해지고 있다. 긴 글을 읽는 데 익숙하지 않다 보니 과거보다 집중할 수 있는 시간도 짧아졌고 긴 문장을 읽는 데 어려움을 겪는다. 이는 실제 연구 결과로도 증명되는데, 2022년 쇼와 대학교 연구진이 〈네이처〉 지에 발표한 논문[10]에 따르면 스마트폰으로 긴 글을 읽을 때 발생하는 블루라이트가 전두엽 피질을 과도하게 활성화시켜 뇌가 인지 부하를 겪고 독해력이 저하되어 점점 장문의 글을 기피하는 경향이 발생한다고 한다.

인간의 정보 탐색 과정을 이해하려면 우리가 유튜브에서 영상을 선택할 때 어떤 과정을 거치는지 생각해 보면 된다. 보통은 유튜브 초기 화면에 노출된 영상 리스트를 쭉 훑어보다가 평소에 흥미 있었던 주제의 제목이나 섬네일이 있으면 해당 영상을 선택하거나 흥미를 끄는 제목의 영상을 후보로 기억해 뒀다가 전체 리스트를 모두 확인한 후 후보 중 가장 흥미 있는 영상을 선택한다.

웹 페이지도 이와 같다. 사용자가 모든 내용을 전부 꼼꼼히 읽어보고 선택하지 않기 때문에 사용자가 스캔하는 사이 수많은 정보 중에서 나의 정보가 눈에 띄고 선택받을 수 있도록 섬네일과 제목의 글씨는 점점 커지고 자극적이 된다. UX도 편리함보다는 선택을 받기 위해 더 자극적인 컬러와 도발적인 문구로 사용자를 유혹하고 있다.

이 글을 읽는 독자 여러분도 긴 글을 읽는 데 어려움이 있을 거라 사료된다. 그래서 이번 장을 2줄 요약으로 정리해 보려고 한다.

1. 사용자는 글을 읽지 않는다. 주로 스캔한다.
2. 스마트폰의 블루라이트가 독해력을 저하시키고 장문의 글을 기피하게 만든다.

---

[10] https://www.nature.com/articles/s41598-022-05605-0

2.5 _ 필수이론 세 번째: 스티븐 후버의 모바일 디바이스 파지 방법론

2013년 2월 18일, 디자이너 스티븐 후버(Steven Hoober)는 〈UX Matters〉라는 매거진에 사람들이 스마트폰을 어떻게 잡고 사용하는지에 대한 칼럼을 발표한다. 이것이 제이콥 닐슨의 F 패턴과 함께 UX 업계에서 가장 유명한 칼럼 중 하나로 꼽히는 스티븐 후버의 모바일 디바이스 파지 방법론[11](원문: How Do Users Really Hold Mobile Devices?)이다.

2013년 스티븐 후버 팀은 1,333명의 스마트폰 사용자를 관찰해 사람들이 스마트폰을 어떻게 들고 터치하는가를 조사했다. 스티븐 후버 팀에 따르면 스마트폰 파지 및 터치 유형은 크게 3가지로 구분된다고 한다.

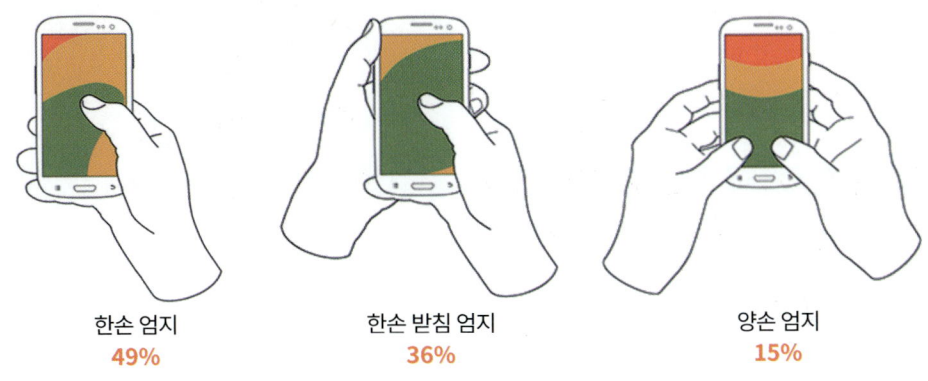

스티븐 후버가 조사한 스마트폰을 터치하는 3가지 유형

- **사용자의 49%**가 한 손으로 스마트폰을 들고 엄지로 터치
- **사용자의 36%**가 한 손으로 스마트폰을 거치하고 반대편 엄지나 검지로 화면을 터치
- **사용자의 15%**가 양손으로 스마트폰을 거치하고 양쪽 엄지로 화면을 터치

이 조사는 모바일 앱 서비스 UI에 큰 영향을 끼쳤다. 스마트폰을 이용하는 사람의 절반 정도가 한 손으로 스마트폰을 이용하니 한 손 파지 상태에서 터치하기 편한 하단에 자주 사

---

[11] https://www.uxmatters.com/mt/archives/2013/02/how-do-users-really-hold-mobile-devices.php

용하는 기능을 배치하고(메뉴바와 툴박스) 주요 기능을 터치하기 편한 엄지 영역에 배치하는 것이 모바일 디자인의 공식처럼 여겨졌을 정도다. 지금도 우리가 사용하는 많은 서비스에서 하단 메뉴바와 툴박스가 엄지 영역에 배치된 것을 쉽게 찾아볼 수 있을 정도로 스티븐 후버 팀의 연구가 UX 디자인에 끼친 영향은 막대했다.

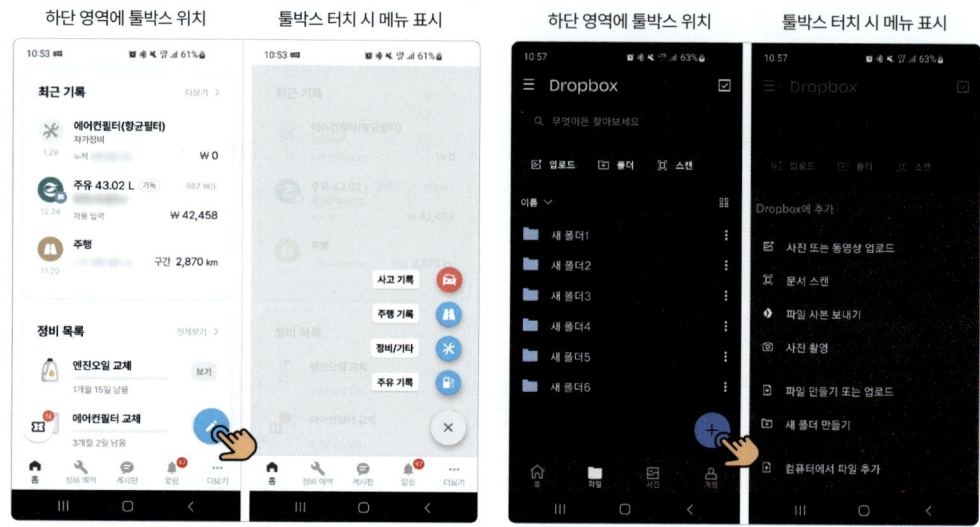

툴박스가 하단 엄지 영역에 위치한 마이클(좌)와 드롭박스(우)

그런데 스티븐 후버의 칼럼은 발표된 지 10년이 지났고 그사이에 모바일 디바이스와 그를 둘러싼 제반 환경은 눈부신 속도로 발전했다. 후버의 연구가 지금 그리고 10년, 20년 후에도 유효한 이론이라고 말할 수 있을까?

잠시 후버의 말을 들어보자.

> 사용자가 휴대전화를 잡는 방식은 고정된 형태가 아니다. 잡는 형식은 사용하는 작업에 따라 달라질 수 있다.
> (중략)
> 한 손 사용은 사용자가 어떤 일을 동시에 하고 있는가와 연관이 있다. 한 손 사용자들은 다른 손으로 가방을 들고 있거나 이동 중에 난간을 잡거나 아기를 안고 있는 등 두 손을 쓸 수 없는 환경인 경우가 많았다.

> (중략)
>
> 일부 사람들은 한 손 이용 비중을 보며 왼쪽 상단 모서리에 우선순위가 낮은 기능을 배치해야 한다는 의미로 해석할 수 있을 것이다. 하지만 나는 그것을 추천하지 않는다. 사용자가 상단 버튼을 누르기 위해 휴대전화 파지 방법을 한 손에서 한 손 거치나 양손으로 변경하면 어떻게 될까?
>
> - <2013년, How Do Users Really Hold Mobile Devices?> 중 일부 내용 발췌

스티븐 후버의 말에 따르면 파지 방식은 사용자가 수행하는 작업이나 서비스 유형, 사용자가 어떤 환경에 있느냐에 따라 달라질 수 있으며 파지 방법론에 따라 우선순위가 낮은 기능을 엄지가 닿지 않는 상단 모서리에 배치하는 것은 위험할 수 있다고 경고한다.

예를 들어보자. 서점직원은 아침 출근길에 지하철 안에서 오른손으로 스마트폰을 잡고 엄지로 터치하면서 뉴스 기사를 읽는다. 그러다가 카톡이 오면 파지 방법을 양손으로 바꿔 양손 엄지로 답장을 보낸다. 한 손으로 쇼핑하다 오른쪽 위에 있는 햄버거 버튼을 누르려면 파지 방법을 바꿔 왼손으로 스마트폰을 받치고 오른손 검지로 전체 메뉴를 터치한다. 지하철에서 서 있을 때는 양손 엄지로 카톡 답장을 하지만, 환승 통로에서 이동 중일 때는 오른손으로 폰을 잡고 오른손 엄지로 타자를 쳐서 답장한다. 동일한 사용자라도 어떤 서비스를 사용하느냐, 서 있는 상태냐 아니면 이동 중인 상태냐에 따라 파지 방법이 달라지는 것이다.

후버의 연구 역시 F 패턴과 맥락이 비슷하다. 후버는 연구의 한계점에 대해 분명하게 언급했으나 사람들은 한 손, 한 손 받침, 양손이라는 터치 비중에만 관심을 가지고 일부분만 딱 떼어 그것을 일반화된 공식마냥 여기저기 퍼 나르기 시작했다. 2024년 현재까지도 후버의 엄지 영역 이론은 스마트폰 파지 방법과 터치 범위의 공식처럼 통용되고 있다.

대부분의 사람이 후버의 연구를 바탕으로 많은 연구자들이 터치 범위에 대한 다양한 연구를 진행했다는 사실과 후버가 2017년 후속 연구의 결과를 발표했다는 것을 알지 못한다. 경향은 계속 변해가고 있는데 우리의 지식은 2013년에 머물러 있는 것이다.

이제 후버와 많은 연구가의 후속 연구를 토대로 우리의 지식을 업데이트해 보자.

후버가 최초 연구를 발표한 당시, 사람들이 가장 많이 사용하는 스마트폰은 아이폰 5(4인치)였다. 1년 후인 2014년부터 4인치를 넘는 스마트폰들이 속속 등장(아이폰 6 4.7인치/갤럭시 S5 5.1인치)하기 시작했는데, 화면이 커지면서 스마트폰은 더 이상 한 손으로 터치하기 적합한 기기가 아니게 되어버렸다. 디자이너인 스콧 허프(Scott Hurff)는 바로 이점을 지적한다.

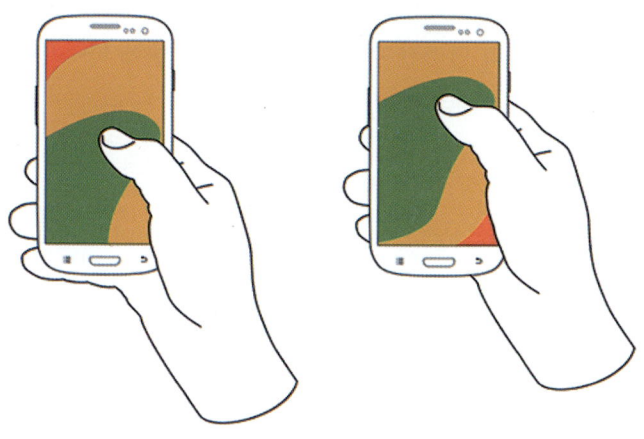

후버가 2013년 발표한 연구 자료의 엄지 영역[12]

후버가 2013년 발표한 최초의 연구에서 엄지 영역은 화면의 절반 정도다(그림의 초록색 영역). 스콧 허프는 후버의 연구를 바탕으로 스마트폰 화면 크기가 커지면 엄지 영역이 어떻게 달라지는지에 대한 연구[13] 결과를 발표했다.

---

[12] http://www.uxmatters.com
[13] https://www.scotthurff.com/posts/how-to-design-for-thumbs-in-the-era-of-huge-screens/

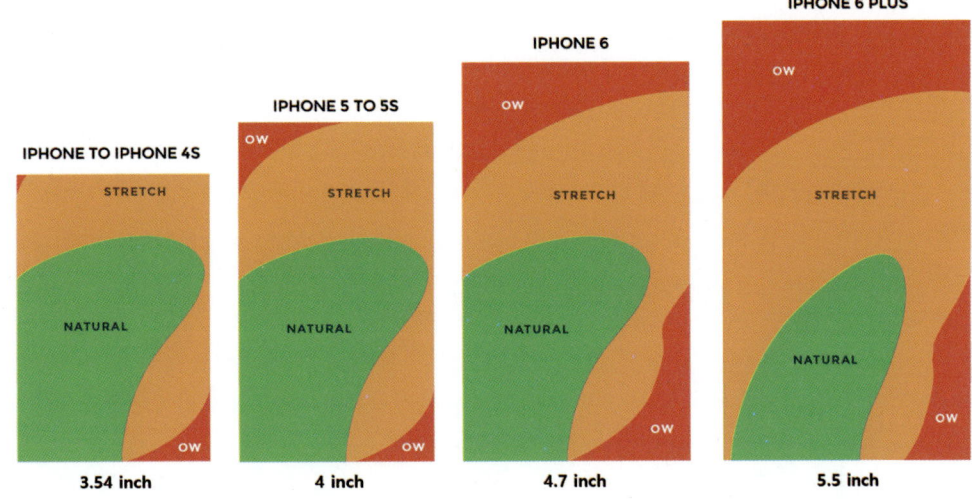

스콧 허프의 화면 크기에 따른 엄지 영역의 변화

스콧 허프는 화면 크기에 따라 엄지 영역의 양상도 변화한다고 주장한다. 4.7인치까지는 화면이 커져도 엄지 영역의 위치와 크기가 동일하고 엄지가 닿지 않는 영역만 늘어나지만, 5.5인치인 아이폰6 플러스에서는 엄지 영역이 전보다 좁아진다. 이유는 파지법의 차이 때문인데 화면 크기가 일정 수준 이상으로 커지면 한 손으로 스마트폰을 잡기 위해 사용해야 하는 손의 면적이 넓어지고 전보다 더 많은 손의 면적과 근육을 사용하니 엄지의 가동 범위가 좁아지는 것이다. 화면 크기가 커지면 단순히 터치하기 어려운 범위만 늘어나는 것이 아니라, 엄지의 가동 범위 자체가 좁아진다. 현재 최신 기종인 아이폰 14와 갤럭시 S23의 화면 크기가 6.1인치인 것을 생각해 보면 2013년 스티븐 후버가 발표한 엄지 영역 이론은 현 실정과 맞지 않는다. 2013년 가장 대중적인 스마트폰은 4인치였지만, 현시점에서 가장 대중적인 스마트폰은 6.1인치다.

그렇다면 스마트폰의 크기가 커진 현시점에서 사용자가 터치하기 편한 위치는 어디일까? 2017년, 후버의 후속 연구[14]를 통해 업데이트된 내용을 알아보자.

---

14 https://www.uxmatters.com/mt/archives/2017/03/design-for-fingers-touch-and-people-part-1.php

많은 사람이 이 주제에 대해 오래되고 정확하지 않은 칼럼을 언급한다. 때때로 독자들은 내 오래된 데이터를 근거로 잘못된 결론을 도출한다. 이번 업데이트된 정보를 통해 올바른 정보가 확산되길 바란다.

(중략)

많은 디자이너들이 한 손으로 쥐고 엄지로 터치하는 아이폰만이 휴대폰의 전부라고 생각한다. 모든 탭과 기능은 하단에 있어야 하며 아무도 왼쪽 상단 모서리를 이용하지 않는다고 생각한다. 하지만 실제 사용자들은 왼쪽 상단에 있는 뒤로 가기 버튼을 많이 사용한다.

(중략)

내가 연구 중 깨달은 중요한 사실은 모바일 장치에서 사람들이 데스크톱과 같이 왼쪽 상단에서 오른쪽 하단으로 스캔하지 않는다는 것이다. 또한 엄지손가락의 도달 범위 제한으로 오른쪽 아래에서 왼쪽 위의 화면을 터치하지도 않는다. 사용자들은 화면 중앙을 보고 터치하는 것을 선호한다.

사람들은 화면 중앙에서 콘텐츠를 가장 잘 읽을 수 있고 가능하면 콘텐츠를 스크롤하여 읽는 부분을 화면 중앙으로 가져오는 경우가 많았다. 화면 중앙을 터치하는 것이 쉽기 때문에 중앙의 터치 범위는 크기가 작아도 인식이 용이하지만 모서리로 갈수록 터치 정확도가 떨어져 터치 유효범위가 커져야 한다.

<Design for Fingers, Touch, and People> 중 일부 내용 발췌

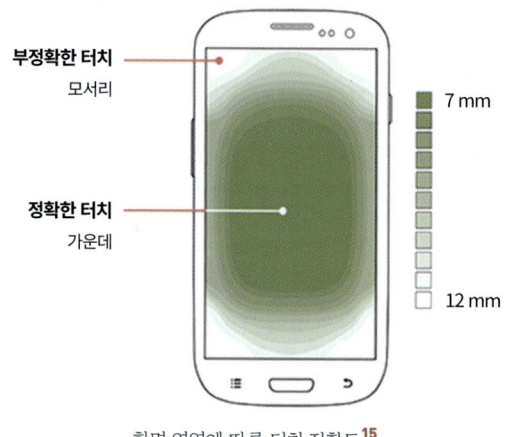

화면 영역에 따른 터치 정확도[15]

---

[15] 〈UX matters〉, 스티븐 후버

후버가 발표한 연구 결과는 그동안 우리가 당연하다고 생각했던 엄지 영역에 대한 통념을 뒤집는다. 그동안 우리가 알고 있던 엄지 영역은 잘못된 지식이며 모바일에서는 데스크톱처럼 왼쪽 위에서 오른쪽 아래로 스캔하지도 않고 사용자가 선호하는 터치 영역은 화면 아래쪽이 아닌 화면 중앙이라고 주장한다.

사람들은 다양한 방식으로 휴대전화를 파지한다. 선호하는 한 가지 방식이 아니라 작업에 따라 수시로 파지 방법을 변경한다. 다음 그림은 작업에 따른 사용자들의 파지 방법 변화를 보여준다.

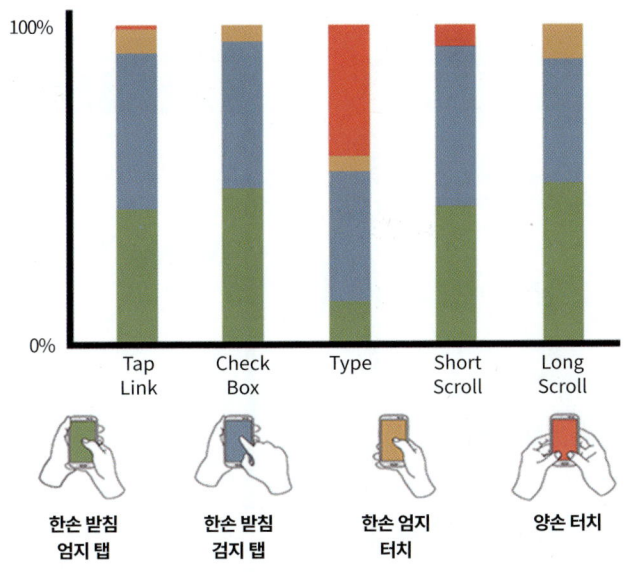

수행 작업에 따른 파지 방법 비율[16]

후버의 후속 연구에 따르면 사람들이 어떤 작업을 하느냐에 따라 파지 양상은 달라진다. 화면을 터치하거나 체크박스를 누를 때 한 손을 거치하고 엄지 또는 검지로 화면을 터치하는 비율이 90% 이상이지만, 글자를 타이핑할 때는 양손 엄지로 화면을 터치하는 비율이 41% 정도로 높아진다. 짧은 스크롤을 할 때는 양손 엄지를 사용하는 사람이 있지만, 긴 스

---

[16] 〈UX matters〉, 스티븐 후버

크롤을 할 때 양손 엄지를 사용하는 사람은 없다. 한 가지 파지 방법을 기준으로 UI를 설계하면 안 되는 이유가 이것이다.

그렇다면 우리가 알고 있던 엄지 영역에 대한 지식은 잘못된 것일까? 엄지 영역은 정말 터치하기 편한 영역이 아닐까?

아니다. 후버의 후속 연구와 별개로 엄지 영역은 여전히 유효하다. 후버는 모든 것을 엄지 영역에 대입해 오류를 범하는 사람들을 경계했을 뿐, 엄지 영역의 유효성에 대해서는 부정하지 않았다. 엄지 영역이 현재까지 어떻게 유효한지 한 가지 예를 통해 알아보자.

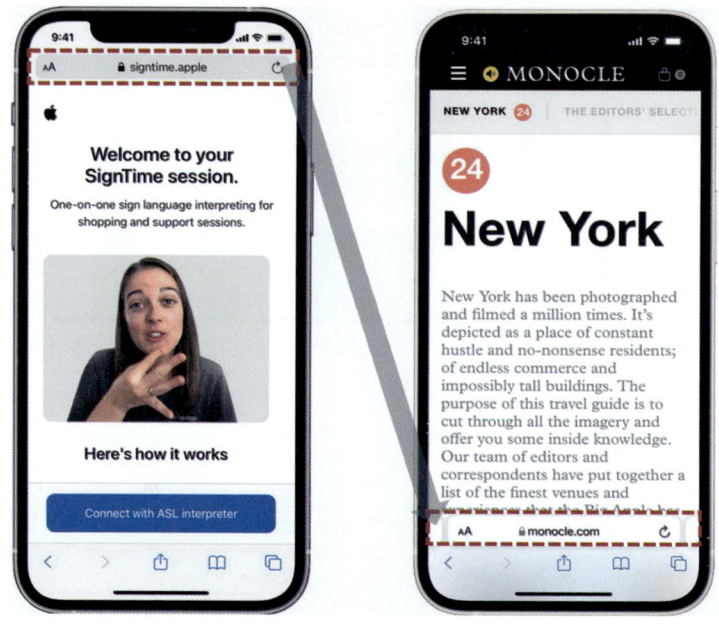

iOS 14의 사파리 브라우저(좌) / iOS 15의 사파리 브라우저(우)

2021년 9월 애플은 새로운 iOS 15 버전의 업데이트를 발표한다. 이 업데이트에서 사용자들의 관심을 끈 변화가 하나 있었는데, 웹브라우저인 사파리의 주소 입력창의 위치 변화다. 주소 입력창이 상단에서 하단으로 옮겨졌는데, 애플은 이 변화에 대해 이렇게 설명한다.

> Safari가 새로운 디자인을 갖추면서 제어 기능을 한 손으로 사용하기가 더 쉬워진다. 새로운 탭 막대는 기본으로 화면 아래에 노출되어 사용자가 탭 사이를 손쉽게 오갈 수 있다.
>
> - 2021년 9월 iOS 15 업데이트 언론 보도자료 중 일부 발췌

애플은 한 손 사용자들이 주소 영역을 편하게 터치할 수 있도록 주소 입력창의 위치를 하단으로 이동했다고 말한다. 애플이 사용자들의 반발을 무릅쓰고 주소 입력창 위치를 옮길 정도로 엄지 영역이 사용성에 미치는 영향이 크다는 이야기다.

스마트폰 화면 크기가 4~5인치 정도였던 시절에는 파지 방법을 살짝 바꾸면 한 손에 스마트폰을 쥐고 엄지로 상단에 있는 주소창을 터치할 수 있었다. 하지만 스마트폰 크기가 6인치를 넘어가는 시점부터 손이 큰 성인 남성이라도 파지 방법을 바꾸지 않는 한, 한 손으로 상단에 있는 주소창을 터치하기는 어려워졌다. 화면의 크기가 한 손으로 커버 가능한 범위를 넘어섰기 때문에 한 손 조작의 편의를 위해 주소 입력창의 위치를 변경할 필요가 있었던 것이다. 화면이 커지면서 예전보다 엄지 영역의 중요도가 더욱 높아진 것이다.

엄지 영역에 대한 이론을 정리하면 이렇다.

1. 스마트폰을 잡는 그립법은 고정되어 있지 않다.
2. 주위 환경(이동 중 또는 짐을 들고 있음)이 그립법에 큰 영향을 준다.
3. 그립법은 사용자가 어떤 작업을 하느냐에 따라 달라진다.
4. 사용자가 콘텐츠를 볼 때 보고 싶은 콘텐츠를 화면 가운데에 위치시키는 것이 사용자 입장에서 보기 편하다(한 손 엄지로 스크롤을 하면 엄지 때문에 하단 영역이 가려지기 때문에). 하지만 화면이 커지면서 사용자가 터치하기 편한 영역은 화면 가운데와 왼쪽 아래인 엄지 영역에 몰렸다. 전통적인 엄지 영역 이론은 터치하기 편한 영역이라는 관점에서 여전히 유효하다.

2.6 _ 주시 영역과 활동 영역

앞서 배운 구텐베르크 법칙에 따르면 사용자의 시선은 왼쪽 위에서 시작한다. 그런데 스티븐 후버의 모바일 디바이스 파지 방법론에 따르면 사용자가 터치하기 편한 영역은 화면 아래쪽에 집중되어 있다. 사용자의 시선이 시작하는 곳과 터치하기 편한 지점이 다른데 어떻게 하면 서로 다른 2가지 요소를 융합해 레이아웃을 설계할 수 있을까?

답은 간단하다. 화면을 2개 영역으로 분할해 시선이 가장 먼저 가는 곳을 보는 영역으로, 터치하기 편한 영역을 인터랙션 영역으로 분할해 레이아웃을 설계하면 된다. 이른바 '**주시 영역, 활동 영역**' 이론이다.

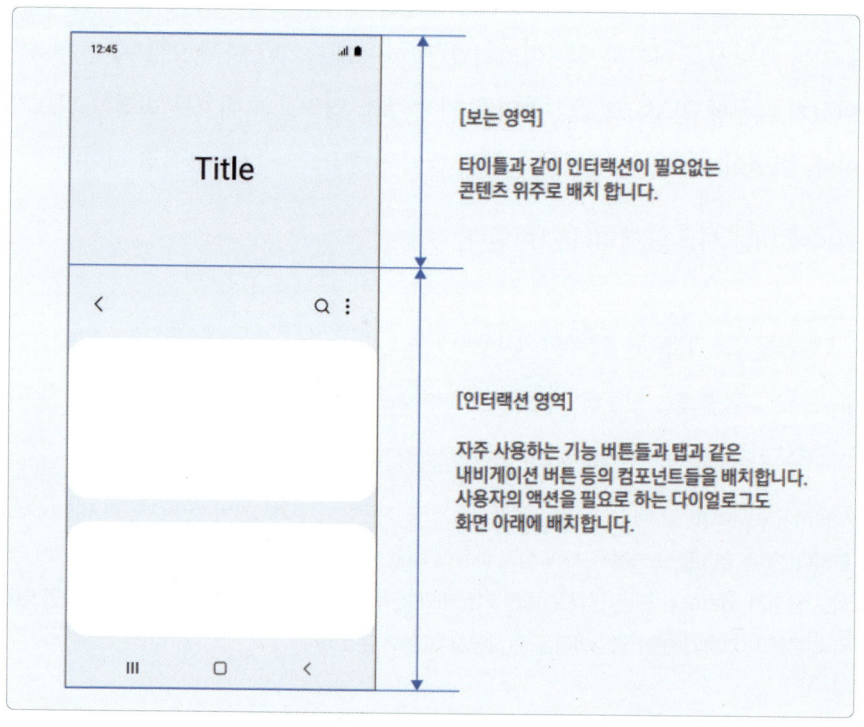

삼성전자 One UI의 보는 영역과 인터랙션 영역에 대한 설명[17]

---

[17] https://www.design.samsung.com/kr/contents/one-ui/download/oneui_design_guide_kor.pdf

주시 영역과 활동 영역 구분에 따르면 사용자의 시선이 가장 먼저 향하는 **상단 주시 영역은 타이틀과 비주얼 같은 액션이나 클릭 요소가 없는 콘텐츠를 배치**하고 사용자가 터치하기 편한 **하단 활동 영역은 실제 터치가 이루어지는 기능 요소를 배치**한다. 이렇게 사용 환경과 레이아웃을 일치시키면 사용성 향상과 더불어 사용자는 편안함과 익숙함을 느끼게 된다. 보편적으로 통용되는 익숙한 레이아웃으로 화면을 구성해 탐색 과정이 줄어들었으니 눈과 뇌의 피로도 줄어들어 편안함을 느끼게 되는 것이다.

우리가 평소에 인지하지 못하고 있지만 실제로 많은 서비스들이 주시 영역과 활동 영역 이론에 기반해 레이아웃을 구성한다. 대표적으로 안드로이드와 아이폰의 초기 화면이 그렇다.

상단 주시 영역(초록)과 하단 활동 영역(주황)으로 구성된 Android와 iOS의 초기 화면

CHAPTER 2 _ 기획자라면 꼭 알아야할 UI 필수 이론

안드로이드와 아이폰의 초기 화면은 상단을 정보성 콘텐츠를 제공하는 주시 영역, 하단을 실제 액션이 발생하는 활동 영역으로 구분해 레이아웃이 구성되어 있다. 이런 레이아웃 배치는 사용자의 학습 효과를 유발한다. 엄지가 자유롭게 활동할 수 있는 엄지 영역에 활동 영역을 배치해 모든 터치 요소를 엄지 영역에 집중시키면 사용자는 어떤 액션이나 기능이 필요할 때 학습 효과로 자연스럽게 활동 영역을 먼저 주시하게 된다. 뭔가를 누를 때는 항상 활동 영역을 터치했으니 손이 자연스럽게 활동 영역으로 향하게 되는 것이다.

그렇다면 모든 페이지를 주시 영역과 활동 영역으로 구분해 UI를 설계하면 사용자에게 높은 사용성을 제공할 수 있지 않을까? 안타깝게도 현실적으로는 불가능에 가까운 얘기다.

레이아웃을 주시 영역과 활동 영역으로 구분하면 기능 요소는 무조건 활동 영역에 배치해야 한다. 기능이 많은 서비스에는 이 레이아웃이 적합하지 않다. 콘텐츠가 많아 세로 스크롤이 생기는 경우도 마찬가지인데, 상단 주시 영역을 스크롤로 흘려보내면 영역을 나누는 의미가 퇴색하고 스티키로 고정하면 스크롤에 쓰이는 영역이 주시 영역만큼 줄어들어 사용성이 저하된다.

주시 영역, 활동 영역의 2분할 레이아웃은 사용성 측면에서 강점이 있지만, 범용성은 상대적으로 떨어진다. 이 레이아웃은 서비스의 초기 화면이나 일부 페이지에서만 제한적으로 사용하거나 기능이 적고 콘텐츠와 기능이 명확히 구분되어 있는 서비스에서만 사용하는 것이 좋다. 상·하단이 명확히 구분된 음악 플레이어 같은 서비스가 적용하기 좋은 유형이다.

레이아웃은 서비스의 특징과 성격에 따라 구성이 완전히 달라진다. 무분별하게 유명 서비스나 대형 글로벌 서비스의 UI를 벤치마킹하기보다는 우리 서비스에 적합한 형태와 구조는 어떤 것인지를 먼저 고민해 보는 자세가 필요하다.

2.7 _ 색과 색채

UI/UX는 색에서 시작해 색으로 끝난다고 해도 과언이 아닐 정도로 색이 차지하는 비중이 크다. 수학에 비유하면 색은 구구단 같은 존재다. 구구단을 알아야 미적분을 풀 수 있지 않은가? 색의 기본이 되는 색상 이론을 이해해야 UI/UX를 제대로 이해할 수 있다.

자, 지금부터 문제를 하나 내겠다.

다음 그림처럼 빨간색 세모와 파란색 동그라미가 있고 당신은 빨간색 동그라미를 가지고 있다.

빨간색 세모와 파란색 동그라미 중 당신이 가지고 있는 빨간색 동그라미와 비슷하다고 생각하는 것을 선택해 보자.

당신이 선택한 것은 빨간색 세모인가? 파란색 동그라미인가?

위 문제는 1980년대 미국의 한 심리학자가 실험한 내용과 동일한 내용이다. 결과가 어떻게 나왔을까?

대부분의 사람들이 빨간색 세모를 자기가 가진 빨간색 동그라미와 비슷하다고 응답했다.

이 실험이 의미하는 것은 두 가지다.

1. 사람은 세모, 동그라미라는 형태보다 색으로 동질감을 느낀다.
2. 형태가 달라도 색이 같으면 같은 요소라고 인식한다.

이렇게 색을 통해 대상을 같은 요소로 인식하고 의미를 부여하는 것을 **색 부호화**라고 한다. 남자 화장실은 파란색, 여자 화장실은 빨간색인 것, 신호등의 빨간 불은 정지, 초록 불은 진행 같은 것이 대표적인 색 부호화의 예다. 이것을 응용해 비슷한 항목끼리 동일한 색을 사용해 동질감을 느끼게 해주는 효과를 줄 수도 있고(반대 효과도 가능) 눈에 띄거나 강조하고 싶은 요소를 다른 색을 사용하여 돋보이게 할 수 있다.

잠시 이해를 돕기 위해 색 부호화에 대한 예제를 살펴보자.

색상을 통해 주요 기능을 강조한 다음의 메인 페이지

위 이미지는 포털 사이트 다음의 메인 화면이다. 이 화면에서 유독 눈에 띄는 요소가 하나 있는데 바로 오른쪽에 있는 로그인 버튼이다. 로그인 버튼은 사용자가 가장 많이 찾는 중요한 기능 중 하나이니, 다른 요소와 다르게 포인트 컬러인 노란색을 사용해 강조한 모습이다. 이것이 바로 색상을 이용한 강조다.

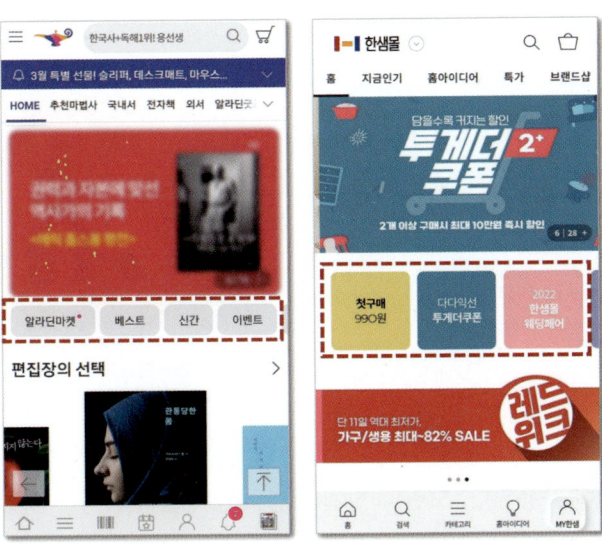

다른 요소지만 동일한 색상으로 그루핑한 예(좌)와 모양은 동일하지만 다른 컬러로 디자인한 예(우)

다른 케이스도 한번 살펴보자. 앞 그림에서 왼쪽의 가운데 영역을 보면 동일한 회색 컬러를 사용해 같은 요소인 것처럼 그루핑했다. 실제로 첫 번째 버튼인 '알라딘마켓'과 '베스트', '이벤트'는 콘텐츠의 유형도 다르고 성격도 다르지만 시각적으로는 동일한 컬러를 사용해 유사한 기능인 것 같은 느낌을 준다.

오른쪽 이미지는 반대다. 모양은 동일하지만 다른 컬러를 사용해 박스가 같은 요소라는 느낌보다 각각 개별적인 요소인 것 같은 느낌을 준다. 이렇게 모양이 같더라도 동일한 컬러를 사용하느냐 다른 컬러를 사용하느냐에 따라 사용자에게 전달되는 느낌이 다르다.

이제 색 부호화에 대해 조금은 감이 오는가?

색 부호화를 이해했다면, 다음은 색 파장에 대해 알아볼 차례다.

색 파장은 간단하게 설명하면 **어떤 색이 가장 멀리까지 도달하느냐**를 나타낸 것이다. 파장이 길면 멀리서도 잘 보이고 파장이 짧으면 거리가 멀어질

색상	파장(nm)	진동수(THz)
빨강	780~622	384~482
주황	622~597	482~503
노랑	597~577	503~520
초록	577~492	520~610
파랑	492~455	610~659
보라	455~390	659~769

색에 따른 파장과 진동

수록 눈에 잘 띄지 않게 된다. 파장이 긴 색과 파장이 짧은 색을 동일한 거리에 놓고 비교하면 파장이 긴 색이 짧은 색보다 더 눈에 띈다. 7개의 무지개 색으로 비교하면 빨주노초파남보 순으로 빨간색의 파장이 가장 길고 보라색의 파장이 가장 짧다.

파장이 긴 노란색과 빨간색을 이용해 가시성을 높인 교통표지판

빨간색은 파장이 길고 멀리서도 잘 보이기 때문에 사용자에게 주의나 경고 메시지를 전달해야 하는 곳에 많이 사용된다. 노란 배경에 빨간 테두리를 사용하는 교통표지판이 대표적인 예다.

우리가 색 파장을 통해 알게 된 사실은 빨간색과 노란색은 파장이 길어 다른 색에 비해 눈에 잘 띈다는 것이다. 막연하게 빨간색은 눈에 참 잘 띈다고 느낌을 표현하는 사람은 많아도 이론적인 근거를 갖고 왜 빨간색이 눈에 더 잘 띄는지를 설명하는 사람은 많지 않다. 이 책을 통해 여러분의 지식이 한 단계 업그레이드된 것이다.

그런데 좋은 지식이긴 한데, 이 정도 지식으로는 실무에 써먹기에 좀 애매하다. 여기서 한 발 더 나아가 보자.

우리가 디자이너와 대화하거나 클라이언트에게 디자인을 설명할 때 꼭 한 번씩 언급하는 말이 있다.

열정의 빨강 신뢰의 파랑 안정의 초록

그런데 왜 빨간색은 열정을 상징하는 걸까? 방금 배운 이론대로 눈에 잘 띄니까 그런 거 아니냐고 생각할 수 있다. 그렇다면 파랑은 왜 신뢰를 상징하는 걸까? '느낌적인 느낌'은 있지만 과학적으로 파랑이 왜 신뢰를 상징하는지 설명할 수 있는 사람은 거의 없다.

여러분이 내일 회사에 가서 사수나 상사한테 다음과 같이 물어보면 대답할 수 있는 사람이 아무도 없을 것이다

"파란색이 신뢰를 상징한다는데 과학적인 원리나 이유가 뭔가요?"

열정의 빨강, 신뢰의 파랑, 안정의 초록, 아무도 알려주지 않던 과학적인 원리와 이유를 알아보자.

색에 대한 최초의 개념은 그리스 철학자 아리스토텔레스가 만들었다. 아리스토텔레스는 사과는 빨간색, 바나나는 노란색같이 물체는 고유의 색을 가지고 있어서 인간의 눈에 색이 보인다고 생각했다(실제로는 빛은 7개 색을 가지고 있는데, 흡수되지 않고 반사되는 색만 우리 눈에 보이는 것이다. 빨간색 사과를 빛에 비추면 빨간색 이외에 나머지 색은 물체가 흡수하고 빨간색만 반사되어 우리 눈에 보이는 것이다).

앞서 파장의 개념을 배웠다. "초록은 자연에서 많이 보이는 색이니까 마음에 안정감을 준다." 이 정도로 설명하면 우리 지식 수준은 고대 그리스 시절에 머무르는 것이다. 지금부터 과학적으로 접근해 보자.

먼저 열정의 빨강부터 시작해 보자.

열정, 흥분

- 빨간색은 **파장이 길다**
- 파장이 긴 컬러는 보는 데 **많은 에너지가 필요**하다
- 파장이 긴 컬러는 튀어나와 보이는 느낌을 준다
- 뇌를 자극해 맥박과 호흡을 증가시킨다

앞서 파장에서 설명했던 것처럼 빨간색은 파장이 긴데, 파장이 긴 색은 눈이 보는 데 많은 에너지를 필요로 한다. 파장이 긴 색은 가시성이 높아 눈앞에 튀어나와 있는 느낌을 준다.

빨간색을 볼 때 신체에는 어떤 반응이 일어날까?

빨간색은 보는 데 에너지가 많이 소모되고 튀어나와 보이는 느낌을 준다. 이러한 느낌은 사람들에게 긴장감을 유발하게 된다. 긴장감을 느끼는 상태에서는 뇌가 자극되고 맥박과 호흡이 증가해 일종의 흥분 상태가 된다.

우리가 피를 보고 흥분하는 것은 이런 원리다. 다쳐서 아드레날린이 분비되어 흥분감을 느끼는 것도 있지만, 빨간색 자체가 뇌에 흥분과 자극을 주는 색이기도 하다.

자, 이제 빨간색이 왜 열정과 정열, 흥분을 상징하는 색인지 이해가 가는가? 빨강을 이해했다면 신뢰의 파랑은 반대 개념으로 이해하면 된다.

- 파랑색은 **파장이 짧다**
- 파장이 짧은 컬러는 보는 데 많은 에너지가 필요하지 않다
- 뇌를 편안하게 해 **맥박과 호흡을 떨어**뜨린다

7개 무지개색 중 파란색은 두 번째로 파장이 짧은 색이다. 파장이 짧은 컬러는 바라보는 데 많은 에너지를 필요로 하지 않는다. 그러면 신체에서는 반대 효과가 일어난다. 에너지 소모가 적으니 뇌가 편안해지고 마음의 안정과 신뢰를 준다.

여기까지 읽은 사람 중 이런 의문을 가진 사람도 있을 것이다.

"보라색이 파란색보다 파장이 더 짧은데,
왜 보라색에서는 신뢰의 느낌이 아니라 고귀함 같은 느낌을 주는 건가요?"

아, 날카로웠다. 색에 대한 자료를 조사하면서 필자도 동일한 의문을 느꼈다. 색의 파장에 따라 사람에게 주는 느낌이 다르다면 파란색보다 파장이 더 짧은 보라색은 왜 편안함과 신뢰라는 느낌이 아니라 고귀, 고결 같은 느낌을 주는 걸까?

보라는 빨강과 파랑이 혼합된 컬러다. 컬러의 온도감을 표현할 때 빨강은 따뜻한 느낌을 주고 파랑은 차가운 느낌을 주는데, 빨강과 파랑이 혼합된 보라는 중성적인 느낌을 준다. 보라색에서는 파랑이 주는 편안함과 빨강이 주는 열정이라는 감정을 동시에 느끼게 된다. 순수한 컬러가 아닌 혼합색이다 보니 같은 보라색이라도 혼합 비율에 따라 느끼는 감정이 다르다. 파란색 비율이 높은 바이올렛(Violet)은 환상, 신비, 차가움이라는 느낌을 주는 반면, 파랑과 빨강이 반반 섞인 퍼플(Purple)은 고풍, 고귀, 근엄이라는 느낌을 준다.

보라색이 고풍, 고귀, 근엄이라는 이미지를 주는 것은 후천적인 학습의 영향도 있다. 고대 로마 시대, 천연 재료로 만든 보라색 염료는 동일한 무게의 금과 맞먹을 정도로 무척 비쌌고 보라색으로 염색된 옷은 고위층이나 황제 정도만 입을 수 있었다. 네로가 법으로 황제 이외에는 보라색 옷을 입지 못하도록 법으로 규정하면서 자연스럽게 보라색은 황제의 상징처럼 자리 잡았고 로마 시대를 지나 근대까지 보라색은 고위층의 전유물이자 상징처럼 여겨졌다. 그 이미지가 남아있어 아직도 보라색은 고풍, 고결, 고귀 같은 이미지로 굳어지게 된 것이다.

마지막으로 안정의 초록에 대해 알아보자.

안정, 편안

- 초록색은 빨강과 파랑에 비해 명도와 채도가 낮다
- 명암을 인식하는 시신경을 많이 쓰지 않고도 색을 인지한다
- 시신경을 많이 쓰지 않아 눈이 녹색을 편안한 색으로 인식한다

왜 우리는 녹색을 보면 안정감과 편안함을 느낄까?

초록색은 빨강과 파랑에 비해 명도와 채도가 낮다. 그래서 눈이 초록색을 볼 때 명암을 인식하는 시신경을 많이 쓰지 않고도 초록색을 인지할 수 있게 된다. 시신경을 많이 쓰지 않으니 다른 컬러를 볼 때보다 눈이 편안함을 느끼게 되고 그것이 편안한 이미지처럼 인식된다. 반대로 명도와 채도가 높은 빨강은 보기 위해 시신경을 많이 사용하게 된다. 그래서 보기만 해도 자극적이고 눈이 피로한 상태가 되는 것이다.

색과 신체적 반응에 대해서는 다양한 연구가 있는데, 대표적인 것이 1941년 미국 옥시덴탈 대학교 심리학과 길버트 브릭하우스(Gilbert Brighouse) 교수의 연구다.

길버트 브릭하우스는 수백 명의 대학생을 모아놓고 색상을 보여주면서 학생들의 신체 변화를 체크했는데, **빨간색을 보여줬을 때 다른 색보다 근육이 12% 빠르게 반응했고 초록색을 보여줬을 때 다른 색보다 느리게 반응**했다고 한다. 자동차 브레이크등, 정지 신호등이 빨간색인 이유가 바로 여기에 있다. 빨강이 다른 색보다 인지하는 속도도 빠르고 근육도 빠르게 반응하니 즉각적인 반응이 필요한 곳에서는 빨강을 사용하는 것이다.

이번 장에서 다룬 색에 대한 이론은 공식적인 연구 결과가 아닌 서점직원이 다양한 서적과 논문 등 학술 자료를 종합해 내린 결론이다. 앞으로 진행되는 새로운 연구 결과에 따라 이번 장에서 언급했던 내용이 업데이트될 수도, 아예 새로운 이론으로 변경될 수도 있다. UI/UX는 끊임없이 공부해야 하는 학문이다. 과거의 지식에 머무르기보다는 항상 공부하고 연구하는 자세로 최신 동향을 놓치지 않기를 바란다.

여기까지가 이론 강의였다. 지루한 이론 보느라 고생 많으셨다. 다음 장부터 본격적으로 실전 UI/UX가 시작된다.

CHAPTER

3

실전 UI/UX – 로그인과 회원가입

그동안 억지로 집중의 끈을 놓지 않으면서 지루한 이론 강의를 거쳐온 여러분, 모두 고생 많으셨다. 이제부터 본격적인 실전 UI/UX 강의가 시작된다.

실전 UI/UX 첫 번째 장에서 다룰 내용은 우리가 어떤 서비스에서나 꼭 필요한 필수 요소인 로그인과 회원가입 영역이다. 과거 로그인은 서비스를 이용하기 위해 거쳐 가는 관문이었지만, 최근 UX와 고객 경험(CX)의 중요성이 높아지며 서비스의 첫인상을 결정하고 사용자와 만나는 최초의 접점으로 로그인 페이지의 중요성이 날로 높아지고 있다. 하지만 높아진 중요도와는 별개로 우리 인식 속 로그인은 여전히 서비스의 필수 요소가 아니라 서비스를 이용하는 데 필요한 통과의례 정도에 머물러있다. 높아진 위상에 걸맞게 로그인과 회원가입에 대한 새로운 접근과 연구, 고민이 필요한 때다.

이번 장에서는 로그인과 회원가입 페이지의 간략한 역사와 변화, 변화하는 트렌드에 맞는 로그인과 회원가입 페이지의 UX 설계 방법론에 대해 알아보겠다.

3.1 로그인 필수 서비스의 로그인 페이지 설계법
3.2 로그인 선택 서비스의 로그인 페이지 설계법
3.3 회원가입의 3가지 유형
3.4 일반회원 가입 시 고려해야 할 것들
3.5 SNS 회원 가입 시 고려해야 할 것들
3.6 약관 동의 페이지를 설계할 때 고려해야 할 것들
3.7 비밀번호 표시 및 처리

3.1 _ 로그인 필수 서비스의 로그인 페이지 설계법

본격적으로 로그인 서비스에 대해 알아보기 전에 간단하게 로그인 페이지의 분류부터 시작해 보자. 로그인 페이지는 크게 두 가지 유형으로 분류된다.

- 이 서비스가 로그인해야 이용할 수 있는 서비스냐 (로그인 필수 서비스)
- 로그인하지 않아도 이용할 수 있는 서비스냐 (로그인 선택 서비스)

대표적인 로그인 필수 서비스에는 넷플릭스와 당근마켓이 있다. 넷플릭스는 로그인하지 않으면 어떤 영상이 있는지 목록조차 볼 수 없고 당근마켓은 서비스에 입장조차 할 수 없다. 로그인하지 않으면 뭐가 있는지 어떤 콘텐츠와 서비스를 제공하는지 볼 수조차 없는 서비스를 로그인 필수 서비스라 한다.

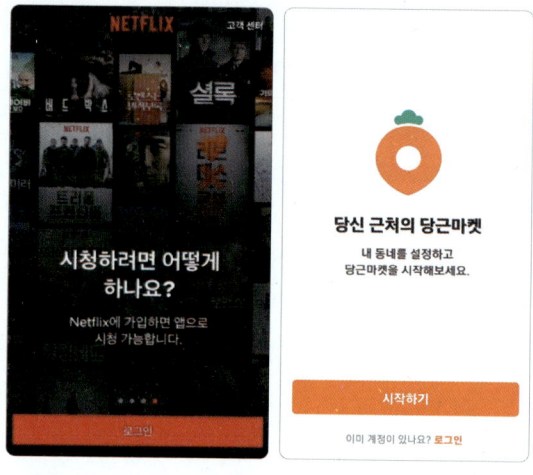

앱을 켜자마자 로그인 페이지가 표시되는 넷플릭스와 당근마켓

반대 격인 로그인 선택 서비스는 로그인하지 않아도 서비스를 이용할 수 있다. 가장 대표적인 예가 유튜브와 쿠팡이다. 유튜브는 로그인과 회원가입 기능이 있지만, 로그인하지 않아도 영상을 볼 수 있다. 쿠팡도 로그인을 하지 않아도 어떤 상품이 있는지 볼 수는 있다(물론 구매하려면 로그

로그인하지 않아도 이용할 수 있는 유튜브와 쿠팡

인이 필요하다). 비회원 상태에서도 서비스 이용이 가능하고 몇몇 기능에 제한을 두는 스타일이 로그인 선택 서비스다.

과거 대세는 로그인 선택 서비스였다. 사용자 입장에서 로그인과 회원가입을 강제하는 건 서비스 이용에 진입장벽이 된다. 특별한 사유가 있지 않는 한(월정액이라든가, 내부 인원만 이용하는 폐쇄형 서비스라든가 하는) 웬만한 서비스는 로그인 선택을 기본으로 제작되었다.

요즘 대세는 로그인 필수 서비스다. 로그인 필수 서비스가 대세로 자리 잡은 건 시장에서 서비스를 바라보는 관점이 바뀌었기 때문이다. 과거에는 빠르게 손익분기점을 달성해 시장성을 입증하고 서서히 외형을 키우는 게 스타트업의 성장 공식이었다면 이제는 적자가 나더라도 빠르게 몸집을 불려 시장을 장악하고 시장 장악력을 바탕으로 이익을 창출하는 것이 스타트업의 기본 성장 공식으로 자리 잡았다. 서비스 가치 측정 지표도 가입자 수와 매출, 영업 이익에서 전년도 대비 얼마나 성장했느냐(성장률), 얼마나 많은 사람이 이용하느냐(MAU, 리텐션)와 같은 외적 성장 위주로 변했다.

스타트업을 바라보는 관점의 변화는 UI에도 영향을 끼쳤다.

스타트업의 평가 기준이 **돈을 벌 수 있는 서비스인가, 시장 규모가 얼마나 되는가** 라면 회사가 가장 먼저 해야 할 일은 서비스의 유용성과 편의성을 고객에게 알리는 것이다. 우리 서비스가 기존 서비스와 어떤 점이 다르고 어떤 점이 편리한지를 사용자에게 적극적으로 홍보해 고객을 모으고 고객을 매출로 전환시키는 것이 회사가 가장 먼저 할 일이다. 모객을 하려면 어떻게 해야 할까? 사람들이 서비스를 둘러보고 이용할 수 있도록 대문을 활짝 열어놔야 한다. 그래서 과거 대부분의 서비스는 로그인 선택 서비스였다.

그런데 스타트업의 가치 평가 기준이 빠른 성장과 고객 재방문율, 리텐션으로 바뀌면 모객 방식도 달라진다. 우리 서비스의 유용성을 홍보하고 가입을 유도하는 것이 아니라 사람들이 가입할 수밖에 없게끔 큰 혜택을 주는 것이다. 일단 큰 혜택을 줘서 가입시킨 다음 이것저것 혜택을 주면서 고객들이 우리 서비스를 계속 사용할 수밖에 없게 만들고 높아진 시장 점유율과 장악력을 바탕으로 규모의 경제를 일으키던 플랫폼 파워를 이용해 이익을 실현하는 것이다. 이른바 아마존과 쿠팡의 성장 방정식이다.

즉, 모객의 방식이

   과거: 서비스를 둘러보고 괜찮으면 가입해 볼래?

에서

   현재: 일단 혜택을 줘서 가입시키고 고객들을 유지하자

로 바뀐 것이다. 고객을 모으려면 일단 가입시켜야 하고 가입자가 많아지면 많아질수록 시장 점유율과 플랫폼 파워가 높아질 테니 적자를 감수하고 마구마구 혜택을 퍼주면서 고객을 유치하고 유지한다. 로그인 필수 서비스이니 로그인하지 않고는 어떤 서비스인지 사람들이 알 수 없으니까 서비스 홍보는 거액의 마케팅 비용을 지출해 진행한다.

가입을 전제로 서비스가 구성되다 보니 로그인과 회원가입 UI도 '**사용자가 어떻게 하면 쉽고 편하게 가입할 수 있을까?**'에 초점을 두고 진행된다. SNS를 연동해 아이디와 비밀번호를 몰라도 쉽게 로그인이 가능하게 하거나 SNS 아이디를 연동해 터치 한 번만으로 가입이 가능하게 극도의 편의성을 추구하는 것이다.

여기까지가 대략적인 로그인 페이지의 히스토리와 변화다. 이제부터 변화된 환경에 맞는 로그인 필수 서비스의 UI 설계법에 대해 알아보자.

앱 실행 시 로그인이 표시되는 당근마켓과 초기 화면이 표시되는 쿠팡

로그인 선택 서비스는 앱을 실행하면 메인 페이지가 제일 먼저 표시되지만, 로그인 필수 서비스는 로그인 페이지가 제일 먼저 화면에 표시된다. 로그인 필수 서비스에서는 로그인 페이지가 로그인이라는 본연의 기능 이외에도 서비스의 첫인상을 사용자에게 전달하는 역할을 수행하기도 한다.

본격적으로 다양한 서비스들의 로그인 페이지를 보면서 어떤 차이가 있는지 알아보자.

다양한 앱 서비스의 로그인 페이지 비교

로그인 페이지를 한곳에 모아놓고 비교해 보면 UI와 레이아웃의 유사성을 발견할 수 있다. 자, 이제 우리가 이전에 배운 이론을 실전에 써먹어 볼 차례다. 로그인 화면에 대입해 볼 수 있는 UI 이론은 뭐가 있을까?

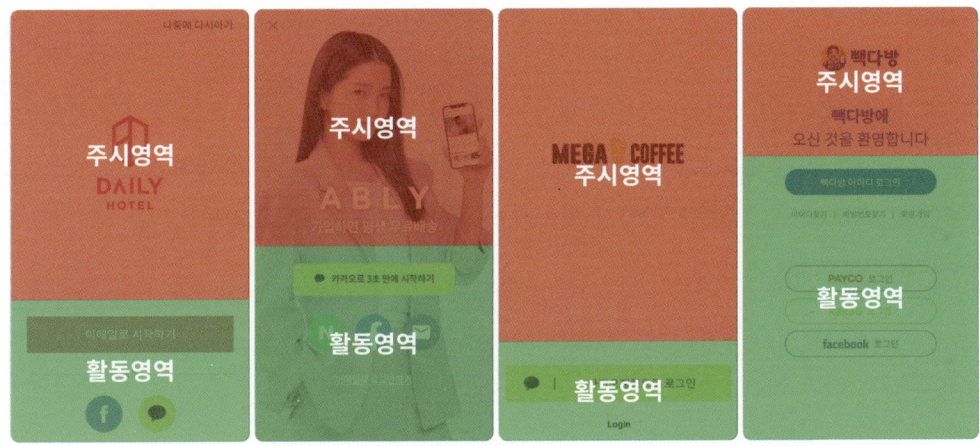

로그인 페이지의 주시 영역과 활동 영역 분할

가운데를 기준으로 화면을 상하로 분할해 보자. 상단은 브랜드나 서비스를 홍보하는 주시 영역, 하단은 사용자의 실제 액션이 일어나는 활동 영역으로 구성되어 있는 것을 알 수 있다.

로그인 필수 서비스는 절대로 이 레이아웃을 벗어날 수 없다. 이 레이아웃이 허술해 보여도 과학적으로 치밀하게 설계된 UI이기 때문이다.

앞서 우리가 배웠던 이론 중 하나인 스티븐 후버의 모바일 디바이스 파지 방법론을 로그인 페이지에 대입해 보자. 49%의 사용자가 한 손으로 스마트폰을 잡는다. 그래서 한 손으로 스마트폰을 이용할 때 사용자가 화면을 터치하기 좋은 위치는 그림에서 초록색으로 표시한 하단 영역이 된다.

로그인 페이지의 터치 영역 위치

자, 이제 로그인 페이지를 이 이론에 대입해 비교해 보자. 어떤 서비스든 공통으로 활동 영역, 즉 **사람들이 한 손으로 터치하기 편한 엄지 영역에 로그인 버튼을 배치**했다는 것을 알 수 있다. 의도적으로 사람들이 가장 터치하기 편한 엄지 영역에 로그인 버튼을 배치해 기능 사용의 편의성을 도모한 것이다.

여기까지가 기본적인 로그인 필수 서비스의 UI/UX 구성법이다.

이제 한발 더 나아가 최신 경향과 변화된 로그인 페이지의 UI/UX 구성에 대해 알아볼 차례다.

엄지 영역 이론이 오랫동안 생명력을 유지할 수 있었던 것은 사람들의 스마트폰 이용 행태가 크게 변하지 않았기 때문이다. 화면 크기가 4인치에서 6인치로 커져도 사람들은 여전히 한 손으로 스마트폰을 잡고 엄지로 터치한다. 이 사용 행태가 변하지 않는 한 엄지 영역 이론은 앞으로도 유효할 수밖에 없다. 그런데 최근 이 사용 행태를 변화시킬 만한 새로운 폼펙터가 등장했다. 그것은 바로, 갤럭시 플립과 폴드, 플렉서블 디스플레이(접는 폰)의 등장이다.

UI 관점에서 플렉서블 디스플레이의 등장으로 인해 생긴 가장 큰 변화는 바로 화면 비율의 변화다. 잠시 주요 스마트폰의 화면 비율을 비교해 보자.

디바이스	화면 크기	비율
갤럭시 S23	6.1	19.5 : 9
갤럭시 S23+	6.6	19.5 : 9
갤럭시 S23 Ultra	6.6	19.3 : 9
아이폰 14, 14 Pro	6.1	19.5 : 9
아이폰 Pro Max	6.7	19.5 : 9

주요 스마트폰의 화면 크기 및 비율 비교

시중에 판매되는 주요 스마트폰은 19.5:9 비율을 크게 벗어나지 않는다. 16:9 비율에서 세로만 조금 더 길어진 형태인데, 인치는 커졌지만 커진 인치만큼 디스플레이의 가로 폭은 커지지 않았기 때문에 여전히 한 손으로 스마트폰을 잡고 엄지로 터치하는 것이 가능한 비율이다.

디바이스	화면크기	비율
갤럭시 Z플립 4	6.7	22 : 9
갤럭시 Z폴드 4	메인 / 7.3 커버 / 4.6	메인 / 7:5 커버 / 21:9

갤럭시 Z플립과 Z폴드의 화면 크기 및 비율 비교

Z 시리즈는 일반적인 스마트폰보다 세로 길이가 길다. 길어진 비율이 사용성에 어떤 영향을 줄까? 실제 화면으로 비교해 보자.

화면 비율에 따른 로그인 화면 비교. S23(좌)와 플립4(우)

동일한 로그인 페이지를 갤럭시 S23과 Z플립으로 본다고 가정해 보자.

이러한 레이아웃은 보통 하단에 로그인 버튼이 고정된 형태다. 화면이 세로로 길어지면 길어진 만큼 버튼이 하단으로 내려가니 세로 비율이 긴 플립 사용자들은 한 손으로 스마트폰을 파지한 상태에서 엄지로 로그인 버튼을 누르기가 어려워진다.

서점직원 자체 조사 결과(조사 대상 1,000명 기준) 6인치 이상 스마트폰을 사용하는 남자는 20% 정도가 그립톡을 쓰지만, 여자는 70% 이상이 그립톡을 사용한다. 특히 플립을 사용하는 사람들은 90% 이상 그립톡을 사용했는데, 그립톡을 쓰면 이전과 스마트폰 이용 행태가 달라진다.

기존 방법론으로는 한 손으로 스마트폰을 파지하면 터치하기에 원활한 영역이 하단에 집중되어 있다. 그런데 그립톡을 쓰면 똑같이 한 손을 써도 검지와 중지를 이용해 그립톡을 잡게 되니 엄지의 가동 범위가 중앙에 집중된다. '길어진 세로 비율 + 그립톡 사용'이라는 변화가 사용 행태에 큰 영향을 주는 것이다.

갤럭시 플립과 폴드라는 새로운 폼팩터의 등장으로 인해 사용자의 디바이스 파지법이 달라지고 달라진 파지법이 터치 유효 범위에도 영향을 준다. 이제 더 이상 하단이 터치하기 편한 영역이라는 고정관념은 버려도 되지 않을까?

달라진 터치 범위에 맞춰 로그인 페이지의 UI는 어떻게 변화하고 있을까? 예제를 통해 최근 경향을 살펴보자.

로그인 버튼이 중앙에 배치되어 있는 UI

최근에는 사용자가 가장 많이 사용하는 로그인 버튼과 관련 기능을 가운데에 배치하는 레이아웃이 종종 등장하고 있다. 변화된 사용 환경에 대응하기 위한 전략적 구성일까? 단순히 미려한 디자인을 위한 레이아웃의 변화일까? 맞고 틀리고를 판단할 수는 없지만, 더 이상 **엄지 영역이 터치하기 편한 영역이라거나 주요 기능을 엄지 영역에 배치해야 한다**는 고정관념은 버려도 될 듯하다.

그래서 로그인 버튼은 가운데에 두는 게 좋을까, 하단에 두는 게 좋을까? UI에는 정답이 없으니 이 책에서 어느 한쪽이 맞다고 단언할 수는 없다. 하지만 의사결정에 근거가 될 논리는 만들 수 있다.

앞서 필자는 사용자의 사용 행태가 달라지는 주요 요소로 2가지를 꼽았다. 세로 비율이 긴 갤럭시 플립과 그립톡이 그것이다. 갤럭시 플립과 그립톡을 사용하는 사용자는 하단보다 화면 중앙을 터치하는 것이 더 편하다.

그렇다면 갤럭시 플립을 가장 많이 사용하고 플립을 사면 꼭 그립톡을 붙여야 하는 성별과 연령대는 과연 무엇일까? 이 기준으로 로그인 버튼 배치를 정해보는 것이다.

2030 여성이 주 타깃인 앱을 만든다고 가정해 보자. 2030 여성은 플립을 많이 쓸까? 쓴다면 어느 정도 비율로 플립을 사용할까? 플립을 쓰는 사용자들은 그립톡을 사용할까, 사용하지 않을까? 우리의 주 타깃층이 어떤 디바이스를 많이 사용하고 어떤 식으로 스마트폰을 파지하는지, 그립톡을 많이 사용하는지 아닌지를 기준으로 가운데를 터치하는 것이 더 편할지 하단 엄지 영역을 터치하는 것이 더 편할지를 생각해 보고 그 근거에 따라 의사결정을 하면 된다.

3.2 _ 로그인 선택 서비스의 로그인 페이지 설계법

이전 장에서 로그인 필수 서비스의 로그인 설계법에 대해 알아봤으니 이제 로그인 선택 서비스의 로그인 페이지 설계법에 대해 알아보자.

먼저 로그인 필수 서비스와 로그인 선택 서비스의 UI가 어떻게 다른지 간단한 예제를 통해 비교해 보자.

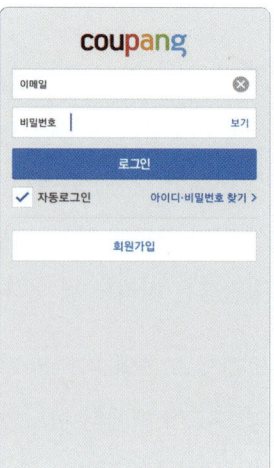

로그인 필수 서비스와 로그인 선택 서비스의 UI 비교

왼쪽이 로그인 필수 서비스, 오른쪽이 로그인 선택 서비스의 화면이다. 한눈에 봐도 차이를 명확하게 알 수 있는데, 앞서 언급한 것처럼 로그인 필수 서비스는 영역을 주시 영역, 활동 영역으로 구분해 주시 영역에 브랜드 로고나 서비스 설명/안내 문구를 노출하지만, 로그인 선택 서비스는 상단부터 로그인 기능을 노출한다.

이유가 뭘까? 로그인 페이지에 접근하는 경로가 다르기 때문이다.

로그인을 필수로 해야 하는 서비스는 앱을 켜자마자 로그인 페이지가 노출된다. 앱에 대해 잘 모르는 사람들이 처음 접속하자마자 보는 페이지가 로그인 페이지니 로그인 페이지에 브랜드 로고나 혜택을 안내해 사람들의 가입과 로그인을 유도해야 한다.

그런데 로그인 선택 서비스는 앱을 켜면 제일 먼저 메인 페이지가 나오고 내가 로그인 버튼을 눌렀을 때 또는 커머스의 구매하기 버튼같이 로그인이 필요한 기능을 선택했을 때 로그인 화면으로 이동한다. 로그인 선택 서비스는 필수 서비스와 달리 사용자가 로그인 페이지로 진입하는 과정에서 이 앱이 어떤 서비스를 제공하고 이 서비스를 이용하기 위해서는 로그인이 필요하다는 것을 충분히 인지하고 있는 상태가 된다. **사용자가 로그인 페이지에 진입했다는 것 자체가 사용자가 로그인을 필요로 하고 있다는 뜻**이니 목적에 맞게 서비스 소개나 로고 같은 불필요한 기능을 제거하고 로그인 본연의 기능에 충실한 것이다.

여기까지가 간단한 로그인 필수 서비스와 로그인 선택 서비스의 비교다. 이제부터 본격적으로 로그인 선택 서비스들을 살펴보자.

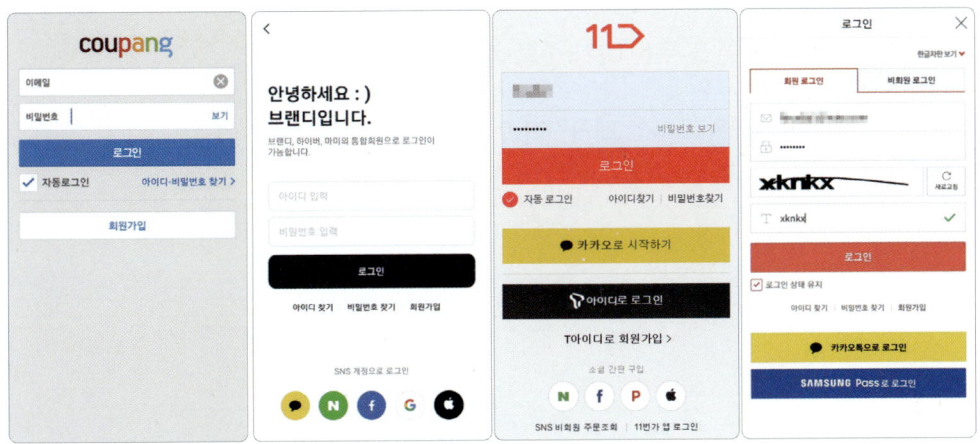

로그인 선택 서비스의 UI 비교

위 이미지는 실제 서비스되는 다양한 서비스의 로그인 페이지다. 이 페이지에 우리가 이론 시간에 배웠던 구텐베르크 다이어그램을 대입해 보자.

사람의 시선이 위에서 시작해 중력의 영향을 받아 아래로 떨어진다. 레이아웃이 철저히 플로우 중심으로 설계되어 있다.

1. 아이디나 이메일을 입력하고
2. 비밀번호를 입력하고
3. 로그인 버튼을 클릭한다.

사용자가 로그인할 때 어떤 정보를 먼저 입력하고 다음에 이어지는 행동은 무엇인지 알 수 있게 아래로 내려가면서 다음 행동이 매끄럽게 이어지도록 기능이 배치되어 있다. 많은 사람이 이러한 구조를 스마트폰 초창기부터 지금까지 이어져 온 당연한 UI로 알고 있다. 그런데 사실 모바일웹 초창기 로그인 페이지의 구조는 지금과 약간 달랐다.

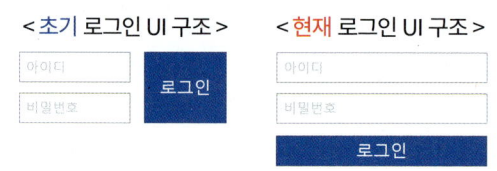

모바일 페이지의 과거 로그인 UI와 현재 로그인 UI 비교

스마트폰이 처음 생긴 초창기에는 왼쪽 화면처럼 아이디와 비밀번호가 상하로 나뉘어 있고 오른쪽에 로그인 버튼을 두는 UI가 주로 쓰였다.

이유가 뭘까? 데스크톱의 로그인 페이지가 이런 구조였기 때문이다.

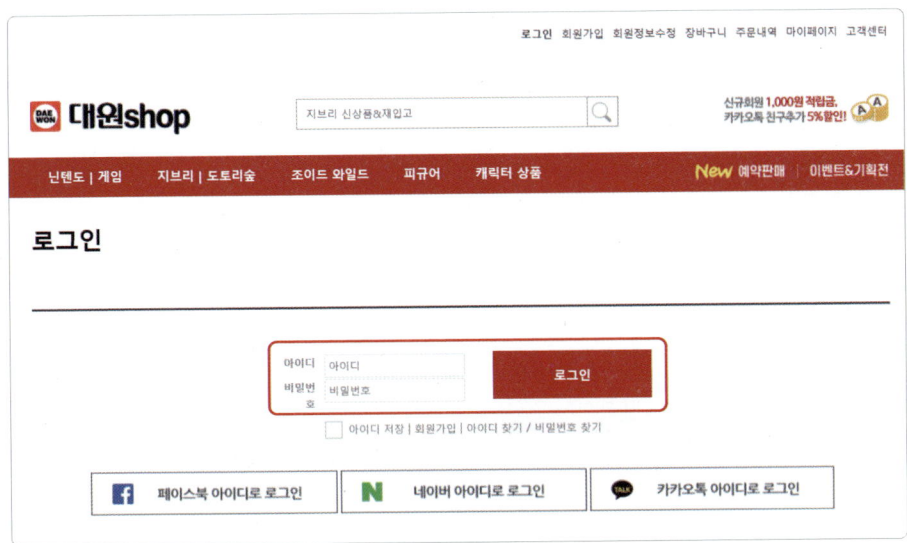

데스크톱 웹의 로그인 페이지 UI

과거 홈페이지는 위 예제와 같은 형태로 아이디와 비밀번호 입력창을 위아래로 배치하고 로그인 버튼을 오른쪽에 두는 형태가 가장 많았다. 스마트폰 초창기에는 스마트폰을 쓰는 사람도 많지 않았고 UI에 대한 연구 자료도 부족하다 보니 데스크톱의 UI를 그대로 모방하는 경우가 많았는데 로그인 페이지도 이러한 기조에서 데스크톱의 구성을 스마트폰 크기에 맞춰 그대로 옮겨놓은 형태가 주로 쓰였다.

그런데 이러한 구조는 사용성에 있어서 불편함을 야기했다.

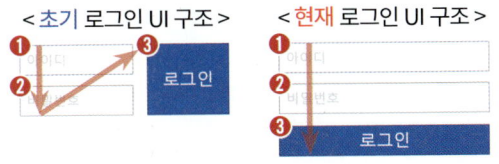

로그인 UI의 사용자 플로우 비교

로그인 버튼이 오른쪽에 있으면 아이디를 입력하고 비밀번호를 입력한 후 사용자의 포커스가 이동하는 동선이 약간 어색해지는데, 그림의 오른쪽 예제처럼 로그인 버튼이 아래에 있으면 아이디를 입력하고 내려가서 비밀번호 입력하고 내려가서 로그인 버튼을 누르는 사용자 플로우가 위에서 아래로 떨어지는 매끄러운 형태가 된다. 그래서 요즘은 오른쪽과 같이 로그인 버튼을 일렬로 배치하는 UI가 가장 많이 쓰인다.

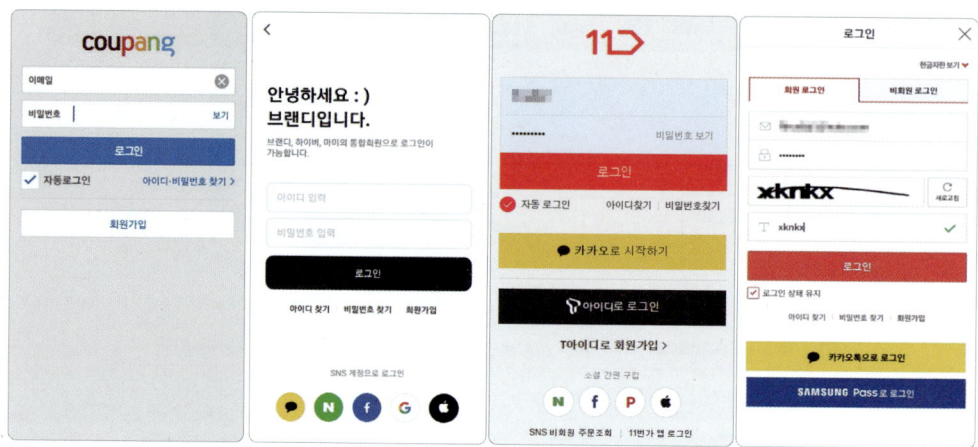

다양한 로그인 선택 서비스의 UI (중복)

다시 비교로 돌아가서 각 로그인 서비스를 다시 살펴보자. 첫 번째 예제인 쿠팡은 로그인 페이지 본연의 기능에 충실한 정석적이고 클래식한 구성이다. SNS 연동 기능이 없으니 아이디와 비밀번호를 입력하면 로그인이 끝난다. 아이디가 없다고? 그럼 회원가입을 유도하기 위해 로그인 버튼 아래에 회원가입 버튼을 큼지막하게 배치한다.

두 번째 예제인 브랜디를 보자. 여기는 로그인 선택 서비스임에도 불구하고 상단에 안내 문구를 노출한다. 이유가 뭘까? 브랜디는 다른 서비스와는 다르게 브랜디, 하이버 2개 서비스에서 하나의 아이디를 쓰는 통합 회원제이기 때문이다.

당신이 하이버 앱을 이용하는 이용자라고 가정해 보자. 로그인 페이지를 눌렀을 때 브랜디의 로고가 나온다면 당황스러울 것이다. '나는 하이버에서 결제하기를 눌렀는데 왜 하이버의 로그인 페이지가 아니라 브랜디 로그인 페이지로 가는 거야?'와 같은 혼돈을 막기 위해 로그인 선택 서비스라도 사용자에게 알려야 할 중요한 정보가 있는 경우 로그인 필수 서비스처럼 상단에 안내나 홍보 문구를 노출하기도 한다.

여기까지 간단하게 구조를 살펴봤다면 로그인 페이지의 상세 요소를 하나씩 살펴보자.

로그인 선택 서비스에서 제공하는 주요 기능은 크게 5가지 정도다.

1. 로그인 프로세스 (아이디, 비밀번호 입력 후 로그인)
2. 회원가입 버튼
3. 아이디/비밀번호 찾기 버튼
4. SNS 로그인
5. 자동 로그인 체크박스 (선택)

우리가 로그인 페이지를 비교할 때 가장 주목해서 봐야 할 부분이 하나 있다. 로그인 페이지에서 아이디와 비밀번호 입력 다음으로 중요한 기능은 뭘까? 바로 회원가입 버튼이다.

다시 화면으로 돌아가서 회원가입 버튼이 어디에 있는지 비교해 보자. 회원가입 버튼의 위치와 크기가 조금씩 다른 것을 알 수 있다. 서비스마다 버튼의 크기와 위치가 다른 이유는 뭘까?

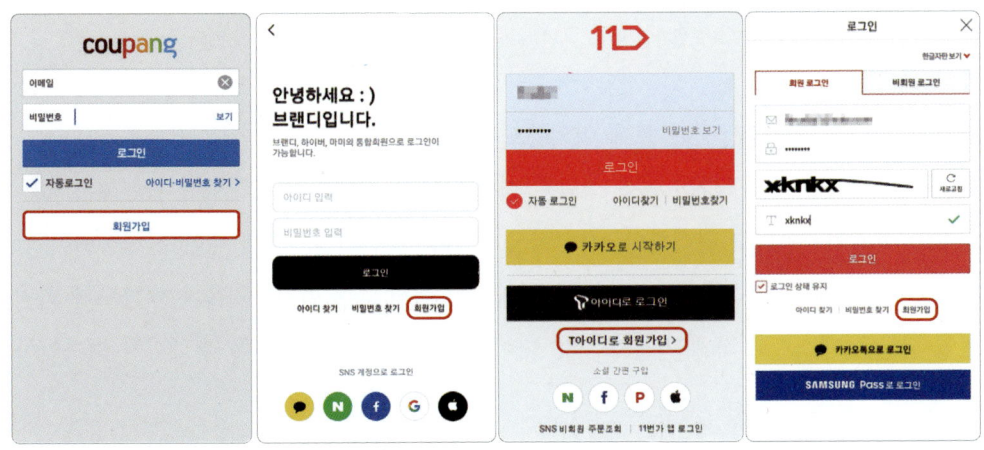

주요 서비스 로그인 페이지의 회원가입 버튼 위치 비교

첫 번째와 두 번째 서비스를 비교해 보자. 쿠팡은 왜 회원가입에 큼직한 버튼을 쓰고 브랜디는 작은 텍스트를 쓰는 걸까? 이건 SNS 로그인 지원 여부와 연관이 있다. 로그인 페이지 UI의 핵심은 스크롤을 내리지 않고 한 화면에서 모든 기능을 제공하는 것이다. 그러면 스크롤이 생기지 않게 세로 길이 내에 모든 기능을 넣어줘야 하는데, SNS 로그인 연동 기능을 넣으면 다른 기능을 넣을 수 있는 세로 길이가 좁아지게 된다. SNS 로그인을 지원하면 공간 문제 때문에 로그인 기능보다 중요성이 적은 아이디, 비밀번호 찾기와 회원가입을 한 줄로 묶어서 처리하는 경우가 많다. 위 그림의 예제 두 번째 브랜디와 네 번째 위메프가 그런 경우다.

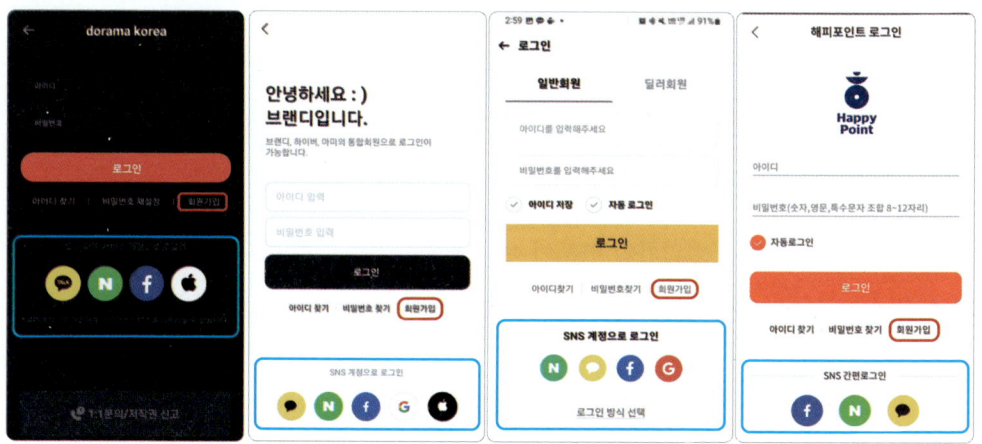

전략적으로 회원가입 버튼보다 SNS 아이콘을 부각시킨 로그인 페이지 디자인

SNS 로그인을 지원하면 공간 문제 이외에도 비즈니스 전략상 회원가입 버튼을 의도적으로 작게 만들기도 한다. SNS 연동 회원은 회원가입 시 일반회원 가입보다 입력해야 하는 정보도 적고 ID 관리도 편리하다 보니 사용자 입장에서 회원가입에 대한 진입장벽이 낮다. 그래서 사용자들이 의도적으로 일반 회원가입 대신 SNS 회원가입을 선택하도록 회원가입 버튼은 텍스트로 작게 만들고 SNS 아이콘을 회원가입 버튼보다 부각시켜 디자인하는 것이다.

서비스에 대한 비즈니스 관점의 차이를 극명하게 비교해 볼 수 있는 것이 바로 브랜디와 11번가 로그인 페이지다. 11번가는 카카오, 네이버, 페이스북, 핀터레스트, 애플, T아이디 총 6개의 회원가입 및 로그인 방식을 지원한다. SNS 로그인과 일반 회원가입을 함께 제공하는 서비스들은 보통 왼쪽의 브랜디처럼 SNS 로그인은 하나로 묶어서 그루핑하고 일반 회원가입은 버튼식으로 표현하는 게 일반적인데, 특이하게도 11번가는 카카오로 시작하기를 제일 위에 두고 나머지 SNS는 하단에 아이콘으로 묶어서 표시, T아이디로 로그인과 회원가입은 한 줄씩 차지하게 디자인했다. 이러한 구조가 나온 이유는 복합적인데 사용자들의 회원가입에 대한 저항감을 최소화하기 위해 가장 많이 사용하는 카카오 연동을 제일 위에 뒀지만, 자사의 통합 로그인 서비스인 T아이디의 가입자도 늘리고 싶으니 사용성이 떨어지더라도 주목도가 높은 상위에 배치한 것이다(아마 정치적인 이유일 가능성이 높아 보인다).

 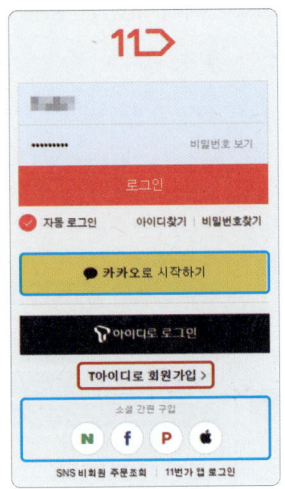

브랜디와 11번가의 SNS/회원가입 버튼 배치 비교

UI는 단순 기능이나 버튼의 배치뿐만 아니라 비즈니스적인 고민도 필요하다. 사용자가 어떠한 플로우로 로그인 페이지에 접근하는지, 우리 서비스는 SNS 계정으로 로그인 및 간편 가입을 할 수 있는지, 전략이나 강조하고 싶은 것은 어떤 것이 있는지(최종 의사결정자가 어떤 기능을 중점적으로 노출하기를 원하는지)를 종합적으로 고려해 플로우와 UI를 설계해야 한다.

마지막으로 SNS 로그인 아이콘의 배치법에 대해 알아보고 이번 절을 마치도록 하겠다.

SNS 로그인 아이콘은 크게 두 가지 방식으로 배치한다.

- 브랜디처럼 동그란 디자인으로 모든 SNS를 한 줄에 나열하는 방식
- 한 줄당 SNS 하나를 나열하는 방식

브랜디처럼 모든 SNS를 한 줄에 표시하느냐, SNS마다 한 줄씩 공간을 부여해 표시하느냐에 대한 기준이나 공식은 없다. 서비스의 특성과 몇 개의 SNS를 연동하느냐에 따라 디자인은 천차만별이다. 하지만 이런 하나 마나 한 소리를 들으려고 이 책을 산 건 아니지 않은가?

팁을 주자면, SNS를 한 줄에 모두 표시할지, 한 줄에 하나씩 표시할지를 판단하는 개인적인 기준이 있다. 바로 SNS의 개수다. 개인적으로 SNS 아이콘의 배치를 판단할 때 3개를 기준으로 삼는다. SNS 3개까지는 한 줄에 하나씩 표시하고 4개부터는 브랜디처럼 한 줄에 모아서 표시하는 것이 좋다.

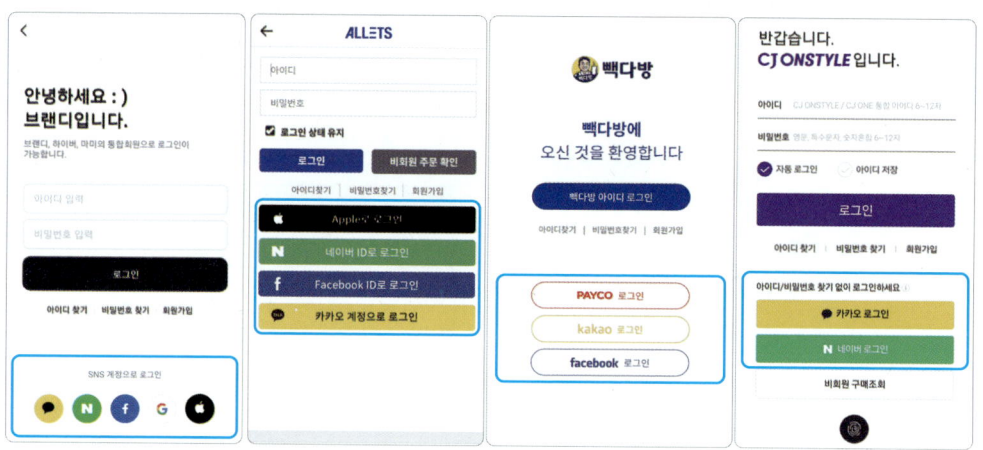

SNS를 한 줄에 모두 나열한 브랜디, 한 줄에 SNS 하나씩 표시한 나머지 서비스

3개를 기준점으로 삼는 이유는 크게 두 가지다. SNS가 3개를 넘어가면 화면이 작은 디바이스에서는 스크롤이 생겨 한 화면에 모든 SNS가 표시되지 않을 수 있다. SNS를 한 줄에 하나씩 표시했을 때 로그인 페이지의 세로 폭이 600px을 넘어가면 구형 디바이스에서 스크롤이 생길 가능성이 높아진다. 브랜디처럼 로그인 안내 문구가 화면 영역을 많이 차지하면 SNS가 3개라도 스크롤이 생길 가능성이 높으니 SNS를 한 줄로 배치해야 한다. 두 번째 이유는 심미적인 문제다. SNS가 4개를 넘는데 한 줄에 하나씩 버튼을 크게 배치하면 두 번째 예제처럼 화면이 너무 컬러풀하고 지저분해 보인다. 그렇다고 컬러를 넣지 않

으면 시각적으로 SNS를 구분하기가 쉽지 않다. SNS 아이콘은 노랑, 초록, 파랑처럼 원색의 컬러를 사용하는 경우가 많아 아이콘을 작게 표시해도 시각적으로 쉽게 눈에 띈다. 절대적인 기준은 아니지만 참고 지표로 활용하면 좋을 것 같다.

여기까지가 로그인 페이지에 대한 분석이다. 여기까지는 가볍게 몸풀기였고 다음 절부터 본격적인 실전 UI/UX가 시작된다.

3.3 _ 회원가입의 3가지 유형

로그인에서 간단한 워밍업을 마쳤으니 이제부터 본격적으로 회원가입 UI를 분석해 보자.

회원가입은 단순하게 UI/UX만 알아야 하는 게 아니라 회원가입의 유형과 특징을 이해해야 서비스의 특성에 맞는 회원가입 페이지를 설계할 수 있다. 그래서 본격적으로 UI에 대해 분석하기 전에 회원가입의 간단한 유형 분류를 알아보겠다.

여기서 문제를 하나 내보겠다. 회원가입 유형은 몇 개로 분류할 수 있을까?

가입 방식(일반/SNS)에 따른 구분, 인증 방식(이메일/휴대폰/SNS)에 따른 구분 등 각자 다양한 구분법이 존재하기 때문에 회원가입 유형의 정석적인 구분법은 없다. 그래서 서점 직원은 다음 3가지 유형으로 회원가입을 구분한다.

1. 일반회원
2. 일반회원에 SNS를 연동하는 **SNS 연동 회원**
3. SNS가 아이디가 되는 **SNS 간편 가입 회원**

이 3가지는 어떤 차이와 장단점이 있을까? 하나씩 알아보자.

일반회원

· 모든 가입 정보를 입력
· 회원가입에 대한 심리적 진입장벽이 높음
· 입력해야 되는 정보가 상대적으로 많음

회원가입 유형 1 – 일반회원

첫 번째 **일반회원**은 SNS 등장 이전에 통용되던 전통적인 회원가입 방식이다. 아이디, 비밀번호, 이름 등 모든 가입 정보를 다 입력하고 가입하는 방식인데, 이 방식은 입력해야 하는 정보가 너무 많아 가입 페이지에서 사용자의 이탈률이 높은 것이 단점이다. 그래서 SNS 등장 이전에 서비스를 만든 사람들의 제일 큰 고민은 '어떻게 하면 회원가입에서 사용자의 이탈률을 줄일 수 있을까?'였다.

SNS 연동회원

· SNS 인증 (카카오, 네이버, 페북 등)
· 인증 후 가입 절차는 일반회원과 동일
· 동일하게 아이디/비번, 이름 등 정보 입력
· SNS 간편 로그인 시 SNS 정보 활용

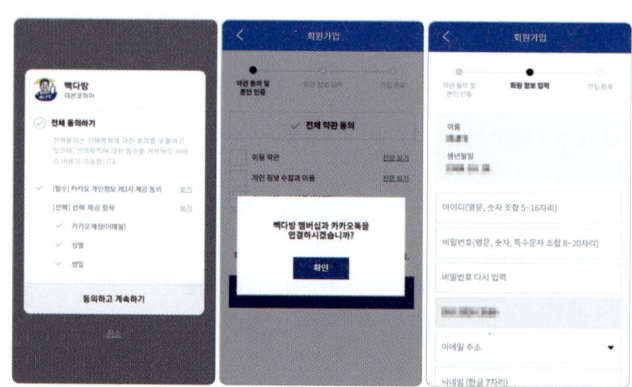

회원가입 유형 2 – SNS 연동회원

두 번째 **SNS 연동 회원**은 카카오나 네이버 등 소셜 로그인 후 회원가입을 하는 방식이다. 이 방식은 SNS 간편 가입과 약간 다른데, 간단하게 [SNS 인증 및 연동 + 일반 회원가입]으로 이해하면 쉽다. 처음에 SNS로 로그인하는 것만 다를 뿐 SNS 인증 완료 후에는 일반

회원가입과 절차가 동일하다. 이 방식은 SNS 연동이 되어 있으니 아이디와 비밀번호를 몰라도 SNS 인증으로 로그인이 가능하고 SNS 연동 시 선택 제공 항목(이메일, 성별, 휴대폰 번호, 생일 등)을 연동하면 가입 시 입력 항목을 간소화할 수 있다는 장점이 있다.

SNS 간편 가입

- SNS 인증 (카카오, 네이버, 페이스북 등)
- 인증 후 바로 가입됨
- 가입 및 로그인 절차 간편
- 서비스 이용 시 필요한 정보는 추후 입력

회원가입 유형 3 – SNS 간편 가입

세 번째 **SNS 간편 가입**은 SNS 계정을 인증하면 자동으로 아이디가 생성되는 방식이다. 이 방식은 가입 절차를 극단적으로 줄여 회원가입의 저항감을 최소화한다. 요즘 많이 볼 수 있는 **카카오톡으로 3초 만에 가입**, **원클릭 가입**이 대표적인 SNS 간편 가입 방식이다.

이제 기본적인 구분법을 알았으니 우리가 회원가입 정책 설계와 UI를 담당하는 기획자라고 가정하고 다음 절부터 본격적으로 회원가입 화면의 UI를 설계해 보자.

3.4 _ 회원가입 UI – 일반회원 가입 시 고려해야 할 것들

이제 본격적으로 일반 회원가입 페이지를 설계해 볼 차례다. 일반 회원가입 페이지를 설계할 때 기획자가 고민해야 할 고려 사항은 크게 3가지가 있다.

1. 본인 인증을 먼저하고 회원가입 정보를 입력받을 것인가, 회원가입 중간에 본인 인증을 넣을 것인가?
2. 입력 정보를 단계로 쪼개서 하나씩 받을 것인가, 한 페이지에서 모두 받을 것인가?
3. 어디까지 정보를 입력받을 것인가? 필수 값과 선택 값의 구분.

하나씩 자세히 알아보자.

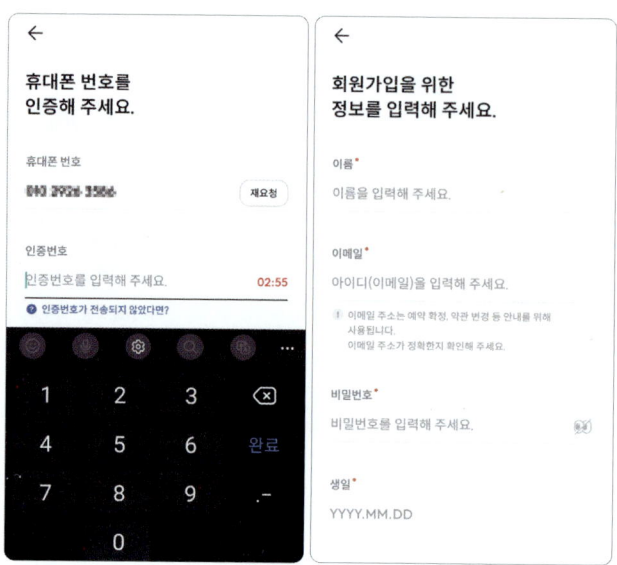 

인증 후 가입 정보를 입력(좌) / 인증과 가입 정보를 동시에 입력(우)

첫 번째, 본인 인증 순서에 대한 사용자 플로우를 생각해 보자. 본인 인증을 먼저하고 회원가입 정보를 입력받으면 사용자가 회원가입 버튼을 눌렀을 때 인증 절차를 거쳐 인증이 완료되었을 때 가입이 가능한 회원인지 이미 가입되어 있는 회원인지를 안내해 준다. 그런데 회원가입 정보 중간에 휴대폰 인증이 있으면 아이디, 비밀번호 가입 정보를 열심히 입력하다가 중간에 인증을 했는데 가입되어 있는 회원이면 '이미 가입되어 있는 회원입니다'라는 메시지가 뜬다. 본인 인증의 중요한 목적 중 하나는 중복 가입의 차단이다. 그래서 사용자 편의상 중복 가입을 확인하는 단계가 가장 앞에 있는 게 좋다. 가입 확인이 중간에 있으면 사용자가 가입 사실을 잊고 다시 회원가입을 시도할 때 자신이 이미 가입되어 있는 회원이라는 사실을 회원가입 정보 입력 중간에 알 수 있게 된다. 그래서 대부분 서비스가 사용자 편의를 위해 본인 인증을 회원가입 제일 앞 단계에 둔다.

< 정보를 Step으로 입력 >   < 정보를 한 번에 입력 >

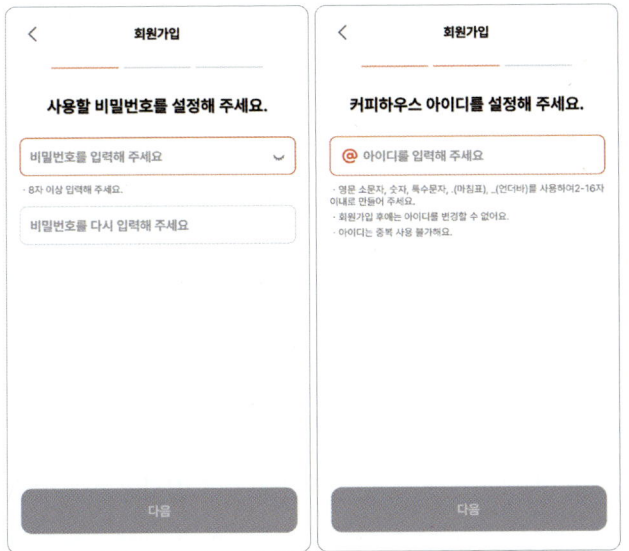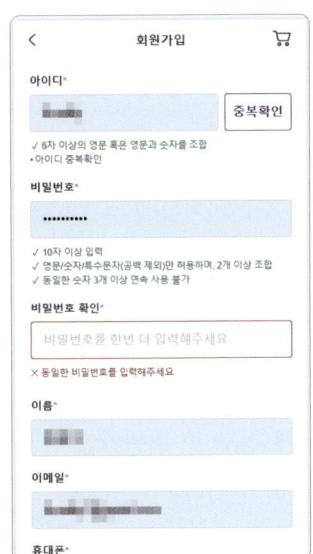

정보를 쪼개서 입력받는 방식과 한 번에 입력받는 방식의 비교

두 번째, 회원가입 정보를 단계별로 쪼개서 하나씩 받을 것인가, 한 페이지에서 모든 정보를 받을 것인가 하는 문제다. 최근 트렌드는 입력받을 정보를 하나씩 쪼개서 받는 것이다. 과거에는 한 페이지에서 모든 정보를 입력받는 것이 일반적이었는데, 요즘은 인터랙션을 이용해 단계별로 쪼개서 받는 방식이 많이 사용된다. 쪼개는 방식이 대세가 된 이유는 사용성 때문이다. 사용자가 한 번에 너무 많은 정보를 입력해야 하면 이탈의 우려가 있다. 회원가입 시 입력해야 하는 정보가 너무 많으면 '이렇게 복잡하고 귀찮은 과정을 거치면서까지 꼭 이 서비스에 가입해야 하나'라는 마음이 들 수 있는 것이다.

입력 항목을 쪼개면 사용자가 입력 폼을 이동하지 않고도 정보를 입력하는 흐름에 맞춰 포커스가 자동으로 이동되면서 중간 저장이 가능하다는 장점이 있다(수많은 회원가입 입력 항목을 입력하다가 에러로 정보가 날아가 목덜미를 잡아본 경험, 다들 한 번씩 있을 것이다).

모든 서비스가 가입 정보 입력을 쪼개야 하는 것은 아니다. 상황에 따라서 한 페이지에 모든 정보를 표시하는 게 더 나을 때도 있다. 그럼 어떤 기준으로 가입 정보 입력 화면을 쪼개거나 한 페이지에 모두 모아둘까? 개인적인 기준점은 입력 항목의 개수 6개다. 입력 항목이 6개가 넘으면 쪼개는 것이 좋고 6개 미만일 때는 한 페이지에서 모든 정보를 받는 것도 고려해 볼 만하다. (아이디, 비밀번호, 비밀번호 확인, 이름, 이메일, 이렇게 최소 입력 항목만 해도 5개가 된다.)

세 번째, 어디까지 정보를 입력받을 것인가? 필수 값과 선택 값의 범위 문제다. 입력 정보 중 어디까지를 필수 값으로 하고 어디까지를 선택 값으로 해야 할까? 우리가 회원가입 시 입력받는 기본 정보를 나열해 보자.

❶ 아이디 ❷ 비밀번호 ❸ 이메일 ❹ 이름 ❺ 휴대폰번호

5개 정보 중 회원가입 시 무조건 필수 값으로 지정해야 하는 것은 아이디와 비밀번호다. 나머지 3개 정보(이메일, 이름, 휴대폰번호)는 상황에 따라 필수 값으로 지정할 수도 있고 선택 값으로 지정할 수도 있다. 예를 들어 이메일을 아이디로 사용하면 이메일 정보를 별도로 받지 않아도 되고 마이페이지에서 사용자 이름이나 닉네임을 표시하는 영역이 있다면('서점직원님 환영합니다' 같이 닉네임이나 이름을 노출하는 경우) 이름을 필수 값으로 지정해야 한다. 정보 입력 이전 단계에서 휴대폰 인증을 거친다면 휴대폰번호도 필수 값이 되어야 한다. 어떤 정보를 입력받고 어떤 인증 수단을 사용하냐에 따라 조금씩 다르지만, 위 5개 정보는 대부분 회원가입 시 필수 값으로 입력받는 정보들이다.

그렇다면 선택 값으로 입력받는 정보는 어떤 것들일까? 서비스 이용이나 가입에는 영향을 주지 않지만 사용자의 이용 편의 또는 마케팅 차원에서 받아야 하는 부가 정보가 선택 값에 해당한다. 사용자의 생일이라든가(생일 때 축하 문자나 쿠폰을 보내줘야 하니까) 주소 등이 대표적인 선택 값에 해당한다.

우리가 커머스 서비스의 회원가입을 설계한다고 생각해 보자. 예전에는 회원가입 시 주소를 필수 값으로 받는 서비스가 많았다. 회원가입 시 주소를 필수 값으로 받아야 주문 단계에서 주소를 입력하지 않아도 주문이 가능하기 때문이다. 주문 단계에서 선택해야 하는 정보가 많으니 주소는 회원가입에서 받고 주문은 최대한 쉽고 간편하게 하자는 게 과거 트렌드였다.

요즘은 커머스 서비스라도 회원가입 시 주소를 받지 않는 서비스가 많다. 이유는 두 가지인데, 과거 커머스 서비스는 PC웹 베이스에 로그인 선택 서비스인 경우가 대부분이었다. 고객이 회원가입 페이지에 진입했다는 건 서비스를 둘러보다가 마음에 드는 물건이 생겨서 물건을 구매하고 싶다든가, 회원가입 혜택(쿠폰이나 회원 할인)을 받고 싶어서 회원가입 페이지로 왔다는 뜻이니 회원가입 절차가 조금 복잡해도 회원가입에 대한 저항감이 높지 않았다. 그런데 요즘은 커머스 서비스라도 PC웹 없이 앱만 지원하는 서비스도 많고 회원가입 필수인 서비스가 많다 보니 회원가입에 대한 고객의 저항감이 높은 편이다. 그래서 회원가입 절차를 간소화하기 위해 주소를 제외하는 경우가 대부분이다.

또 다른 이유는 고객의 구매 의사와 달라진 이커머스 환경 때문이다. 과거에는 고객이 회원가입 페이지에 진입했다는 것을 고객의 구매 의사가 높은 것으로 판단했다. 지금은 고객이 회원가입 페이지에 왔다고 해도 고객의 구매 의사가 높다고 판단하지 않는다. 이커머스 경쟁이 워낙 치열하다 보니 회원가입 대비 고객의 주문 전환율도 과거에 비해서 높지 않다. '회원가입 = 주문'을 의미하지 않다 보니 회원가입에서 불필요하게 주소 정보까지 받을 필요가 없는 것이다. 그래서 요즘은 회원가입에서 주소 정보를 받지 않고 주문 페이지에서 주소 정보를 받는 것이 일반적이다.

이제 어떤 정보를 필수 값으로 받고 어떤 정보를 선택 값으로 받을지 정리해 보고 필수 값과 선택 값을 화면에 어떻게 배치할 것인지를 정할 차례다.

배치에는 크게 3가지 방식이 있다.

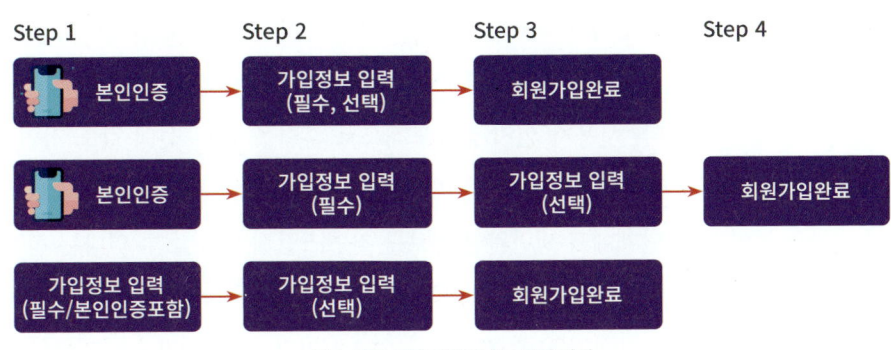

필수 값과 선택 값의 3가지 배치 방식

1. 본인 인증을 하고 2단계에서 필수와 선택 값을 모두 입력받고 회원가입을 완료하는 방식
2. 본인 인증을 하고 2단계에서 필수 값을 입력받고 3단계에서 선택 값을 입력받고 회원가입을 완료하는 방식
3. 1단계에서 본인 인증과 필수 값을 입력하고 2단계에서 선택 정보를 입력하고 회원가입을 완료하는 방식

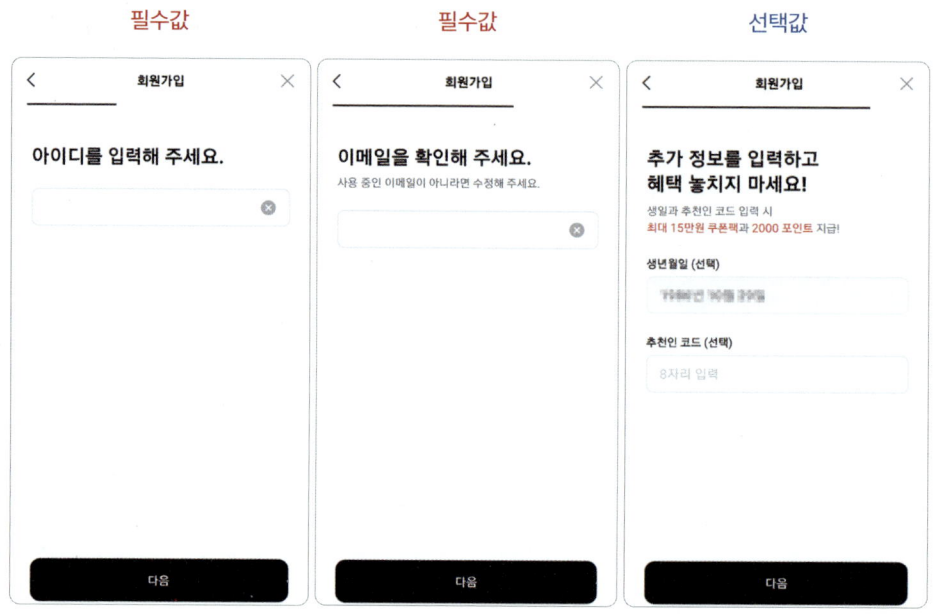

필수 값과 선택 값을 2개의 페이지에 분리해서 입력받는 방식

이렇게 3가지 유형 중 보편적으로 많이 사용되는 방식은 첫 번째 방식이다. 첫 번째 방식을 많이 쓰는 데는 나름대로 이유가 있다. 필수 값과 선택 값 페이지를 분리해 놓으면 사용자가 어떤 항목이 필수 값이고 어떤 항목이 선택 값인지 명확하게 인지할 수 있게 된다. 그러면 필수 값은 정성스럽게 입력하지만 다음 단계인 선택 값은 아무것도 입력하지 않고 바로 넘어가는 경우가 많다. 이런 문제 때문에 가입 페이지에서 필수 값과 선택 값을 의도적으로 섞어놓는 경우도 있다. 사용자 인지에 의도적으로 혼란을 줘서 선택 값도 자연스럽게 입력하도록 유도하는 것이다. 첫 번째 방식의 장점이 하나 더 있는데, 고객이 정보를 입력하지 않아도 본인 인증 단계에서 생년월일 정보를 자연스럽게 연동할 수 있다는 점이다. 휴대폰으로 본인 인증을 하면 고객의 이름, 생년월일, 휴대폰번호를 인증 업체를 통해 전달받을 수 있다. 이 정보를 가입 정보에 자동으로 입력시키면 고객이 정보를 입력하지 않

아도 생년월일 정보를 자동으로 입력받을 수 있고 생년월일 값을 자연스럽게 필수 값으로 설정할 수 있다. 물론 두 번째 방식에서도 생년월일 정보를 연동해서 자동으로 입력시키는 것은 가능하다. 대신 두 번째 방식에서는 생년월일을 선택 값이 아니라 필수 값으로 해야 한다. 두 번째 방식에서 생년월일을 선택 값으로 자동 입력하면 '내가 입력하지 않는 선택 정보를 업체 마음대로 입력해도 되는 거냐'라는 고객 항의가 들어온다. (실제로 생각보다 이런 클레임이 많다.)

유형에 대해 간단히 알아봤으니 유형별로 상세 화면을 하나씩 비교해 보자. 먼저 인증 화면부터 살펴보자.

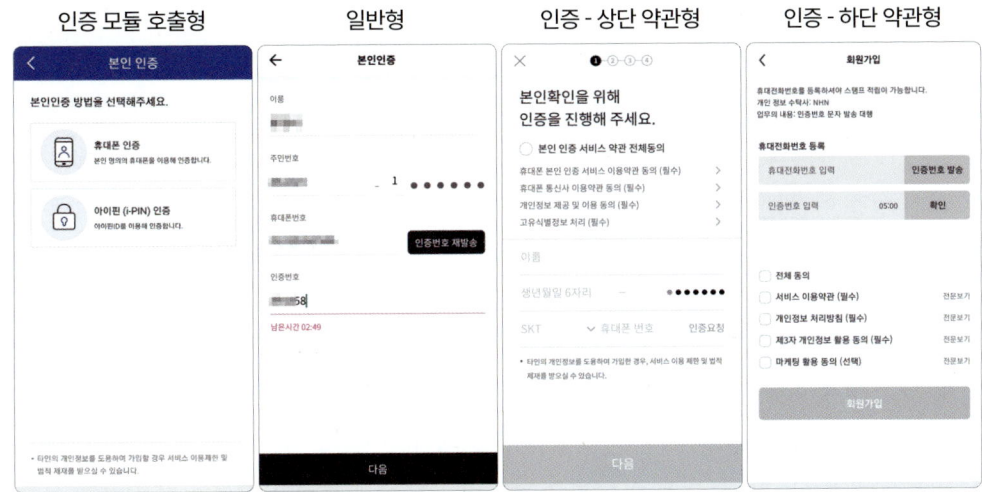

본인 인증 유형 비교

본인 인증은 크게 3가지 유형으로 구분된다.

- 모듈 호출형
- 일반형
- 인증 약관 혼합형

첫 번째 모듈 호출형은 인증 방법을 안내하고 선택하면 통신사나 인증업체 모듈을 새 창이나 별도 프로그램으로 호출하여 인증하는 방식이다. 이 방식은 새 창으로 타 업체의 인증 모듈을 호출하는 방식이다 보니 인증 화면의 UI나 컬러가 우리 회사의 톤앤매너와 맞지 않을 수도 있다는 단점이 있다.

두 번째 일반형은 모듈을 호출하지 않고 페이지 내에서 이름, 주민등록번호, 휴대폰번호, 인증 번호를 입력해 인증하는 방식이다. 이 방식은 모듈 호출형에 비해 개발 리소스가 조금 더 많이 든다는 단점이 있다.

세 번째 인증 약관 혼합형은 본인 인증에 대한 약관 동의를 하나의 페이지에서 처리하는 방식이다. 본인 인증 시 본인의 개인정보를 인증을 위해 제공한다는 약관 동의가 필요한데(회원가입 약관과는 다르다. 이 약관 동의는 순수하게 본인 인증의 정보 입력 및 처리를 위한 약관 동의 기능이다), 이것을 인증 페이지에서 함께 처리하는 방식이다. 모듈 호출형의 경우 약관 동의를 모듈 내에서 처리하고(순서는 약관 동의 ▶ 본인 인증 순이다), 일반형은 본인 인증 이전 단계에 약관 동의를 먼저 진행해야 본인 인증 절차로 넘어간다. 일반형의 2단계 작업을 하나로 합친 것이 인증 약관 혼합형이다.

인증 약관 혼합형은 약관이 위에 있는 형태, 아래에 있는 형태 2가지로 나뉜다. 약관이 상단에 있는 것과 하단에 있는 것은 어떤 차이가 있을까? 우리가 앞서 이론 시간에 배웠던 구텐베르크 법칙을 대입해 보자. 사용자가 인증 페이지에 왔을 때 제일 먼저 눈에 들어오는 것이 약관 동의 내용이냐 본인 인증이냐의 차이다. 약관 동의를 먼저 하든 나중에 하든 사용자 입장에서 큰 차이는 없다. 하지만 사용성 측면에서 약관을 아래에 넣으면 치명적인 문제점이 하나 있다.

예제 화면처럼 요즘은 모든 정보를 입력해야 다음 페이지로 이동할 수 있게 다음 버튼을 비활성화하여 처리하는데, 약관이 상단에 있으면 사용자가 페이지에 접근했을 때 제일 먼저 약관이 눈에 들어오니 사용자가 약관에 대해 인지하고 동의할 확률이 높다. 반대로 약관이 하단에 있으면 사용자가 인증 정보 입력 영역을 먼저 보게 되니 약관 체크에 대한 인지가 상단 약관형보다는 조금 더 어려울 확률이 높다. 사용자는 빨리빨리 입력하고 다음으로 넘어가고 싶은데, 인증 정보를 다 입력했는데 왜 버튼이 활성화되지 않는지 이유를 알지 못하는 것이다.

서비스를 운영하다 보면 실제로 이런 경우가 꽤 있다. 특히 연령대가 높은 시니어분들이 이런 어려움을 겪는 경우가 많은데, 약관을 하단에 넣을 때는 우리 서비스 사용자 중 시니어 비중이 얼마나 되는지와 디자인적으로 사용자가 약관을 놓치고 가지 않게 할 방법은 뭐가 있을지에 대한 명확한 솔루션이 필요하다.

다음은 가입 정보 입력 화면이다.

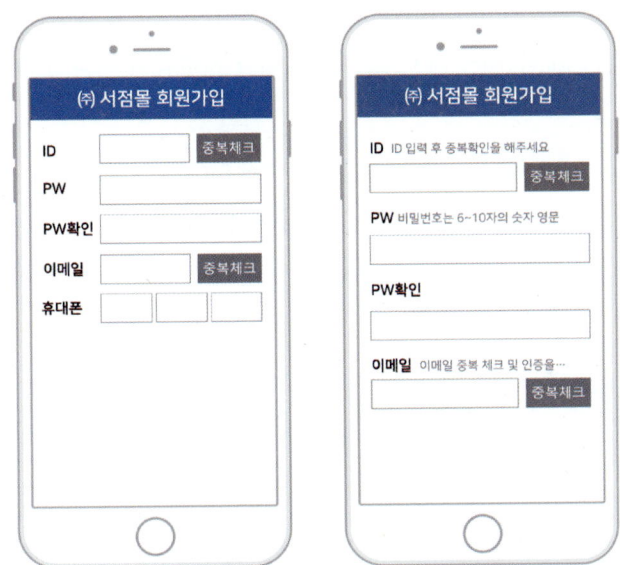

과거 회원가입 UI(좌)와 최근 회원가입 UI(우) 비교

가입 정보 화면은 예제 왼쪽이 과거 스타일, 오른쪽이 요즘 스타일이다.

모바일웹 초창기에는 왼쪽 화면처럼 타이틀과 입력 항목을 한 줄로 두는 형태가 많았다. 이 형태는 PC웹의 레이아웃을 그대로 옮겨놓은 것인데, 모니터는 가로가 넓으니 요소를 한 줄로 나열해도 문제가 없었지만 모바일은 가로 폭이 좁아 이런 형태로 기능을 배치하면 문제가 발생했다. 그에 대한 보완책으로 등장한 것이 오른쪽 화면이다.

왼쪽 레이아웃이 사장된 이유는 모바일에서 이 구성이 여러 가지 한계점을 노출했기 때문이다. 한 줄에 타이틀과 입력 항목을 구성하게 되면 텍스트 입력 필드 폭이 타이틀이 차지하는 영역만큼 좁아지게 된다. 아이디나 비밀번호를 입력할 때는 큰 문제가 없지만 주소 같이 긴 정보를 입력하면 글자가 잘려서 표시되는 문제가 종종 발생했다. 그리고 입력 필드가 너무 다닥다닥 붙어있다 보니 터치 실수가 일어나기도 쉬웠고 밀집도가 높아 답답해 보이는 경향도 있었다. 그래서 사람들은 생각했다. '꼭 한 줄에 타이틀과 입력 필드가 다 들어갈 필요가 있나? 두 줄로 나누면 안 될까?'

타이틀과 입력 필드를 2줄로 분할하면 그만큼 세로 스크롤이 길어지게 된다. PC의 UI 상식으로 보면 스크롤이 길어지면 길어질수록 도달률이 떨어지고 사용자 이탈률은 높아진다. 하지만 모바일은 PC에 비해 세로 스크롤에 대한 저항감이 적다. PC에서는 스크롤 없이 한 화면에 표시할 수 있는 기능도 모바일은 화면이 좁아 무조건 스크롤이 생길 수밖에 없는 구조이다 보니 사람들이 스크롤을 민감하게 생각하지 않았고 터치스크린 특성상 마우스로 상하 이동을 하는 것보다 손가락으로 상하 이동을 하는 것이 더 편했기 때문이다.

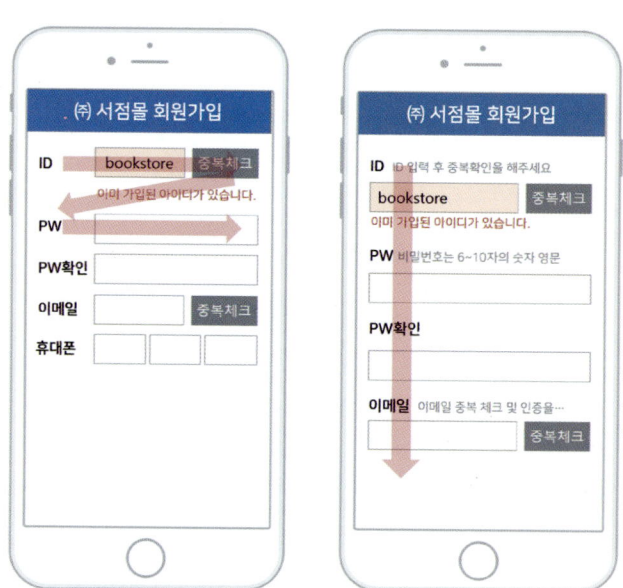

구 회원가입과 신 회원가입 UI의 시선 흐름 변화 비교

타이틀과 입력 필드를 두 줄로 분리하면서 생긴 가장 큰 변화는 시선 흐름의 변화다. 왼쪽 화면은 시선 흐름이 좌 ▶ 우 ▶ 아래 ▶ 좌 ▶ 우의 Z 형태로 진행되는 데 반해, 오른쪽 화면은 위에서 아래로 부드럽게 떨어지는 형태다. 세로로 긴 모바일의 특성을 고려해 시선 흐름도 좌우가 아닌 상하 형태로 바뀐 것이다.

구 회원가입과 신 회원가입 UI의 유효성 검사 비교

시선 흐름의 변화 이외에도 입력 필드가 커지면서 입력 필드를 이용한 다양한 UI 구성이 가능해졌다. 대표적인 것이 유효성 검사인데, 왼쪽 스타일은 텍스트 입력 필드의 폭이 좁고 유효성 검사 문구를 표시해도 타이틀 하단 영역에 공백이 생기니 디자인 밸런스가 무너지는 문제가 발생했다.

구 회원가입과 신 회원가입의 ID 중복 검사 비교

입력 필드가 커지면서 오른쪽 예제와 같이 플레이스 홀더(Place Holder)를 이용해 입력 필드에 안내 문구를 넣고 타이틀을 없앤 형태의 UI도 등장했다. 이런 UI는 세로 스크롤을 줄일 수 있다는 장점이 있지만, 타이틀이 없으니 눌러보지 않으면 해당 입력값이 필수 값인지 선택 값인지 구분하기 어렵다는 치명적인 단점이 있었다. 디자인적으로 입력 필드 테두리나 그림자에 컬러를 넣는 방법도 있지만, 그렇게 하면 디자인이 조금 지저분해 보일 수 있다. 그래서 오른쪽과 같은 UI는 모든 입력값이 필수 값이거나 선택 값이어서 필수 값/선택 값 구분이 필요 없을 때 사용하는 것이 좋다.

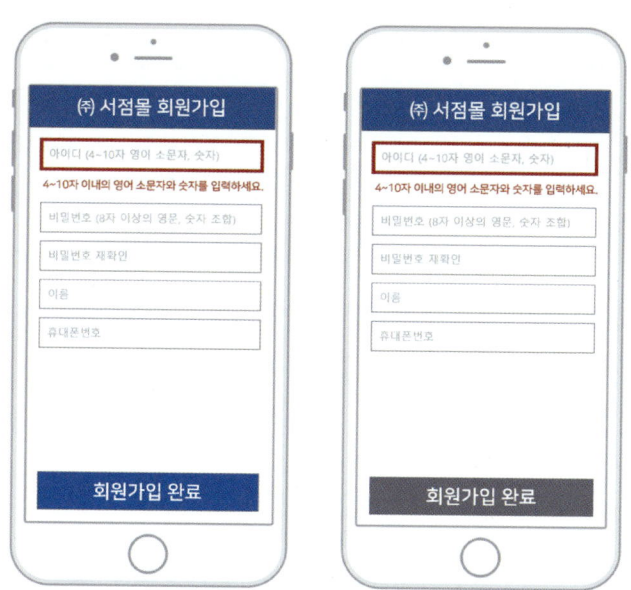

유효성 검사 시 완료 버튼 활성화 비교

회원가입에서 마지막으로 체크할 부분은 정보를 입력하고(빈칸을 모두 채우고) 가입 완료 버튼은 눌렀을 때 입력 정보가 유효한지 체크할 것인가, 아니면 모든 정보를 '완벽하게' 입력했을 때 가입하기 버튼이 활성화되게 할 것인가의 문제다. 요즘은 오른쪽 예제처럼 모든 정보를 완벽하게 입력했을 때 완료 버튼이 활성화되는 형태가 많이 쓰인다. 그런데 이 UI를 잘 사용하려면 두 가지 전제조건이 필요하다. 입력해야 하는 정보가 모두 필수 값이고 스크롤 없이 한 화면에 모든 정보가 표시되거나 단계마다 하나의 정보만 입력받는다면 이 UI를 사용해도 되지만, 입력해야 하는 정보에 선택 값이 섞여 있거나 입력 정보가 많아 스크롤을 내려야 한다면 고민이 필요하다. 사용자는 분명히 다 입력했다고 생각했는데 버튼이 활성화되지 않아 다음 단계로 넘어갈 수 없는 경우가 종종 발생하기 때문이다.

보너스로 회원가입 버튼의 위치도 한번 알아보자.

회원가입 완료 버튼의 위치 비교

회원가입 완료 버튼은 아래에 고정된 형태가 좋을까, 콘텐츠가 끝나는 위치에 있는 게 좋을까?

회원가입 페이지에 한정해서는 엄지 영역 이론이 적용되지 않는다. 엄지 영역은 한 손 파지와 터치가 전제인데, 회원가입은 텍스트나 숫자를 입력할 일이 많다 보니 보통 양손으로 타이핑하게 된다. 그래서 다른 페이지에 비해 엄지 영역의 영향을 받지 않는다. 오히려 콘텐츠가 끝나는 시점에 완료 버튼을 붙여 놓으면 정보를 모두 입력하고 자연스럽게 완료 버튼을 누르는 형태가 된다. 사용성 측면만 보면 오른쪽 예제처럼 콘텐츠가 끝나는 시점에 완료 버튼이 있는 게 좋지만, 디자인 가이드에 버튼은 무조건 아래에 고정되어 있어야 한다고 명시되어 있다면 통일성을 맞추기 위해 아래에 있는 게 좋다. 그래야 사용자의 인지와 이용 경험이 훼손되지 않는다. 항상 버튼이 아래에 있었는데 회원가입 페이지만 그 자리에 버튼이 없으면 사용자 입장에서 당황스러울 테니 말이다.

지금까지 일반 회원가입 페이지를 설계할 때 고려해야 할 UI/UX 요소들을 알아봤다.

회원가입 UI/UX에 정답은 없다. 유명한 타사 서비스를 무작정 모방하기보다는 본문에서 언급한 항목을 고려해 우리 서비스의 성격에 맞는 UI/UX를 설계하자.

3.5 _ 회원가입 UI – SNS 가입 시 고려해야 할 것들

일반 회원의 UI 설계법을 알아봤으니 다음으로 알아볼 것은 SNS 가입의 UI/UX 설계법이다. 앞서 회원가입의 3가지 유형에서 언급했던 것처럼 SNS 가입은 연동 회원과 간편 가입 2가지 방식으로 구분된다.

잠시 일반회원과 SNS 연동 회원, SNS 간편 가입이 어떻게 다른지 간단하게 복습 차원에서 비교해 보자.

SNS 연동 회원은 SNS로 로그인하여 인증 절차를 완료한 후 일반 회원가입과 동일하게 아이디와 비밀번호 등 회원가입 정보를 입력하고 가입을 완료한다. 사실상 본인 인증 수단이 이메일과 휴대폰에서 SNS로 변경되었을 뿐, 기본적인 가입 절차와 입력해야 하는 정보는 일반 회원과 유사하다.

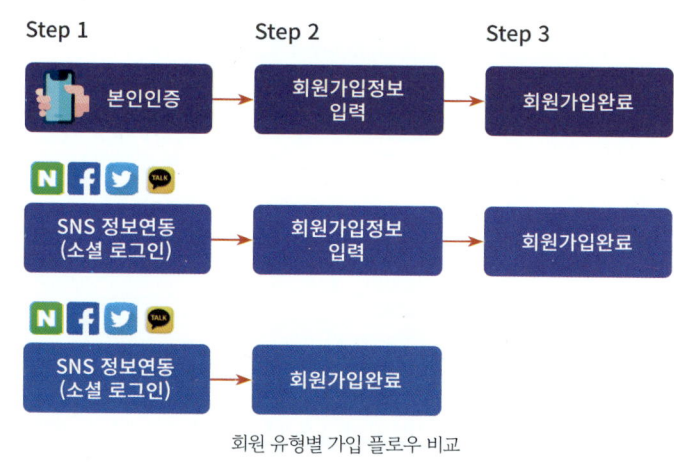

회원 유형별 가입 플로우 비교

SNS 간편 가입은 조금 다르다. SNS로 로그인하여 인증 절차를 완료하면 가입이 완료된다. 요즘 많이 보이는 '카카오톡으로 3초 만에 가입' 같은 경우가 대표적인 SNS 간편 가입에 해당한다.

SNS 연동 회원과 간편 가입은 사실 무 자르듯이 딱 잘라 구분하기 어렵다. 베리에이션이 다양하기 때문이다. 소셜 가입이라고 하지만 SNS 연동만 하고 나머지 절차는 일반 회원가입과 똑같은 경우도 있고 반대로 간편 가입은 맞지만 간단하게 두세 가지 추가 정보를 요구하는 곳도 있다.

그렇다면 SNS 연동 회원과 SNS 간편 가입을 구분하는 방법은 뭘까? 가장 큰 구분 방법은 '중심이 어떤 것이냐?'라는 것이다. 가입 시 연동한 SNS가 중심인지, ID가 중심이고 SNS는 연계된 개념인지가 SNS 연동 회원과 간편 가입을 구분 짓는 핵심 키워드다.

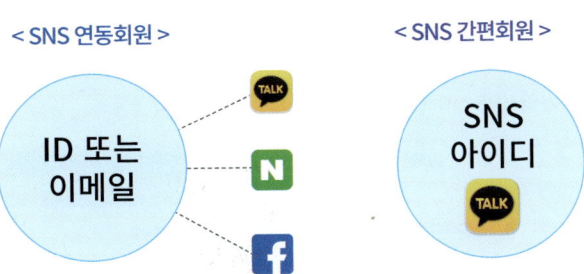

SNS 연동 회원과 SNS 간편 가입 방식 비교

예제 화면으로 어떤 차이가 있는지 비교해 보자.

1) 가입 SNS 선택   2) 네이버 약관동의   3) 회원가입 정보 입력

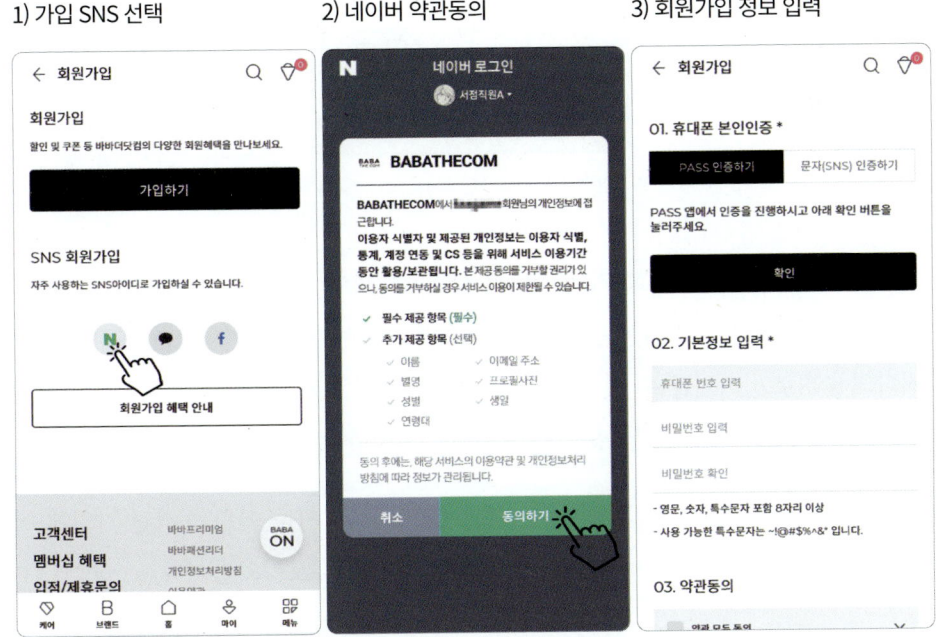

SNS 아이디를 연동하지만 휴대폰 인증과 가입 정보(비밀번호)를 입력하는 SNS 연동 회원

SNS 연동 회원은 회원가입 시 SNS 연동 후 ID와 비밀번호를 입력한다. SNS가 곧 ID가 되는 간편 가입과 다르게 별도의 ID가 존재하고 SNS 연동은 간편 로그인을 위한 보조수단에 가깝다. ID와 PW를 입력해 로그인도 가능하고 연동된 SNS 계정으로 로그인하는 것도 가능하다. 하나의 SNS로만 사용 가능한 간편 가입과 달리 연결 가능한 SNS를 추가하는 것도 가능하다.

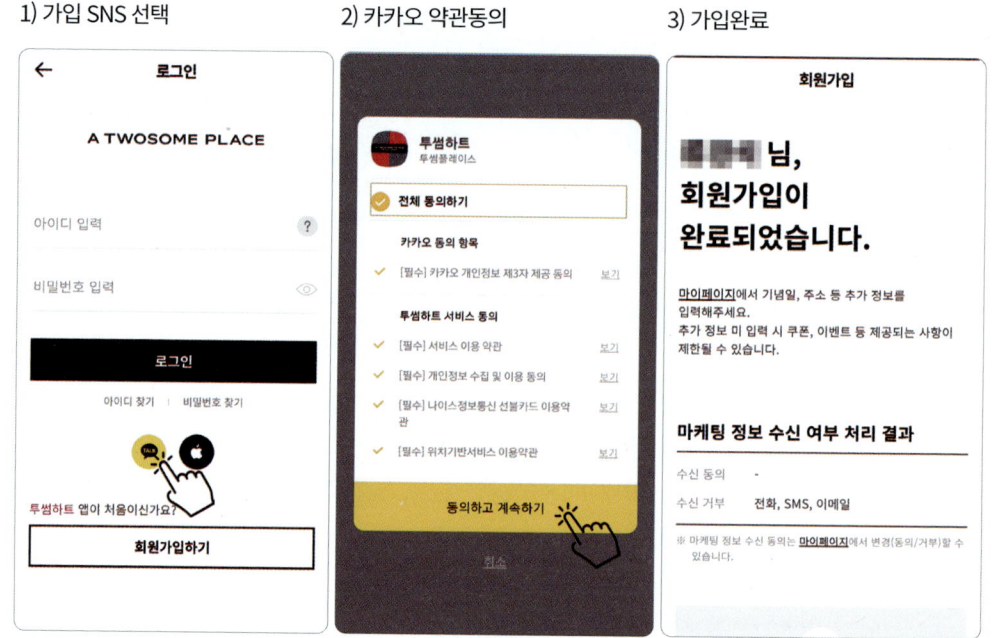

SNS 인증 즉시 가입이 완료되는 SNS 간편 가입

SNS 간편 가입은 연동한 SNS가 곧 ID가 된다. 내가 카카오로 가입했다면 이 서비스는 앞으로 쭉 카카오로만 로그인할 수 있다. 서비스에 따라서는 중복 가입을 원천적으로 차단해 하나의 SNS로만 가입할 수 있는 서비스도 있다. 카카오로 가입하면 네이버로는 가입이 불가능하고 앞으로 이 서비스는 평생 카카오로만 써야 할 수 있다는 얘기다.

이제 실제 운영되고 있는 회원가입 페이지를 예제로 SNS 연동 회원과 간편 가입에 어떤 차이가 있는지 상세하게 알아보자. 예제로 가져온 서비스는 '오늘의집'이다.

오늘의집 로그인 페이지를 살펴보자. 카카오, 네이버, 페이스북, 애플, 이메일로 가입의 총 5가지 방법으로 회원가입이 가능하다. 그렇다면 오늘의집은 SNS 연동 회원일까, SNS 간편 가입일까?

구분법은 간단하다. 앞서 설명했듯이 SNS 간편 가입은 SNS로만 가입이 가능하다. SNS 이외의 다른 로그인 방법이나 가입 방법이 존재한다면 SNS 연동 회원일 확률이 높다. 오늘의집은 이메일로 가입과 로그인이라는 기능이 있으니 이메일 주소를 아이디로 쓰고 이메일 주소에 SNS를 연동하는 SNS 연동 회원일 확률이 높다.

간단하게 SNS 연동 회원과 간편 가입의 DB 테이블을 비교해 보자.

오늘의집 로그인 페이지

SNS 연동 회원과 간편 가입의 DB 구조 비교

SNS 연동 회원은 가입 시 아이디를 입력한다. 오늘의집은 이메일을 아이디로 사용하니 아이디 칸에 이메일이 들어간다. 그리고 SNS 연동이라는 별도의 항목이 존재하는데, 연동한 SNS의 인증코드 정보가 담기게 된다. 코드가 있는 항목은 연동된 SNS라는 뜻이다. (예제에서는 bookstore@gmail.com이라는 아이디에 네이버와 페이스북이 연동된 상태다.) 이 구조는 새로운 SNS를 추가하고 싶을 때 추가가 용이하다는 장점이 있다. 예를 들어 예제처럼 현재는 네이버, 카카오, 페이스북 3가지 방식으로만 연동이 가능한데, 트위터를 추가하고 싶다고 하면 페이스북 아래에 트위터를 추가하면 되는 구조다. 이런 구조에서는 마이페이지에서 연동된 SNS를 추가하거나 해지하는 것도 가능하다.

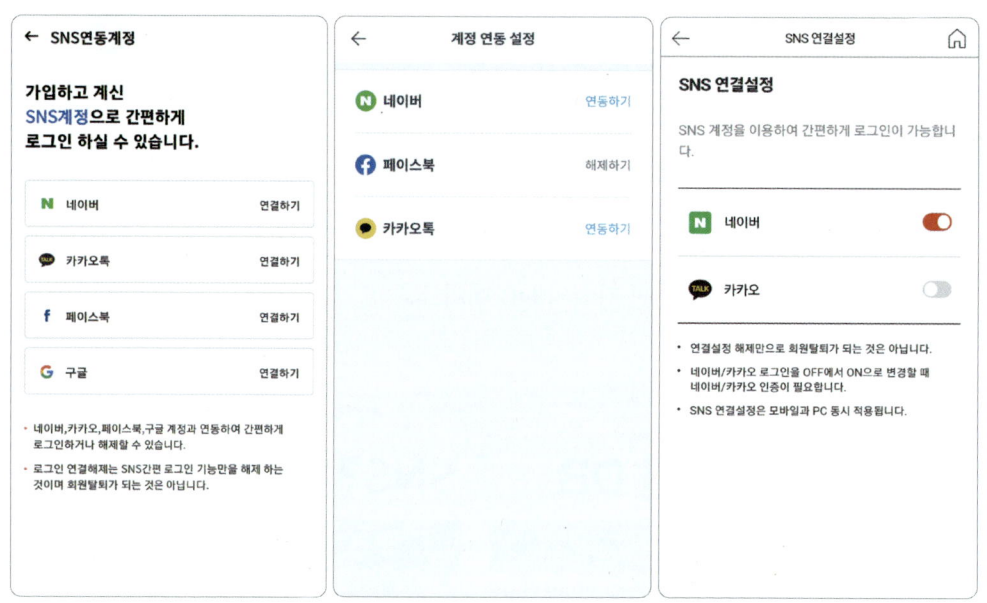

마이페이지에서 SNS 추가 연동 및 해제가 가능한 SNS 연동 회원

SNS 간편 가입은 다르다. SNS 자체가 아이디가 되는 방식이다. 이런 방식은 SNS마다 아이디가 별도로 생길 수 있다. 4개의 SNS라면 이론상 4개의 아이디를 생성할 수 있다는 이야기다. 이게 연동 회원과 간편 가입의 가장 큰 차이다.

다시 오늘의집으로 돌아와서 앞서 언급했던 것처럼 오늘의집은 이메일로 가입하기 기능이 있으니 SNS 연동 회원으로 추정된다. 그렇다면 정말 SNS 연동 회원이 맞는지 카카오, 네이버, 페이스북으로 회원가입을 진행해 보자.

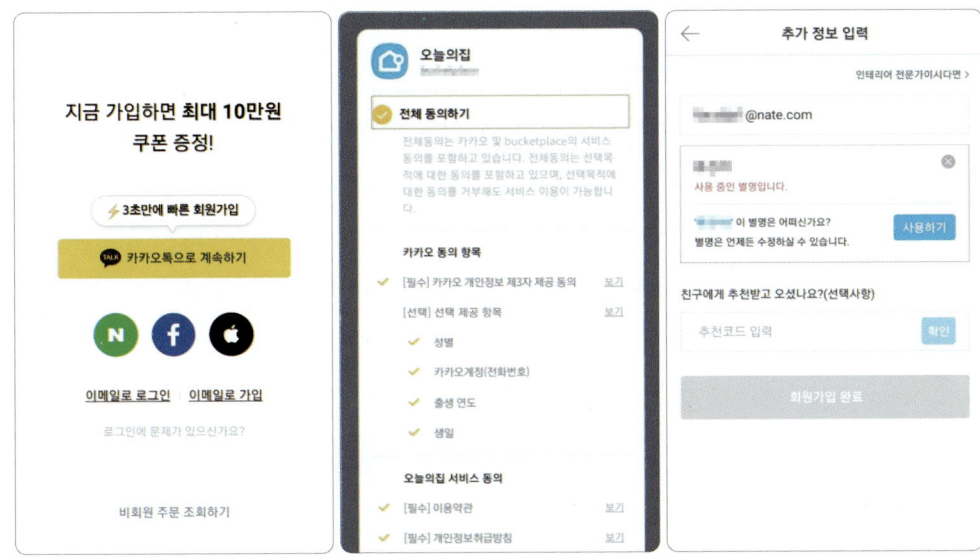

오늘의집 카카오 회원가입 화면

카카오톡으로 계속하기를 눌러 회원가입을 진행하면 카카오 연동 및 약관 동의 팝업이 표시되고 동의 시 아이디와 닉네임을 입력하는 추가 정보 입력 창이 표시된다. SNS 연동 이외에도 아이디(이메일)를 별도로 입력하는 것을 보니 우리의 추측대로 SNS 연동 회원이 맞는 것 같다.

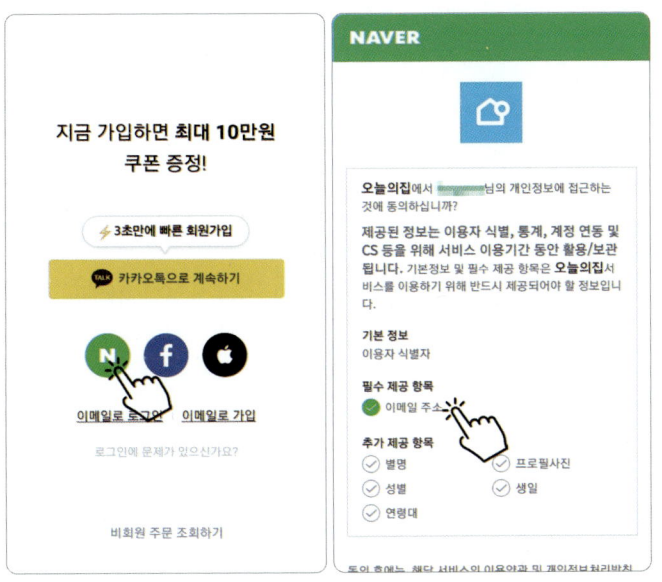

오늘의집 네이버 회원가입 화면

다음은 네이버로 가입해 보자. 카카오처럼 네이버 연동 및 약관 동의 팝업이 뜨는 것까지는 동일한데 약관 동의를 완료하면 카카오처럼 아이디를 입력하는 부가 정보 페이지로 이동하지 않고 곧바로 회원가입이 완료된다. SNS 연동 회원이면 어딘가에서 아이디(메일 주소)를 입력해야 하는데, 메일 주소를 어디서 입력받는 걸까? 두 번째 SNS 연동 화면을 자세히 보면 필수 제공 항목에 이메일 주소가 있는 것을 알 수 있다. 네이버로 가입하는 경우에는 특이하게 메일 주소를 사용자에게 입력받지 않고 네이버 이메일 주소를 아이디로 사용한다.

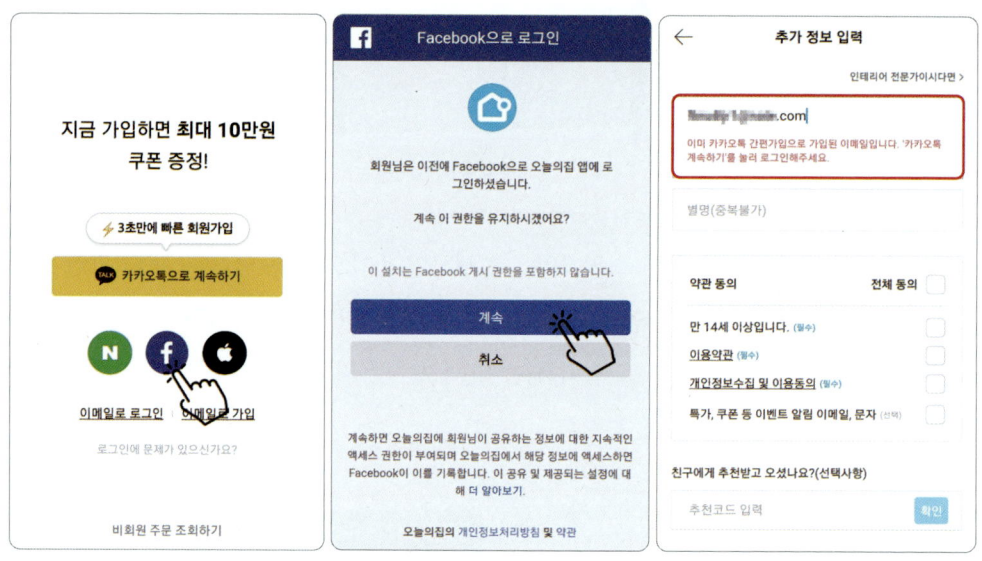

오늘의집 페이스북 회원가입 화면

다음은 페이스북 회원가입이다. 페이스북도 SNS 연동을 완료하면 카카오와 동일하게 추가 정보 입력 화면이 표시된다. 여기서 내가 카카오로 가입했던 이메일 주소를 입력하면 어떻게 될까? 예제의 3번째 화면처럼 카카오로 이미 가입되어 있다는 안내 메시지를 보여준다.

SNS 연동 회원이라면 카카오톡 간편 가입으로 가입된 이메일이라는 메시지가 아니라 '이미 가입된 이메일 주소입니다'라는 메시지가 표시되는 것이 일반적이다. 그런데 '카카오로 가입된 이메일입니다'라는 메시지가 뜬다는 것은 아이디를 메일 주소로 쓰지만, 한 아이디에 여러 개의 SNS를 연동할 수 없다. 즉 SNS마다 다른 이메일 주소를 써야 한다는 뜻이다.

그림으로 정리하면 이런 구조다.

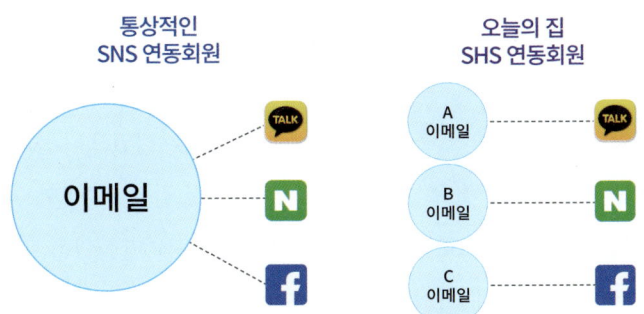

통상적인 SNS 연동 회원과 오늘의집 SNS 연동 회원의 차이

통상적인 SNS 연동 회원은 하나의 이메일에 여러 개의 SNS를 연결할 수 있지만 오늘의집은 하나의 이메일에 하나의 SNS만 연동할 수 있다. 이론상으로 메일 주소를 다르게 입력하면 오늘의집은 한 사람이 최대 5개까지 아이디를 만들 수 있다.

SNS 연동 회원이라면 하나의 아이디에 여러 개의 SNS를 연동할 수 있지만, 오늘의 집은 하나의 아이디에 하나의 SNS만 연동할 수 있으니 SNS 연동 회원과는 거리가 멀어 보이고 SNS 간편 가입이라면 SNS가 아이디가 돼야 하는데, 아이디(이메일 주소)를 별도로 입력하니 SNS 간편 가입도 아니다. 굳이 구분하자면 아이디를 이메일로 쓰지만, SNS 연동 회원보다는 SNS 간편 가입에 가까운 구조다. SNS 회원가입을 무 자르듯이 유형화할 수 없는 이유가 바로 이런 케이스들 때문이다. 이처럼 서비스 특성이나 상황에 따라 다양한 조합이나 케이스가 생길 수 있다.

그렇다면 오늘의집은 왜 이렇게 특이한 구조를 가지게 된 걸까? 지금부터는 서점직원의 추정이다.

오늘의집은 커뮤니티로 시작한 서비스다. 처음 서비스를 만들 때는 현재 존재하는 5가지 가입 방식 중 이메일 가입만 있었을 것이다. 그리고 회원 가입 시 사용자 인증으로 휴대폰 인증 대신 이메일 인증을 선택한 것 같다.

휴대폰 인증을 사용하면 중복 가입을 차단할 수 있지만, 인증 비용이 발생한다(솔루션에 따라 다르지만 보통 1년에 100만 원 정도 비용이 발생한다). 반대로 이메일 인증을 하면 인증 비용은 발생하지 않지만, 여러 개의 메일 주소를 이용해 중복 가입이 가능하다. 서비스를 만들 때 회원가입에서 이것 때문에 고민을 많이 한다. 우리 서비스가 인증 비용을 지불하면서까지 중복 가입을 막아야 하는 서비스인지 허용해도 되는 서비스인지에 대한 고민 말이다.

오늘의집도 처음에 그런 고민을 했을 것이다. 시작이 커뮤니티였으니 초기에는 굳이 돈을 들여서 중복 가입을 막아야 할 필요성을 느끼지 못했던 것 같다. 그래서 이메일로 본인 인증을 하고 아이디를 이메일 주소로 쓰는 이메일 가입 기능을 만들었을 것이다. 그런데 서비스가 커지면서 수익화를 위해 커머스 기능과 SNS 가입을 도입하면서 문제가 생기기 시작했다. 기존에 메일로 가입한 사람이 카카오톡으로 가입하면 아이디가 두 개 생기게 된다. 그럼 어떻게 해야 할까?

오래된 서비스들 중에서는 이런 경우가 꽤 있다. 서비스를 처음 시작할 때는 이메일 가입만 있었는데, 중간에 SNS 가입을 추가하면서 중복 가입이 문제가 되는 경우다. 이럴 경우 중복 가입을 막기 위한 가장 쉬운 방법은 아이디 기반의 SNS 연동 회원으로 전환하는 것이다. 그런데 오늘의집은 아이디 기반의 SNS 연동 회원 대신 각 SNS로 가입이 가능한 간편 가입 방식을 택했다.

'우리는 아이디가 여러 개 생겨도 상관없어. 고객이 편하게 가입하고 로그인할 수 있게 진입장벽을 줄여주는 게 중요해'라고 하면 오늘의집처럼 SNS마다 아이디가 하나씩 생기게 해도 상관없다. 그런데 우리 서비스는 중복 가입을 원천적으로 차단하고 싶다고 한다면 회원 가입할 때 CI[1]값을 저장하고 휴대폰번호와 이메일 주소를 받아서 삼중으로 중복 가입 체크를 해야 한다(물론 서비스 구조는 중복 가입을 허용할 때보다 2배 이상 복잡해진다).

---

[1] Connecting Information, 본인 확인 기관이 주민등록번호를 암호화해 생성한 사용자 고유값으로 CI값이 있으면 중복 가입 방지가 가능하다.

잠시 우리의 본분을 잊고 있었다. 이 책의 제목이 뭔가? 실전 UI/UX이지 않은가? 정책도 물론 중요하지만 정책을 보려고 이 책을 산 건 아닐 것이다. 오늘의집 중복 회원 문제를 UI/UX로 해결할 수 있는 방법은 없다. 이건 정책적인 문제니까! 그런데 UI/UX로 약간 완화할 방법은 있다. 다시 오늘의집을 살펴보자.

오늘의집 로그인 페이지

오늘의집 로그인 페이지를 보면 카카오로 계속하기 버튼이 다른 소셜보다 더 크게, 상단에 노출되어 있는 것을 알 수 있다. 처음 들어오는 고객이 무의식적으로 카카오로 가입할 수 있게끔 의도적으로 유도한 것이다. 오늘의집은 아마 이런 생각을 하지 않았을까?

'중복 가입은 어쩔 수 없어. 지금부터 새로 가입하는 사람들이라도 한쪽 SNS로 몰자'

여기서 우리가 고민해야 할 것이 있다. 카카오랑 네이버 중 어떤 소셜을 주력으로 밀어줄 것인가? 보통은 일부 특이 케이스를 제외하고는 카카오를 거의 상단에 노출한다. 이건 나름의 이유가 있다. 잠시 카카오와 네이버를 비교해 보자.

카카오와 네이버의 MAU 및 연동 정보 비교

한 달에 이용하는 활성 사용자 수인 MAU(Monthly active users)는 카카오가 네이버보다 약 300만 명 더 많다(22년 8월 기준, 모바일인덱스 조사). 그리고 소셜 로그인을 통해 연동 가능한 정보는 두 서비스가 항목 하나까지 똑같다. 활성 사용자 수는 카카오가 네이버보다 10% 정도 더 많은데, 10% 차이로 모든 앱에서 카카오 로그인이 상단에 있다는 것은 설득력이 떨어진다. 우리가 생각해 봐야 할 것은 활성 사용자가 아니라 로그인 유무다.

카카오톡은 로그인하지 않으면 이용할 수 없는 서비스다. 우리 휴대폰에 카카오톡이 깔려 있고 카톡을 주고받고 있다면 카톡에 항상 로그인되어 있는 상태라는 얘기다. 그런데 네이버 앱은 로그인해야만 이용할 수 있는 서비스가 아니다. 로그인하지 않아도 검색을 하거나 뉴스를 보는 데 아무 문제가 없다. 대부분의 서비스가 카카오톡을 네이버보다 더 강조해서 상단에 노출하는 이유는 바로 여기에 있다. **항시 로그인되어 있는 서비스냐**, 로그인되어 있지 않은 서비스냐.

마지막으로 SNS 회원가입에 대해 최종 정리하면서 마무리해 보자.

1. 연동 회원과 간편 회원은 무 자르듯이 명확히 구분하기가 어렵다.
2. 본인 인증 수단(휴대폰/이메일)과 중복 가입 허용 여부가 SNS 회원가입의 핵심이다.
3. CI + 휴대폰 + 이메일 인증을 하면 중복 가입을 99% 막을 수 있다.

3.6 _ 약관 동의 페이지를 설계할 때 고려해야 할 것들

우리가 그동안 무심코 지나쳤던 약관 동의 화면에도 UI/UX의 다양한 원리가 숨어있다. 이번 절에서는 약관 동의 페이지를 설계할 때 고려해야 할 UI/UX 법칙에 관해 이야기한다.

약관 동의 페이지의 UI/UX를 분석하려면 꼭 알아야 할 개념이 두 가지 있다. 우리가 앞서 이론 시간에서 배웠던 구텐베르크 다이어그램과 스티븐 후버의 모바일 디바이스 파지 방법론이 바로 그것이다. 그렇다면 구텐베르크 다이어그램과 스티븐 후버의 모바일 디바이스 파지 방법론을 대입해 약관 동의 페이지를 살펴보자.

구텐베르크 다이어그램에 의하면 사람이 처음 페이지에 접근했을 때 시선이 가장 먼저 향하는 곳은 왼쪽 위라고 정의한다. 그리고 스티븐 후버의 모바일 디바이스 파지 방법론에 따르면 오른손잡이 기준으로 왼쪽 영역이 터치하기 더 쉽다. 그래서 약관 동의 페이지의 약관 체크 버튼은 사용자의 시선이 먼저 인식하고 터치하기 편한 왼쪽에 있는 경우가 많다.

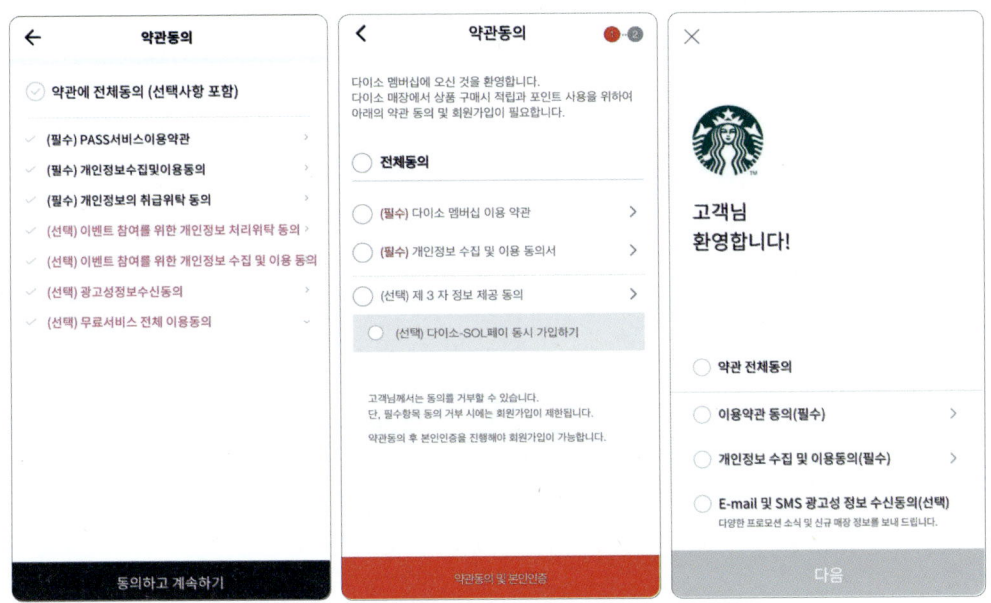

체크박스가 왼쪽에 있는 약관 동의 페이지 예제

그런데 한번 생각해 보자. 혹시 약관 동의 체크박스를 터치할 때 불편한 적은 없었는가? 이론상으로는 왼쪽이 맞는 것 같은데 막상 사용하면 왜 불편한 걸까?

스마트폰 크기에 따른 핫스팟 영역의 변화

앞서 이론 파트에서 언급했던 것처럼 스티븐 후버의 모바일 디바이스 파지 방법론이 나온 2013년 기준으로 스마트폰의 크기는 평균 4인치 정도였지만, 현재 스마트폰의 평균 크기는 6인치다. 화면 크기가 커지면서 한 손으로 터치했을 때 왼쪽 영역이 터치하기 쉬운 핫스팟 영역을 벗어난 것이다.

우리가 약관 동의 버튼을 터치하면서 불편함을 느꼈던 이유는 바로 화면 크기가 커졌는데 옛날 이론에 사로잡혀 관습적으로 왼쪽 영역에 체크 버튼을 뒀기 때문이다.

왼쪽 영역은 이제 더 이상 터치하기 편한 핫스팟 영역이 아니다. 그렇다면 체크박스를 오른쪽으로 옮겨보면 어떨까? 실제로 그런 시도를 한 서비스가 있다.

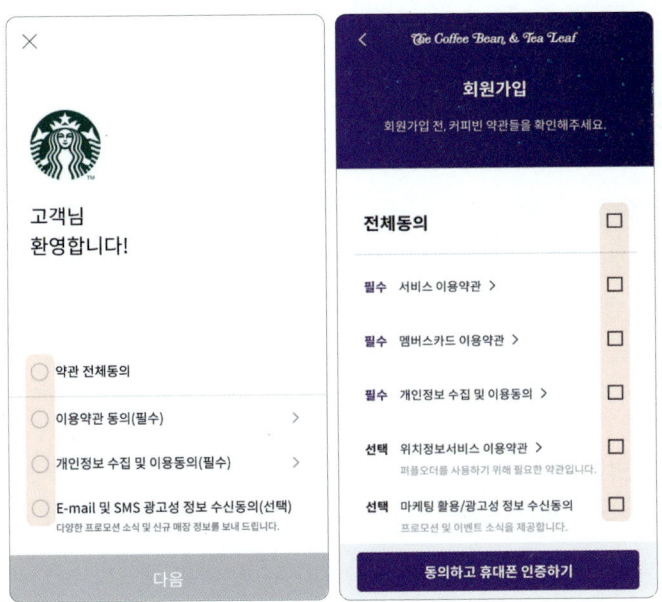

체크박스가 왼쪽에 있는 스타벅스, 오른쪽에 있는 커피빈

스타벅스의 약관 동의 페이지는 체크박스가 왼쪽에 있고 커피빈은 체크박스가 오른쪽에 있다. 체크박스가 왼쪽과 오른쪽에 있는 것에는 어떤 차이가 있을까?

체크박스를 왼쪽에 뒀을 때 가장 큰 장점은 사용자의 익숙함이다. 대부분의 서비스가 체크박스를 왼쪽에 두고 있어 사용자들은 체크박스가 당연히 왼쪽에 있을 거라고 생각하고 왼쪽을 먼저 주시하는 경향이 있다. 그리고 모바일은 사용자의 시선이 위에서 아래로 흐르게 되는데, 버튼을 왼쪽에 두면 사용자가 약관 내용을 읽어보지 않고 무의식적으로 체크박스를 누르며 아래로 내려갈 확률이 높다.

반대로 체크박스가 오른쪽에 있으면 왼쪽에 있을 때보다 사람들이 약관을 읽어볼 확률이 높아진다. 구텐베르크 법칙에 따라 사람의 시선은 왼쪽을 먼저 주시하게 되는데 왼쪽에 체크박스가 없다면 사용자의 시선은 왼쪽에서 오른쪽으로 이동하며 체크박스를 찾게 된다. 약관 내용을 한 번이라도 볼 확률이 높아지는 것이다.

왼쪽, 오른쪽에 정답은 없다. 사람들이 빠르게 약관에 동의하고 넘어가는 것이 의도라면 체크박스가 왼쪽에 있는 것이 좋고 사람들이 약관을 조금이라도 읽어보고 누르게 하고 싶다면 체크박스를 오른쪽에 두는 것이 더 좋다.

예를 하나 들어볼까?

코로나가 한창이던 시절, 오프라인 매장 방문 예약 시스템에는 백신 접종 유무를 확인하고 백신 접종 증명이 없으면 방문이 불가하다는 내용의 동의 페이지를 추가하는 경우가 많았다. 이런 동의 페이지는 사용자가 내용을 정확히 인지하거나 꼼꼼히 읽어보고 맞으면 동의 버튼을 체크하게 하는 것이 목적이니 체크박스가 왼쪽에 있는 것보다는 오른쪽에 있는 것이 좋다. 이렇게 상황과 목적에 따라 체크박스 위치는 달라질 수 있다.

좌우를 살펴봤으니 이제 상하도 살펴보자.

스티븐 후버의 모바일 파지 방법론에 따르면 오른손잡이 한 손 파지 기준으로 체크박스를 터치하기 쉬운 핫스팟 영역은 왼쪽 하단이다. 그렇다면 약관 체크박스가 왼쪽 하단에 있어야 사용자들이 체크박스를 터치하기 편한 상태가 된다. 약관 체크박스가 왼쪽 하단에 있으려면 상단을 채울 수 있는 콘텐츠가 필요하다. 그게 서비스의 브랜드 로고든 안내 문구든 말이다.

안내 문구가 없는 경우

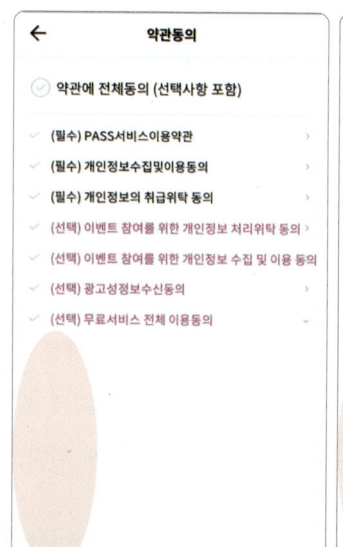

안내 문구가 짧은 경우

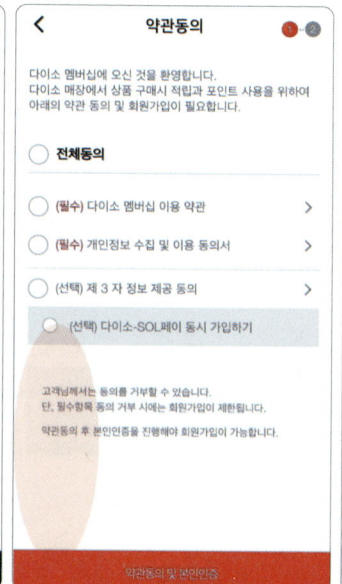

안내 문구가 긴 경우

상단 콘텐츠 여부에 따른 터치 유효 범위 차이

상단 콘텐츠 존재 여부에 따라 사용성이 어떻게 달라질 수 있는지 케이스를 하나씩 살펴보자.

첫 번째 예제처럼 안내 문구가 없으면 체크박스가 핫스팟 영역을 벗어나 한 손으로 터치하기 힘들어진다. **두 번째** 예제처럼 안내 문구가 있긴 한데 짧으면 이 역시 한 손 터치 유효 범위에서 벗어나게 된다. **세 번째** 예제처럼 상단에 로고와 안내 문구를 넣어 약관 영역과 엄지 영역을 일치시키면 사용자가 한 손으로 터치하기 편한 상태가 된다.

세 번째 예제처럼 구성하면 터치 편의성 이외에도 장점이 하나 더 있다. 앞서 배웠던 주시 영역과 활동 영역 이론을 대입해 보자. 화면이 상단 주시 영역과 하단 활동 영역으로 구분되어 콘텐츠 자체가 사용자가 인지하고 터치하기 쉬운 구성이 된다.

체크박스 위치를 알아봤으니 다음으로 필수 값 표시에 대해 알아보자.

약관 동의에는 필수 값과 선택 값이 존재한다. 그런데 회원가입 기준으로 필수 값은 이용약관, 개인정보 수집 동의의 2가지밖에 없다. 나머지는 모두 선택 값인데(마케팅 활용 동의, 광고성 정보 수신 동의 등) **약관 동의 페이지의 핵심은 선택 값을 사용자에게 어떻게 안내할 것인가이다.**

필수 값은 눈속임이 가능하다. UI적으로 어떻게 배치하느냐에 따라 필수 값과 선택 값을 명확하게 구분해 사용자의 선택을 유도할 수도 있고 반대로 선택 값과 필수 값 구분을 모호하게 해 사용자가 필수 값을 체크하면서 무의식적으로 선택 값을 체크하게 할 수도 있다.

필수 값과 선택 값은 컬러와 위치 두 가지로 눈속임이 가능하다.

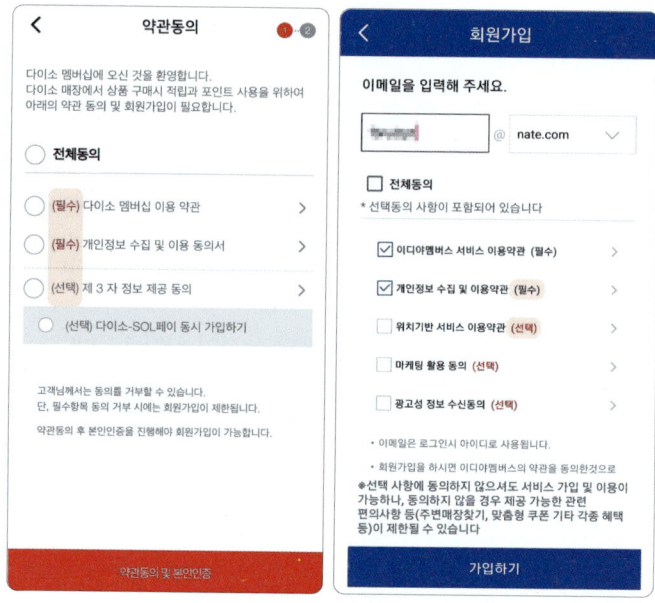

필수 값 표시의 위치 차이

왼쪽 예제처럼 필수 값 표시가 왼쪽에 있으면 사용자의 시선이 왼쪽부터 시작하니 필수 값, 선택 값 여부를 사용자가 인지할 확률이 높다. 반대로 오른쪽 그림처럼 필수 값, 선택 값 정보가 뒤에 있으면 사용자가 인지하지 못하거나 왼쪽에 비해 상대적으로 늦게 인지할 확률이 높다. 이 표시가 왼쪽에 있으면 체크박스를 누르면서 자연스럽게 필수 값과 선택 값 정보를 인지할 수 있지만, 오른쪽에 있으면 무의식적으로 체크박스를 누르면서 선택 값 정보도 체크할 확률이 높아진다는 뜻이다.

색상 강조도 마찬가지다.

필수 값을 빨간색으로 강조할 것인가, 포인트 컬러로 강조할 것인가, 필수 값이 아닌 선택 값을 강조할 것인가에 따라 사용자의 필수 값에 대한 인지가 달라진다. 일반적으로는 빨간색이 인지하기 가장 좋지만, 일부 서비스는 디자인 톤에 따라 빨간색이 어울리지 않는 경우 포인트 컬러를 사용하기도 한다(예를 들어 로고가 보라색인 서비스는 빨간색이 안 어울릴 수도 있어 빨강 대신 포인트 컬러인 보라를 사용하는 경우도 있다).

필수 붉은색	포인트 컬러 필수값	선택값 강조
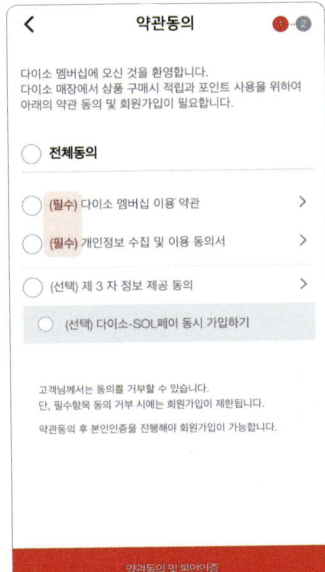	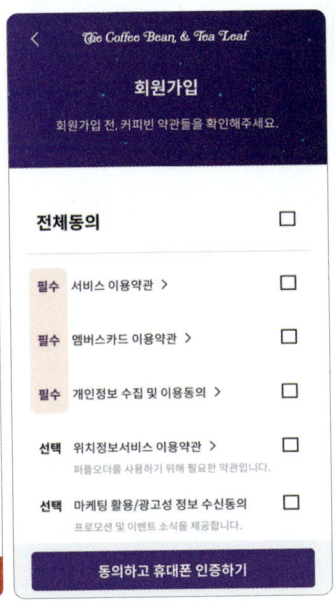	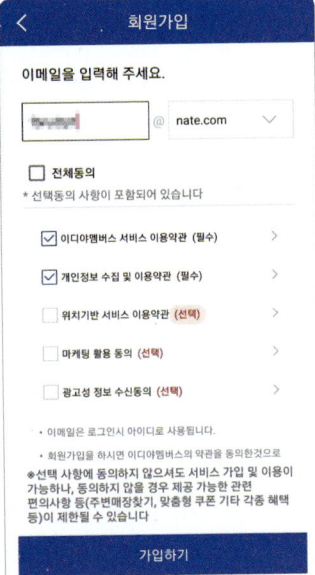

필수 값 표시 강조에 따른 비교

반대로 필수 값을 강조하지 않고 선택 값을 강조하는 경우도 있다. 사용자에게 어떤 것을 강조해서 인식시킬 것인가에 대한 관점의 차이이다.

필수 값에 색상을 넣어 강조하면 **이건 필수 값이니까 이것만 선택하고 넘어가**라는 관점이고 선택 값에 색상을 넣어 강조하면 **이건 선택 값이니까 선택할지 안 할지 네가 결정해, 선택 안 할 거면 필수 값만 체크하고 넘어가**라는 관점이다.

지금까지의 내용을 종합하면 필수 값을 어떤 컬러로 하느냐, 어느 위치에 배치하느냐에 따라 필수 값을 선택하면서 자연스럽게 선택 값을 선택하게 하는 눈속임도 가능하고, 사용자가 선택 값을 명확하게 인식하고 선택할 수 있도록 선택권을 주는 것도 가능하다.

이에 관한 아주 좋은 예가 있다. 바로 스타벅스와 커피빈의 약관 동의 페이지 비교다.

스타벅스는 필수 값 표시가 오른쪽에 있다. 필수 값 표시가 오른쪽에 있으면 왼쪽에 있을 때보다 사용자의 인지가 느리다. 게다가 필수 값과 선택 값을 동일한 컬러로 디자인하면 컬러로 필수 값과 선택 값을 구분할 수 있는 방법이 없다. 의도적으로 사용자의 인지에 혼란을 줘 고객이 선택 항목을 체크할 확률을 높이는 것이다.

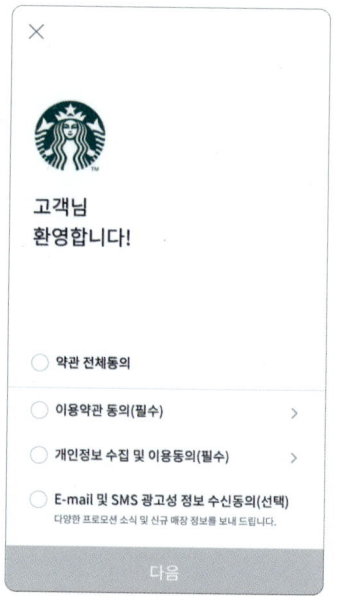

스타벅스이 약관 동의 페이지

커피빈은 반대로 사용자의 인지를 최대한 돕는 형태다. 필수 값에 컬러를 써서 선택 값과 명확히 구분해 놓았고 체크박스도 우측에 배치했다. 체크박스가 우측에 있으면 사용자는 ❶ 필수 값 유무, ❷ 약관 명, ❸ 체크박스 순으로 요소를 인지하게 된다. 흐름상 사용자가 필수 값임을 인지하고 약관 내용을 확인한 후 체크 유무를 결정할 수 있는 구조다.

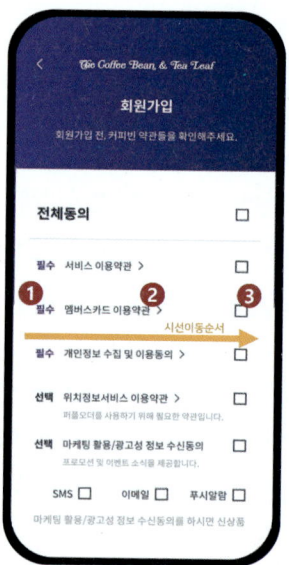

커피빈과 스타벅스의 약관 동의 페이지 비교

마지막으로 약관 동의의 최신 트렌드를 알아보며 이번 절을 마치도록 하겠다. 요즘 약관 동의 최신 트렌드는 약관 동의와 회원가입 정보를 한 페이지에서 처리할 수 있게 합친 스타일이다. 이런 스타일로 UI를 구성하려면 전제조건이 하나 있는데, 회원가입 시 받는 정보를 최소화해서 스크롤이 생기지 않도록 한 화면 내에 약관과 회원가입 입력 정보를 모두 표시해야 한다는 것이다. 요즘 트렌드는 모든 필수 정보를 입력해야 가입 버튼이 활성화되는 스타일인데, 스크롤이 생기면 고객이 필수 정보에 대해 인지하기 어려울 확률이 높다.

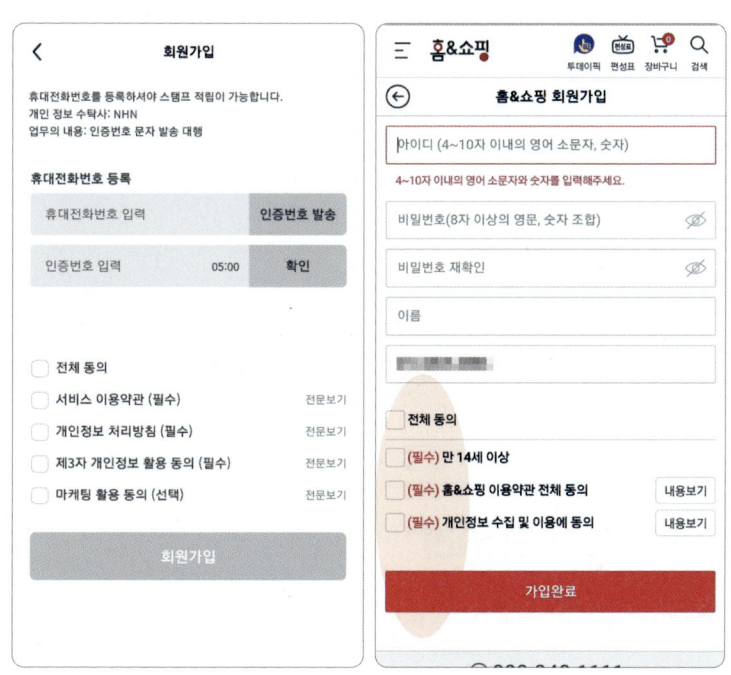

회원가입과 약관 동의를 합쳐 놓은 스타일 예

그림에서 오른쪽의 홈앤쇼핑 이미지를 살펴보자. 홈앤쇼핑은 50대 이상 고령층 이용 비율이 높은 앱인데, 홈앤쇼핑 회원가입 페이지에는 고연령층을 위한 배려가 곳곳에 숨어있다.

먼저 홈앤쇼핑은 가입 완료 버튼이 활성화된 상태에서 가입 완료 버튼을 눌렀을 때 필수 값이 모두 입력되었는지 확인하는 방식을 취하고 있다. 왼쪽 화면처럼 모든 입력 정보를 완벽하게 입력해야 가입이 완료되는 형태로 회원가입 화면을 만들면 아무리 인터랙션을 잘 꾸며도 시니어들이 입력해야 하는 요소에 대해 인지하지 못할 확률이 높다. 버튼이 왜 활성화가 안 되는지 이유조차 모르는 것이다. 그래서 시니어가 많이 사용하는 앱은 입력해야 할 정보가 많으면 버튼을 활성화해 놓고 버튼을 클릭했을 때 유효성 검사를 진행하는 게 사용자 인지 측면에서 더 좋을 수 있다.

회원가입 정보 입력과 약관 동의를 한 페이지에서 처리하려면 체크박스는 무조건 왼쪽에 두는 것이 좋다. 그래야 회원가입 정보를 입력하고 아래로 시선이 내려가면서 자연스럽게 체크박스를 인식하고 선택하는 것이 가능해진다.

여기까지가 약관 동의 페이지를 설계할 때 고려해야 할 UI 기법과 최신 트렌드다. 최종적으로 정리하면서 이번 절을 마무리해 보자.

1. 사람들이 빠르게 약관에 동의하는 것이 목적이라면 체크박스를 왼쪽, 약관을 조금이라도 읽어보고 누르게 하고 싶다면 체크박스를 오른쪽에 두는 것이 좋다.
2. 필수 값과 선택 값의 컬러 구분과 위치에 따라 사용자가 필수 값과 선택 값을 명확하게 구분하게 할지 아닐지를 유도할 수 있다.

3.7 _ 비밀번호 표시 및 처리

로그인과 회원가입의 마지막 내용으로, 비밀번호와 관련된 이야기를 해 보자.

본격적으로 UI에 들어가기에 앞서 비밀번호 표시에 관해 기획자라면 꼭 알아야 할 이론이 하나 있다. 바로 암호화 이론이다. 암호화는 단방향 암호화, 양방향 암호화, SSL 등 관련 이론이 굉장히 많다. 모든 이론을 다 알 필요는 없고 UI/UX와 연관된 암호화 기법만 간단하게 알아보자.

우리가 회원가입 시 아이디와 비밀번호를 입력하면 입력한 아이디와 비밀번호는 회원 정보 데이터베이스에 저장된다. 회원가입 시 bookstore1234라는 비밀번호를 입력했다고 가정해 보자. 그런데 입력한 내용을 데이터베이스에 그대로 저장하면 추후 해킹이나 개인 정보 유출 시 내가 입력한 비밀번호가 문자 그대로 노출되게 된다. 많은 사람이 동일한 비밀번호를 여러 사이트에서 사용하기 때문에 비밀번호가 하나만 유출돼도 똑같은 비밀번호를 사용하는 사이트들은 털릴 가능성이 높다.

비밀번호 암호화의 예

그래서 회원가입이나 비밀번호 변경에서 입력한 비밀번호를 변경할 때 암호화해서 비밀번호를 저장한다. 내가 입력한 bookstore1234라는 비밀번호가 회원 DB에 그대로 저장되는 게 아니라 암호화를 거쳐서 암호화된 난수값이 저장되는 구조인 것이다.

여기까지는 많은 사람이 알고 있는 암호화의 기본 개념이다. 여기에서 한발 더 나아가 보자.

암호화는 크게 단방향 암호화, 양방향 암호화의 2가지로 구분된다. 과거에는 DB에 개인정보를 저장할 때 양방향 암호화가 주로 쓰였지만, 최근 추세는 단방향 암호화다.

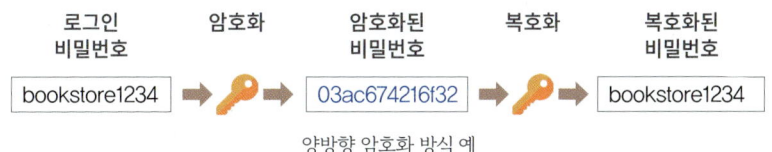

양방향 암호화 방식 예

단방향 암호화와 양방향 암호화의 가장 큰 차이는 복호화 여부다. 양방향 암호화는 입력한 문자를 암호화하여 임의의 난수를 생성한다. 그리고 생성한 임의의 난수를 복호화해 원래 입력했던 문자로 되돌린다.

단방향 암호화는 복호화할 수 없다. 입력한 문자를 암호화해 임의의 난수를 생성하는 것까지는 동일하지만, 임의의 난수를 거꾸로 원래 입력한 문자로 되돌리는 것은 불가능하다.

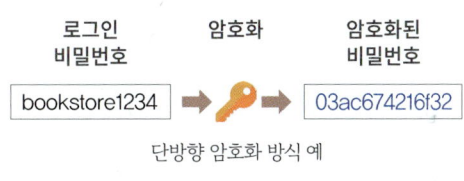

단방향 암호화 방식 예

이론상으로 단방향 암호화를 하면 원래 입력했던 문자가 뭐였는지 절대 알 방법이 없다.

여기까지 읽으면 그런 의문이 들 것이다. 암호화해서 원래 입력한 문자가 뭔지 모르는데, 로그인은 어떻게 하는 거지?

반대로 생각하면 된다. 암호화만 하지 복호화할 필요는 없다.

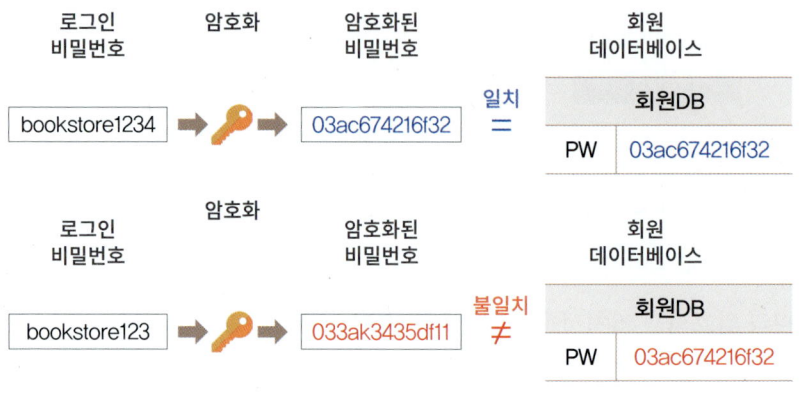

암호화된 비밀번호 대조 방식

나의 비밀번호가 bookstore1234라면 bookstore1234라는 문자를 암호화한 후 DB에 저장된 난수값과 대조하여, 그 값이 일치하면 올바른 비밀번호를 입력한 것이다. 반대로 bookstore123이라는 문자를 암호화해서 DB에 저장된 난수값이랑 대조해 봤는데 다르다면 잘못된 비밀번호를 입력한 것이다. 단방향 암호화는 이런 식으로 동작하고, 우리가 사용하는 많은 사이트가 이런 암호화 방식을 사용한다.

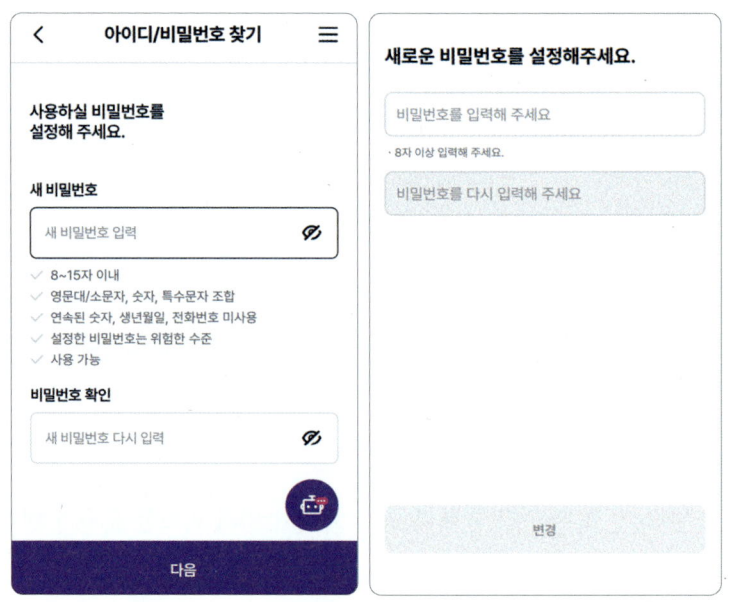

신규 비밀번호로 변경을 유도하는 비밀번호 찾기 페이지 예

우리가 비밀번호 찾기를 할 때 원래 비밀번호를 알려주지 않고 새로운 비밀번호로 변경하거나 임시 비밀번호를 알려주는 것은 보안의 위험도 있지만 비밀번호가 암호화되어 시스템도 원래 비밀번호가 뭔지 알 수 없기 때문에 그런 것이다.

여기까지 비밀번호와 암호화에 대한 기본 개념을 설명했다. 기본 개념을 바탕으로 UI 설계 시 고려할 사항들을 알아보자.

첫 번째 알아볼 내용은 비밀번호 일치 여부다. 지금 당장 여러분이 자주 사용하는 서비스에 접속해 잘못된 비밀번호를 입력하여 로그인을 시도해 보고 어떤 메시지가 나오는지 잘 살펴보자.

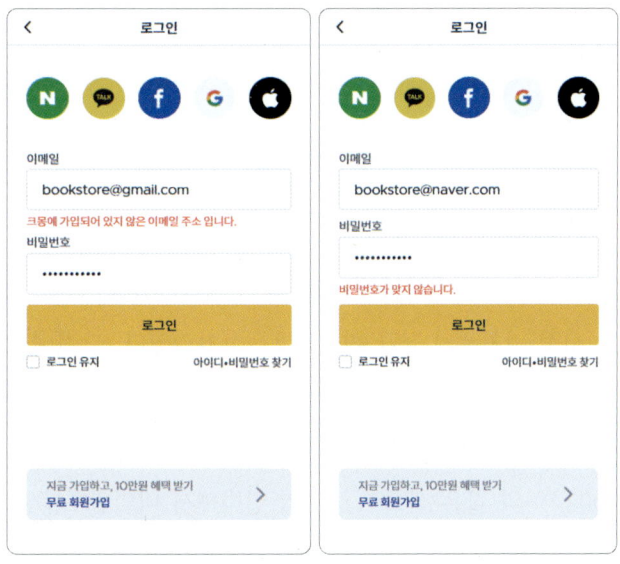

로그인 에러 메시지 표시 유형

아마 여러분이 사용하는 대부분의 서비스에서 그림의 왼쪽 예제 쿠팡처럼 '아이디 또는 비밀번호가 일치하지 않습니다'라는 문구가 표시될 것이다. 왜 오른쪽 A 서비스 예제처럼 아이디가 틀렸으면 아이디가 틀렸다고 알려주고 비밀번호가 틀렸으면 비밀번호가 틀렸다고 정확하게 알려주지 않는 걸까? 이건 나름의 이유가 있다.

C라는 서비스가 해킹을 당해 우리의 아이디와 비밀번호가 유출됐다고 가정해 보자. 보통 많은 사람이 동일한 아이디와 비밀번호를 여러 사이트에 사용하니 해커는 이 아이디와 비밀번호를 이용해 다른 서비스에 로그인을 시도할 것이다. 해커가 쿠팡에 로그인을 시도한다고 가정해 보자. 해커는 이 아이디가 쿠팡에 가입되어 있는지 안 되어 있는지 이 시점에서는 알 수 없다.

해커가 로그인 시도를 할 때 오른쪽 예제의 A 서비스처럼 아이디가 틀렸는지 비밀번호가 틀렸는지 명확하게 알려주면 해커는 문구를 토대로 유추할 수 있게 된다. '아, 가입은 했는데 비밀번호가 다르구나.', '아 이 사람은 쿠팡에 아예 가입이 안 되어 있거나 아이디가 다르구나.'

그런데 쿠팡처럼 '아이디 또는 비밀번호가 일치하지 않습니다'라는 모호한 문구를 사용하면 이 사람이 가입을 했는지, 아니면 아이디는 맞는데 비밀번호가 틀린 건지 정확하게 알 수 없다. 사용자는 조금 불편하겠지만 보안성을 높이기 위한 방법 중 하나다.

비밀번호를 여러 번 틀릴 경우 보안 문자를 입력하는 것도 해킹 차단을 위한 방법 중 하나다.

여기서 잠깐 서점직원의 어릴 적 추억을 떠올려보자. 서점직원이 피처폰을 사용하던 학창 시절 피처폰의 잠금 비밀번호는 4자리였다. 그런데 멍청한 서점직원이 그만 피처폰의 잠금 비밀번호를 잊어버리고만 것이다. 여기서 서점직원은 비밀번호를 찾기 위해 어떤 선택을 했을까? 0000부터 9999까지 입력하다 보면 언젠가 걸리겠지 하는 심정으로 0001, 0002, …와 같은 식으로 하나씩 입력해서 비밀번호를 찾았다(돌이켜보면 참 무식한 방법이었다).

해커가 다른 사이트를 해킹해 알게 된 정보로 내 아이디는 알고 있지만 비밀번호는 모르는 상황이라고 하자. 그러면 아이디를 입력하고 숫자를 순차적으로 하나씩 넣으면서 로그인 시도를 해 비밀번호를 알아낼 수 있다(간단한 매크로 프로그램을 이용하면 쉽게 가능하다). 비밀번호에 문자나 특수문자를 섞어 비밀번호 패턴을 복잡하게 만들면 시간은 조금 더 걸리겠지만 언젠가는 나의 비밀번호를 알 수 있게 된다.

보안 문자는 이런 매크로를 차단하는 방법 중 하나다. 일정 횟수 이상 비밀번호를 틀렸을 때 보안 문자를 입력하도록 해 매크로를 이용한 기계적인 해킹을 차단하는 것이다.

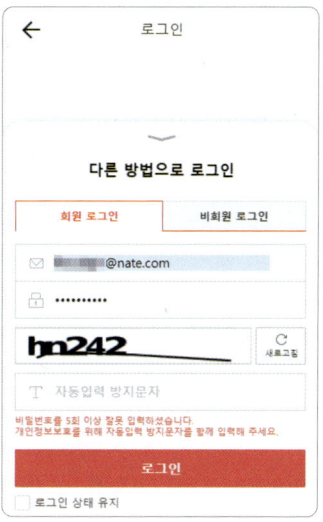

비밀번호를 5회 이상 틀렸을 때의 예

마지막으로 비밀번호 보기에 대해 살펴보자. 우리가 회원가입이나 로그인 시 비밀번호 입력란에 입력한 비밀번호가 무엇인지 표시해 주는 기능이 있는 경우가 있고 없는 경우도 있다. 이 차이는 뭘까? 필자는 이 차이를 퍼블릭이냐, 프라이빗이냐로 구분한다.

 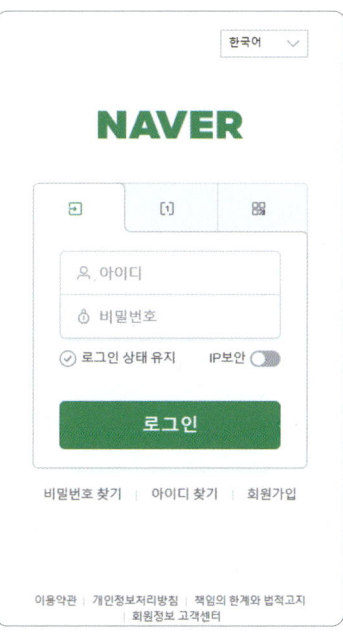

비밀번호 보기가 있는 쿠팡(좌)과 비밀번호 보기가 없는 네이버(우)

우리가 PC방에 갔다고 생각해 보자. 일반적으로 PC방에서 쿠팡에 접속해 물건을 살 일은 거의 없다. 쿠팡은 집 또는 회사, 아니면 스마트폰에서 로그인하고 상품을 주문하는 경우가 대부분이다. 주문 환경 자체가 주위에서 내 비밀번호를 볼 수 없는 굉장히 프라이빗한 환경이라는 얘기다.

반대로 네이버는 PC방이나 공용PC 등 오픈된 공간에서 접속할 확률이 높은 서비스다. 이런 곳에 비밀번호 보기 기능을 달아 놓으면 다른 사람이 내 비밀번호를 볼 가능성이 높다. 이렇게 퍼블릭 공간에서 사용할 확률이 높고 데스크톱과 모바일을 모두 지원하는 서비스라면 유출 가능성을 차단하기 위해 비밀번호 보기 기능을 없애는 것이 좋다.

비밀번호 보기 기능을 넣을 것인지 말지의 기준은 프라이빗한 공간과 기기에서 사용하는 서비스냐, 오픈된 공간에서 사용하는 서비스냐다. 예를 들면 앱 전용 서비스이고 회원가입 단계에서 비밀번호 입력 칸에는 비밀번호를 넣어도 좋지만 네이버 로그인처럼 다양한 환경에서, 특히 PC로 접속할 확률이 높은 서비스는 비밀번호 보기를 넣지 않는 게 보안상 더 좋지 않을까, 라는 것이 필자의 개인적인 생각이다.

CHAPTER

4

실전 UI/UX – 이커머스 / 목록과 상세 페이지

1996년 6월 1일, 국내 최초 온라인 쇼핑몰이라 불리는 인터파크와 롯데 인터넷백화점(《대한민국 이커머스의 역사》(초록비책공방, 2022) 이미준 저)의 등장 이래의 등장 이래 20년의 세월이 흘렀다. 그동안 이커머스는 PC에서 스마트폰으로, 공산품에서 생활 서비스로 영역을 확장했고 오프라인 상점의 생존을 위협할 정도로 무섭게 성장했다.

많은 전문가가 앞으로 모든 상거래가 이커머스를 중심으로 이루어지고 재편될 것이라 예측한다. 전문가들의 예상대로 이커머스는 이미 우리 생활에 없어서는 안 될 중요한 존재로 자리매김했지만, 우리는 이커머스에 대해 아직 모르는 것이 너무 많다.

많은 전문가가 규모의 경제니 아마존의 플라이휠이니 하며 그럴듯한 이론만 이야기할 뿐 정작 중요한 이야기는 하지 않는다. 상품 유형에 따라 UI/UX는 어떻게 달라져야 하는지, 고객 전환율을 높이려면 어떤 장치와 전략이 필요한지, 이 버튼과 레이아웃은 어떤 의도로 배치했고 어떤 전략이 담겨 있는지, 실무에서 궁금해하고 필요로 할 그런 이야기들 말이다.

이번 장에서는 다들 궁금해하지만 아무도 알려주지 않는 이커머스의 본질과 핵심을 다룬다. 여러분이 많이 사용하는 주요 이커머스 앱을 비교 분석해 어떤 차이가 있고 어떤 의도와 전략이 담겨있는지 최신 트렌드는 무엇인지 함께 공부하는 시간을 가져볼까 한다.

4.1 상품 유형에 따른 목록 페이지 구성법

4.2 가격과 할인율 표시법

4.3 페이지네이션과 무한 스크롤

4.4 카테고리 표시와 이동

4.5 상세 페이지 레이아웃 구성법

4.1 _ 상품 유형에 따른 목록 페이지 구성법

다들 비슷해 보이는 목록 페이지도 사실 서비스 전략과 상품 유형에 따라 UI가 전혀 달라질 수 있다. 상품 목록 페이지는 어떻게, 왜 다른 걸까? 우리가 자주 사용하는 서비스를 예시로 살펴보자.

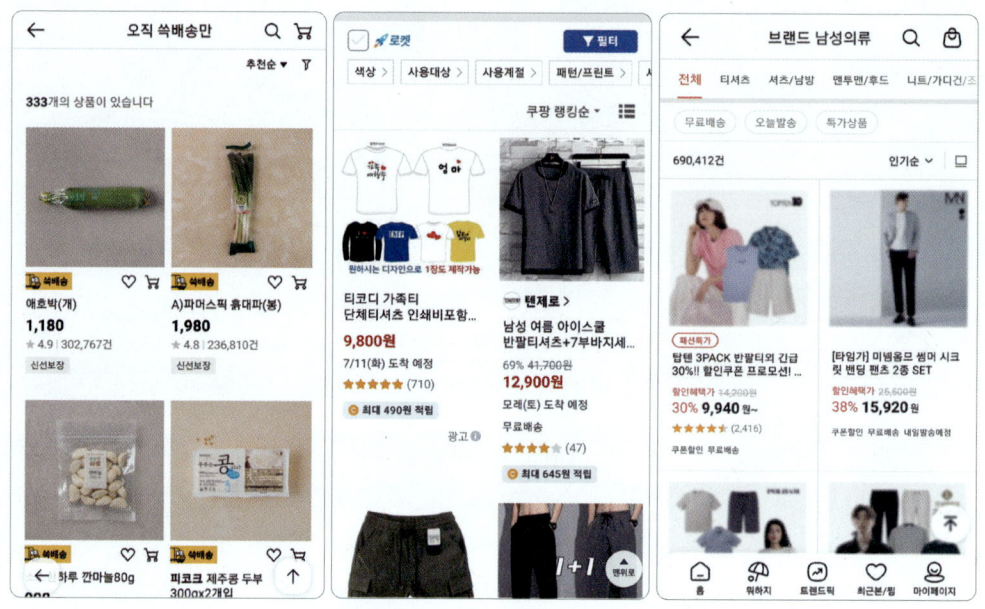

주요 이커머스 서비스의 목록 페이지 비교

이커머스 목록의 핵심은 섬네일 이미지다. 섬네일의 기본적인 역할은 고객이 이미지를 통해 상품을 인지할 수 있는 정보를 제공하는 것이지만, 어떻게 디자인하느냐에 따라 상품 상세 정보와 혜택 정보까지 노출하는 것이 가능하다.

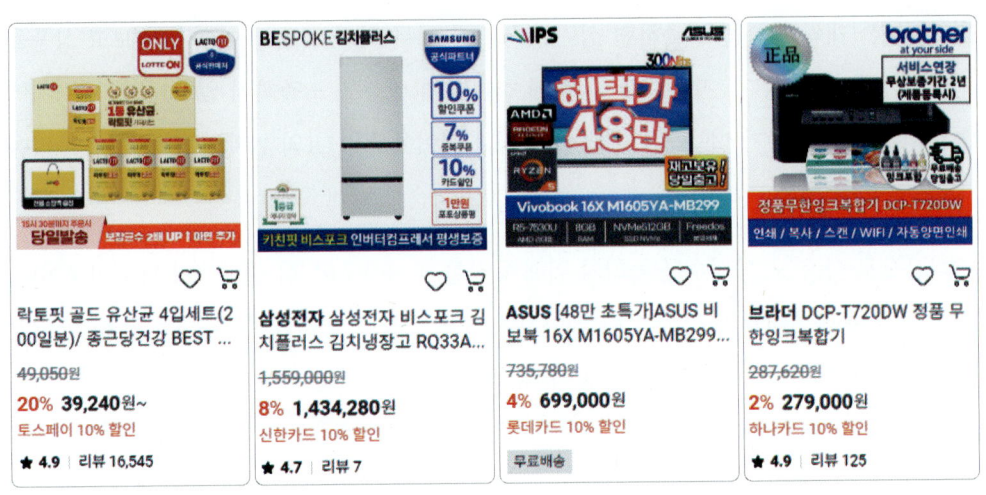

섬네일에 상품 상세 정보와 혜택 정보를 노출하는 예

목록 페이지 UI는 그동안 다양한 시도를 해왔다.

한 줄에 하나씩 상품을 노출해 보기도 하고, 한 줄에 3개씩 상품을 노출해 보기도 하면서 다양한 레이아웃을 시도하다가 결국 모바일 환경에 최적화된 방법론을 찾은 것이 한 줄에 2개씩 배치하는 일명 바둑판식 배치 방식이다.

상품 노출 개수에 따른 상품 목록 페이지 레이아웃 비교

한 줄에 한 개씩 상품을 노출하면 섬네일 크기가 너무 작아 고객이 이미지만 보고 상품을 판단하기가 쉽지 않다. 거기다가 한 줄에 하나밖에 상품을 노출하지 않으니 한 페이지에 노출되는 상품 개수가 너무 적다. 한 줄에 하나 레이아웃은 UI의 한계와 제약이 너무 많은 레이아웃이다.

그다음으로 상품 노출 개수를 늘리기 위해 등장한 레이아웃이 '한 줄에 3개' 레이아웃이다. 한 줄에 상품을 3개씩 노출하면 한 페이지에 많은 상품을 노출할 수 있다는 장점이 있다. 하지만 이 레이아웃은 공간을 빈틈없이 최대한으로 활용하는 방식이다 보니 여백이 적고 페이지가 복잡해 보여 다른 레이아웃에 비해 상품에 대한 집중도가 떨어지는 경향이 있다.

최근 트렌드는 한 줄에 상품 2개를 노출하는 일명 바둑판식 레이아웃이다. 이 방식은 다른 레이아웃에 비해 섬네일 크기가 커서 고객이 이미지만으로 상품을 인식하기가 쉽고 큼직한 섬네일 크기를 활용해 상세 정보와 혜택 정보를 노출하는 변칙적인 활용이 가능한 것이 장점이다. 섬네일 이미지가 크다 보니 한 페이지에 노출되는 상품이 적다는 단점이 있지만(최대 4개) 이것은 콘셉트나 전략을 어떻게 설정하느냐에 따라 장점이 될 수도 있고 단점이 될 수도 있다.

목록 페이지에서 사용자의 행동은 과일가게에서 과일을 고르는 것과 같다. '오늘은 사과를 먹고 싶어'라는 분명한 목적이 있다면 사과만 사서 과일가게를 나오겠지만, 막연하게 '오늘은 달달한 게 먹고 싶어'라면 과일가게에 있는 물건 중 어떤 과일이 내가 원하는 달달한 것인지 고민하고 구매 여부를 결정해야 한다.

내가 '오늘은 달달한 과일을 먹어볼까?'라는 생각으로 과일가게에 갔다고 가정해 보자. 가게에 과일 종류가 많은 것이 과일을 고르는 데 유리할까, 종류가 적은 것이 과일을 고르는 데 유리할까? 정답은 종류가 적은 것이 선택에 더 유리하다는 것이다. 인간은 선택지가 많아지면 결정을 회피하려는 경향이 있다. 이와 관련해서는 유명한 연구 결과가 하나 있다.

2000년 컬럼비아대학교 쉬나 아이엔가(Sheena S. Iyengar) 교수의 잼 실험[1]에 따르면 슈퍼마켓에서 24개의 잼을 진열하고 시식 행사를 진행했을 때 지나가는 사람의 60%가 걸음

[1] When Choice is Demotivating: Can One Desire Too Much of a Good Thing? (2000) / Sheena S. Iyengar, Columbia University

을 멈추고 시식에 참여했지만, 실제로 **잼을 구매한 사람은 3%에 불과**했다고 한다. 다음날 6개의 잼을 진열하고 시식 행사를 진행했을 때는 지나가는 사람의 40%가 걸음을 멈추고 시식에 참여했지만 **그중 30%가 잼을 구매**했다고 한다. 선택지를 줄였더니 오히려 구매 전환율이 10배 증가했다는 얘기다. 선택지가 많아지면 행복감과 만족도가 떨어지고 의사결정 능력이 저하되는 현상, 이를 **선택의 역설**(The Paradox of choice)이라고 한다.

목록 페이지에 표시되는 상품 개수도 이와 같다. 많은 상품을 한 번에 보여준다는 것은 고객에게 선택의 여지를 넓혀준다는 장점도 있지만, 결정장애를 유발한다는 단점도 있다. 상품을 적게 노출하면 고객의 선택권이 제한되지만 반대로 상품에 대한 집중도는 높아진다. 9개보다 4개를 보여줄 때 상품에 대한 정보도 눈에 잘 들어오고 선택도 더 수월하게 할 수 있다는 얘기다.

물론 모든 서비스에 바둑판식 레이아웃이 적합한 것은 아니다. 바둑판식 레이아웃을 효과적으로 사용하려면 꼭 필요한 것이 하나 있다. 다시 과일가게로 돌아가 보자.

당신은 달달한 과일을 사기 위해 과일가게에 갔다. 과일을 둘러보고 있는데, 과일가게 사장님이 당신에게 이렇게 말을 건넨다.

'아이고 윗집 총각 또 왔네. 오늘은 달달한 게 땡겨? 요즘은 사과가 아주 달달해.'

과일가게 사장님은 어떻게 윗집 총각이 달달한 게 당긴다는 것을 알고 있는 걸까? 관심법을 써서? 사실 본인이 의식하지 못해서 그렇지 윗집 총각은 매주 금요일 밤만 되면 단 과일을 먹으며 한주의 스트레스를 푸는 사람이었고 그날이 마침 금요일 밤이라 사장님이 오랫동안 축적된 장사노하우로 윗집 총각이 지금 필요로 하는 것을 예측한 것뿐이다.

같은 과일을 고르더라도 수많은 과일 중에 어떤 게 달고 맛있을지 고르는 것은 어렵다. 그런데 나의 취향을 잘 알고 있는 사장님이 과일 중에 하나를 추천해 준다면 선택이 훨씬 수월할 것이다. 이게 바로 개인화 추천 알고리즘이다.

바둑판식 레이아웃은 한 화면 안에 표시되는 상품의 수가 너무 적다. 같은 개수의 상품을 보려면 다른 레이아웃에 비해 1.3~1.5배 정도 스크롤을 더 내려야 하는 구조다. 그래서 이 단점을 보완하려면 사용자가 일일이 찾아보지 않아도 목록 페이지 상단에 사용자의 취향을 분석해 관심을 보일만한 상품을 노출해야 상품 탐색 시간을 최소화할 수 있다. 개인화 알고리즘은 바둑판식 레이아웃의 단점을 보완하는 장치다.

우리가 아는 많은 커머스 서비스가 한 줄에 상품 2개가 노출되는 바둑판식 레이아웃을 사용한다. 그런데 딱 한 곳, 한 줄에 3개 레이아웃을 쓰는 곳이 있다. 바로 지그재그다.

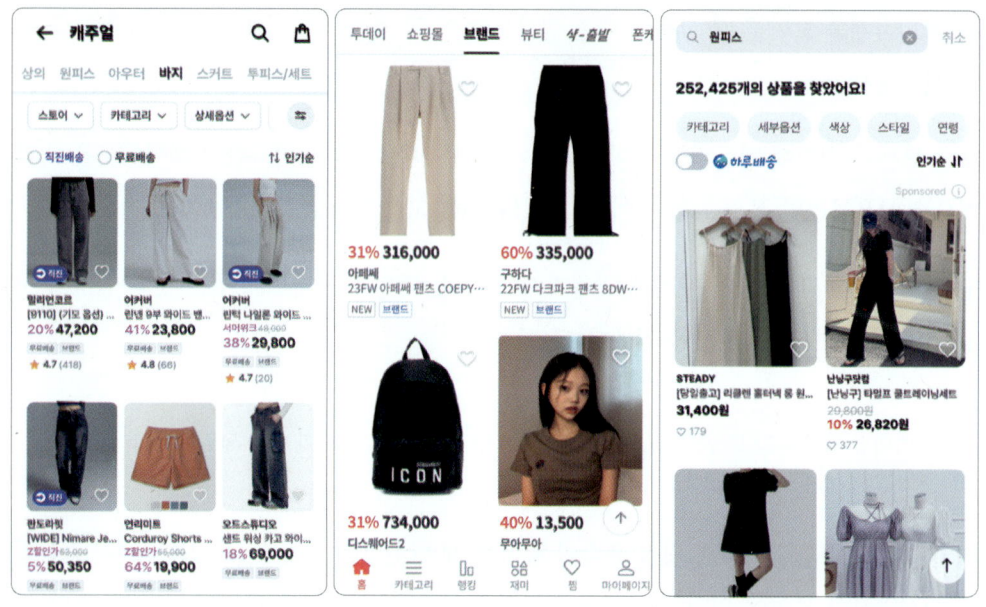

지그재그(좌) / 에이블리(중) / 브랜디(우)의 목록 페이지 비교

경쟁사들은 한 줄에 2개의 상품을 노출하는 일반적인 레이아웃을 사용하는데, 왜 지그재그만 한 줄에 3개의 상품을 노출하는 걸까?

여기서부터는 서점직원의 추론이다.

지그재그가 한 줄에 3개 상품을 노출하는 이유는 취급 상품 특성에 기인했을 확률이 높다. 지그재그는 인터넷 보세 쇼핑몰을 기반으로 한 보세 옷 전문 플랫폼이다. 보세 옷을 구매하는 소비자들은 브랜드 옷 구매자와 약간 다른 특성을 보인다. 둘의 가장 큰 차이점은 바로 목적성이다.

브랜드 옷 구매자들은 품목을 정한 뒤 브랜드를 대입한다. 'PK티가 필요하다 → 라코스테 PK티를 사자' 같은 식이다. 브랜드 충성도가 높으면 어떤 아이템이든 해당 브랜드부터 찾는 경우도 있다.

- 셔츠가 필요하다 → 띠어리로 간다
- 겨울 코트가 갖고 싶다 → 띠어리로 간다

같은 식으로 말이다. 브랜드 옷 구매자들은 상품의 품목이나 하다못해 브랜드라도 어느 정도 목적성이나 선택지를 가지고 있는 상태에서 상품을 찾는 경우가 많다. 이러면 상품을 추천하는 것도 쉽다. 잘 팔리는 추천 상품을 상위에 노출하는 것이다. 옷 가게에 갔을 때 '셔츠를 사고 싶어요'라고 하면 점원이 '이게 요즘 제일 잘 나가는 셔츠예요'라고 추천 상품을 안내해 주는 것처럼 말이다. 그래서 목록 페이지의 기본 필터는 추천 상품인 경우가 많다.

보세 옷은 반대다. 브랜드가 없으니 충성도도 없고 목적성도 부족한 편이다. 사람에 따라 다르지만, 보통은 한 철 입고 버릴 생각으로 옷을 구매하는 사람이 많다. 딱히 사고 싶은 브랜드가 있는 것도 아니고 가격이 부담되는 것도 아니니 즉흥적으로 큰 고민 없이 그냥 적당히 보고 마음에 들면 구매로 이어지는 경우가 많다. 이런 소비자 특성을 고려했을 때 구매 전환율을 높이려면 어떻게 해야 할까? 최대한 많은 상품을 보여줘야 그중 하나라도 마음에 드는 상품이 있지 않을까? 지그재그는 그런 전략으로 상품을 최대한 많이 보여주는 레이아웃을 택한 게 아닐까 싶다(다시 한번 말하지만 이는 서점직원의 개인적인 추론일 뿐이다).

상품 목록 페이지의 레이아웃은 판매하는 상품의 가격에 따라 갈린다. 판매하는 상품의 가격이 높으면 상품에 대한 집중도와 주목도를 높이기 위해 섬네일과 상품 정보를 크게 표시해 한 페이지에서 표시되는 상품의 개수를 적게 하고, 반대로 판매하는 상품의 가격이 낮으면 고객이 하나라도 필요로 하는 물건이나 마음에 드는 물건이 있을 확률을 높이기 위해 최대한 많은 상품을 노출한다. 오프라인 매장의 상품 디스플레이와 유사하다. 비싼 상품은 단독으로 하나씩 간격을 충분히 두고 진열하지만, 저렴한 상품은 최대한 빽빽하게 진열한다.

이 이론은 커머스뿐만 아니라 목록 페이지라면 분야에 상관없이 응용이 가능하다. 콘텐츠의 집중도를 높이려면 한 페이지에 적은 수의 콘텐츠를 배치하는 게 좋고 하나라도 고객의 눈에 들게 하려면 최대한 많은 콘텐츠를 배치하는 것이 좋다(숙박 앱의 목록 페이지와 뉴스 사이트의 목록 페이지를 비교해 보면 차이를 명확히 알 수 있다).

그렇다면 모든 상품에 대해 한 줄에 2개 레이아웃을 적용해야 할까? 이 역시 상품 특성에 따라 갈릴 수 있다.

롯데온의 화장품 목록 페이지와 가전 목록 페이지 비교

롯데온 화장품 목록 페이지에서는 한 줄 2개 바둑판식 레이아웃을 사용하지만, 가전 목록 페이지에서는 한 줄에 하나 레이아웃을 사용한다. 동일한 서비스라도 상품 카테고리에 따라 다른 레이아웃을 사용하는데, 그 이유가 뭘까? 답은 상품 옵션의 차이다.

화장품, 식품같이 구성요소나 옵션이 없는 단일 상품은 상품명만 읽으면 상품에 대한 정보를 거의 다 알 수 있다(키엘 울트라 훼이셜 크림 125ml처럼 말이다). 그런데 상품의 구성요소나 옵션이 다양한 가전제품은 상품명이나 제목만 보고는 상품에 대한 정보를 모두 알기 어렵다. 'LG 그램 2023 16인치 16ZD90R-GX56K'라는 제품명만 보고 이 모델의 성능이 얼마나 되는지 램과 SSD 용량이 얼마나 되는지 알기 어려운 것처럼 말이다. 그래서 상품 목록 페이지에서는 상품에 대한 주요 정보를 표시해야 고객이 상품의 특장점을 파악하고 본인이 찾는 상품이 맞는지 빠르게 확인할 수 있다. 상품의 주요 정보를 표시하기 위해서는 섬네일 영역보다 제품 정보를 안내하는 영역이 더 길어질 수밖에 없는데, 이럴 때는 한 줄에 2개씩 표시하는 레이아웃보다는 한 줄에 하나씩 상품을 표시하는 레이아웃이 적합하다. **상품의 구성요소와 옵션이 얼마나 많은가, 고객이 상품에 대해 명확하기 인식하기 위해 목록 페이지에서 주요 기능과 옵션을 표시해 줘야 하는가**에 따라 목록 페이지의 레이아웃과 구성이 달라질 수 있다.

간단하게 상품 배치 레이아웃을 살펴봤으니 섬네일의 비율도 한번 살펴보자.

일반적으로 섬네일 비율은 1:1이 정석이다. 시각적으로는 가로세로의 길이가 대칭인 정사각형이 안정감을 줘 1:1 비율을 선호하기도 하지만, 섬네일이 세로로 길어지면 그만큼 한 화면에 노출할 수 있는 상품의 개수나 정보가 줄어들게 되어 1:1 비율이 선호되기도 한다.

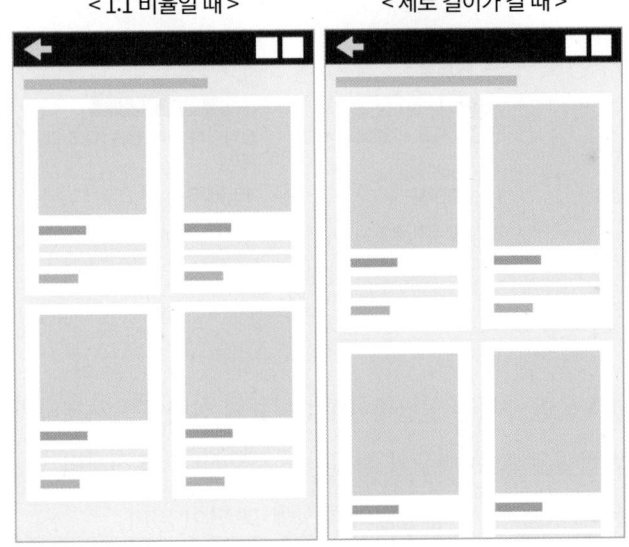

섬네일 비율에 따른 상품 노출의 차이

시각적인 이유 이외에 비즈니스적인 이유도 있다. 많은 이커머스 플랫폼들이 1:1 섬네일 비율을 주로 사용해 플랫폼에 상품을 파는 셀러들은 1:1 비율을 기본으로 상정하고 섬네일 이미지를 제작한다. 우리 서비스가 1:1 비율을 사용하면 다른 곳에서 쓰는 섬네일과 상세 이미지를 그대로 사용할 수 있지만, 다른 서비스와 다른 섬네일 비율을 사용하면 디자이너가 우리 서비스만을 위한 섬네일 디자인을 해줘야 한다. 디자이너 입장에서 무척 귀찮은 일이 아닐 수 없다.

그렇다면 모든 서비스에서 1:1 비율의 섬네일을 사용하는 것이 정답일까? 아니다 섬네일의 비율 역시 상품 유형이나 특징에 따라 달라질 수 있다.

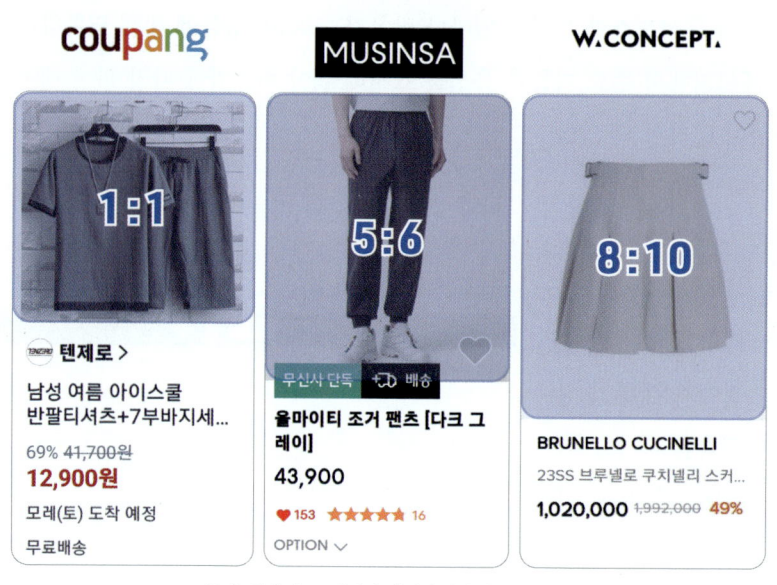

쿠팡, 무신사, W컨셉의 섬네일 이미지 비율 비교

종합몰인 쿠팡은 일반적인 1:1 비율의 섬네일을 사용하지만, 패션 커머스인 무신사는 5:6, W컨셉은 8:10 비율의 섬네일을 사용한다. 무신사와 W컨셉은 왜 세로로 긴 섬네일을 사용하는 걸까? 판매 상품의 특성에 그 답이 있다.

무신사와 W컨셉은 패션 커머스 플랫폼이다. 다빈치의 인체 비례도에 따르면 사람의 키는 두 팔을 벌린 길이와 같아서 정사각형에 사람의 전신을 표현하면 인체 비례도처럼 꽉 찬 모양이 된다. 상하 여백을 두면서 전신을 자연스럽게 표현하려면 세로가 약간 긴 5:6 비율이 전신을 표현하기에 적합한 사이즈가 된다.

다빈치의 인체 비례도에 따른 섬네일 비율 비교

같은 패션 플랫폼인데 무신사는 섬네일이 5:6 비율이고 W컨셉은 8:10 비율인 이유는 뭘까? 이건 남성복과 여성복의 비율 차이 때문이다.

- 무텐다드 남성 블레이저 M: 어깨 49/총장 77 → 5:6 비율
- 무텐다드 남성 슬랙스 30: 허리 40/총장 101 → 8:10 비율

각각 이미지 비율로 표시하면 블레이저는 5:7, 슬랙스는 2:5 정도의 비율이 된다. 좌우 여백을 고려하면 남성복은 상의는 5:6 정도, 하의는 8:10 정도가 제품 샷을 표시하기 적당한 비율이 된다.

- 무텐다드 우먼즈 블레이저 S: 어깨 40/총장 68 → 10:17 비율
- 무텐다드 우먼즈 슬랙스 26: 허리 36/총장 90 → 2:5 비율

여성복의 이미지 비율은 블레이저 10:17, 슬랙스 2:5 정도다. 남성보다 어깨가 좁은 여성의 체형을 고려하면 여성복의 이미지 비율이 남성복보다 세로가 약간 더 길다.

남성 패션 플랫폼으로 시작했던 무신사는 남성복 비율에 적합한 5:6 비율을, 여성 패션 플랫폼으로 시작한 W컨셉은 여성복 비율에 맞는 8:10 비율을 사용한 것으로 보인다. 얼핏 보면 비슷해 보이는 이미지 비율도 사실은 상품과 고객의 특성을 고려해서 제작된 것이다.

그동안 우리가 무심코 지나쳤던 목록 페이지 하나에도 실은 수많은 연구와 고민, 비즈니스적 특성이 담겨있다. 앞으로는 목록 페이지를 볼 때 다른 서비스와 어떻게 다른지, 왜 다른 건지 UX적 관점으로 바라보는 건 어떨까?

4.2 _ 가격과 할인율 표시법

소비자가 상품을 구매할 때 구매 결정에 가장 큰 영향을 미치는 요소는 상품의 품질과 가격이다. 이 중 상품의 품질은 가격의 영향을 많이 받으므로, 실제로 소비자가 상품을 구매할 때 가장 큰 영향력을 발휘하는 것이 바로 가격 정보다. 결국 이커머스의 핵심 중 하나는 소비자에게 가격을 어떻게 인식시킬 것인가인 것이다.

상품의 가격 정보 UI를 설계하기 위해 기획자가 꼭 알아야 할 개념이 세 가지 있다. 바로 준거가격과 유보가격, 최저수용가격이다.

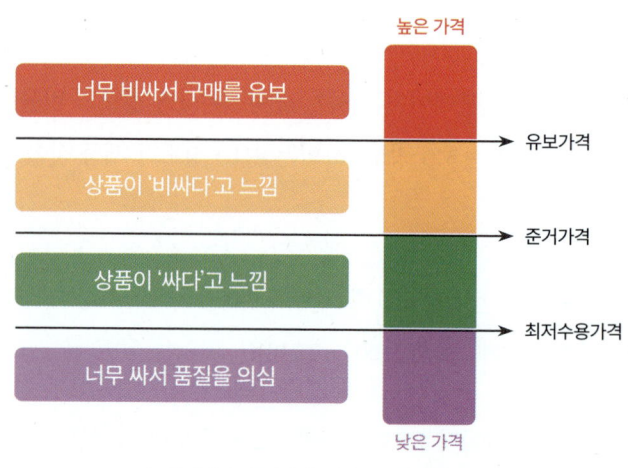

준거가격, 유보가격, 최저수용가격 비교

소비자는 상품을 구매할 때 과거 경험과 외부에서 유입된 가격 정보를 종합해 상품의 적절한 기준 가격을 정한다. 이것을 준거가격이라고 한다. 서점직원이 과거에 짜장면을 5천 원에 먹은 경험이 있고 길을 지나면서 본 중국집 메뉴판의 짜장면 가격이 5천 원이라면 서점직원이 생각하는 짜장면의 준거가격은 5천 원이 된다. 준거가격이란, 쉽게 설명하면, 소비자가 생각하는 상품의 적정가다.

사람마다 해당 상품이나 서비스에 지불할 수 있는 심리적 마지노선, 즉 나는 OO에 최대 얼마까지 쓸 수 있다는 가격이 있을 것이다. 이를 유보가격이라고 한다. 짜장면으로 치면 서점직원은 짜장면이 얼마나 맛있든 짜장면에 1만 원 이상 쓰지 않을 것이라고 생각하면 서점직원이 생각하는 짜장면의 유보가격은 1만 원이 된다.

소비자가 상품을 구매할 때 가격이 너무 낮으면 품질에 대한 의심을 품게 된다. 이때 구매자가 품질을 의심하지 않으면서 구매할 수 있는 가장 낮은 가격을 최저수용가격이라고 한다.

상품 가격에 대한 소비자의 심리는 이 세 가지 요소로 설명할 수 있다. 자, 이제 서점직원이 생각하는 짜장면 가격을 기준으로 준거가격, 유보가격, 최저수용가격을 정리해 보자.

서점직원이 생각하는 짜장면의 기준 가격인 준거가격은 5천 원이다. 서점직원은 짜장면이 5천 원을 넘어가면 비싸다고 생각하고 5천 원보다 아래로 내려가면 저렴하다고 생각한다. 서점직원이 지불할 수 있는 짜장면의 MAX 가격인 유보가격은 1만 원이다. 이 가격을 넘으면 미슐랭 맛집이든 짜장면에 트러플을 넣었든 서점직원은 짜장면을 먹지 않을 것이다. 또한, '너무 싸서 품질이 의심스러운데? 저질 재료를 쓰거나 양이 적은 거 아냐?'라고 품질을 의심하게 되는 가격, 즉 짜장면의 최저수용가격은 3천 원이다.

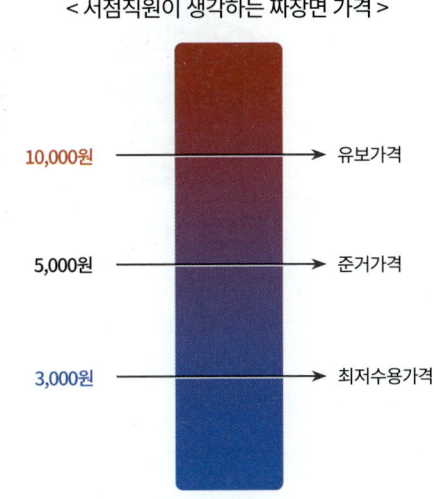

서점직원이 생각하는 짜장면의 유보, 준거, 최저수용가격

사람마다 생각하는 준거가격과 유보가격, 최저수용가격은 상대적이다. 물가가 많이 올랐는데 과거의 경험으로 준거가격을 정해 놓은 사람도 있을 것이고, 품목에 따라 먹을 것에는 돈을 아끼지 않지만 의류 구입에는 인색한 사람도 있을 것이다. 유보가격, 준거가격, 최저수용가격은 과거의 경험, 소비자의 우선순위와 중요도, 재정 상황에 따라 다를 수 있다.

결국 고객이 원하는 적절한 가격이란 상대적이기 때문에 가격을 어떻게 보여주느냐는 큰 의미가 없다. 중요한 것은 **할인가를 어떻게 보여줄 것인가**이다. 같은 가격이라도 할인을 어떤 순서로 어떻게 표현하느냐에 따라 고객이 느끼는 할인 폭은 다를 수 있을 테니 말이다.

할인에 대한 가장 유명한 연구는 1975년 토론토대학교 제임스 G. 반스 박사가 발표한 "신문 세일 광고에서 소비자 반응에 영향을 미치는 요인"[2]이다. 이 연구에서 제임스 박사는 동일한 할인가를 3가지 방식으로 표현하여 신문 광고를 게재하고 광고에 따른 소비자들의 반응을 관찰했다.

할인율 표시에 따른 소비자 반응 연구를 위한 3가지 할인율 표시 방식

Case 1) 세일 가격 $11.98

Case 2) 25% Off, $11.98

Case 3) 정상가 $15.98 / 할인가 $11.98

---

[2] Factors influencing consumer reaction to retail newspaper "sale" advertising / Barnes, James G.(1975)

할인가만 표시했을 때와 할인율과 할인가를 표시했을 때, 정상가격과 할인가를 표시했을 때의 3가지 경우 중 정상가와 할인가를 같이 표시했을 때 소비자에게 긍정적인 인상을 준 것으로 조사됐다. 다른 연구에서도 결과는 비슷했는데, 1976년 델라웨어대학교의 제임스 R. 크룸과 스티븐 K. 카이저의 연구[3]에서도 정상가격과 할인가격을 동시에 표시했을 때 사람들이 가격 할인이 되었다고 인지할 확률이 높은 것으로 조사되었다. 할인가만 표시할 때보다 **정상가와 할인가를 같이 표시했을 때가 더 많은 정보를 소비자에게 전달하여 신뢰성을 높이고 상품을 구입했을 때 얼마나 돈을 절약했는지 체감하게 하여 구매를 촉진시킨다**는 것이다.

많은 서비스가 이 연구 결과에 따라 정상가와 할인가를 함께 표시한다. 그런데 표시하는 항목은 같지만, 표시 방식은 서비스마다 약간씩 차이가 있다. 표시 방식은 크게 두 줄 표시와 한 줄 표시 두 가지 방식으로 나뉜다.

두 줄 표시 방식과 한 줄 표시 방식 비교

두 줄 표시 방식은 정상가를 위에 노출하고 아래에 할인율과 할인가를 표시하는 방식이고 한 줄 표시 방식은 할인율, 할인가, 정상가를 한 줄에 몰아 놓은 형태다.

---

[3] Consumer Perceptions of Retail Advertising with Overstated Price Savings / James R. Krum, Stephen K. Keiser (1976)

한 줄 표시 방식을 쓰면 여백이 거의 없다시피 할 정도로 빽빽하게 정보를 표시한다. 단위가 커지거나 자릿수가 많아지면 한 줄에 정상가와 할인가를 모두 노출하기 위해 폰트 크기를 줄여야 하는데 금액의 폰트 크기가 작아지면 상대적으로 가독성이 떨어진다. 그래서 단위가 큰 금액의 물건을 팔거나 가격 범위가 큰 오픈마켓은 한 줄 표시 방식을 쓸 수 없다. 이 UI는 판매 제품의 금액대가 정해져 있는(천원에서 십만 원대) 자사 몰에서만 사용 가능한 UI다.

한 줄 표시 방식에서 단위가 커졌을 때 비교

정상가를 상단에 표시하고 할인율과 할인가를 하단에 표시하는 방식

최근에 많이 사용되는 UI는 정상가와 할인가를 한 줄씩 표시하는 두 줄 표현 방식이다. 두 줄 표현은 한 줄 표현과 달리 여유 공간이 많아 단위가 큰 금액도 무리 없이 표시할 수 있고 정상가에 비해 할인가를 더 크게 표시해 강조하는 것도 가능하다(한 줄로 표시하면 영역이 좁아 이런 형태가 불가능하다).

두 줄 표현의 가장 큰 장점은 수직적 비교다. 앞서 이론 파트에서 배운 내용을 잠시 떠올려 보자. 모바일 기기에서 사람의 시선은 위에서 아래로 수직으로 떨어진다. (위) 정상가 (아래) 할인가 형태로 가격을 배치하면 사람은 정상가를 먼저 본 뒤 할인가를 본다. **시각적으로 높은 가격을 본 후 할인가를 보게 되니 할인 혜택이 더 크게 느껴지는 심리적인 효과**를 주는 것이다.

이와 관련한 연구가 하나 있다. "비교 가격 광고에서 정상 가격과 판매 가격의 표시 위치가 소비자 반응에 미치는 영향(2019)"[4] 연구에 따르면 정상가가 위쪽에 있을 때 소비자는 정상가를 먼저 보고 할인가를 보기 때문에 정상가를 기준으로 품질을 판단하지만, 할인된 가격을 인지해 저렴하다고 느낀다고 한다. 즉, **정상가를 위에 배치하면 소비자가 느끼는 할인 혜택이 극대화**될 수 있다는 얘기다. 15,000원에서 20% 할인된 가격인 13,000원짜리 물건을 구매하면서도 소비자는 15,000원 상당의 품질 좋은 물건을 저렴한 가격에 구매했다고 생각하는 것이다.

정상가와 할인가, 할인율을 한 줄에 표현하는 방식

이론 파트에서 배웠던 시선 이동 관점에서 한 줄 표현 방식을 살펴보자. 두 줄 표현 방식은 정상가, 할인율, 할인가의 배치가 동일하지만, 한 줄 표현 방식은 서비스마다 약간씩 배치

---

4 Location does matter: the effect of display locations of regular price and sale price on consumers' responses in comparative price advertising / International Journal of Advertising / Jung Min Jang, Eun Young Park (2019)

에 차이를 보인다. 할인가를 제일 왼쪽에 배치하는 곳도 있고 할인율을 제일 먼저 배치하는 곳도 있다.

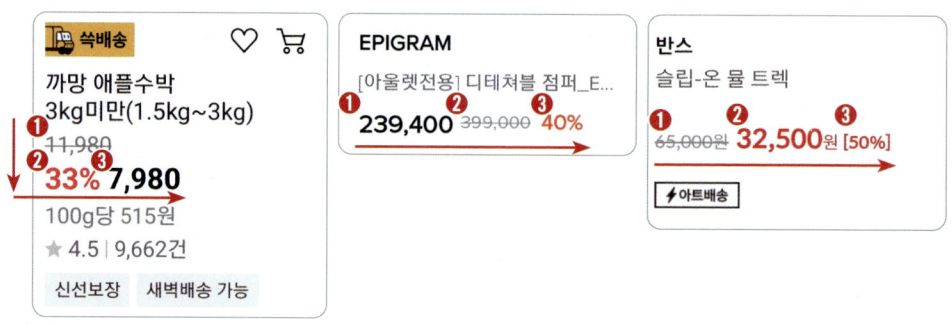

시선 이동 방향에 따른 정상가와 할인가 인식 순서

정상가를 먼저 보여주는 것과 할인가를 먼저 보여주는 것에는 어떤 차이가 있는 걸까?

할인가 노출 방식에서 우리가 주목해야 할 것은 **고객이 느끼는 물건의 품질**이다. 앞서 준거가격에 대해 배웠다. 서점직원이 생각하는 짜장면의 적정가인 준거가격은 5천 원이다. 그런데 집 근처에 새로 오픈한 중국집이 오픈 특가로 한 달 동안 짜장면을 4천 원에 판다고 한다. 이때 서점직원이 생각하는 짜장면의 준거가격은 그대로 5천 원일까? 4천 원이 됐을까?

할인은 판매 촉진을 위한 최고의 수단 중 하나지만, 너무 자주 사용하면 고객이 할인가를 상시가나 정가처럼 생각하는 부작용이 생긴다. 어차피 자주 할인하니까 정가에 살 필요가 없고 할인가가 더 이상 매력적으로 느껴지지 않는 것이다. 그래서 할인가를 표시할 때는 '원래 정가는 이 정도이고 이번에만 특별히 할인된 가격으로 파는 거야'라는 것을 고객에게 어떻게 인지시키느냐가 중요하다.

콜로라도대학교의 도널드 R. 리히텐슈타인 교수는 "인지된 가격과 객관적인 가격 품질의 관계"[5]라는 연구에서 사람들은 가격이 비싸면 제품의 질이 좋다고 생각하고 가격이 싸면

---

[5] The Relationship between Perceived and Objective Price-Quality (1989) / Donald R. Lichtenstein and Scot Burton

제품의 질이 상대적으로 낮다고 생각하는 경향이 있다고 주장했다. 피터 R. 다크의 연구[6]에서는 상품의 할인가를 강조하면 사람들은 할인 가격을 기반으로 제품의 품질을 판단하여 실제보다 제품의 품질을 낮게 생각하는 경향이 있다고 말했다.

정리하자면 이렇다.

- **정상가를 먼저 노출**: 사람들은 정상가를 기준으로 상품의 품질을 판단해 상품의 품질이 높다고 생각함. 단, 할인가를 먼저 노출하는 방식에 비해 판매 효과는 조금 떨어질 수 있음.
- **할인가를 먼저 노출**: 고객이 할인가를 제일 먼저 보기 때문에 판매 효과는 좋지만 할인가를 기준으로 상품을 판단해 고객이 느끼는 준거가격과 품질에 영향을 줄 수 있음.

더 쉬운 예를 들어보자.

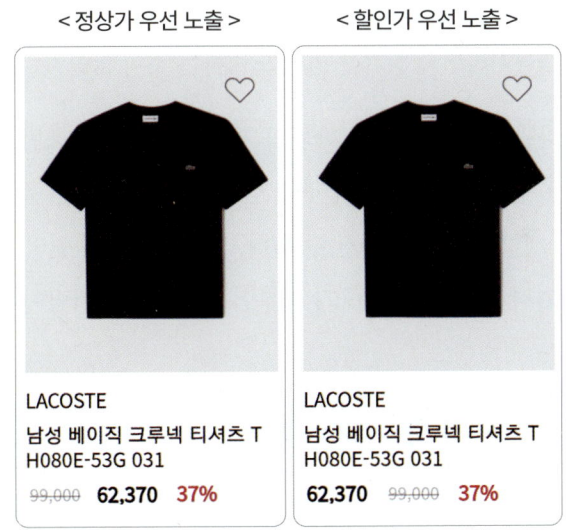

정상가 우선 노출과 할인가 우선 노출의 차이

정상가를 먼저 노출하면 사람들은 '이 티셔츠는 원래 16,900원인데 12,990원에 파는구나'라고 느낀다고 한다. 그런데 할인가를 먼저 노출하면 '이 티셔츠는 12,990원인데, 원래

---

[6] Effects of pricing and promotion on consumer perceptions: it depends on how you frame it (2005) / Peter R. Darke, Cindy M.Y. Chung

정가는 16,900원이야'라고 인식하는 것이 아니라 '이 티셔츠는 12,990원 짜리구나'라고 인식하게 될 가능성이 높다고 한다. 어떤 가격을 먼저 보느냐에 따라 같은 제품이라도 고객이 느끼는 가격과 품질의 기준이 다를 수 있다는 얘기다.

위치뿐만 아니라 어떤 항목을 강조하느냐도 큰 영향을 끼친다. 국내 한 연구[7]에 따르면 할인 가격을 다른 컬러나 더 큰 폰트를 써서 강조하면 고객이 낮아진 가격만큼 품질이 낮다고 생각하지만, 반대로 정상가격을 강조하면 정상가를 근거로 품질을 판단하기 때문에 고객이 생각하는 제품의 질과 브랜드 이미지가 훼손되지 않는다는 연구 결과를 발표했다.

브랜드 가치가 훼손되는 것을 감안하더라도 많이 파는 게 목적이라면 할인가를 먼저 노출하는 것이 맞고 판매가 덜 돼도 좋으니 브랜드 가치는 최소한 지키고 싶다고 하면 할인가보다는 정상가를 먼저 노출하고 강조하는 쪽이 좋다. 조금 더 힌트를 준다면 우리 사이트가 매출이 중요한 오픈마켓이라면 할인가를 먼저 노출하는 게 좋을 것이고, 브랜드의 이미지를 지키는 것이 중요한 자사몰이라면 정상가를 먼저 노출하는 것이 맞을 수 있다는 얘기다.

사람의 심리는 복잡다단해서 가격 정보 배치와 강조, 두 가지 요소만으로 소비자의 구매 심리를 모두 설명할 수는 없다. 소비자의 구매 심리와 욕구는 취급 품목, 판매 전략, 가격대 등 다양한 요소의 영향을 받아 달라질 수 있다. 앞으로 서점직원의 기초 연구를 바탕으로 다양한 관점에서 가격 표시 UI의 연구가 이루어졌으면 하는 바람이다.

4.3 _ 페이지네이션과 무한 스크롤

목록 페이지에서 데이터베이스의 부하를 줄이고 효율적인 콘텐츠 열람을 위해 사용하는 것이 바로 페이지네이션(Pagination)과 무한 스크롤(Infinite scroll)이다. 이번 장에서는 페이지네이션과 무한 스크롤의 역사와 각 방식의 특장점, 최근 트렌드와 유형에 따른 사용법에 대해 알아보겠다.

---

[7] "초점 가격에 따른 가격 할인 방식이 지각된 품질에 미치는 효과: 단서 가격과 가격-품질 연상을 중심으로(2019)", 중앙대학교 대학원 심리학 전공 김주현

우리가 쇼핑몰에서 남성 셔츠를 검색한다고 가정해 보자. 1,000개의 제품이 검색되었을 때 목록 페이지에 1,000개 상품을 모두 표시하면 스크롤도 길어지고 상품 정보를 불러와서 화면에 표시하기 위한 로딩 시간도 길어질 것이다. 그래서 화면에는 1,000개 상품을 모두 불러와서 표시하지 않고 10개, 20개씩 일정 단위로 불러와서 표시해 준다. 기술적인 용어로는 페이징이라고 하고, 페이징을 화면에 표현하는 UI를 페이지네이션이라고 한다.

모바일은 없고 데스크톱만 존재하던 1990년대 후반 ~ 2000년대 초반에는 초고속 인터넷이 대중적으로 보급되기 전이라 웹 페이지도 서버 부하가 적은 텍스트 위주의 구성이 일반적이었다. 페이네이션 UI도 이러한 기조에 맞춰 텍스트만 사용해 만들어졌다.

<u>Prev 1 2 3 4 5 6 7 8 9 10 Next</u>

1990년대 초반 ~ 2000년대 초반의 페이지네이션 UI

초고속 인터넷이 보급되고 인터넷으로 할 수 있는 일들이 많아지면서 이미지와 CSS를 이용해 예쁘고 사용성 높은 서비스를 만들기 위한 각종 시도가 이어졌다. 페이지네이션도 클릭하기 쉽게 숫자에 박스를 씌워서 클릭 영역을 넓히고 음영 효과를 넣어 활성화와 비활성화를 명확하게 구분하여 사용성을 높이는 형태로 발전해 나갔다. 페이지네이션에서 UI의 개념이 도입되기 시작한 것도 이때쯤이다.

2000년대 중반 ~ 2010년 초반의 페이지네이션 UI

아이폰의 등장으로 스마트폰이 보급되면서 본격적인 모바일 시대가 개막되었다. 모바일웹 초창기에는 기존 PC 화면 기준으로 제작된 페이지나 서비스를 모바일 화면에 맞게 새로 제작하는 작업이 필요했는데, 작아진 디바이스에 대한 준비와 대응도 부족했고 모바일웹을 만들어본 경험도 많지 않아 주로 PC 화면에서 요소를 삭제하거나 모바일 사이즈에 맞춰 억지로 콘텐츠를 끼워 넣는 형태로 모바일 페이지를 제작했다. 페이지네이션도 PC에서

10개였던 페이지 개수를 모바일 사이즈에 맞춰 5개로 줄이는 것이 일반적인 모바일 대응 방식이었다.

2010년 초반의 모바일 페이지네이션 UI

스마트폰의 보급률이 높아지고 모바일웹 제작 경험도 많아지면서 모바일 환경에서 편의성을 높이기 위한 연구와 방법론이 등장하기 시작했다. 페이지네이션도 단순히 PC에서 모바일 사이즈에 맞춰 콘텐츠를 끼워 넣는 게 아니라 모바일 환경에 적합한 UI가 등장하기 시작했는데, 숫자를 직접 입력하여 해당 페이지로 이동할 수 있는 형태가 모바일 환경에 적합한 대표적인 페이지네이션 UI의 예다.

2010년 중반의 모바일 페이지네이션 UI

이때까지만 해도 페이징이라는 기본적인 형태는 유지하면서 변화하는 환경에 맞게 사용성을 개선한 것이 페이지네이션 UI의 기본적인 발전 방향이었다. 그런데 2006년 페이지네이션의 근본을 뒤흔들만한 신기술이 등장한다.

> "스크롤을 내린다는 것은 사용자가 원하는 정보를 찾지 못했다는 것을 의미하는데 왜 다음 페이지 버튼을 눌러야 하는가? 버튼을 누르지 않고도 스크롤을 내리면 다음 콘텐츠를 자동으로 불러오게 하면 더 편하지 않을까?"
>
> NETFLIX, Abstract Season 2 Ian spalter: Digital Product Design
> 무한 스크롤 개발자 아자 래스킨(Aza Raskin)의 인터뷰 중

2006년, UI 디자이너였던 아자 래스킨(Aza Raskin)은 기존 페이지네이션 디자인에 불편함을 느끼고 이를 해결할 수 있는 새로운 페이징 방식을 제안하는데, 이것이 바로 무한 스크롤(Infinite scroll)이다.

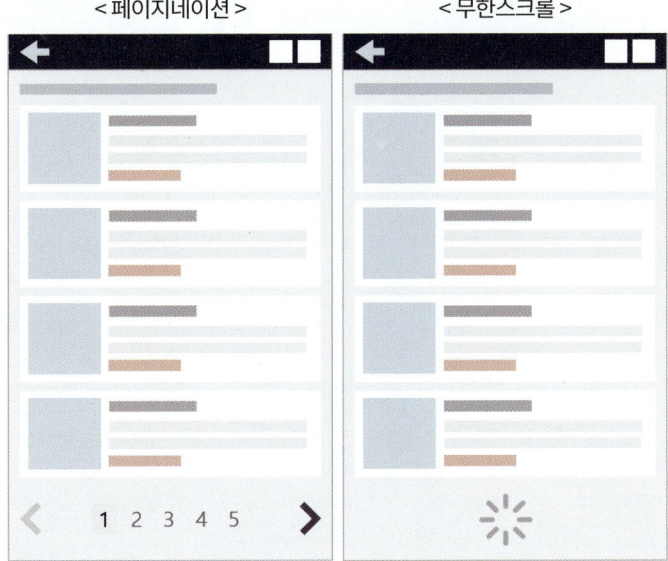

페이지네이션과 무한 스크롤 비교

아자 래스킨의 아이디어는 혁신적이었지만 발표 당시에는 큰 주목을 받지 못했다. 기술적 한계도 있었지만, 결정적인 문제는 많은 사람이 페이징 방식에 익숙해져 있었고 무한 스크롤의 필요성을 크게 느끼지 못했기 때문이다.

하지만 모바일 시대가 열리면서 상황이 달라졌다. PC는 화면이 크니 한 페이지에 많은 콘텐츠를 노출할 수 있었지만, 모바일은 화면이 작아 PC에 비해 적은 콘텐츠를 노출할 수밖에 없었고 같은 콘텐츠를 보더라도 **모바일은 PC에 비해 페이징 버튼을 더 자주 눌러야** 했다. PC에서는 한 화면에 8개의 게시물이 표시된다면 모바일에서는 최대 5개의 게시물밖에 표시되지 않는다. 한 화면 내에 표시되는 게시물의 개수가 적다 보니 모바일은 같은 개수의 게시물을 보기 위해 스크롤을 1.5배 정도 더 해야 하는 것이다. 이런 문제 때문에 페이징 사용성 개선에 대한 방안을 찾다가 대안으로 주목받게 된 것이 무한 스크롤이다.

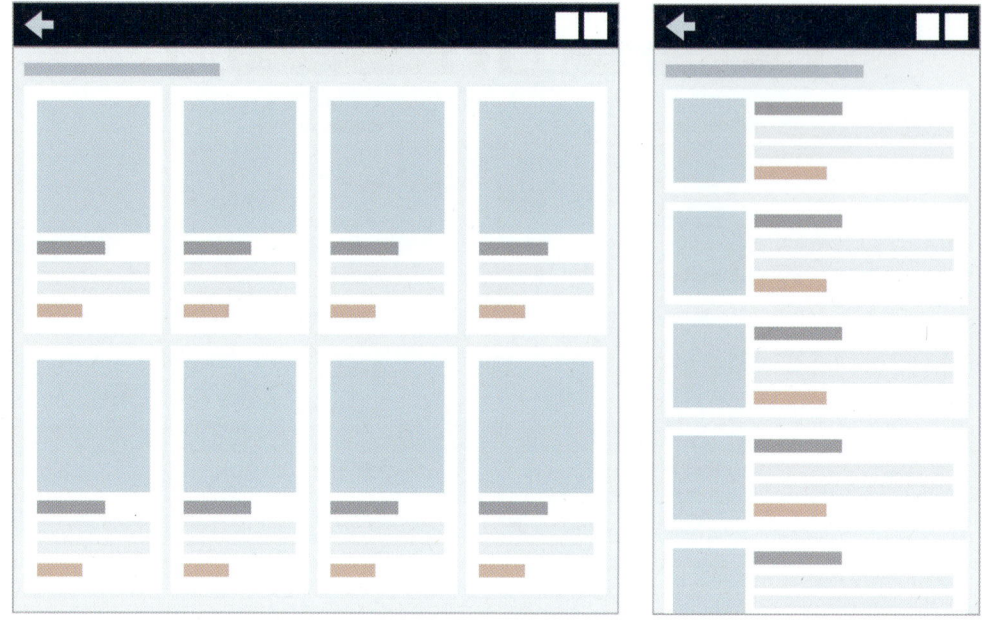

PC와 모바일의 페이지 표시 차이

작은 화면과 긴 스크롤, 무한 스크롤은 모바일과 찰떡이었고 무한 스크롤의 편의성에 주목한 사람들이 속속 무한 스크롤을 도입하면서 무한 스크롤은 모바일 UI의 대세로 자리 잡았다.

무한 스크롤과 페이지네이션을 비교/분석할 때 가장 많이 인용되는 자료는 2016년 닉 바비치(Nick Babich)가 미디움에 공개한 "UX: 무한 스크롤 VS 페이지네이션"[8]이라는 글이다. 닉 바비치는 무한 스크롤의 장단점에 대해 이렇게 이야기한다.

장점

1. 무한 스크롤은 별도의 동작 없이 정보를 탐색할 수 있는 효율적인 방법을 제공한다.
2. 스크롤은 클릭/탭에 비해 소요되는 리소스가 적다.
3. 화면이 작을수록 스크롤이 길어지는 모바일 기기는 무한 스크롤이 사용성 측면에서 유리하다.

---

8 https://uxplanet.org/ux-infinite-scrolling-vs-pagination-1030d29376f1

단점

1. 무한 스크롤은 페이지 성능을 저하시켜 속도가 느려질 수 있다.
2. 사용자가 이전에 봤던 콘텐츠로 돌아가기 어렵다.
3. 푸터에 도달할 수 없다.

오늘날 우리가 아는 거의 모든 커머스 서비스가 무한 스크롤을 사용한다. 커머스에 한정해서는 페이지네이션보다 무한 스크롤이 더 적합하다는 얘기다. 이유가 뭘까?

무한 스크롤 관련 연구들에서는 공통으로 뉴스나 SNS같이 사용자가 **특정한 목적 없이 자료를 탐색하는 경우에는 무한 스크롤이 더 적합**하고 사용자가 **특정 항목을 찾는 목표 지향적인 서비스에는 페이지네이션이 더 적합**하다고 말한다. 그럼 생각해 보자. 쇼핑 검색 결과나 목록 페이지에서 상품을 보는 것은 목표 지향적인 행동에 해당할까, 뚜렷한 목적이 없는 행동에 해당할까?

우리가 나이키 러닝화를 산다고 가정해 보자.

- **구입하고 싶은 모델이 있는 경우**
  검색 페이지에서 모델명 검색 → 검색 결과에서 원하는 상품을 선택

- **구입하고 싶은 모델이 없는 경우**
  검색 페이지에서 나이키 러닝화를 검색하거나 나이키 브랜드 홈으로 이동해 마음에 드는 상품을 찾아봄

구입하고 싶은 상품이 있다면 모델명이나 품번을 검색해 원하는 상품을 찾고 구매하면 된다. 명확한 목적이 있으면 목록 페이지에 오래 머무를 필요가 없다. 그런데 구입하고 싶은 모델이 없거나 모호하면 목록 페이지에서 내 마음에 드는 물건이 있는지 스크롤을 내리며 찾아봐야 한다. 이는 오프라인 쇼핑 경험과 유사하다. '나는 나이키 프리런 러닝화를 사고 싶어'라고 하면 나이키 매장에 가서 프리런을 신어보고 구매하고 나오면 끝이지만, 막연하게 '나는 러닝화를 사고 싶어'라고 한다면 나이키, 아디다스, 뉴발란스 등 마음에 드는 신발을 찾기 위해 여러 매장을 둘러봐야 한다.

사용자가 목록 페이지에서 스크롤을 내리는 것은 아이쇼핑과 비슷하다. 쇼핑에 명확한 목적이 있는 사람들은 목록 페이지에 오래 머무르지 않는다. 결국 상품 목록 페이지의 페이징 방식을 결정하는 것은 목적이 없는 사용자의 사용 행태다. 위에서 언급했듯 뚜렷한 목적이 없을 때는 페이지네이션보다 무한 스크롤이 더 적합하다.

닉 바비치의 무한 스크롤과 페이지네이션 비교 글에서 언급한 무한 스크롤의 3가지 단점도 현재 시점에서는 큰 단점이 되지 않는다. 다시 한번 무한 스크롤의 단점을 살펴보자.

단점
1. 무한 스크롤은 페이지 성능을 저하시켜 속도가 느려질 수 있다.
2. 사용자가 이전에 보았던 콘텐츠로 돌아가기 어렵다.
3. 푸터에 도달할 수 없다.

1번 속도 저하 문제는 해당 글이 쓰인 2016년이면 몰라도 2024년 현재 시점에서는 큰 단점이 되지 않는다. 무한 스크롤이 대중화되면서 무한 스크롤의 기술적 제약을 해결하기 위한 다양한 방법론이 등장했기 때문이다. 현재 시점에서 성능은 더 이상 무한 스크롤의 단점이 되지 않는다.

2번 문제는 이런 것이다. 내가 1페이지부터 순차적으로 페이지를 넘기면서 10페이지까지 상품을 본 후 '아 2페이지에 있던 물건이 제일 마음에 들어. 그걸 사자.'라고 하면 페이지네이션 구조에서는 위치를 기억하기도 쉽고 찾아가기도 쉽다. 그런데 무한 스크롤 구조에서는 내가 지금 보고 있는 페이지가 몇 번째인지 전에 봤던 상품이 어디쯤 있는지 정확히 알기 어려워 특정 위치의 상품을 찾는 데 오랜 시간이 걸린다. 그런데 이 문제는 사실 일단 게시판 구조에서나 단점이지 커머스에서는 단점이 되지 않는다. 커머스에는 찜하기 기능이 있어 마음에 드는 상품을 찜해놓고 나중에 쉽게 찾을 수 있기 때문이다.

3번 문제는 푸터의 중요도를 어떤 관점으로 바라보냐에 따라 달라진다. 전통적으로 푸터는 사용자의 시선이 가장 마지막에 도달하는 곳이고, 법적 요구사항 등 어딘가에는 둬야 하지만 상대적으로 중요도가 떨어지는 정보(통신판매번호, 개인정보처리방침 등)를 모아두는 곳이다. 무한 스크롤에 문제가 된다면 목록 페이지에서는 꼭 푸터를 노출하지 않아도 되고, 푸터를 노출하고 싶다면 무한 스크롤이 끝에 다다르는 시점에 노출하면 된다(목록이 100개고 한 페이지에 20개씩 상품을 노출하면 1~4까지는 푸터를 노출하지 않다가 모든 목록이 다 표시되는 5페이지 하단에 푸터를 노출하면 된다).

여기까지 간단하게 페이지네이션과 무한 스크롤의 역사 및 쇼핑몰 목록 페이지에서 무한 스크롤을 사용해야 하는 이유를 살펴봤다. 이제 무한 스크롤을 설계할 때 고려할 사항을 알아보자.

무한 스크롤을 설계할 때 기획자가 고려해야 할 것은 크게 3가지다.

- 어떤 시점에 다음 페이지를 호출해야 하는가?
- 상세 페이지에서 뒤로가기를 눌렀을 때 위치를 어떻게 유지해야 하는가?
- 리스트의 마지막은 어떻게 처리해야 하는가?

콘텐츠 호출 시점의 차이

어떤 시점에 다음 페이지를 호출해야 하는가의 문제는 크게 두 가지 방식으로 나뉜다. 하나는 일정 퍼센트를 넘어가면 다음 페이지 콘텐츠를 호출하는 방식이고, 다른 하나는 페이지의 끝에 도달했을 때 다음 페이지 콘텐츠를 호출하는 방식이다. 서비스마다 퍼센트를 쓰는 곳도 있고 끝에 도달했을 때 호출하는 방식을 사용하는 곳도 있어 정답은 없지만, 끝에 도달했을 때 콘텐츠를 호출하면 콘텐츠를 불러오기까지 로딩 시간이 필요해 스크롤의 끊김이 발생한다. 그런데 80~90% 시점에서 다음 콘텐츠를 불러오면 나머지 스크롤을 내리는 사이에 콘텐츠를 불러올 테니 사용자 입장에서는 스크롤이 끊기지 않고 계속 이어지는 느낌을 준다. 자연스러운 스크롤의 느낌을 주려면 80~90% 구간 정도에서 다음 페이지를 불러오는 것이 가장 이상적인 형태가 된다.

다음은 뒤로 가기 문제를 알아보자. 목록 페이지를 무한 스크롤로 만들 때 가장 많이 하는 실수 중 하나가 바로 뒤로가기 문제다. 예를 들어보자.

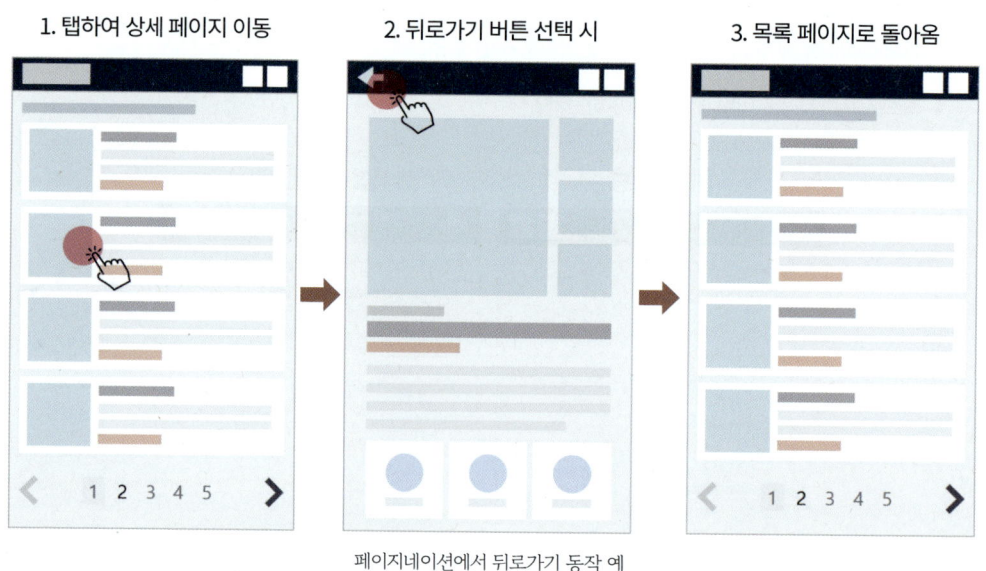

페이지네이션에서 뒤로가기 동작 예

여기서는 2페이지에서 2번째 상품을 눌러서 상세 페이지로 갔다가 뒤로가기를 클릭하면 다시 2페이지로 돌아간다.

무한 스크롤에서 뒤로가기 동작 예

이번 예시의 경우, 2번째 스크롤에서 3번째 상품을 눌러서 상세 페이지로 갔다가 뒤로가기를 클릭하면 2페이지 리스트를 불러올 수 없다.

기본적으로 브라우저는 스크롤 위치를 기억하고 있어 목록에서 하나를 선택해 상세 페이지를 본 후 뒤로가기를 해도 목록 페이지에서 클릭한 위치로 돌아가게 된다. 그런데 무한 스크롤은 상세 페이지로 갔다가 뒤로가기를 하면 이전에 무한 스크롤로 불러왔던 목록이 초기화되어 브라우저가 기억한 스크롤 위치가 사라져 버린다. 그래서 이전 위치로 가려면 처음부터 다시 스크롤을 내려서 게시물 위치를 찾아야 하는 치명적인 문제점이 있다.

이 문제는 서버와 애플리케이션이 어떤 환경이냐 따라 해결 방법이 다르다. 근본적인 문제점은 상세 페이지에서 목록 페이지로 돌아갈 때 새로고침을 해서 목록 페이지로 불러온 데이터가 초기화된다는 것이다. 따라서 새로고침을 하지 않거나 페이지를 이동하지 않는 UI 구조를 만들면 된다. 목록 페이지에서 상세 페이지로 갈 때 페이지가 전환되는 방식이 아니라 별도의 페이지를 띄우는 모달 방식을 쓰는 것이다.

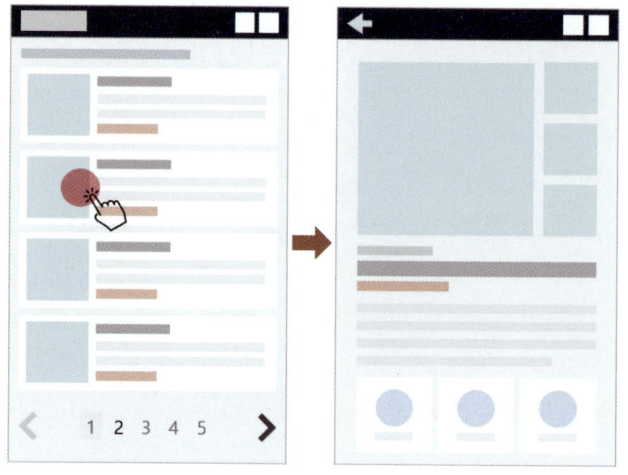 

페이지 전환과 모달 방식의 차이

마지막으로 리스트의 처리 문제가 있다. 무한 스크롤에서 더 이상 데이터를 불러올 수 없는 마지막 지점에 도달하면 어떻게 해야 할까? 그냥 맨송맨송하게 스크롤이 멈추고 끝나야 할까, 아니면 마지막 지점에서만 나타나는 푸터를 '짜잔'하고 노출시켜야 할까? 마지막 지점에 푸터를 노출시켜주는 것이 사용자 인지 측면에서는 조금 더 낫다. 끝을 안내하는 무언가가 없다면 사용자는 리스트가 끝난 것인지, 로딩 중인 상태인지 알 수가 없다. 푸터는 페이지의 끝을 의미하는 규칙이므로 푸터가 있다면 사용자가 페이지 끝을 인식할 수 있는 또렷한 이정표가 될 수 있다.

여기까지 페이지네이션과 무한 스크롤의 역사, 무한 스크롤을 사용할 때 유의해야 할 것들을 설명했다. 기본적인 사용법을 알아봤으니, 이제 최신 트렌드를 알아보며 이번 절을 마치도록 하겠다.

최근 무한 스크롤의 최대 화두는 중독성이다.

2018년 행동 심리학자이자 UX 컨설턴트인 수잔 웨인쉥크(Susan Weinschenk) 박사는 사람들은 스크롤을 내리면 내릴수록 더 많은 게시물을 보길 원하며 게시물을 보면서 충분한 만족감을 느끼지만 더 많은 만족감을 추구하기 위해 계속해서 스크롤을 내리는 '도파민 추구 보상 루프(dopamine seeking reward loop)'[9]에 빠져 있다고 주장했다. 구글에서 디자인 윤리학자로 일했던 트리스탄 해리스(Tristan Harris) 역시 무한 스크롤은 슬롯머신만큼이나 강한 중독성을 가지고 있으며, SNS 플랫폼은 Hook 모델을 사용해 중독성을 유발하도록 의도적으로 설계[10]되었다고 말하며 SNS의 중독성과 기업의 사회적 책임에 대해 비판했다.

Aza Raskin
@aza

One of my lessons from infinite scroll: that optimizing something for ease-of-use does not mean best for the user or humanity.

무한스크롤에서 얻은 교훈 하나: 사용 편의성을 위해 기능을 최적화하는 것이 사용자나 인류를 위해 항상 최선은 아닐 수 있습니다.

아자 래스킨의 무한 스크롤 비판 트윗

SNS와 무한 스크롤의 중독성에 대한 비판이 이어지자 무한 스크롤을 만든 아자 래스킨은 2019년 텔레그래프와의 인터뷰[11]에서 자신이 만든 무한 스크롤로 인해 매일 20만 명의 사람이 스크롤을 내리느라 인생을 낭비하고 있다며 중독성 비판에 가세했고, 이는 **"무한 스크롤의 창시자 아자 래스킨은 무한 스크롤이 잘못되었다고 말합니다"**라는 제목의 기사가 되어 큰 화제를 낳기도 했다.

---

9 https://www.psychologytoday.com/us/blog/brain-wise/201802/the-dopamine-seeking-reward-loop
10 https://youtu.be/D55ctBYF3AY
11 https://www.telegraph.co.uk/technology/2019/05/10/lost-control-creations-silicon-valley-heretic-mission-make-big/

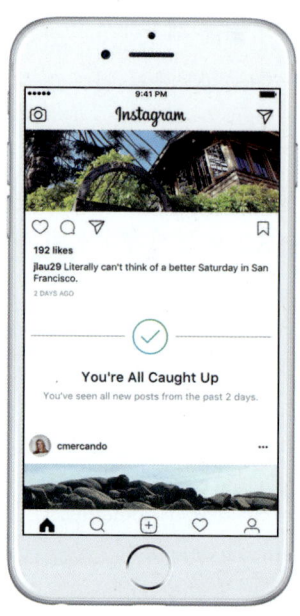 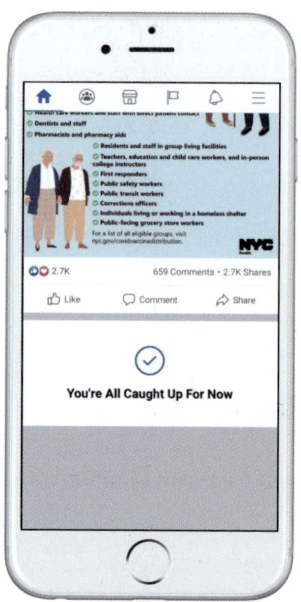

인스타그램과 페이스북의 'You're All Caught up' 메시지 표시

무한 스크롤에 대한 비판이 확산되자 논란의 중심에 있던 인스타그램과 페이스북은 2일간 등록된 새로운 포스트를 모두 읽으면 **You're All Caught Up**이라는 메시지가 표시되는 업데이트를 단행한다. 사용자 입장에서 보면 콘텐츠가 끊임없이 연결되는 무한 스크롤이 중지되고 주위를 돌아볼 수 있는 잠깐의 여유가 생긴 것이다. 인스타그램의 이런 시도에 무한 스크롤을 사용하던 많은 서비스가 **잠깐 멈춤**에 대해 진지하게 고민하기 시작한다.

사실 이커머스 업체들은 꽤 오래전부터 이 문제를 고민해 왔다. 사용성 측면에서 보자면 무한 스크롤이 편리하긴 하지만, 구매 전환율 측면에서 보면 무한 스크롤이 소비자의 결정 장애를 더 심화시키는 경향이 있기 때문이다.

비슷한 현상으로 영상을 고르다가 시간만 보내는 넷플릭스 증후군(Netflix Syndrome)이 있다. 선택지가 너무 많으면 결정에 어려움을 겪는 **선택의 역설**과 더 나은 콘텐츠가 있을 거라는 기대감에 스크롤을 내리다가 아무것도 결정하지 못하는 넷플릭스 증후군이 쇼핑에도 그대로 적용되는 것이다.

사용자는 자신의 취향에 딱 맞는 상품을 찾기 위해 끊임없이 스크롤을 내린다. 어쩌다가 괜찮아 보이는 상품을 발견해도 더 나은 것이 있을지 모른다는 기대감에 하염없이 스크롤을 내리다가 결국 하나도 결정하지 못하고 쇼핑을 포기해 버리는 현상이 벌어지는 것이다. 어떻게 하면 무한 스크롤의 사용 편의성은 취하면서 고객의 결정장애를 해결할 수 있을까? 이것이 이커머스 업계의 오랜 고민 중 하나였다.

이커머스는 SNS와 달리 시점을 기준으로 목록을 구분해 잠깐 멈춤을 할 수 없다. 그래서 생각해낸 이커머스식 해결 방법이 바로 반복되는 패턴에 노이즈를 주는 레이아웃의 다변화다.

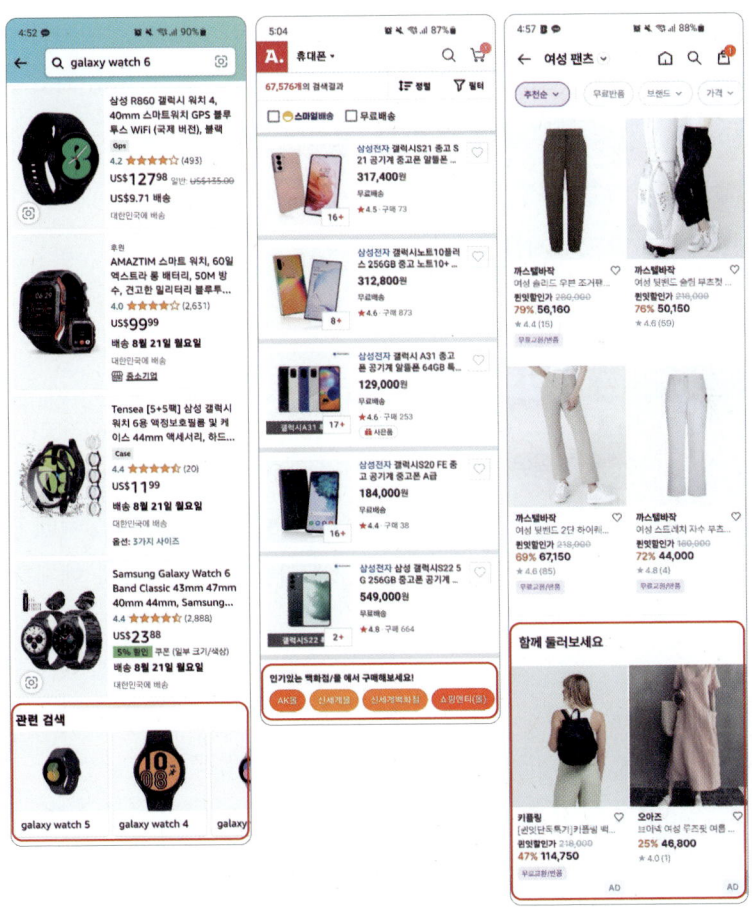

반복되는 무한 스크롤 중간에 연관 요소를 추가한 목록 페이지 예(왼쪽부터 아마존, 옥션, 퀸잇)

동일한 레이아웃이 반복되면 사용자는 의식하기 전까지 스크롤 내리는 행위를 멈출 수 없다. 무한 스크롤을 슬롯머신에 비유하는 이유도 동일한 패턴이 끊임없이 반복되기 때문이다. 잠깐 멈춤의 핵심은 사용자의 주의 환기다. 중간중간 강제적인 노이즈를 넣어서 사용자를 멈칫하게 만드는 것이다. 스크롤을 내리다가 다른 모양의 레이아웃이 등장하면 사용자는 달라진 레이아웃을 주시하고 잠시 무한 스크롤에서 벗어날 여지가 생긴다. 그 노이즈마저 쇼핑에 도움이 되는 연관 상품이나 연관 기능을 배치하는 방식으로 이커머스는 소비자의 구매 욕구를 환기시키는 것이다. 사용성은 해치지 않으면서 소비자에게 잠시 생각할 여지를 주는 아주 영리한 전략이다.

여기까지가 페이지네이션과 무한 스크롤에 대한 얘기였다. 페이지네이션에서 무한 스크롤, 그리고 잠깐 멈춤의 등장까지 시대와 상황에 따라 UI는 변화하고 발전한다. 누군가는 페이지네이션을 구식으로 치부하지만, 지금도 어딘가에서는 페이지네이션이 사용되고 있다. UX에 절대적인 것은 없다. '**요즘 트렌드는 무한 스크롤이야. 우리도 무한 스크롤을 쓰자.**'가 아니라 무한 스크롤이 정말 우리 서비스에 적합한 UI인지 항상 고민하고 연구하는 자세가 진정한 UX를 만드는 지름길이다.

4.4 _ 카테고리 표시와 이동

목록 페이지 상단 타이틀 영역은 페이지와 관련된 계층 구조(Breadcrumb)나 현재 위치를 표시하는 데 사용된다. 그런데 같은 타이틀 영역이라도 서비스의 성격에 따라 구조와 표시되는 정보는 조금씩 다를 수 있다. 어떻게, 왜 다른 걸까? 간단한 예제를 통해 살펴보자.

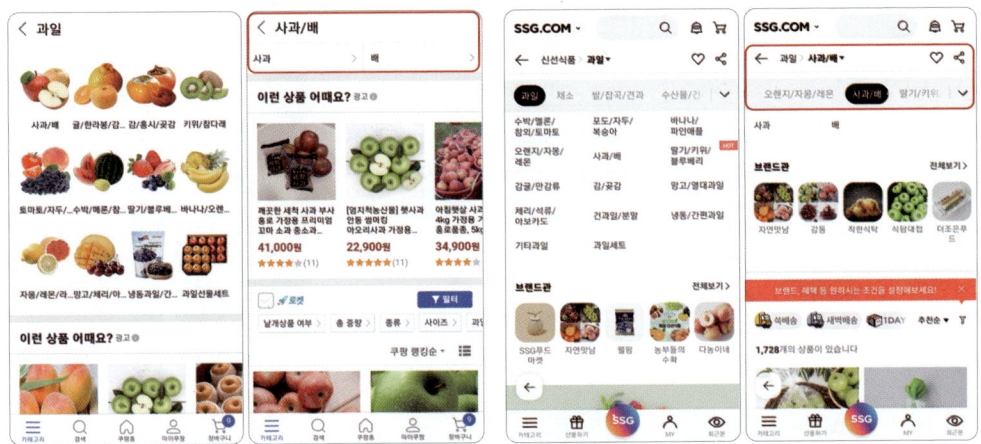

쿠팡과 SSG의 사과 카테고리 예

왼쪽 화면은 쿠팡의 사과/배 카테고리 목록 화면이고 오른쪽 화면은 SSG의 사과/배 카테고리 목록 화면이다. 같은 사과/배 카테고리라도 쿠팡은 현재 카테고리와 하위 카테고리 정보를 표시하고 SSG는 동일 Depth 카테고리끼리 이동 기능을 제공한다. 같은 카테고리인데 기능이 다른 이유는 뭘까? 신선식품의 특성일까? 다른 서비스들도 비교해 보자.

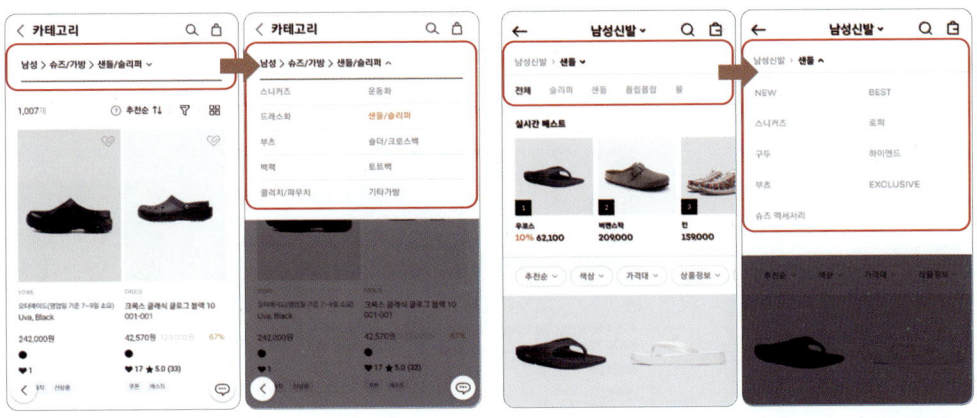

패션 커머스의 카테고리 표시 영역 비교

신선식품몰의 카테고리 표시 영역 비교

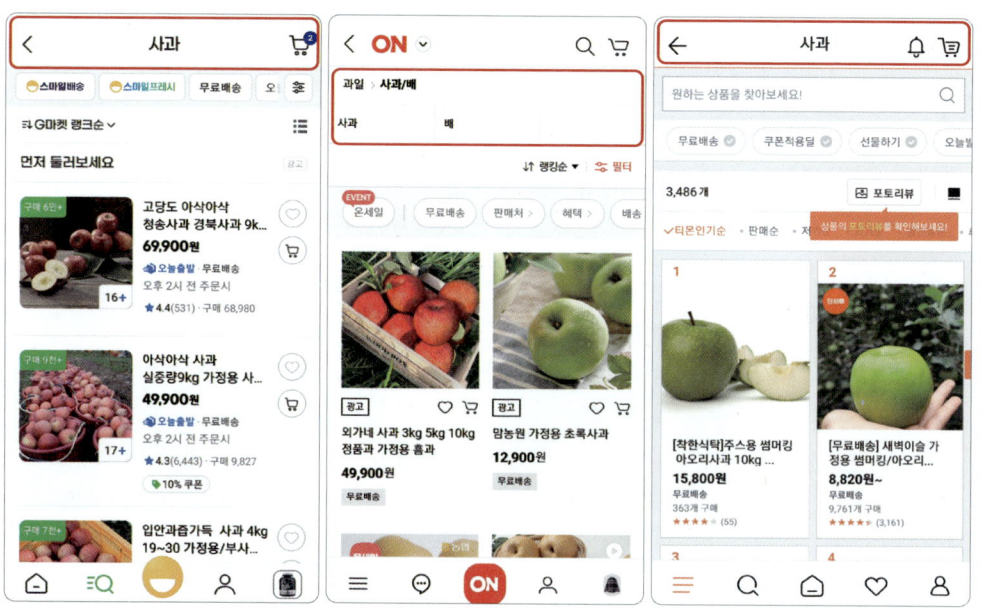

오픈마켓의 카테고리 표시 영역 비교

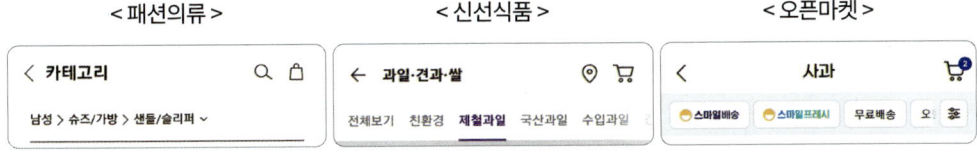

패션의류, 신선식품, 오픈마켓의 카테고리 표시 영역 비교

패션 커머스, 신선식품몰, 오픈마켓의 카테고리 목록 화면을 비교했을 때 패션 커머스와 신선식품몰은 타이틀 영역에서 카테고리 이동 기능을 제공하지만, 오픈마켓은 현재 카테고리명만 표시해 주는 경우가 많다. 왜 오픈마켓은 카테고리 이동 기능을 제공하지 않는 걸까?

카테고리 이동 기능 제공 유무는 취급 상품의 연관성과 관련이 있다.

잠깐, 고객의 쇼핑 동선을 함께 따라가 보자.

반바지가 필요한 서점군, 평소 자주 찾는 의류 쇼핑몰에 접속한다. 서점군이 원하는 반바지를 찾기 위해 하는 행동은 보통 둘 중 하나다.

1. 검색창을 열고 반바지를 입력해 상품 검색
2. 전체 메뉴 버튼을 눌러 바지 카테고리를 선택한 후 반바지 카테고리로 이동

서점군은 두 번째 방법인 반바지 카테고리로 이동해 반바지를 찾아보기로 한다. 그런데 반바지 카테고리를 아무리 둘러봐도 마음에 드는 반바지를 발견하지 못했을 때 서점군의 다음 행동은 무엇일까?

1. 나는 반바지가 당장 꼭 필요해. 다른 쇼핑몰로 가서 반바지를 찾아보자.
2. 어차피 마음에 드는 반바지도 없고 날씨도 슬슬 추워지니까 반바지 말고 가을용 얇은 긴 바지를 사볼까?

서점군이 두 번째 선택지인 긴 바지를 사기로 결심했다면 현재 위치인 반바지 카테고리에서 (긴) 바지 카테고리로 이동해야 한다. 상단 타이틀 영역에 카테고리 이동 기능이 있다면 전체 메뉴를 누르지 않아도 카테고리 이동이 가능하지만, 카테고리 이동 기능이 없다면

전체 메뉴를 눌러 바지 카테고리를 선택한 후 (긴) 바지 서브 카테고리를 눌러 카테고리를 이동해야 한다. 카테고리 이동 기능이 있을 때보다 불필요한 이동 동선도 늘어나고 터치 횟수도 많아지는 것이다.

긴 바지 카테고리에서 마음에 드는 바지를 발견한 서점군, 서점군의 다음 행동은 무엇일까?

1. 자, 이제 마음에 드는 바지를 찾았으니 빨리 결제하고 쇼핑을 끝내자.
2. 생각해 보니 이 바지에 어울리는 신발이 없네.
3. 아직 여름이 조금 남았으니까 바지와 어울리는 시원한 가죽 샌들을 하나 사볼까?

이처럼 상품끼리 연관성이 높다면 마음에 드는 상품을 찾지 못했을 때 유사한 상품을 찾거나 구매한 상품과 연관 있는 상품을 찾는 식으로 카테고리 이동의 필요성이 생기게 된다. 브랜드나 서비스에 대한 충성도가 높을수록 카테고리 이동의 확률도 높아진다.

예를 들어보자.

서점군은 고등어가 먹고 싶다. 고등어를 구매하기 위해 생선가게에 갔는데, 생선가게 주인이 고등어가 다 팔렸다고 한다. 점원이 요즘은 삼치가 맛있으니 삼치 구매를 권유한다. 서점직원은 평소 생선가게 품질에 신뢰를 가지고 있었기 때문에 삼치를 구매하기로 한다.

카테고리 이동은 고등어를 사고 싶었던 서점군이 삼치를 사는 과정과 같다. 서점군이 생선가게의 품질을 신뢰(서비스나 브랜드에 대한 충성도)하지 않았거나 고등어와 유사한 삼치라는 대체재(유사한 대체재)가 없었다면 삼치를 사지 않았을 것이다.

패션 커머스와 신선식품몰이 카테고리 이동 기능을 제공하는 이유는 취급 상품이 유사하거나 연관성을 가지고 있기 때문이다. 반대로 오픈마켓이 카테고리 이동 기능을 제공하지 않는 것은 판매 상품끼리 연관성이 적어 카테고리 이동 기능의 사용 빈도와 필요성 자체가 높지 않기 때문이다.

오픈마켓이 카테고리 이동 기능을 제공하지 않는 중요한 이유가 하나 더 있다. 바로 목록 페이지까지의 도달 여부다.

서점군이 폴로 야구모자를 사고 싶다고 가정해 보자. 폴로 공식몰이라면 모자 카테고리로 이동해 마음에 드는 것을 찾아보면 된다. 그런데 오픈마켓이라면? 패션잡화〉 모자 카테고리로 가면 여러 가지 브랜드가 섞여 있어 폴로 야구모자만 볼 수가 없다. 브랜드 페이지가 따로 있다고 해도 모자 카테고리가 있을지 알 수 없고, 있다고 해도 거기까지 도달하는 데 복잡한 과정을 거쳐야 한다.

일반적으로 오픈마켓에서 폴로 야구모자를 찾으려면 카테고리 페이지를 찾는 것보다 '**폴로 모자**'라는 검색어를 입력해 상품을 찾는 게 더 빠르다. 오픈마켓은 카테고리 페이지에서 상품을 찾기보다 검색을 통해 상품을 찾거나 메인 페이지나 기획전에 노출된 상품을 구입하는 경우가 많아 상품을 찾는 구매 여정에서 카테고리 페이지의 사용성이 떨어질 수밖에 없다. 패션 커머스나 신선식품 같은 전문몰은 고객이 상품을 탐색할 때 카테고리 페이지를 이용할 가능성이 있지만 오픈마켓은 그럴 가능성이 낮기 때문에 카테고리 페이지에서 카테고리 이동 기능을 두지 않는 것이다.

같은 상품을 판매하더라도 서비스의 성격과 상품의 특성에 따라 기능의 차이가 생기는 경우가 종종 있다. UI나 기능을 설계할 때 기획자가 가장 먼저 할 일은 우리 서비스의 특성을 파악하는 일이다. 서비스의 특성을 이해하는 것이 기획의 첫걸음이고 좋은 UI를 설계할 수 있는 지름길이다.

4.5 _ 상세 페이지 레이아웃 구성법

고객 구매 여정을 분류할 때 목록 페이지가 상품을 탐색하는 단계라면, 상세 페이지는 상품 구매 단계에 해당한다. 상세 페이지는 상품 정보 안내, 옵션 선택부터 상품 후기, 배송 안내, 상품 정보 고시 등 다양한 정보를 제공하지만 품목과 관계없이 레이아웃은 어느 정도 정형화되어 있다. 요소마다 조금씩 차이는 있을지 몰라도 상세 페이지 레이아웃의 큰 틀은 변하지 않는다. 의류 쇼핑몰이든 신선식품 쇼핑몰이든 상세 페이지 레이아웃이 비슷한 이유는 뭘까? 하나씩 차근차근 살펴보자.

먼저 상세 페이지의 구성요소를 정리해 보자.

1. **주요 상품 정보**

   상품 사진, 상품명, 판매가/할인가, 배송비,

2. **구매옵션**

   구매 수량, 옵션 선택, 장바구니 담기, 바로 구매, 찜하기

3. **상품 정보**

   상품 상세 정보, 상품 정보 고시, 배송 안내, 상품평

자, 이제 상품을 구매하는 고객 입장에서 구성요소를 정보 중요도 순으로 나열해 보자.

중요도 1: 상품 사진, 상품명, 판매가

중요도 2: 상품 옵션 선택과 구매 기능

중요도 3: 상품 상세 정보

중요도 4: 상품평 및 배송, 주요 고시 정보

상품의 구성요소를 정리하고 정보 중요도 순으로 나열했다면 레이아웃을 짜는 것은 쉽다. 정보 중요도 순으로 구성요소를 배치하면 된다.

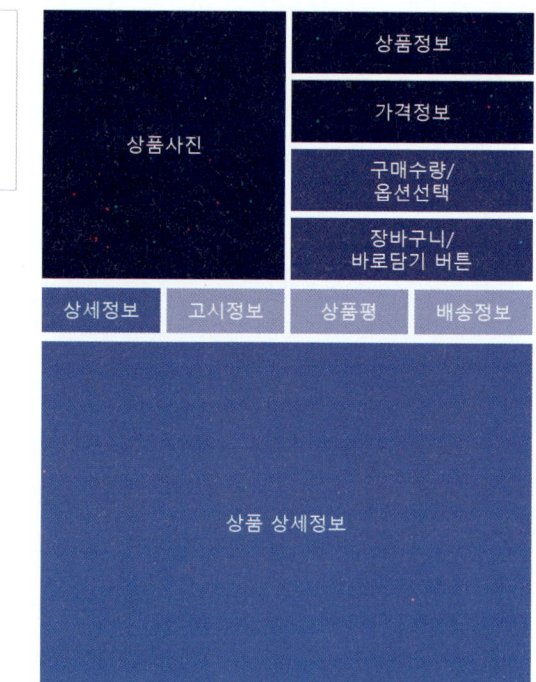

구성요소를 중요도 순으로 배치한 상세 페이지 레이아웃 예

어디서 많이 본 구조이지 않은가? 그렇다. 우리가 그동안 쇼핑을 하며 수없이 봐온 상세 페이지 레이아웃이 바로 이런 구조다. 모든 레이아웃이 그렇지만 상세 페이지 레이아웃 역시 정보 중요도에 따라 좌에서 우로 위에서 아래로 시선 이동 흐름에 맞춰 콘텐츠를 배치한다.

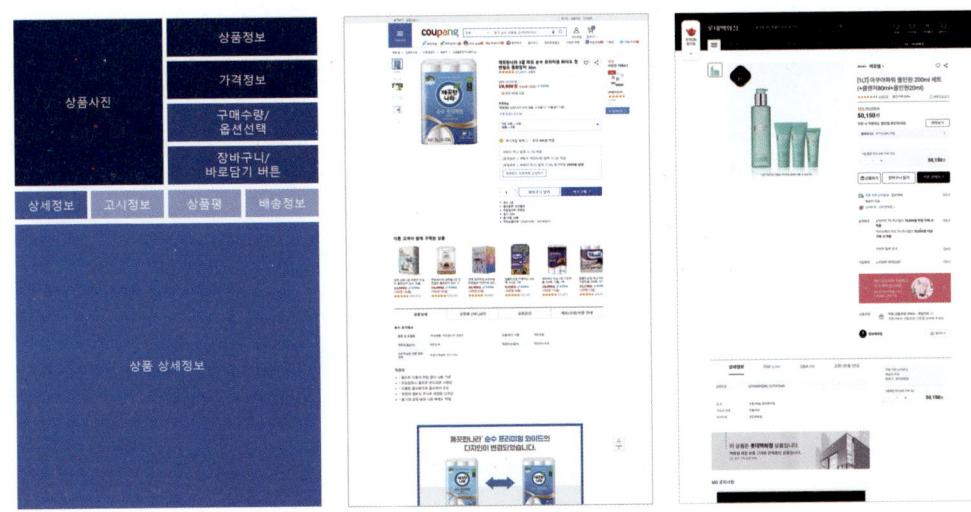

상세 페이지 레이아웃과 시중 커머스 서비스의 상세 페이지 비교

기본적으로 어느 커머스든 이 상세 페이지 구조를 벗어나긴 어렵다. 다른 페이지보다 보여 줘야 하는 정보가 많은 상세 페이지 특성상 정보 흐름에 맞춰 요소를 적재적소에 배치하는 것이 중요한데, 이 레이아웃은 수많은 시행착오를 거치며 개선에 개선을 거쳐 소비자에게 상품 정보를 효율적으로 전달하는 데 최적화되어 있는 상태다. 또한 이 레이아웃은 서비스와 품목을 불문하고 다양한 커머스에서 활용되는 보편적인 레이아웃이어서 많은 사용자가 이 레이아웃에 익숙해져 있다. 이 구조에서 조금만 벗어나도 사용자는 큰 혼란을 느낄 수 있다는 얘기다.

그렇다면 이 레이아웃은 시기와 업종을 불문하고 어디에나 적용할 수 있는 완벽한 레이아웃일까? 아쉽게도 그렇지는 않다. 이 레이아웃에는 치명적인 단점이 하나 있다. 상품 선택 옵션이 많을 경우 사용자의 이동 동선이나 플로우가 꼬일 수 있다는 것. 예를 하나 들어보자.

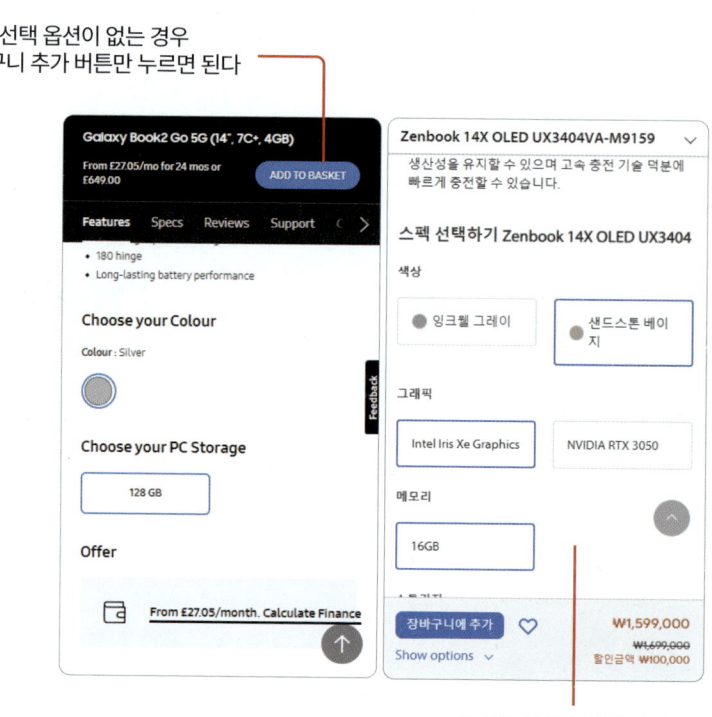

삼성전자와 ASUS의 노트북 구매 상세 페이지 비교

선택해야 하는 옵션이 없는 왼쪽 삼성전자 상세 페이지의 경우 사용자가 상품 상세 정보에서 정보를 확인하고 상품을 구매하고 싶을 때 [장바구니에 추가] 버튼을 누르기만 하면 된다. 그런데 선택해야 하는 옵션이 많은 오른쪽 ASUS 같은 경우에는 옵션을 모두 선택해야 상품을 장바구니에 추가할 수 있다.

사용자를 2가지 유형으로 분류해 이동 동선을 분석하면 다음과 형태가 된다.

- 옵션에 대한 정보를 알고 있는 경우

  옵션 선택〉 장바구니 버튼 클릭

- 옵션에 대한 정보를 모르는 경우

  옵션 인지〉 상세 정보 확인〉 (상단으로 올라와서) 옵션 선택〉 장바구니 버튼 클릭

노트북을 구입하는 고객 입장에서 한번 생각해 보자.

Intel Irix Xe Graphics라는 옵션과 NVIDIA RTX 3050이라는 옵션의 차이를 알고 있는 고객이라면 옵션 선택 시 크게 어려움이 없을 것이다. 그런데 그 차이를 잘 모른다면 어떨까? 상세 페이지에서 두 가지 옵션이 어떤 차이가 있는지 확인해 봐야 한다. 그러면 옵션과 상세 페이지를 왔다 갔다 할 수밖에 없는 구조가 된다. 사용자의 동선이 복잡해지는 것이다.

기존 상세 페이지 구조의 문제점

이 문제를 해결하기 위해 장바구니 버튼을 위나 아래에 고정시켜 놓고 옵션 선택 페이지로 이동하지 않고 어느 위치에서나 상품 옵션을 선택할 수 있는 장바구니 Sticky Navigation[12]이 등장한다. 이는 10년 가까이 큰 변화 없이 이어져 왔던 상세 페이지 UI에 긴장감을 주는 커다란 변화였다.

---

12 스크롤이 내려가더라도 위치가 항상 고정되어 있는 영역. 이커머스에서는 주로 하단 장바구니버튼에서 주로 사용된다.

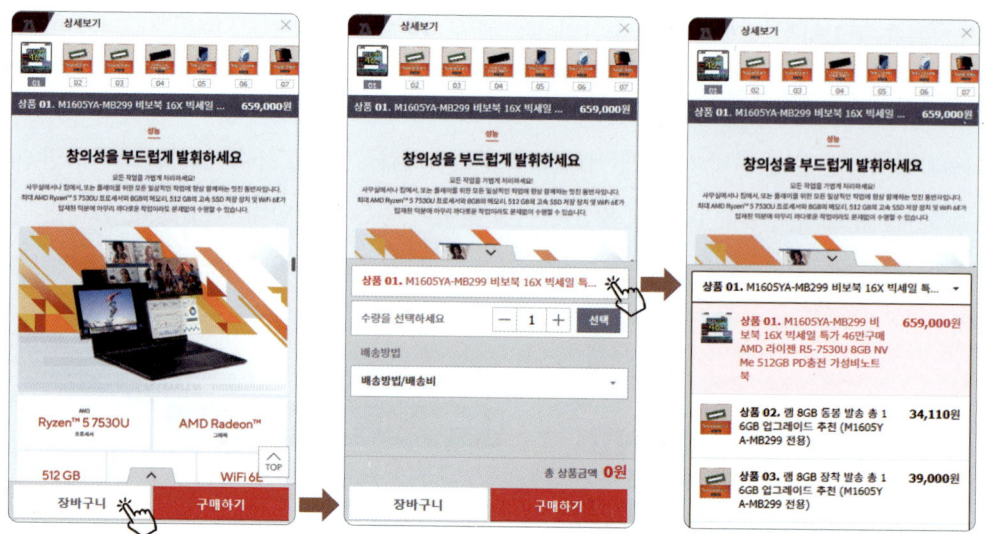

어느 위치에서나 상품 옵션을 선택할 수 있는 Sticky Navigation

그 이후로 획일화된 틀에서 벗어나 상품 특성에 맞는 상세 페이지 레이아웃이 하나둘씩 등장하기 시작했다. 대표적인 사례가 상품 소개 페이지와 구매 페이지를 분리한 애플과 상품 섬네일과 상세 페이지를 통합한 패션 커머스다.

애플은 하나로 된 상품 상세 페이지를 상품의 상세 정보를 보여주는 Product Detail 페이지와 상품의 옵션을 선택하고 구매하는 Product Buying 페이지 2개로 분리했다.

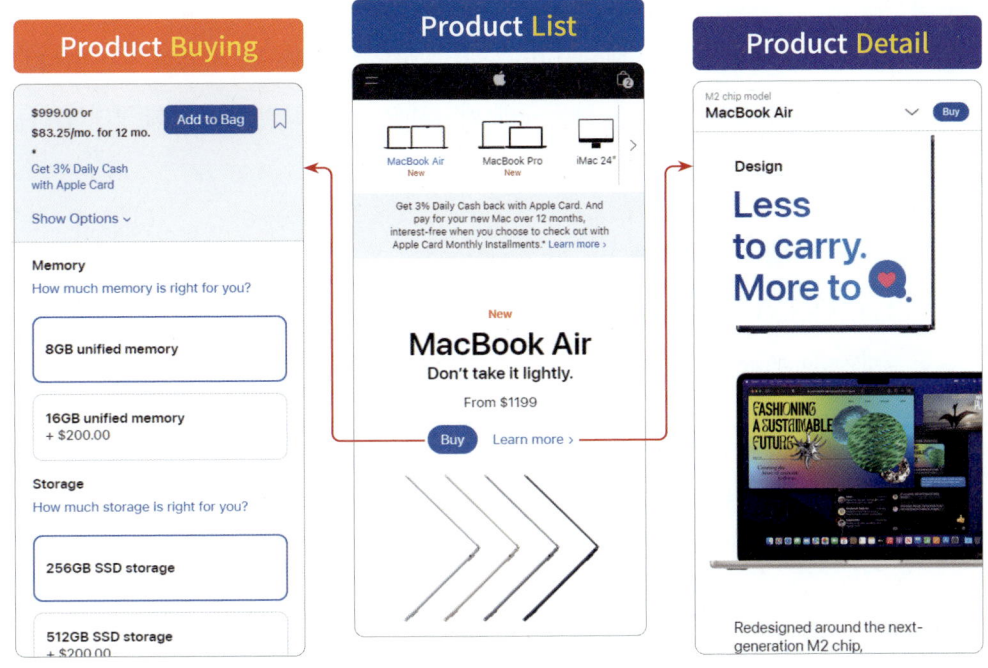

애플의 상세 페이지 구조

일반적인 커머스와 애플의 상세 페이지 비교

일반적인 커머스는 상품의 정보를 소개하는 상세 정보와 상품의 옵션과 수량을 선택하는 구매 기능이 한 페이지로 구성되어 있다. 그런데 애플은 기존에 한 페이지로 되어 있던 상품 상세 페이지를 상세 정보를 소개하는 상세 페이지(Product Detail)와 옵션을 선택하고 구매하는 구매 페이지(Product Buying) 2개로 분리한 것이다.

애플의 의도는 이렇다. 상품의 정보를 확인하고 싶은 사람은 상세 페이지(Detail)에서 정보를 확인하고 마음에 들면 구매 페이지(Buying)로 이동해 구매하고, 상품의 정보를 이미 알고 있고 구매만 하고 싶은 사람은 상품 구매 페이지(Buying)로 바로 이동해 구매하라는 것이다.

- 옵션에 대한 정보를 모르는 사용자
    1. 상세 페이지(Detail)로 이동해 상품의 정보 확인
    2. 해당 상품의 구매 의사가 있을 경우 구매 페이지(Buying)로 이동
    3. 구매 페이지에서 옵션을 선택하고 장바구니 또는 바로 구매 버튼 클릭

- 옵션에 대한 정보를 모두 알고 있고 상품을 구매하고 싶은 사용자
    - 구매 페이지에서 옵션을 선택하고 장바구니 또는 바로 구매 버튼 클릭

그런데 페이지를 상세와 구매 2개로 분리하는 데는 문제가 하나 있다. 고객이 페이지에 접속했을 때 이 사람이 스펙을 알고 싶어서 온 사람인지 구매를 하고 싶어서 온 사람인지 어떻게 구분할 수 있을까?

이 부분에서 애플 제품의 특징이 여실히 드러난다. 명확한 폼팩터[13] 구분과 스펙의 단순화가 그것이다. 아이폰을 예로 살펴보자.

아이폰은 크게 미니, 일반, 프로, 프로 맥스 4개의 폼팩터로 구분된다. 각 폼팩터는 사용자 취향에 맞춰 영역이 확실하게 구분되어 있다.

미니: 난 아이폰이면 되는데 크기는 좀 작았으면 좋겠어.

일반: 난 그냥 아이폰이면 돼!

프로: 아이폰인데 최신 기능이 있으면 좋겠어.

프로맥스: 무거워도 되니까 액정이 좀 더 컸으면 좋겠어.

---

[13] 사전적인 정의는 제품의 크기나 외형적인 구분을 의미하지만, 최근에는 보급형, 중급형, 고급형으로 기기의 급을 나누는 용어로도 사용된다. 아이폰 일반, 프로, 프로 맥스 같은 경우가 대표적인 예다.

애초에 미니를 사는 사람과 프로맥스를 사는 사람은 명확하게 구분되어 있다. 각 폼팩터의 구분이 확실하고 폼팩터마다 격차가 커 사람들은 미니를 살까 일반을 살까, 또는 일반을 살까 프로를 살까로 크게 고민하지 않는다. 그리고 제품에 대한 정보는 주로 신제품 발표나 유튜브 리뷰를 통해 얻는다. 본인이 아이폰을 가지고 있다면 생각해 보자. 한 번이라도 애플 공식 홈페이지에 가서 아이폰 스펙이나 정보를 본 적이 있는지. 애플 제품을 구매하고자 하는 소비자들은 제품 스펙과 정보를 잘 알고 있으며 본인이 구매하고 싶은 제품군도 명확한 편이다. 이러한 특성상 애플 홈페이지 방문 목적은 상품 정보 습득보다는 구매일 확률이 높다. 타 제조사에 비해 상품 정보 페이지의 역할과 쓰임새가 적으니 상세 페이지와 구매 페이지의 분리가 가능한 것이다.

애플의 상세 페이지는 자사 브랜드와 제품이 지닌 특성을 정확히 이해하고 그 특성에 맞춰 잘 구현된 UX다. 애플처럼 대중이 상품 정보를 잘 알고 있고 폼팩터가 명확히 구분돼야 이런 스타일의 UI를 사용할 수 있다. 수많은 커머스 서비스 중 애플만 상세 페이지와 구매 페이지를 분리할 수 있는 이유가 바로 이런 것이다(물론 애플만 상세와 구매를 분리해서 쓰는 건 아니다. 몇몇 서비스도 애플을 모방해 유사한 UI를 선보이고 있기는 하다. 대표적으로 갤럭시가 그렇다).

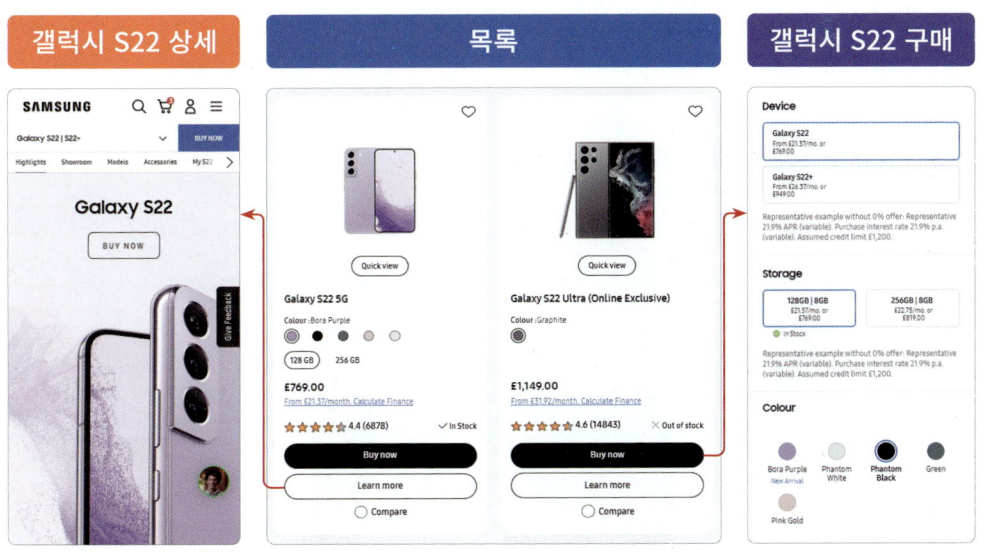

애플 UI를 모방해 상세와 구매를 분리한 갤럭시

애플의 UI를 알아봤으니 다음은 패션 커머스의 상세 페이지 UI를 알아볼 차례다.

애플의 전략이 분리라면 패션 커머스의 전략은 통합이다. 이미지 영역과 상세 정보를 하나로 통합하는 전략이다.

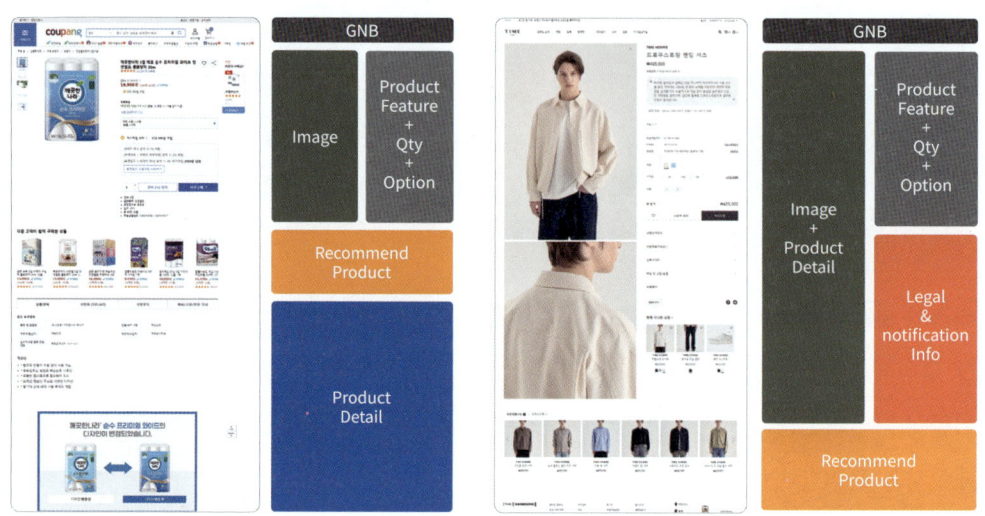

일반적인 커머스의 상세 페이지(좌)와 패션 커머스의 상세 페이지(우)

패션 커머스 중 자사몰을 운영하는 브랜드, 대표적으로 자라, H&M 같은 브랜드들이 상세 정보 영역을 없애고 화면을 2분할하여 왼쪽에 상품 이미지, 오른쪽에 나머지 정보를 배치하는 형태로 레이아웃을 구성한다.

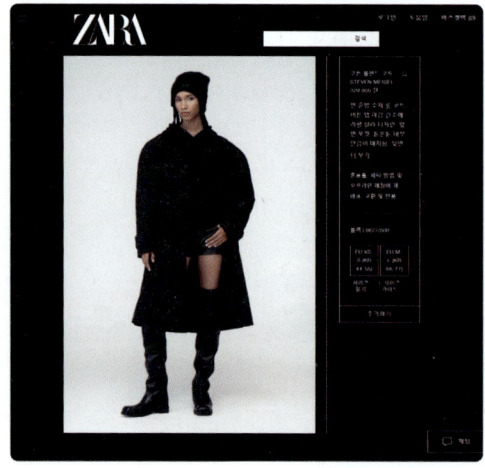 

상세 정보를 없애고 좌측 이미지, 우측 상품 설명으로 화면을 구성한 자라(좌)와 H&M(우)

보통 상세 정보 영역에서는 '핏이 좋고 편안하다', '우리는 이런 소재를 사용했다'와 같이 상품의 특장점과 컬러, 사이즈 안내 등 상품 정보를 이미지로 제작해 제공하는 것이 일반적이다. 그런데 자라와 H&M은 어떻게 다른 패션 커머스와 다르게 이미지로 제공하는 상품 상세 정보를 없애고 이미지 영역에 착용 사진을 표시해 상세 정보처럼 활용할 수 있는 걸까?

우리가 옷을 고를 때 상세 페이지에서 어떤 정보를 보는지 생각해 보자. 제품에 대한 정보와 신뢰가 부족한 보세 옷을 구매할 때는 어떤 원단을 썼는지, 사이즈가 어떤지와 같은 부가 정보가 상품 구매에 중요한 요소가 될 수 있다. 그런데 브랜드에 대한 신뢰도와 충성도가 어느 정도 있으면 OO 브랜드는 '저번에 사봤더니 원단이 좋더라고'라든가, '최소한 질 떨어지는 원단을 쓰지는 않아'라는 기본적으로 좋은 원단을 쓰겠거니 하는 소재에 대한 믿음이 있다. 사이즈도 마찬가지인데, 'OO 브랜드에서 저번에 95를 샀더니 딱 맞더라고' 하는 규격화된 사이즈에 대한 정보가 있을 확률이 높다. 소재에 대한 기본적인 믿음이 있고 사이즈에 대한 지식도 있으면 소비자가 옷을 고르는 기준이 디자인, 즉 '입었을 때 얼마나 나에게 잘 어울리는가'가 될 수밖에 없다. 그래서 소비자 입장에서 불필요한 정보를 제공하는 상세 정보 영역을 없애고 이미지 영역의 비중을 늘려 소비자들이 궁금해할 만한 착용 사진 위주의 정보를 제공하는 것이다. 전통적으로 커머스에서 갤러리 영역은 주요 이미지 영역을 보여주는 용도였는데, 패션 커머스는 이걸 반대로 생각한 것이다. 주요 이미지 말고 모든 이미지를 보여주자, 상품 상세 정보에서 보여줘야 하는 정보들을 좌측 이미지와 우측 스펙 영역에 요약해서 다 보여주자, 쓸데없이 디자인 작업을 해야 하는 그런 상세 정보 이미지 말고 고객이 궁금해할 만한 착용 사진 이미지만 보여주자, 이게 요즘 의류 커머스들, 특히 B2C를 강화하고 있는 자사몰 패션 커머스들에서 많이 사용하는 상세 페이지 UI 스타일이다.

안타깝게도 모든 패션 커머스가 이 UI를 적용할 수는 없다. 이 UI는 브랜드에 대한 신뢰도가 높아 고객이 디자인만 보고 제품을 구매할 수 있을 때 사용 가능한 UI라서 브랜드 인지도와 신뢰도가 어느 정도 있는 자사몰에만 적용이 가능하다.

왜 자사몰만 이런 UI를 적용할 수 있는지 예를 들어보자.

디젤이나 디스퀘어드처럼 한 벌에 30만 원짜리 프리미엄 청바지를 구입한다고 가정해 보자. 프리미엄 청바지를 구입하는 사람들은 '비싼 청바지니까 일본산 프리미엄 원단으로 만들고 YKK[14]나 람포지퍼[15]를 쓰겠지?'라고 생각할 것이다. 기본적으로 품질에 대한 기대와 신뢰가 있으니 제조사 입장에서 비싼 자재를 쓴다는 것이 큰 셀링 포인트가 되지 못한다. 그래서 소비자가 청바지를 고를 때 가장 중요한 기준은 디자인과 핏이 된다. 그래서 원단이 어떻고 부자재가 어떻고 설명할 필요 없이 착용 사진 위주로 상세 페이지를 구성해도 큰 문제가 없다.

그런데 도메스틱 브랜드[16]는 좀 다르다. 우리 청바지가 '디젤과 디스퀘어드에 사용하는 것과 동일한 원단, 동일한 부자재를 사용한다'는 것은 제조사 입장에서 큰 셀링 포인트가 된다. 좋은 원단을 쓰면서도 가격이 저렴한 것이 타 도메스틱 브랜드와의 차별성을 만들어내고 브랜드 경쟁력이 되기 때문이다. 그래서 도메스틱 브랜드는 이 사실을 널리 알려야 판매에 도움이 된다. 어떻게? 상세 페이지에 예쁜 디자인을 입혀 우리 원단은 어디서 왔고 어떤 공정을 거쳐서 만드는지, 어떤 좋은 부자재를 쓰는지 구구절절 홍보해야 하는 것이다.

소비자 입장에서 생각해 보자. 처음 보는 브랜드인데 어떤 원단을 쓰는지 아무런 부가 설명 없이 착용 사진만 있으면 이 제품을 믿고 구매할 수 있을까? 결국 브랜드에 대한 신뢰의 차이가 UI의 차이를 만들어내는 것이다.

상세 페이지는 지난 10년간 큰 변화나 발전 없이 사람들에게 익숙하다는 이유로 기존 레이아웃을 관성적으로 사용해 왔다. 그러나 최근 들어 상세 페이지 UX에도 변화의 바람이 불고 있다. 획일화된 UI에서 벗어나 상품과 고객의 특성을 고려한 맞춤형 상세 페이지 UI가 등장하고 있다. 앞으로 상세 페이지를 그릴 때 스스로에게 한번 질문을 던져보면 어떨까?

이게 정말 최선입니까?

---

14 리바이스와 유니클로 등 전 세계 주요 의류 브랜드에 지퍼를 납품하는 세계 1위 지퍼 브랜드. '우리 옷은 YKK 지퍼를 사용합니다'라는 것이 셀링 포인트가 될 정도로 품질과 신뢰성을 인정받고 있다.

15 프라다, 구찌, 샤넬 등 명품 브랜드에서 사용하는 이탈리아산 최상위 명품 지퍼 브랜드. 람포지퍼를 쓰는 건 '지퍼 같은 사소한 부자재 하나라도 우리는 명품 브랜드와 같은 것을 사용한다'라는 메시지를 줄 정도로 큰 셀링 포인트가 된다.

16 국내 자체 생산 브랜드. 흔히 상표가 없는 옷을 보세, 브랜드 상표권이 있는 옷을 도메스틱 브랜드라 부른다.

CHAPTER

5

실전 UI/UX – 이커머스 / 장바구니와 구매하기

목록과 상세 페이지가 상품을 탐색하는 단계라면 장바구니와 구매하기는 실제 구매가 이루어지는 단계다. 이커머스 고객 여정상 마지막 단계이자 고객의 구매 의도가 가장 높은 단계로, 많은 이커머스 업체들이 고객의 구매 심리를 자극하고 구매 전환율을 높이기 위해 다양한 장치를 배치하고 활용한다. 이커머스 업체 입장에서 가장 중요한 페이지이자 소비자가 알게 모르게 수많은 테스트와 검증, 그리고 업데이트가 발생하는 곳이 바로 장바구니와 구매 페이지다.

많은 사람이 장바구니와 구매 페이지는 비슷비슷하고 서비스마다 큰 차별성이 없을 것이라고 생각한다. 좋은 기술이나 UI가 나오면 경쟁업체에서 그것을 빠르게 모방하고 그것이 곧 업계 표준이 되는 세상에서 서비스마다 큰 차별성을 가지기 어려운 것도 사실이다. 그렇다고 해서 이커머스 서비스의 장바구니와 구매 페이지가 모두 비슷한 것은 아니다. 어떤 상품을 취급하느냐, 어떤 특성이나 차별성이 있느냐, 어떤 운영 전략을 가지고 있느냐에 따라 UI는 크게 달라진다.

지금부터 아무도 알려주지 않았던 장바구니와 결제의 숨겨진 전략, 상품에 따른 레이아웃과 UI의 차이, 장바구니와 결제를 설계할 때 기획자가 고려해야 할 다양한 요소들과 최신 트렌드까지, 현업이 아니면 절대 알 수 없는 특급 비밀과 노하우를 공개한다.

5.1 장바구니와 구매하기의 역할과 콘셉트

5.2 장바구니 – 상품 정보 표시

5.3 장바구니 – 상품의 수량 변경

5.4 장바구니 – 품절과 오류

5.5 장바구니 – 재고 차감과 쿠폰 적용

5.6 구매하기 – 쉽고 빠른 결제 지원

5.1 _ 장바구니와 구매하기의 역할과 콘셉트

> "장바구니는 물건을 담는 거고 결제는 주소랑 결제 정보 입력하고 결제하는 거지 무슨 역할과 콘셉트가 필요해?"

이번 절의 제목을 읽은 대부분의 독자에게 떠오른 생각일 것이다.

맞는 말이다. 장바구니는 물건을 담는 곳이고 구매는 결제하는 곳이다. 서로 역할이 명확하게 구분되어 있어 이론상으로는 역할과 콘셉트를 구분할 필요가 없다. 그런데 그건 사용자 입장이고 UI를 설계하는 사람 입장에서는 그렇지 않다.

장바구니와 구매 경계에 있는 애매한 기능, 장바구니에 들어가야 할지 구매에 들어가야 할지 성격이 명확하지 않은 기능, 어떤 콘셉트를 가져가느냐에 따라 위치가 달라져야 하는 기능이 몇 가지 있다. 그리고 이 기능을 어떻게 정의하느냐에 따라 장바구니와 구매의 전체적인 콘셉트가 달라진다.

우선 장바구니와 구매에서 제공하는 콘텐츠와 기능을 나열해 보자.

1. 구매 상품의 정보 표시
2. 구매 상품의 수량과 옵션 변경, 상품 삭제
3. 쿠폰 및 적립금 사용
4. 배송 정보 입력
5. 결제 정보 입력

자, 이제 나열된 정보를 구분해 볼 차례다. 각 기능이 어디에 위치해야 할지 하나씩 구분해 보자.

장바구니 기능 매핑 이미지

1. 구매 상품의 정보 표시 – 장바구니 / 구매하기
2. 구매 상품의 수량과 옵션 변경, 상품 삭제 – 장바구니 / ???
3. 쿠폰 및 적립금 사용 – ???
4. 배송 정보 입력 – 구매하기
5. 결제 정보 입력 – 구매하기

구매 상품의 정보를 표시하는 상품 정보 부분은 장바구니와 결제 2개 페이지에서 모두 사용하는 기능이고 배송 정보와 결제 정보를 입력하는 영역은 구매 페이지에만 존재하는 기능이다. 여기까지는 분류에 큰 문제가 없다. 그런데 쿠폰과 적립금은 장바구니에서 적용해야 할까, 구매 페이지에서 적용해야 할까? 상품 수량과 옵션 변경은 장바구니에서만 가능해야 할까, 구매 페이지에서도 가능하도록 해야 할까? 이 기능들이 앞서 언급한 장바구니와 구매 페이지의 경계에 있는 애매한 기능이다.

쿠폰은 설명해야 할 내용이 많고 덩어리가 크니 따로 장을 빼서 설명하도록 하고 이번 장에서는 상품 수량과 옵션 변경, 상품 삭제 기능만 살펴보자.

본인이 자주 사용하는 커머스 서비스에서 수량 변경과 옵션 변경은 어디서 어떻게 하는지 한번 살펴보자. 대부분, 아니 모든 커머스 서비스가 장바구니에서만 수량 변경과 옵션 변경이 가능할 것이다. 이유가 뭘까? 왜, 언제부터 장바구니에서만 수량 변경과 옵션 변경이 가능해진 걸까?

옛날에는, 그러니까 5년, 10년 전만 해도 구매 페이지에서 상품 수량을 변경하거나 옵션을 변경할 수 있는 서비스가 꽤 많았다. 구매 페이지에 왔는데, 고객의 마음이 갑자기 변해서

'이거 하나 더 사야겠어'라든가 '생각해 보니까 이건 안 사도 될 것 같아'라는 생각이 들었을 때 '구매 페이지에서 상품을 변경할 수 있는 기능이 없으면 불편하지 않을까? 그러니까 구매 페이지에서도 상품 옵션을 변경할 수 있도록 변경 기능을 제공해 주자'라는 게 과거 이커머스를 만드는 사람들의 생각이었다.

기능 중심주의라는 트렌드가 바뀌기 시작한 것은 2010년대 중반부터다. 디바이스의 중심이 데스크톱에서 모바일로 이동하고 모니터라는 큰 화면에 자유롭게 배치하던 콘텐츠와 기능을 5~6인치 안팎의 작은 스마트폰 안에 욱여넣게 되면서 꼭 필요한 기능 위주로 심플하고 컴팩트하게 화면을 구성하자는 기조가 생겨나기 시작했다. 소셜 커머스라는 새로운 형태의 커머스가 등장하고 전자상거래의 발달로 크고 작은 쇼핑몰이 우후죽순 난립하고 고객을 차지하기 위해 출혈 경쟁을 벌이며 소비자의 선택권 또한 넓어졌다. 경쟁이 치열해지자 업체들이 '어떻게 하면 고객들이 우리 서비스에서 물건을 사줄까? 어떤 차별화된 서비스를 제공해야 할까?'를 고민하기 시작한 것도 이때쯤부터다.

옥션/지마켓이 시장점유율 80%를 독점하던 시절에는 물건을 사려면 무조건 옥션이나 지마켓에 가야 했다. 좋든 싫든 옥션과 지마켓을 쓸 수밖에 없는 구조였다. 그런데 경쟁업체가 하나둘씩 늘어나고 소비자의 선택권이 넓어지면서 선택의 다양성이 생겼다. 어차피 옥션과 지마켓에서 파는 물건은 11번가에서도 팔고 인터파크에서도 판다. 소비자 입장에서 서비스 사이에 변별력이 없어진 것이다. 어디를 가도 똑같은 물건을 판다면 어떻게 해야 할까? 답은 출혈 경쟁이다. 남들보다 조금이라도 더 싸게, 쿠폰을 뿌리고 최저가 경쟁을 하는 것이다.

모든 이커머스 업체가 시장의 주도권을 차지하기 위해 적자를 감수하며 출혈 경쟁을 벌였다. 그런데 다들 최저가 경쟁을 벌이고 최저가 보상 서비스를 시행하니 결국에는 가격도 비슷해진다. 물건도 똑같고 가격도 똑같으면 소비자는 어떤 기준으로 서비스를 선택할까? 사용하기 편한 서비스를 선택하지 않을까? 이때부터 등장한 개념이 사용하기 편한 서비스, 고객 중심의 UI/UX다.

'상세 페이지에서 장바구니, 구매 페이지로 이어지는 구매 여정이 얼마나 편리한가? 구매 여정에 어떤 장애물이 있는가?'에 맞춰 사용자 친화적인 UI를 만들려는 노력이 시작되었다. 사람들이 주목한 것은 구매 페이지였다. 구매 페이지까지 온 고객은 구매하려는 충분한 의지가 있는 고객인데 UI가 불편해 결제를 포기하고 이탈하면 큰 손해다. 구매에 이르는 모든 장애물을 제거하고 최대한 쉽고 간편한 구매 페이지를 만들어야 했다. 이때 등장한 개념이 바로 **원터치 결제**다.

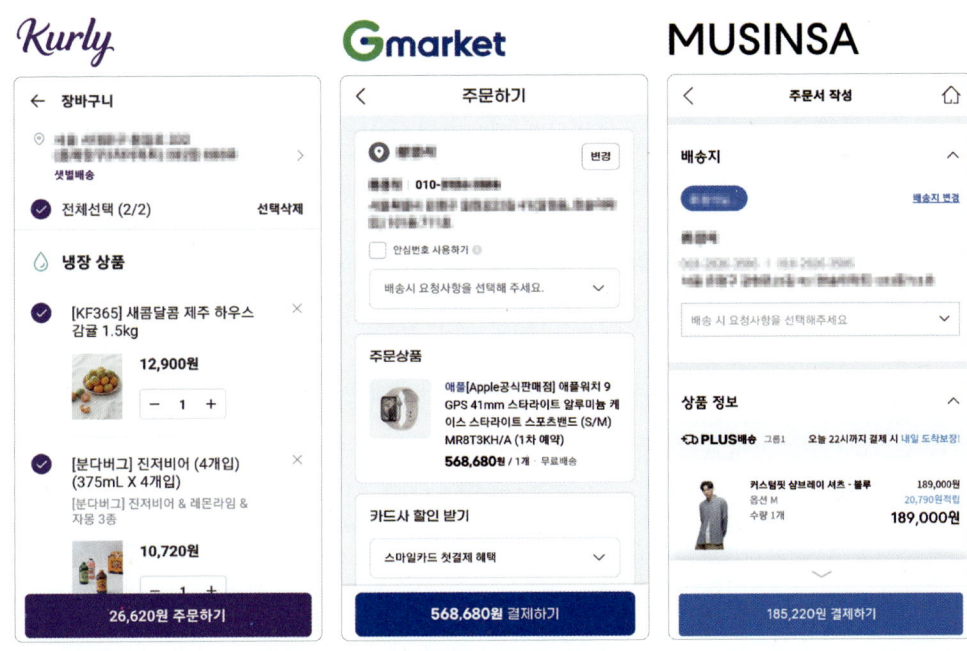

원터치 결제 이미지 예제

원터치 결제의 기본 개념은 '**결제에 필요한 모든 정보가 저장되어 있고 사용자는 정보를 확인하고 구매하기 버튼을 누른다**'이다. 고객이 구매 페이지에서 확인하고 입력해야 하는 정보에는 어떤 것이 있을까?

1. 구매할 상품의 최종 정보 확인(수량, 옵션 등)
2. 배송받을 주소 입력
3. 결제 정보 입력

배송받을 주소는 과거 구매 이력이 있으면 해당 주소를 기본값으로 설정해 자동으로 입력되어 있게끔 설정할 수 있다. 원터치 결제의 핵심은 결제 정보의 저장이다.

지금이야 결제 정보가 저장되어 있는 게 당연한 일이지만, 몇 년 전만 해도 그렇지 않았다. 옛날에는 카드 결제를 하려면 ActiveX와 키보드 보안 프로그램을 설치하고 30만 원이 넘으면 공인인증서로 인증을 받아야 했다. 중국인들이 천송이 코트를 사려고 쇼핑몰에 들어왔다가 공인인증서 때문에 결제를 못 한다며 대통령이 해당 규제의 철폐를 지시한, 일명 천송이 코트 논란[1]이 일어난 게 2014년의 일이었다.

간편 결제 서비스가 도입되고 결제 정보를 저장할 수 있게 되면서 원터치 결제가 가능해졌다. 여기서 처음으로 돌아가 보자. 왜 구매 페이지에서 상품 옵션과 수량 변경이 불가능해진 걸까?

사실 원터치 결제에는 고객 편의 이외에도 숨겨진 의도가 하나 더 있다. 원터치 결제의 진짜 의도는 '**고객에게 고민할 시간과 여지를 주지 않는다**'이다.

결제 과정이 복잡하고 불편하다고 생각해 보자. 결제에 필요한 수많은 정보를 입력하다 보면 고객은 '**이렇게 복잡한 과정을 거쳐서 사야 할 만큼 이게 나한테 꼭 필요한 물건인가?**'라고 구매의 필요성에 대해 한 번 더 고민하게 된다. 상품 변경도 마찬가지다. 상품 옵션과 수량을 변경할 수 있으면 '**생각해 보니까 이건 당장 필요 없는 물건인데 다음에 살까?**'와 같이 생각할 여지를 주게 된다. 생각할 여지를 주지 않으려면 결제와 필요한 필수 정보인 주소와 결제 정보를 저장해놓고 고객이 구매 페이지에 왔을 때 결제 버튼만 누르면 결제가 가능하도록 만들어야 한다. 원터치 결제가 도입되면서 구매 페이지의 콘셉트가 '**편리한 주문을 돕기 위해 다양한 기능을 지원한다**'에서 '**결제 버튼만 누르면 결제가 가능하도록 불필요한 장애물을 제거한다**'로 바뀐 것이다.

---

1 2014년 방영된 SBS 드라마 〈별에서 온 그대〉의 주인공 천송이(전지현)가 극중 착용한 코트. 해당 드라마가 중국에서 선풍적인 인기를 끌자 중국 누리꾼들이 천송이 코트를 구매하기 위해 한국 쇼핑몰에 접속했으나 공인인증서가 없어(당시 한국에서는 30만 원 이상 온라인 구매 시 공인인증서 인증이 필요했음) 구매를 못해 언론에서 화제가 된 사건

이 콘셉트를 가장 잘 확인할 수 있는 곳이 바로 GNB(Global Navigation Bar) 영역[2]이다.

홈플러스와 SSG의 장바구니와 결제 GNB 영역

장바구니 상단 GNB 영역에는 검색, 홈 같이 필요에 따라 타 메뉴로 이동할 수 있는 기능이 존재한다. 그런데 주문 페이지로 가면 상단 GNB 영역에는 타 메뉴로 이동할 수 있는 어떤 기능도 제공하지 않는다. 기능을 제공하면 고객이 이탈할 가능성이 있기 때문이다.

검색 아이콘이 있다면 '생각해 보니 사야 할 게 더 있어'와 같이 다른 생각을 할 여지가 생겨버린다. 구매 페이지에서 결제를 취소하는 것 이외에 다른 메뉴로 이동할 수 있는 기능을 제공하지 않는 것은 **고객이 오롯이 결제라는 행위에 집중**할 수 있게 하기 위한 장치다. 결제라는 본래 의도에 집중할 수 있도록 방해 요소를 원천적으로 차단하는 것이다.

결제라는 행위에 오롯이 집중할 수 있는 구매 페이지를 만들기 위해서는 조건이 하나 있다. **구매페이지 안에서 결제와 관련된 모든 정보를 확인할 수 있고 변경이 가능**해야 한다는 것이다. 그래야 고객이 구매 페이지에서 이탈하지 않는다. 배송지 변경이라든가 결제 수단 선택 같은 것이 이에 해당한다. 구매 페이지에서 쿠폰을 적용할 수 있다면 쿠폰과 관련된 모든 정보가 구매 페이지에 표시돼야 한다. 예를 들어 '난 분명히 10% 쿠폰이 있는데, 왜 쿠폰 화면에서 적용이 안 되는 거지? 혹시 쿠폰이 만료되었나? 마이페이지에 가서 한번 확인해 보자'라든가, '상세 페이지에서는 분명 적용할 수 있는 쿠폰이 있었는데 내가 쿠폰을 안 받았구나. 상세 페이지 가서 쿠폰을 받고 오자'라는 생각이 들면 그건 실

---

2   서비스 전체에 적용되는 네비게이션. 어느 페이지에서나 꼭 필요한 필수 기능(로고, 전체 메뉴, 검색 등)을 배치하는 것이 일반적이다.

패한 구매 페이지다. 구매 페이지에서 어떤 쿠폰이 있는지 확인하고 적용 가능한 쿠폰을 다운로드할 수 있으며, 해당 상품에 적용할 수 없는 쿠폰이라면 그 이유를 정확히 알려줘야 고객이 구매 페이지를 이탈하지 않는다.

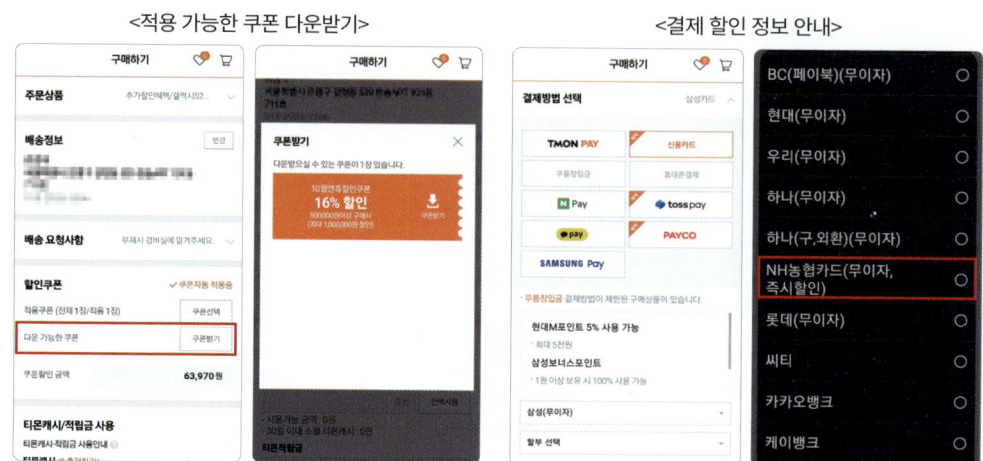

구매 페이지에서 사용 가능한 쿠폰과 결제 할인 정보를 안내하는 티몬

업체 입장에서 '고객에게 사용할 수 있는 쿠폰을 알려주면 그만큼 매출과 순이익이 떨어지는데 손해 아닌가?'라고 생각하는 사람이 있을 것이다. 과거의 관점은 분명 그랬다. 쿠폰은 아는 사람만 쓰는 고객에게 주는 추가 혜택 같은 성격이 강했다. 그래서 쿠폰을 최대한 꼭꼭 숨겨놓거나 쿠폰 혜택에 대해 자세하게 안내하지 않고 고객이 일일이 쿠폰을 조합해 가면서 최적의 조합을 찾아야 하는 경우가 대부분이었다. 그런데 요즘 관점은 좀 다르다. 쿠폰을 쉽게 적용할 수 있도록 안내하여 입는 손해보다 쿠폰 적용을 어렵게 해 고객이 구매 페이지를 이탈해서 물건을 팔지 못하는 것이 더 손해라고 생각하는 것이다. 이런 전략이 가능한 것은 애초에 쿠폰이 적용된 가격을 상수로 생각하기 때문이다. 원래 쿠폰 적용된 가격이 실제 판매가인데, 정가를 높게 잡아놓고 쿠폰으로 할인을 많이 해줘 고객이 저렴한 가격에 물건을 샀다고 생각하게 하는 것이다.

여기까지가 장바구니와 결제 UI/UX를 분석하기 전 꼭 짚고 넘어가야 할 장바구니와 결제의 콘셉트 얘기였다. 다음 절부터 본격적으로 콘셉트에 따른 기능과 UI/UX의 차이를 함께 공부해 보도록 하겠다.

5.2 _ 장바구니 - 상품 정보 표시

첫 번째로 다룰 내용은 장바구니의 상품 정보 표시 영역이다. 상품을 장바구니에 담았을 때 상품 정보를 어떻게 보여줘야 할까? 주요 이커머스 서비스들은 어떻게 상품 정보를 표시하는지 한번 비교해 보자.

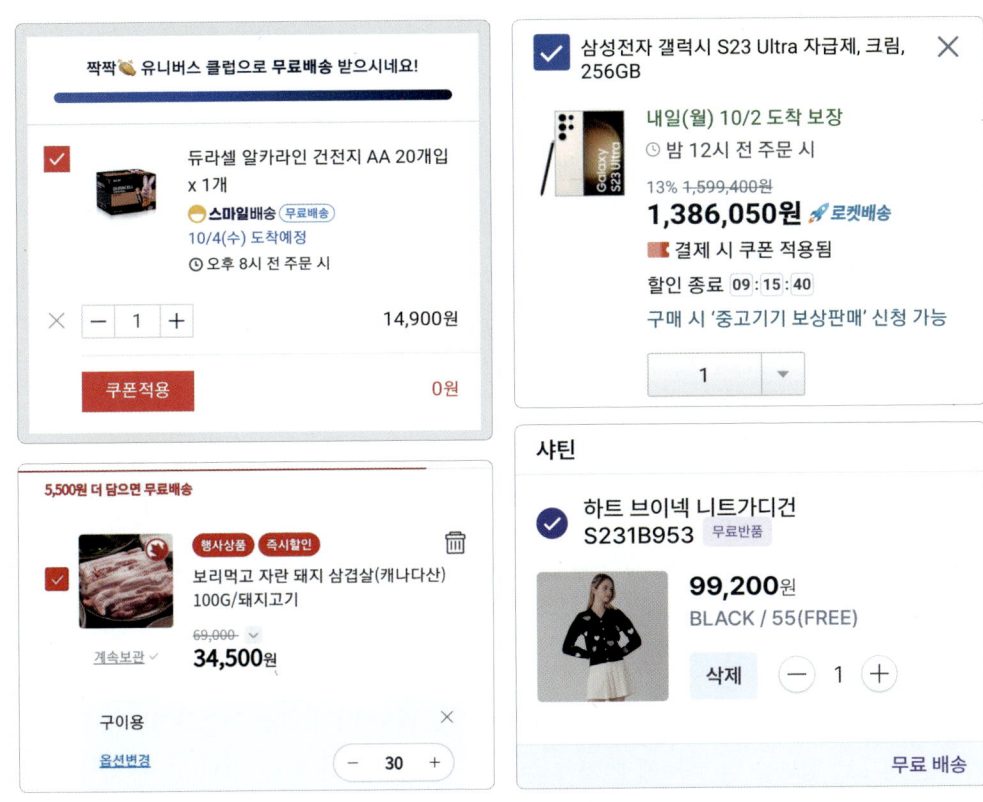

주요 이커머스 서비스의 장바구니 상품 정보 영역 표시 비교

장바구니에 물건을 담았을 때 상품 정보를 보여주는 UI는 서비스별로 큰 차이가 없다. 이 것도 상세 페이지와 마찬가지로 어느 정도 최적화된 UI가 존재하기 때문이다.

장바구니 상품 정보 표시 UI

왼쪽에 상품의 섬네일 이미지를 보여주고 상품명, 상품 옵션, 금액, 상품 수량 변경 기능을 일렬로 나열하는 것이 상품 정보 UI의 기본 템플릿이다. 서비스마다 조금씩 차이는 있을지 몰라도 기본적으로는 이 템플릿을 기본으로 변형이 이루어진다.

고객 관점에서 생각해 보자. 장바구니에는 여러 가지 상품을 담을 수 있으니 **내가 어떤 물건을 담았는지 장바구니에 표시되는 상품 정보만 보고 알 수 있어야 한다.** 상품 정보 중 상품을 인식하기 위해 필요한 최소한의 정보는 무엇일까? 상품 이미지, 상품명, 옵션, 금액, 수량의 5가지 정보가 아닐까? 이 5가지 정보 중 하나라도 빠지면 상품 인식이 어려운 상태가 된다.

최소한의 정보를 알았다면 이제 정보를 배치할 차례다. **정보를 배치할 때는 항상 구텐베르크 법칙이 의거해 왼쪽에서 오른쪽, 위에서 아래로 사용자의 시선 흐름에 맞춰 배치**하면 된다. 고객의 시선이 제일 먼저 향하는 좌측 상단에는 상품 이미지, 상품명, 옵션, 금액, 수량 정보 중 어떤 것을 배치하면 될까? 고객이 좌측 상단만 보고도 이 상품이 어떤 상품인지 인지할 수 있도록 상품의 핵심 정보가 담겨 있는 섬네일 이미지나 상품명을 표시하면 된다. 일반적으로는 상품명보다 섬네일 이미지를 많이 배치한다. 텍스트보다는 이미지가 시각적으로 정보를 더 빠르게 인지할 수 있기 때문이다. 왼쪽에 섬네일을 배치하고 섬네일 오른쪽에는 상품명, 옵션, 금액, 수량을 중요도와 정보 흐름에 맞춰 위에서 아래로 배치하면 된다. 사용자가 순서대로 정보를 읽을 때 정보가 완성되는 배치라면 더욱 좋다. 가장 정석적인 형태는 상품명, 옵션, 금액, 수량순이다. 왜냐고? 순서를 바꿔보면 알 수 있다.

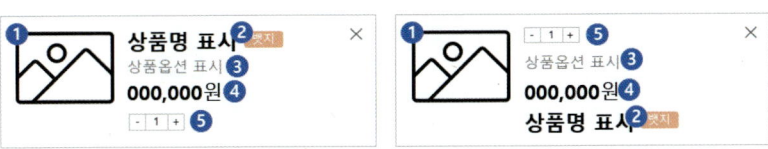

정보 배치에 따른 정보 인지 비교

어떤 것이 정보를 인지하기 편한지 비교해 보자. 상품명, 옵션, 금액, 수량순이 훨씬 더 부드럽고 자연스러운 구성이지 않은가? 그래서 대부분의 서비스가 상품명, 옵션, 금액, 수량 순으로 정보를 배치한다.

장바구니에 담긴 상품의 정보 인지 순서

'고객이 상품을 인지하는 데 필요한 최소한의 정보로 중요도와 정보 흐름에 맞춰 콘텐츠를 배치한다'가 장바구니 상품 정보 표시 영역 UI의 기본 골자다.

사실 이 정도 내용은 왜 이런 구조로 만들어야 하는지 이론적인 지식을 섞어 설명하기가 어려울 뿐, UI를 하는 사람이라면 모두 알고 있는 내용이다. 이 글을 읽는 사람 중 '다 아는 걸 대단한 것인 양 설명하고 있어, 종이 아깝게.'라고 생각하는 사람도 있을 것이다. 실전 UI/UX라는 제목을 달고 있으면서 지구 온난화 시대에 이 정도 정보로 종이를 낭비한다는 것은 지구에게 무척 미안한 일이 아닐 수 없다. 그것을 알고 있으면서도 굳이 지면과 종이를 낭비하면서까지 장바구니 정보 배치에 대해 설명한 데는 이유가 있다.

전 세계 모든 이커머스 서비스를 이용해 본 것은 아니지만, 내가 아는 범위의 서비스들은 모두 저 템플릿 기반의 장바구니 정보 배치를 사용한다. 그런데 딱 한 곳 저 템플릿 유형을 벗어난 서비스가 하나 있다. 바로 삼성전자 글로벌몰이다.

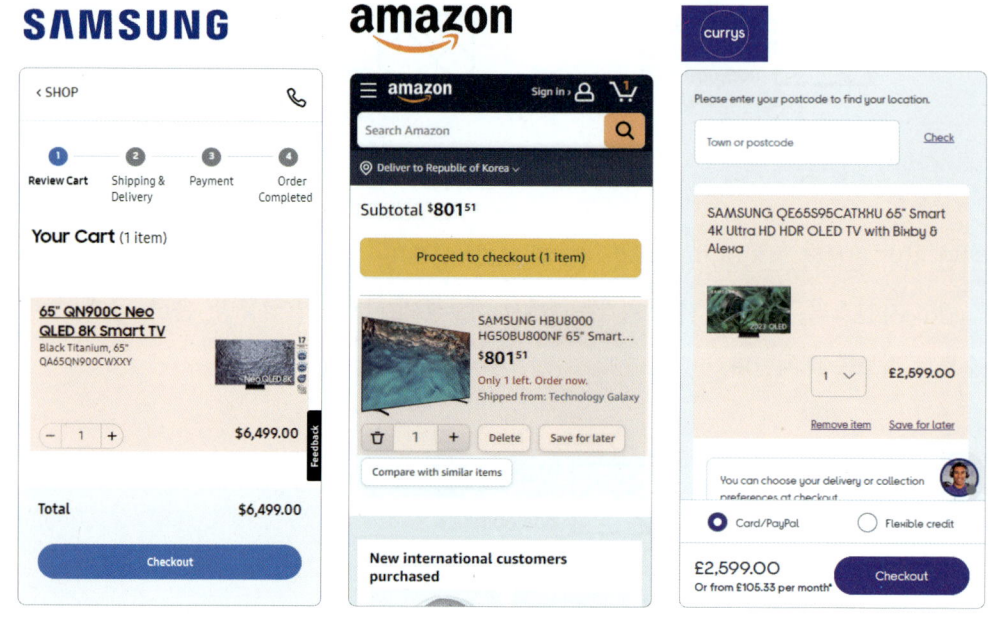

섬네일 이미지를 오른쪽에 배치한 삼성전자 글로벌몰

모든 서비스가 제품 이미지를 왼쪽에 배치하는데, 유일하게 삼성전자 글로벌몰만 상품 이미지를 오른쪽에 배치한다. 이유가 뭘까? 이는 상품 특성에 따른 고도의 UX 전략이다.

삼성전자 글로벌몰은 HA(Home Appliance) TV, 냉장고, 세탁기가 주력 판매 제품이다. 장바구니 한정으로 이 제품군은 중요한 특징이 하나 있다. 상품의 섬네일만 보고 어떤 상품인지 정확히 파악하기가 어렵다는 것이다. 예를 하나 들어보자.

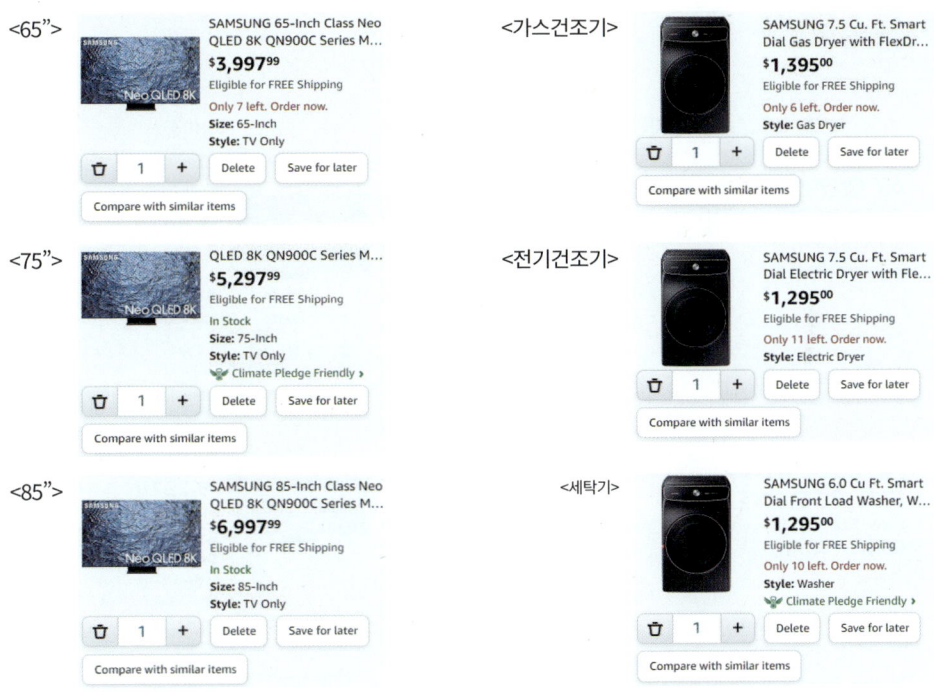

아마존에서 유사 상품을 담았을 때 장바구니 비교

가전제품은 디자인이나 성능은 비슷한데 크기가 다르거나(TV), 디자인은 비슷한데 지원 기능이나 옵션이 미묘하게 다른 경우(냉장고, 세탁기)가 많다. TV의 경우 모델명은 같은데 인치만 다르면 같은 섬네일을 사용해 섬네일 이미지만으로 몇 인치 제품인지 파악하기가 쉽지 않고 세탁기 같은 경우도 비슷한 디자인이면 섬네일만 보고 세탁기와 건조기를 절대 구분할 수 없다.

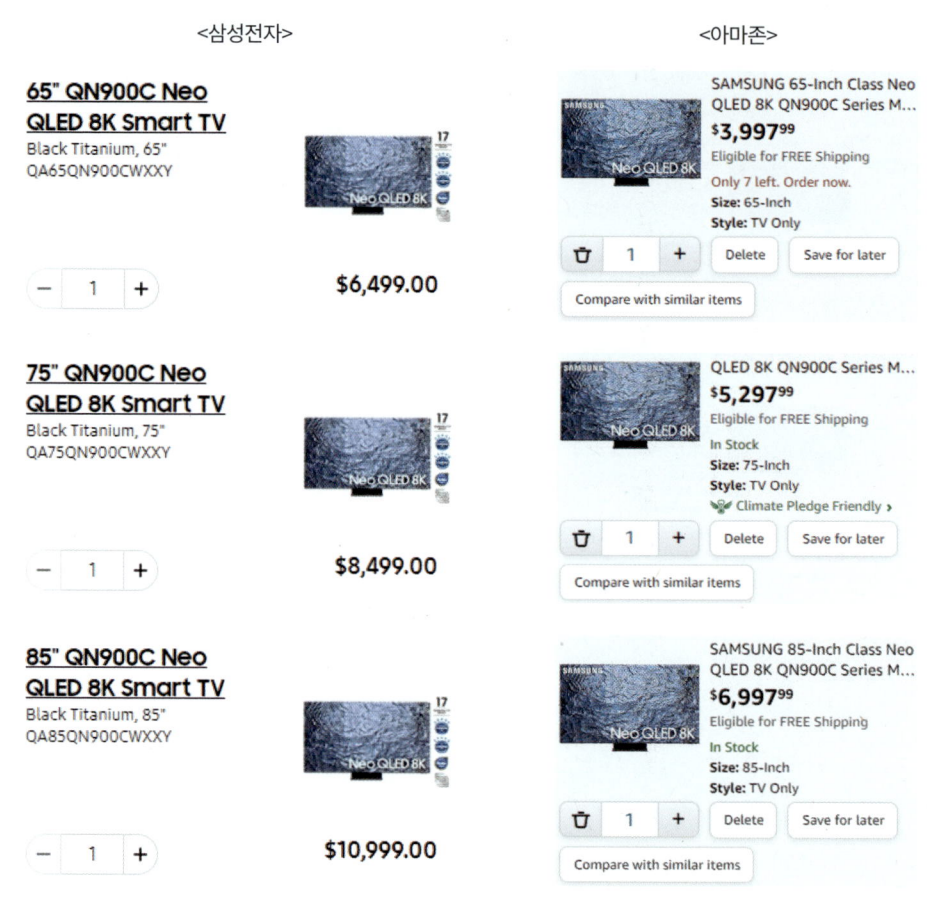

삼성전자와 아마존의 장바구니 상품 정보 UI 비교

삼성전자와 아마존의 장바구니 상품 정보 UI를 나란히 놓고 비교해 보자. 고객 입장에서 어느 쪽이 상품 정보와 모델명을 인식하기 쉬울까?

삼성전자와 아마존의 상품 정보 인식 차이 비교

사람의 시선이 왼쪽부터 시작한다고 가정하면 삼성전자는 상품의 모델명을 가장 먼저 인식하게 되지만 아마존은 섬네일 이미지를 먼저 인식하게 된다. 미묘한 차이지만 고객이 상품 정보를 인지하는 데 얼마나 빠르고 편안한가 라는 측면에서는 큰 차이가 있다.

삼성전자는 **고객이 얼마나 빠르게 상품 정보를 인지할 수 있는가** 라는 관점에서 상품마다 큰 차이가 없는 섬네일 이미지보다 상품명을 먼저 보여주는 것이 고객이 상품 정보를 더 빠르게 인지할 수 있다고 생각한 것 같다. 자사가 판매하는 상품의 특성을 이해하고 그것을 UI로 녹여낸 교과서 같은 사례다.

삼성전자와 같이 섬네일을 오른쪽에 두려면 두 가지 전제조건이 필요하다. 자사 제품만 파는 D2C(Direct to Customer)[3] 몰로 제품 정보 관리와 통제가 가능하고(섬네일이나 제품명 통일) TV처럼 다른 제품이라도 동일한 섬네일을 사용하여 섬네일만으로 제품 구분이 어려워야 한다. 가전제품이 대표적인 예이고 자사몰을 운영하는 일부 의류 브랜드도 이와 같은 UI를 적용하는 것이 가능하다.

---

3 유통사를 거치지 않고 자사몰에서 직접 상품을 판매하는 방식.

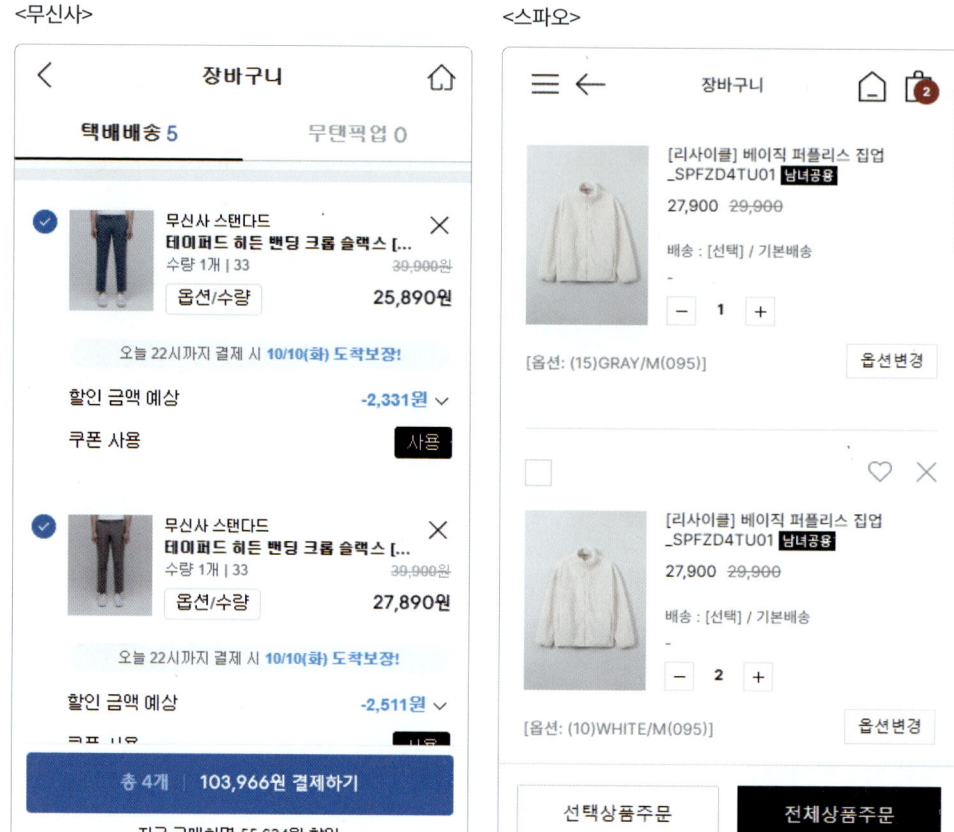

무신사(좌)와 스파오(우)의 장바구니 상품 정보 비교

섬네일 이미지를 오른쪽에 표시하려면 한 가지 조건이 필요하다. 바로 한 가지 상품에 여러 가지 옵션(컬러, 사이즈 등)이 있어야 한다는 것이다. 그럴 경우 상품을 하나만 등록하고 옵션으로 선택할 수 있도록 상세 페이지를 구성해야 섬네일 이미지를 오른쪽에 두기에 최적의 조건이 된다.

하나의 바지에 3개 컬러(블랙, 헤더 그레이, 라이트 그레이)가 있다고 가정해 보자.

A 커머스는 크롭 슬랙스 블랙, 크롭 슬랙스 그레이, 크롭 슬랙스 화이트 3개 상품을 등록했고 B커머스는 크롭 슬랙스(옵션: 블랙, 그레이, 화이트) 1개 상품을 등록했다.

옵션별로 상품을 등록했다는 것은 컬러별로 사진이 있다는 뜻이다. 이러면 장바구니에 담았을 때 섬네일만으로 내가 어떤 상품을 담았는지 알 수 있다. (왼쪽 무신사처럼) 이런 곳들은 섬네일이 왼쪽에 있는 게 맞다. 섬네일만 보고 어떤 상품인지 구분이 가능하기 때문이다. 반대로, 한 가지 상품에서 옵션으로 컬러를 선택하는 구조라면 섬네일 이미지가 똑같아 이미지만으로는 내가 그레이 컬러를 담았는지 화이트 컬러를 담았는지 알 수 없다. 이런 경우에는 상품명에 옵션을 표시하고 섬네일 이미지를 오른쪽에 두는 형식으로 UI를 구성하는 것이 가능하다.

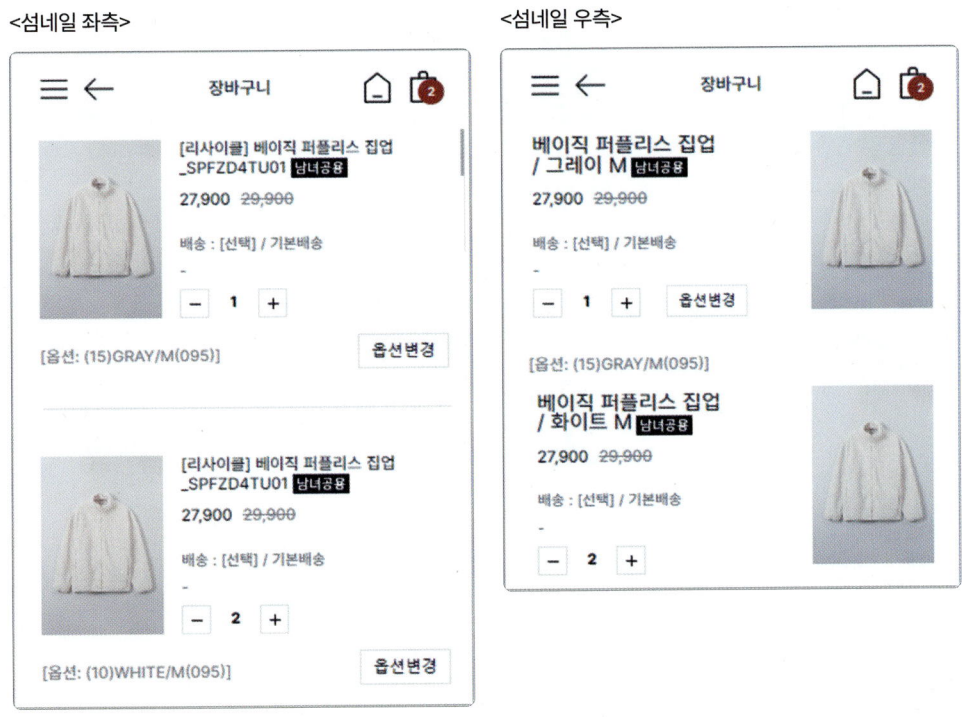

섬네일을 오른쪽으로 변경했을 때 디자인 예

위 예제처럼 섬네일을 오른쪽에 두려면 제목도 섬네일에 맞게 변경이 필요하다. 제목의 폰트 크기를 확대해 가시성을 높이고 상품명만 읽어도 상품을 구분할 수 있도록 주요 옵션을 상품명 내에 표시해야 한다. 다시 삼성전자 글로벌몰로 돌아가 보자.

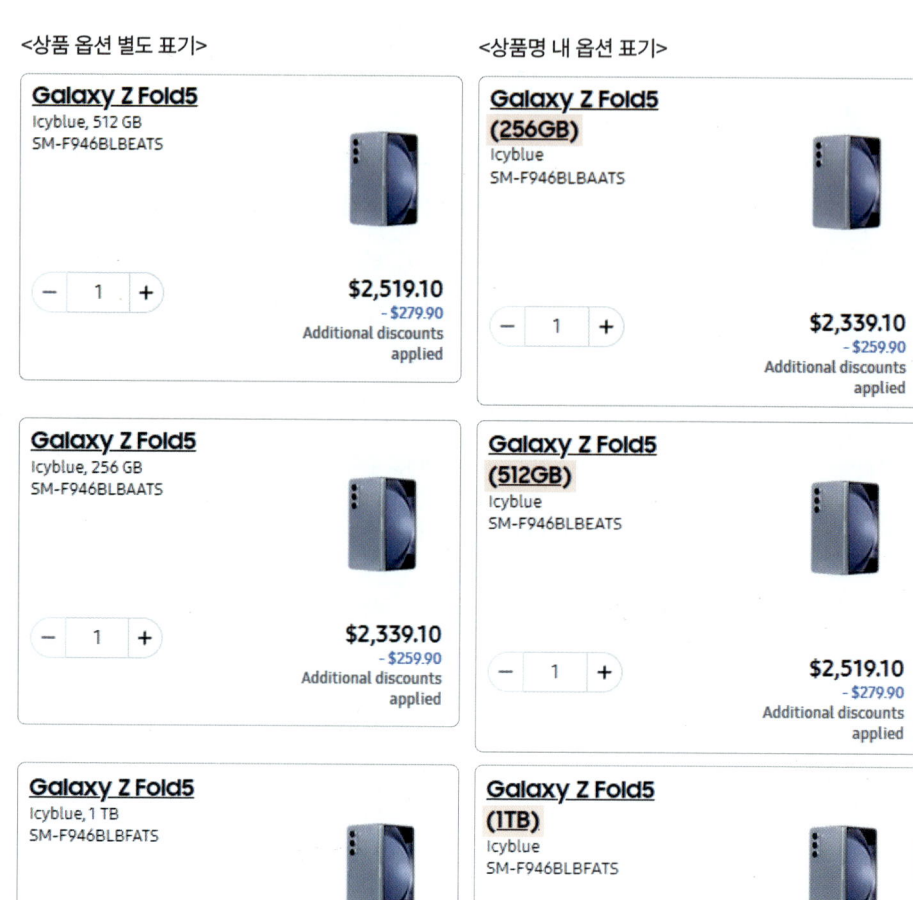

상품 옵션 표기 방식에 따른 인지 비교

예제처럼 상품 옵션을 별도로 표기하면 고객은 상품명만으로 상품의 차이를 인지할 수 없다. 섬네일 이미지를 오른쪽에 두려면 상품명만 보고도 상품의 차이를 명확히 인지할 수 있도록 핵심 옵션을 상품명에 함께 표시해야 한다. 섬네일을 오른쪽에 배치하는 이유가 상품 인지 측면에서 섬네일보다 상품명이 상품 구분에 더 직관적이기 때문이라는 것을 잊으면 안 된다. **상품명만 보고도 상품 구분이 가능하다**는 전제가 있어야 섬네일을 오른쪽에 둘 수 있다.

5.3 _ 장바구니 – 상품의 수량 변경

장바구니에서 상품 수량 변경 기능에 대해 유심히 살펴본 적이 있는가? 그동안 무심코 지나쳐왔던 수량 변경 UI에도 다양한 기능과 과학적 원리가 숨어 있다.

본격적으로 수량 변경 UI에 대해 알아보기 전에 수량 변경의 메커니즘부터 살펴보자.

장바구니 수량 조절은 재고 변경의 리스크를 동반한다. 상세 페이지에서 장바구니 담기 버튼을 눌렀을 때 상품이 바로 장바구니에 담기는 것이 아니라 백앤드에서 상품 재고 DB를 확인하여 재고가 있으면 상품이 장바구니에 담기고 재고가 없으면 에러 메시지가 출력된다. 그런데 상품의 재고가 1개만 있다고 가정해 보자. 상세 페이지에서 장바구니를 누른 시점에는 재고가 있어서 장바구니에 상품이 담겼지만 장바구니에서 재고를 2개나 3개로 변경하면 주문 불가 상태가 된다. 주문가능한 재고는 1개이기 때문이다.

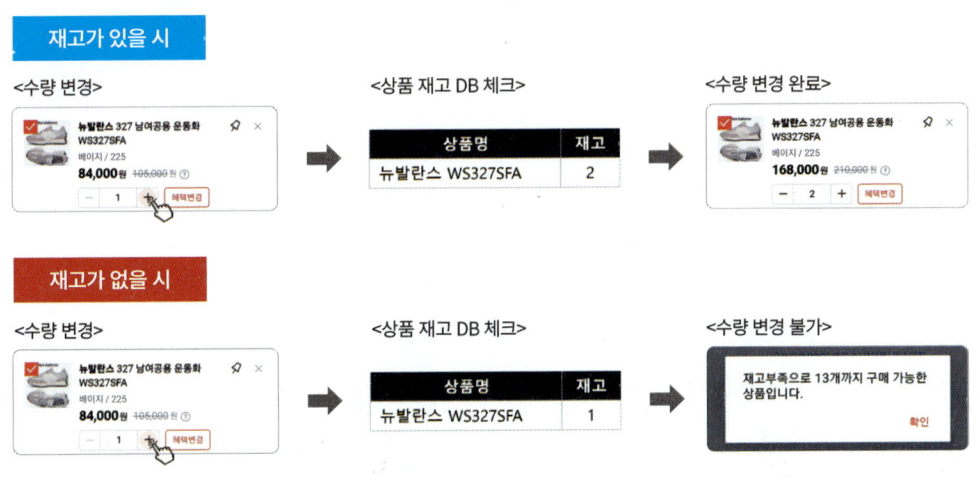

장바구니 수량 조절 화면 예(화면 출처: 롯데온)

그렇다면 사용자는 주문 불가 상태를 언제 인지하게 될까? 과거 UI는 구매 페이지로 이동하는 주문하기 버튼을 누르는 순간 장바구니에 담긴 상품들의 재고를 체크해 재고 여부를 확인했다. 그런데 이 방식은 사용자 친화적이지 못하다. 상품 수량을 변경하는 시점에 주문 가능 여부를 실시간으로 체크하면 사용자가 주문하기 버튼을 누르는 불필요한 액션을 하지 않고도 주문 가능 여부를 인지할 수 있게 된다. 그래서 최근에는 재고를 변경하는 순간 재고를 실시간으로 조회해 주문 가능 여부를 조회하는 방식을 주로 사용한다.

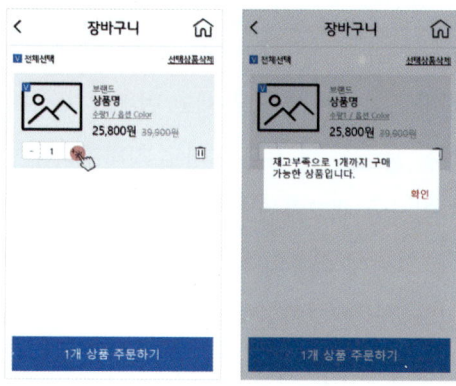

주문 불가 상태 안내 메시지 비교

상품 수량 UI에는 크게 2가지 방식이 있다.

- 셀렉트 박스
- + - 버튼

상품 수량 UI 방식 비교

과거 수량 변경 UI의 트렌드는 셀렉트 박스였다. 요즘도 셀렉트 박스를 쓰는 곳이 있기는 하지만, 최신 트렌드는 +- 버튼이다. 재고 조회 관점에서 +- 버튼은 셀렉트 박스에 비해 치명적인 단점이 있다. 내가 어떤 상품을 장바구니에 1개 담고 5개로 수량을 변경한다고 가정해 보자.

- **셀렉트 박스**: 셀렉트 박스 터치〉 5 선택〉 재고 조회〉 5개 수량 적용.
- **+- 버튼**: + 버튼 터치〉 재고 조회〉 가능 시 2로 변경〉 + 버튼 터치〉 재고 조회〉 가능 시 3으로 변경 …. (5까지 반복)

셀렉트 박스의 수량변경 (1 → 5)

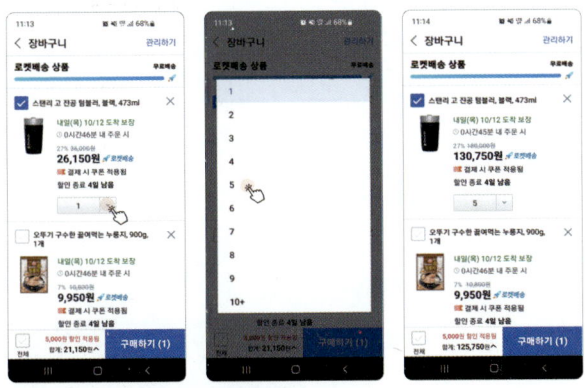

1에서 5로 재고를 변경하기 위해 총 2번의 터치가 필요

+- 수량변경 (1 → 5)

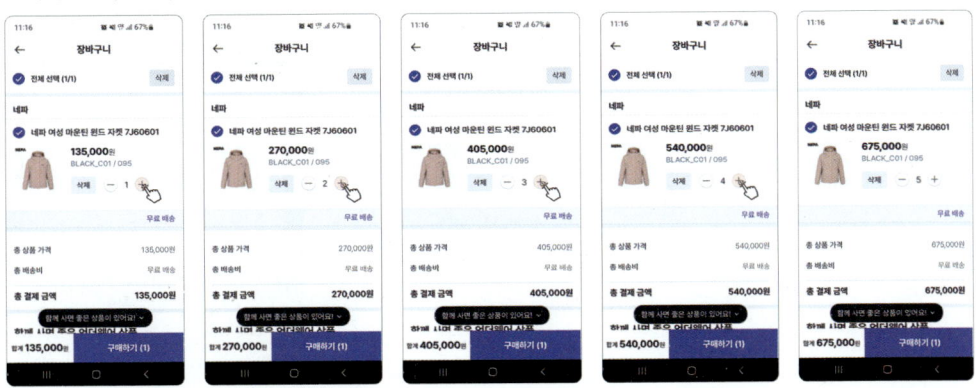

1에서 5로 재고를 변경하기 위해 총 4번의 터치가 필요

셀렉트 박스와 +- 버튼의 수량 변경 방식 비교

수량을 변경하는 시점에 재고를 조회하면 셀렉트 박스는 1개에서 5개로 변경하기 위해 2번의 터치와 1번의 데이터 조회가 필요하다. 그런데 +- 버튼은 1개에서 5개로 변경하기 위해 4번의 터치와 4번의 데이터 조회가 필요하다. +- 버튼은 셀렉트 박스에 비해 불필요한 터치와 트래픽을 유발하는 구조다.

그렇다면 이런 치명적인 문제점이 있음에도 불구하고 많은 커머스들이 +- 버튼을 사용하는 이유는 무엇일까? +- 버튼이 모바일 기기에서 셀렉트 박스보다 사용성이 좋고 대부분의 상품이 수량 변경이 필요 없는 물건이기 때문이다.

셀렉트 박스는 모바일에서 모달 팝업을 띄우고 수량을 선택한다. +- 버튼은 현재 창에서 수량 조절이 가능한 반면, 셀렉트 박스는 수량을 변경하기 위해 무조건 모달 팝업을 띄워야 한다. 즉각적인 반응이 가능하다는 측면에서 보면 +- 버튼이 훨씬 더 직관적이다. 재고 관리 측면에서도 마찬가지인데 셀렉트 박스는 셀렉트를 누르는 시점에 잔여 재고를 조회해서 주문 가능한 개수만큼 셀렉트 박스에 표시하거나 셀렉트 박스에서 숫자를 선택한 시점에 재고를 조회하는 데 반해, +- 버튼은 버튼을 누르는 순간에 재고를 실시간으로 조회해 재고가 주문 가능한 한계에 다다르면 + 버튼을 비활성화하는 형태로 수량을 제한하고 사용자에게 안내해 줄 수 있다.

최대 수량 도달 시 + 버튼 비활성화

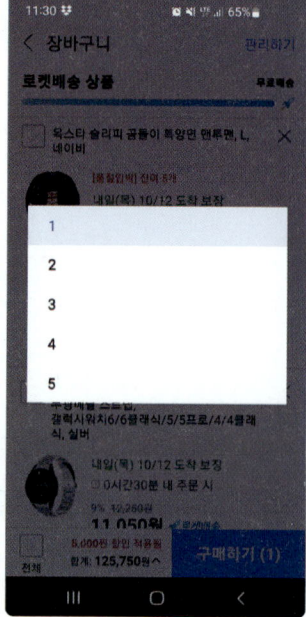
가능한 수량만큼만 리스트에 표시

+-와 셀렉트 박스의 최대 주문 가능 수량 표시

그렇다면 모든 사이트가 +- 버튼을 사용해야 할까? 아니다. 취급 상품에 따라 +- 버튼보다 셀렉트 박스가 더 적합한 경우도 있다. 동일 상품을 한 개 이상 구매할 가능성이 극히 적은 상품들, 티비나 냉장고 같은 대형 가전이나 명품, 의류 브랜드는 +-를 사용하는 것이 좋고 반대로 똑같은 상품을 여러 개 구매할 가능성이 있는 물건 볼펜이나 지우개 같은 문구류나 도매 사이트는 셀렉트 박스 또는 직접 입력 방식이 더 적합할 수 있다.

이제 정리해 보자.

상품 수량 인풋 박스의 UI를 결정하는 요인은 취급 상품의 성격이다.

> 1개만 구매할 확률이 높은 전자제품이나 고가품: +- 버튼
> 1~10개까지 다양한 수량을 구매할 확률이 높은 비품 쇼핑몰: 셀렉트 박스 + 직접 입력

여기까지가 상품의 수량 변경 UI에 대한 얘기였다. 여기서 끝내면 실전 UI/UX가 아니다. 실무에서 써먹기 좋은 꿀팁을 하나 방출하며 이번 절을 마무리하겠다.

요즘 이커머스들이 +- 수량 선택을 많이 사용하는 이유는 모바일 친화적이기 때문이다. 반대로 생각하면 데스크톱에서는 +- 버튼이 편리하지 않을 수 있다는 얘기다. 오히려 데스크톱에서는 셀렉트 박스가 더 적합하다. 그럼 어떻게 해야 할까? 데스크톱을 사용하는 비중이 모바일보다 훨씬 적으니 데스크톱을 버려야 할까? 아니다. 둘 다 수용하면 된다. 데스크톱에서는 데스크톱에 맞는 수량 선택 방식을 사용하고 모바일에서는 모바일에 맞는 수량 선택 방식을 사용하면 된다.

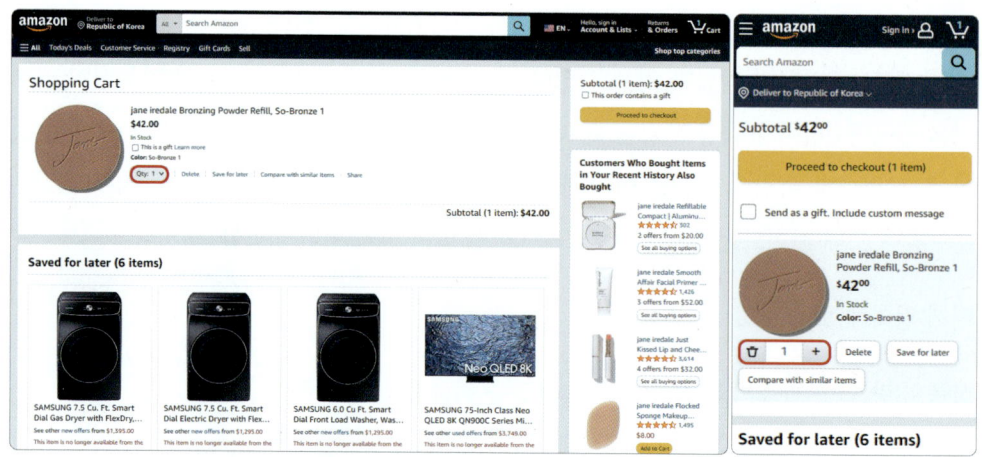

접속 디바이스에 따라 다른 수량 변경 UI를 표시하는 아마존

아마존은 어떤 디바이스로 접속했느냐에 따라 수량 변경 UI를 다르게 노출한다. 데스크톱은 셀렉트박스를 사용하고 모바일은 +− 버튼을 사용하는 것이다. 꼭 모든 UI를 통일할 필요는 없다. 필요하다면 디바이스에 맞게 다른 형식의 UI를 사용하는 것도 가능하다. 물론 디바이스마다 다른 UI가 필요한 이유가 뭔지 설득력 있는 논리는 필요하다.

5.4 _ 장바구니 – 품절과 오류

과거에는 구매하기 버튼을 눌렀을 때 장바구니에 담긴 상품의 주문 가능 여부를 판단해 주문이 가능할 경우 구매 페이지로 이동하고 주문이 불가능할 경우 안내 메시지를 출력하는 방식으로 장바구니 상품의 주문을 제어했다. 이 방식은 개발이 편하지만 사용자가 구매하기 버튼을 누르기 전까지 주문 가능 여부를 알 수 없다는 단점이 있다. 주문이 가능할 때야 큰 문제가 없지만 주문이 불가능할 때는 문제가 된다. 주문 가능 여부를 미리 알려줬다면 버튼을 누를 필요가 없었을 테니 사용자에게 불필요한 클릭을 유발하는 것이다. 그래서 요즘은 주문이 가능한 상태일 때 구매하기 버튼을 활성화하고 주문이 불가능한 상태일 때 구매하기 버튼을 비활성화하는 형태로 사용자에게 주문 가능 여부를 안내해 준다. 체크아웃 버튼을 눌렀을 때 주문 가능 여부 유효성 검사를 하느냐 실시간으로 유효성 검사를 하느냐의 차이다. 말로만 하면 간단해 보이는데, 프로세스나 개발의 입장에서 보면 그렇지 않다. 실시간으로 유효성 검사를 한다는 자그마한 차이 하나가 개발과 UI 입장에서 큰 차이를 만들어낸다.

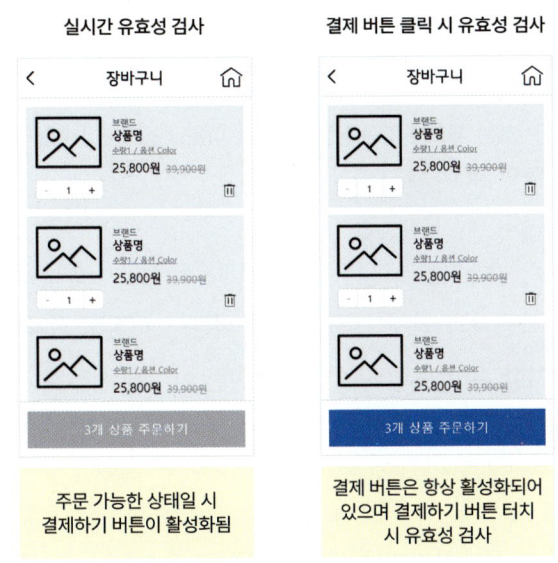

주문 가능 여부를 안내하는 시점의 차이

위의 재고 수정을 예로 들어 비교해 보자. 체크아웃을 클릭했을 때 재고를 체크하는 방식이면 수량을 변경할 때 실시간으로 계속 재고를 조회할 필요가 없다. 재고를 조회하는 시점은 구매하기 버튼을 클릭했을 때이므로 모든 유효성 체크를 뒤로 미루는 것이다. 반대로 구매하기 버튼을 활성-비활성화하는 형태로 UI를 짜려면 재고를 변경할 때 주문 가능 여부를 실시간으로 체크해서 구매하기 버튼 활성화 여부를 판단해야 한다. 재고 변동을 실시간으로 조회하는 것은 고객에게 주문 가능 여부를 실시간으로 알려주기 위해서이기도 하지만, 구매하기 버튼 활성화 여부를 판단하기 위해서이기도 하다. 구매하기 버튼을 제어하기 위해서는 장바구니에서 일어나는 모든 변화를 실시간으로 체크해 주문 가능 여부를 판단해야 한다.

자, 이제 구매하기 버튼 활성화와 비활성화 측면에서 생각해 보자. 구매하기 버튼이 비활성화 상태라면 장바구니에서 주문이 불가능한 문제가 발생했다는 것이다. 어떤 문제가 발생했을까? 몇 가지 예를 들어보자.

1. 장바구니에 담긴 상품이 없는 경우
2. 장바구니에 상품은 담겨있으나 선택된 상품이 없는 경우(상품 선택 체크박스가 있을 때)
3. 장바구니에 담을 당시에는 재고가 있던 상품이었는데, 다음날 장바구니에 들어가 보니 그사이에 상품이 품절되어 구매 불가능한 상태가 된 경우
4. 기타 사용자가 예측할 수 없는 오류 상황

여기서 중요한 것은 사용자의 인지다. 구매하기 버튼이 비활성 상태가 된 경우 사용자가 주문 불가 상태를 인지할 수 있도록 시스템이 적절한 안내를 제공해 줘야 한다.

체크박스가 없는 장바구니를 예로 들어보자. 이런 장바구니는 담겨있는 모든 상품에 이상이 없어야 구매하기로 넘어갈 수 있다. 담겨있는 상품 중 하나가 품절된 경우 해당 상품을 장바구니에서 삭제해야 구매하기 버튼이 정상적으로 활성화될 것이다. 그런데 품절된 상품이 화면상에 표시되지 않고 스크롤을 아래로 내려야 확인할 수 있는 상품이라면 사용자가 보고 있는 장바구니 화면은 정상인데 구매하기 버튼이 활성화되어 있지 않은 상태가 된다. 사용자 입장에서는 결제하고 싶은데 왜 구매하기 버튼을 터치할 수 없는지 알 수 없는 상태가 되는 것이다.

구매하기 버튼 비활성화 사유 안내 (에러 메시지 안내 영역)

이렇게 주문 불가 오류를 메시지 영역으로 안내하면 사용자는 주문 불가 상황에 대해 빠르게 인지하고 대응할 수 있게 된다. 이런 사소한 디테일 하나가 사용자 친화적인 UI를 만드는 것이다.

그렇다면 메시지 영역은 어느 위치에 배치해야 할까? 보통은 상단 영역에 배치하는 것이 일반적이다. 상단 영역에 안내 메시지를 배치하는 이유는 크게 두 가지다. 레이아웃 구조상 메시지를 노출할 수 있는 곳이 상단과 하단 두 곳뿐인데, 하단은 주로 주문하기 버튼이 있어 위치가 겹치고 상단에 배치해야 사용자가 빠르게 주문 불가 상황을 인지할 수 있어 (앞 장에서 배웠던 구텐베르크 다이어그램을 떠올려보자) 상단에 메시지 영역을 배치하는 것을 선호하는 편이다. 단, UI 구조상 상단에 메시지를 노출하기 어렵다면 하단에 플로팅[4] 형태로 노출하는 것도 가능하다.

---

4   화면 위에 둥둥 떠 있는 배너 또는 바. 카카오톡의 메시지 도착 알림 메시지가 플로팅 메시지에 해당한다.

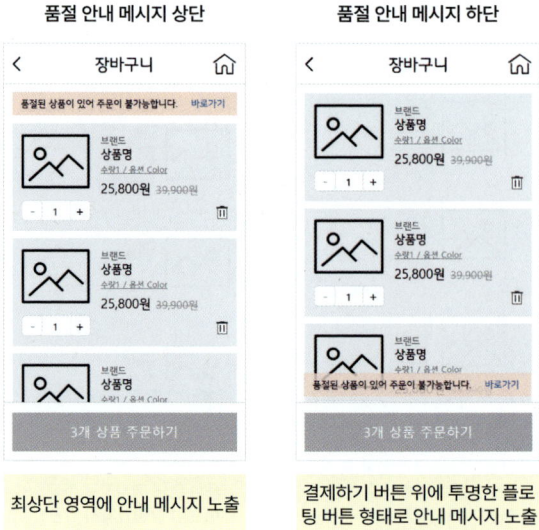

품절 안내 메시지 상단 노출과 하단 노출의 차이

메시지 영역 UI를 구상할 때 고려해야 할 것은 에러 메시지 중복 여부다. 최대로 나올 수 있는 메시지의 개수가 몇 개인지에 따라 UI가 달라질 수 있다. 무조건 하나의 메시지만 표시되는 구조라면 상단에 하나만 뿌려줄 수 있는 영역을 만들면 된다. 하지만 여러 메시지가 동시에 나올 수 있는 구조라면 최대 노출 가능한 에러 메시지의 수를 고려해 UI를 설계해야 한다.

에러 메시지가 여러 개일 때의 UI 예제

오류 메시지는 개발 시 품도 많이 들고 챙겨야 할 것도 많은 데다가 당장 눈에 보이지 않는 기능이라 작업자들이 소홀히 하거나 놓치기 쉽다. 하지만 이런 사소한 디테일이 쌓이고 쌓이면 고객 만족과 편의에 큰 영향을 끼친다. 잊지 말자. 당신이 고생스러울수록 고객의 만족도는 올라간다는 사실을!

5.5 _ 장바구니 – 재고 차감과 쿠폰 적용

많은 기획자가 UI를 설계할 때 눈에 보이는 화면에만 치중해 상대적으로 프로세스나 정책을 소홀히 하는 경향이 있다. 늘 강조하지만 UI/UX의 핵심은 디자인이 아니다. **사용자 편의를 고려해 정책과 프로세스를 UI로 어떻게 잘 녹여낼 수 있을까** 하는 것이 바로 UI/UX의 핵심이다.

UI/UX는 알게 모르게 정책의 영향을 많이 받는다. 정책에 따라 프로세스가 달라지는 경우도 있고 어떤 정책을 적용하느냐에 따라 UI가 달라지는 경우도 있다. 이번 장에서는 정책이 프로세스와 UI에 어떤 영향을 끼치는지 몇 가지 사례를 통해 살펴보겠다.

당신이 장바구니에 상품을 담았다고 가정해 보자. 장바구니에 담긴 상품은 최대 며칠까지 보관해야 할까? 일반적인 경우 회원의 장바구니의 상품 보관 기간은 2주 또는 한 달, 비회원은 쿠키나 세션이 유지되는 시간까지를 상품 보관 기한으로 정해놓는다. 그런데 장바구니 보관 기한을 결정할 때 영향을 끼치는 것이 하나 있다.

상품의 재고가 2개 남아 있다고 가정해 보자. 3명이 동시에 상품을 주문하면 제일 마지막에 주문한 사람은 '주문 가능한 재고가 없습니다'라는 메시지를 보게 될 것이다. 힘들게 구매 정보를 입력하고 주문 완료 버튼을 눌렀는데 주문 가능한 재고가 없다는 메시지를 본 고객의 심정은 어떨까? 허탈하지 않을까? 이런 방식은 사용자 친화적이지 못하다. 그래서 주문 프로세스 중 특정 시점에 재고를 차감해 재고로 인한 주문 실패를 줄이는 재고 차감이 필요하다.

그렇다면 재고 차감은 어떤 시점에 이뤄져야 할까? 재고 차감 시점은 크게 2가지로 구분된다.

01. 상품을 장바구니에 담은 시점에 재고 차감

02. 장바구니에서 구매하기 버튼을 누른 순간 재고 차감

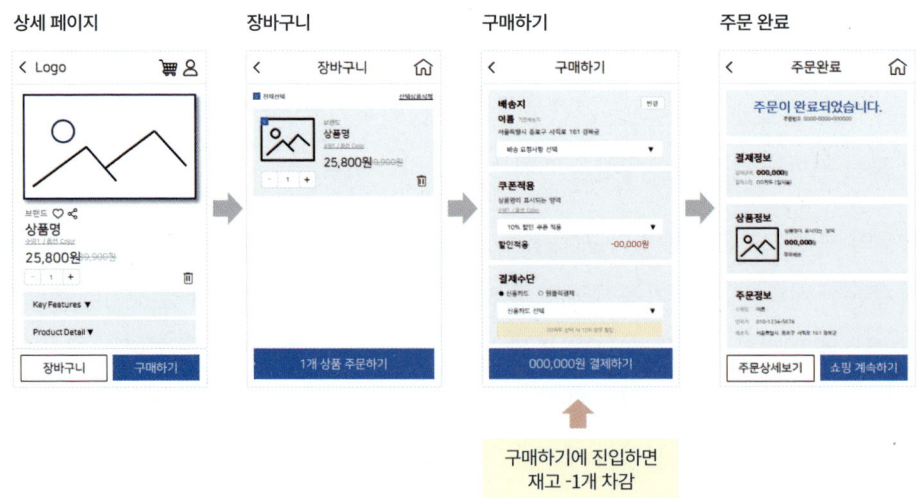

자, 이제 이 상황을 앞의 장바구니 상품 보관 기한과 연결해 생각해 보자. 상품을 장바구니에 담은 시점에 재고가 차감되는데 장바구니에 담긴 상품이 2주 동안 보관된다면 상품이 실제 판매되지 않았지만 장바구니에 2주 동안 묶여 있는 상태가 된다. 재고는 있는데 장바구니에 묶여 있어 팔고 싶어도 팔 수 없는 상태가 되는 거다. 장바구니에서 재고를 차감하는 경우 장바구니 보관 기한을 최대한 짧게 설정해야 재고 차감으로 인해 상품을 팔지 못하는 사태를 방지할 수 있다. 반대로 구매하기 페이지에 진입하는 순간 재고가 차감되는 방식이라면 장바구니 보관 기한을 길게 둬도 무방하다.

그렇다면 재고 차감을 장바구니에서 할지 구매하기에서 할지 결정하는 기준과 근거는 뭘까? 보관 기한일까? 아니면 선택 기준이 따로 있는 걸까? 두 가지 방식의 차이를 결정짓는 가장 큰 요소는 상품의 유형이다.

우리가 마트에서 카트에 상품 담는 모습을 떠올려보자. 쇼핑을 하다 저렴한 특가 상품을 발견했을 때 당신은 어떤 행동을 할까? 빨리 저 상품을 카트에 담지 않으면 다른 사람이 모두 사 갈 테니 확실한 구매 의사가 없더라도 일단 카트에 상품을 담고 구매 의사를 고민해 보지 않을까? 반대로 오늘 사야 하는 물건인데 재고가 넉넉하다면 다른 상품을 모두 구매한 뒤 계산대에 가기 직전 그 물건을 카트에 담지 않을까?

재고 상황에 따른 상품 점유 예

마트의 카트를 이커머스의 카트에 대입해 보자. 마트에서 카트에 물건을 담으면 그 물건이 카트에 담겨 있는 동안 고객은 해당 상품을 점유하고 있는 상태가 된다. 이커머스에서 장바구니에 물건을 담으면 상품을 점유하고 있는 상태로 보고 재고가 차감되는 것과 동일한 것이다. 계산대에 가기 직전에 물건을 담고 계산대로 간다면 구매하기에 진입했을 때 재고를 차감하는 것과 동일하다.

재고 상황이 실시간으로 계속 변동되는 상품, 동시에 여러 명이 구매할 가능성이 높은 상품은 상품을 장바구니에 담았을 때 재고를 차감하는 것이 좋다. 하나의 상품을 동시에 여러 명이 주문하면 상세 페이지에서는 재고가 있다고 하여 상품을 장바구니에 담고 다른 상품을 둘러보다 주문하기를 눌렀는데 그사이 물건이 다 팔리면 마지막에 주문한 고객은 '**주문 가능한 재고가 없습니다**'라는 안내 메시지를 보게 된다. 상세 페이지에 재고가 있다고 하여 고객은 재고가 있음을 인지하고 결제를 진행했는데 결제 단계에서 재고가 없다고 하면 고객은 어떤 생각을 하게 될까? '아, 이 쇼핑몰은 핫한 쇼핑몰이니 물건이 마음에 들면 바로바로 결제해야 되겠다'라고 생각할까, 아니면 '아, 재고 관리를 너무 못하네. 다른 데 가서 사야겠다'라고 생각할까?

이를 오프라인 쇼핑 경험에 대입해 보자.

    고객: 전단 보고 연락드리는데요. OO 특가 상품 다 팔렸나요?

    점원: 아니요. 아직 재고 있습니다.

    고객: 네, 알겠습니다.

재고를 확인한 고객은 전화를 끊고 특가 상품을 사기 위해 마트에 갔다. 그런데 고객이 마트로 이동하는 사이 재고가 다 팔려 정작 마트에 도착했을 때 물건을 사지 못한다면 고객의 심정은 어떨까? 마트에 대한 부정적인 경험을 갖게 되지 않을까? 고객이 마트에 부정적인 경험을 갖지 않게 하려면 어떻게 해야 할까?

    고객: 전단지 보고 연락드리는데요. OO 특가상품 다 팔렸나요?

    점원: 아니요. 아직 재고 있습니다. 10분 안으로 다 팔릴 것 같은데 하나 키핑해 드릴까요?

고객: 네, 30분 안에 도착할 테니 하나만 키핑해 주세요.

이러면 고객은 이동하는 사이 상품이 다 판매될 걱정 없이 상품을 구매할 수 있게 된다. 장바구니에서 재고를 차감하는 것은 마트에서 점원이 상품을 키핑하는 것과 같다. 장바구니에서 구매하기로 이동할 때 시간차로 인해 발생하는 재고 변동의 리스크를 줄이는 것이다.

우리가 특가상품이나 사람들이 동시다발적으로 주문할 확률이 높은 상품을 전문적으로 취급하는 몰이라면 장바구니에서 재고를 차감하는 것이 좋다. 반대로 동시에 주문할 가능성이 거의 없는 상품, 예를 들면 너무 고가라 실시간으로 막 주문이 들어올 확률이 낮은 가전이나 명품을 취급하는 몰이라면 장바구니에서 재고를 차감하기보다는 구매하기에 진입했을 때 차감하는 것이 더 좋다.

장바구니의 재고 차감은 연계된 정책에만 영향을 끼칠 뿐 UI에는 큰 영향을 끼치지 않는다. 그런데 정책이 UI에 영향을 주는 기능이 하나 있다. 바로 쿠폰 적용 기능이다.

앞선 장에서 쿠폰 적용은 장바구니에서 해야 할지, 구매하기에서 해야 할지 경계가 명확하지 않은 기능이라고 언급했다. 쿠폰 적용의 경계가 명확하지 않은 것은 장바구니 정책과 쿠폰 설계를 어떻게 하느냐에 따라 쿠폰 적용 시점이 장바구니가 될지 구매하기가 될지 달라지기 때문이다.

이커머스 경험이 없는 기획자가 장바구니를 설계할 때 가장 많이 하는 실수가 바로 장바구니에 쿠폰 적용 기능을 배치하는 것이다. 왜 장바구니에 쿠폰 적용 기능을 넣었냐고 물어보면 다들 비슷한 논리를 내세운다.

"구매하기에서 쿠폰 적용을 하면 장바구니에서는 쿠폰이 적용된 실제 구매 금액이 얼마인지 알 수 없잖아요? 쿠폰을 적용했을 때 내가 구매할 수 있는 실구매가가 얼마인지 알 수 있어야 고객 친화적인 UX 아닌가요?"

여기서 한발 더 나아가는 사람들도 있다.

"고객이 일일이 쿠폰을 선택하고 최적의 할인 조합을 찾는 건 귀찮으니까 쿠폰 자동 적용하기 버튼을 둬서 한방에 쿠폰을 적용할 수 있도록 해주죠."

이론상으로는 맞는 얘기다. 그렇다면 당신이 주로 사용하는 이커머스 서비스에서 쿠폰 적용 기능이 어디에 있는지 한번 확인해 보자. 몇몇 서비스를 제외하고 쿠폰이 장바구니가 아닌 구매하기에 있을 것이다. 위 논리대로라면 쿠폰이 장바구니에 있는 것이 맞을 텐데, 왜 다들 구매 페이지에 있는 걸까? 답은 장바구니 유형과 쿠폰 적용 로직에 있다.

장바구니는 크게 두 가지 유형으로 구분된다.

1. 장바구니에 있는 모든 상품을 구매하기로 이동

    (상품 선택 기능 없음)

2. 장바구니에 있는 상품 중 구매하고 싶은 상품만 선택해 구매하기로 이동

    (상품 선택 기능 있음)

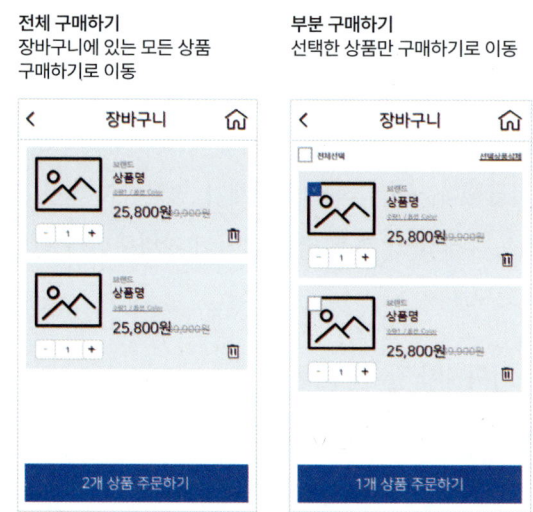

전체 구매하기와 부분 구매하기 장바구니 비교

과거에는 1번처럼 장바구니에 있는 모든 상품을 구매하기로 이동하는 장바구니 유형이 많았으나 요즘은 2번처럼 장바구니에 있는 상품을 선택하여 구매하기로 넘어갈 수 있는 부분 구매하기 유형이 많이 쓰인다. 장바구니 유형이 전체 결제에서 부분 결제로 바뀌면서 고객들의 사용 행태도 변해갔다. 상품 선택 기능이 없던 시절에는 꼭 구매할 물건만 장바구니에 담았지만 상품 선택 기능이 생기면서 마음에 드는 상품은 일단 장바구니에 담아놓

고 마지막에 구매할 상품만 선택하여 구매하기로 넘어가는 형태로 장바구니를 임시 보관함처럼 사용하기 시작한 것이다.

꼭 구매하고 싶은 상품만 담는다 vs.
마음에 드는 상품은 모두 담아놓고 마지막에 구매 여부를 결정한다

장바구니의 성격이 변하면서 상품의 변동 가능성 역시 높아졌다. 상품 선택 기능이 없으면 장바구니에 담은 상품을 삭제하기가 어려워 상품을 담을 때 더 신중할 수밖에 없다. 무슨 말이냐고? 한 가지 예를 들어보자.

서점군은 흰 셔츠를 구매하려 한다. '흰 셔츠'라는 키워드로 상품을 검색했더니 4개의 상품이 검색됐다. 이때 장바구니에 상품 선택 기능의 유무로 인해 상품 목록 페이지에서 장바구니〉 구매하기로 이어지는 사용자의 구매 플로우가 달라질 수 있다.

상품 선택 기능 없음
- 목록 페이지와 상세 페이지에서 상품의 정보를 꼼꼼하게 확인한 후 최종 구매할 상품만 장바구니에 담음

상품 선택 기능 있음
- 구매한 상품의 정보를 살펴본 후 관심 있는 상품을 모두 장바구니에 담고 마지막에 최종 구매할 상품만 선택해 구매하기 페이지로 이동

상품 선택 기능이 없으면 사용자가 구매를 결정하는 시점이 상품을 담는 시점이 될 확률이 높고, 해당 기능이 있으면 사용자가 구매를 결정하는 시점이 구매하기 버튼을 누르는 시점이 될 확률이 높다. 왜 이런 차이가 생기는 걸까? 상품 선택이 없으면 장바구니에서 상품을 삭제하는 것이 번거롭기 때문이다.

1. 링클프리 셔츠
2. 옥스포드 셔츠
3. 면 100% 셔츠
4. 레이온 셔츠

고객이 4개 상품을 장바구니에 담은 뒤 2번 옥스포드 셔츠만 결제한다고 가정해 보자. 체크박스가 있으면 2번 옥스포드 셔츠만 선택해 구매하기 페이지로 이동하면 된다. 하지만 체크박스가 없으면 어떻게 해야 할까?

방법 1. 상품을 전부 삭제한 후 2번 옥스포드 셔츠만 다시 담고 구매하기로 이동

방법 2. 2번 옥스포드 셔츠만 남겨놓고 나머지 상품을 삭제한 후 구매하기로 이동

체크박스가 있을 때와 체크박스가 없을 때 부분 결제 비교

상품 선택 기능 없이 장바구니에 담긴 모든 상품이 구매하기로 이동하는 구조라면 장바구니에는 구매하고 싶은 상품만 있어야 한다. 그래서 구매하지 않을 상품을 모두 삭제해야 하는데, 상품 선택 기능이 없으니 일일이 삭제 버튼을 눌러 삭제한 후 구매하기로 이동해야 한다. 고객이 이 쇼핑몰은 상품 선택 기능이 없고 삭제하기가 몹시 번거롭다는 사실을 인지하고 있다면 어떻게 할까? 삭제가 번거로우니 상품을 담을 때 굉장히 신중해지지 않을까?

상품 선택 기능이 없으면 삭제의 불편함 때문에 꼭 필요한 상품만 담게 되고 장바구니에 담은 상품이 구매로 이어질 확률이 높다. 장바구니에 담긴 상품의 변경 가능성이 낮아지는 것이다. 그런데 상품 선택 기능이 있으면 일단 마음에 드는 상품을 담아놓고 구매하고 싶은 상품만 선택하여 구매하기로 이동할 테니 장바구니에 담긴 상품의 변경 가능성이 높아진다. 체크박스를 한번 터치하는 것만으로 상품을 쉽게 변경할 수 있으니 말이다. 이게 쿠폰 적용과 무슨 연관이 있냐고? 상품의 변동 가능성이 높다는 것은 쿠폰 적용 시 큰 문제가 된다.

의류 쇼핑몰에서 셔츠를 2종류 이상 구매하면 10% 할인되는 쿠폰이 있다고 가정해 보자. 장바구니에 선택 체크박스가 있으면 상품을 선택하고 해제할 때마다 이 쿠폰이 사용 가능한 쿠폰인지 아닌지 체크해서 쿠폰의 사용 가능 여부를 표시해야 한다.

셔츠 2종류 이상 구매 시 10% 할인이 적용되는 쿠폰인 경우

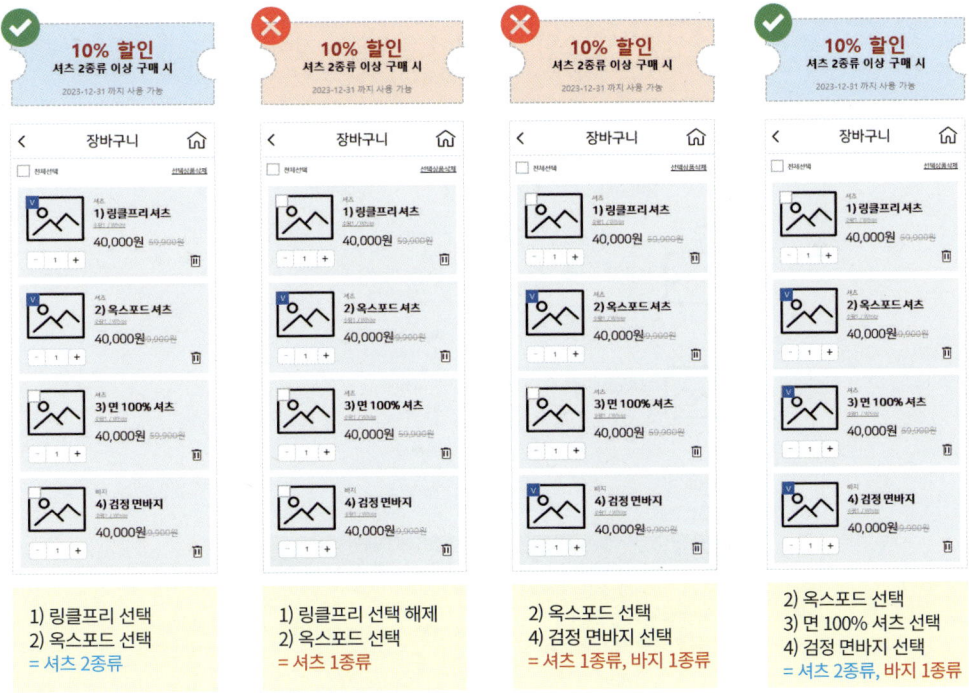

상품 변경 시 쿠폰 사용 가능 여부 체크

보유한 쿠폰이 하나라면 큰 문제가 되지 않을 수 있다. 그런데 보유한 쿠폰이 여러 개이고, 쿠폰마다 성격이 다르다면 큰 문제가 될 수 있다.

1. 셔츠 2종류 이상 구매 시 10% 할인 쿠폰
2. 셔츠 3종류 이상 구매 시 15% 할인 쿠폰
3. 10만 원 이상 구매 시 전 제품 10% 할인 쿠폰
4. 생일 축하 전 제품 만원 중복 할인 쿠폰

위 예제처럼 서로 다른 종류의 쿠폰이 4개 있다고 가정해 보자. 장바구니에 쿠폰 적용 기능이 있으면 상품을 선택하거나 해제할 때마다 보유 쿠폰 중 어떤 쿠폰이 사용 가능한 쿠폰이고 어떤 쿠폰이 사용할 수 없는 쿠폰인지 체크해야 한다. 그런데 구매하기는 구매할 상품이 이미 결정되어 있는 상태이니 사용가능한 쿠폰만 체크해서 표시하면 된다. 하지만 장바구니는 상품 변경이 가능하기 때문에 상품을 변경할 때마다 사용 가능한 쿠폰을 체크해야 한다. 상품 변경으로 인해 불필요한 트래픽이 유발되는 것이다.

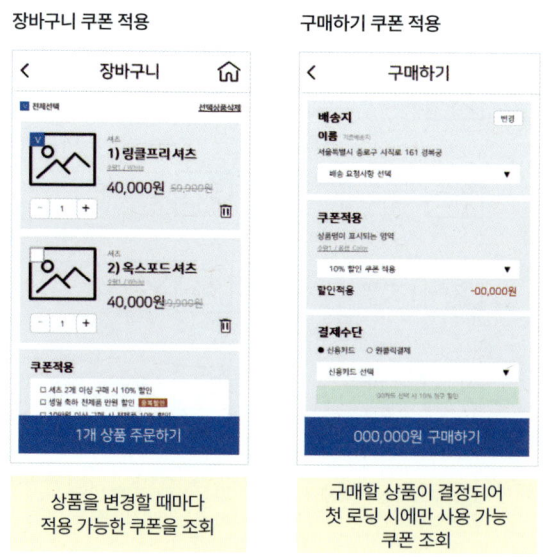

상품 선택에 따른 사용 가능 쿠폰 비교

상품 변경 이외에도 쿠폰 적용을 장바구니에 두면 안 되는 이유가 하나 더 있다. 상품 상세 페이지에서 장바구니를 거치지 않고 구매하기로 이동하는 바로 구매하기(다이렉트 체크아웃)의 존재 때문이다.

쿠폰 적용 기능이 장바구니에 있으면 상세 페이지에서 바로 구매하기를 눌러 구매하기 페이지로 이동할 때 쿠폰을 적용할 수 있는 방법이 없다. 쿠폰 적용 기능이 구매하기 페이지에 있어야 고객이 어떤 경로로 접근하든 쿠폰 적용이 가능해진다.

상세 페이지에서 장바구니를 거쳐 구매하기 이동 시

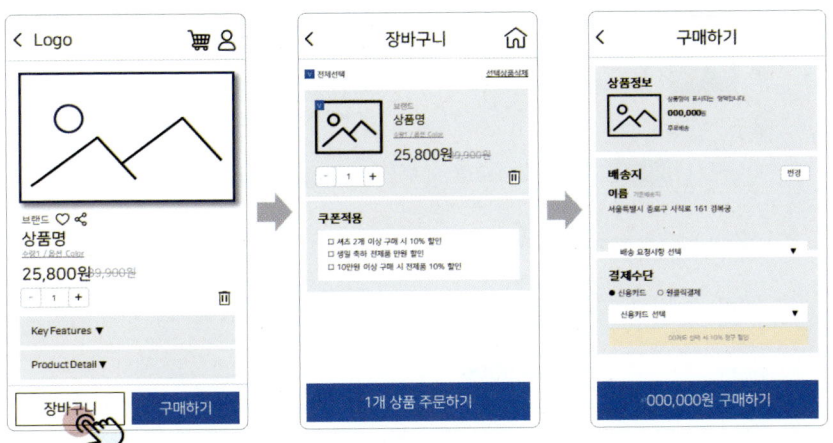

상세 페이지에서 바로 구매하기로 이동 시

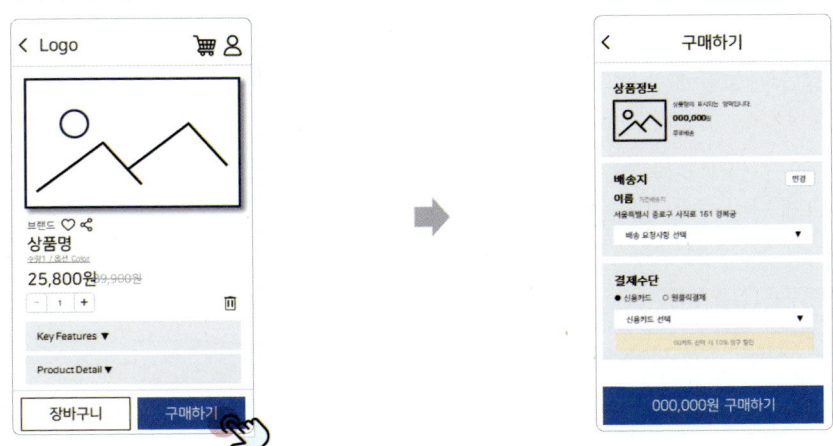

쿠폰 적용 기능이 장바구니에 있을 때 루트 비교

시중의 많은 커머스 서비스들이 구매하기 페이지에 쿠폰 적용 기능을 두고 있다. 그렇다면 장바구니에 상품 선택 기능이 있으면 쿠폰 적용은 무조건 구매하기에 있어야 할까? 특정 조건을 충족한다면 쿠폰 적용 기능을 장바구니에 둘 수 있다. 대표적으로 지마켓이 그렇다.

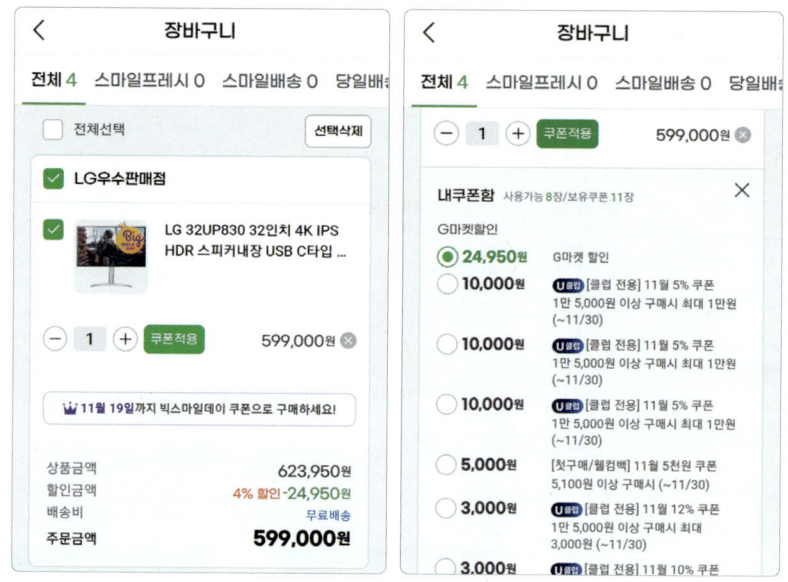

장바구니에서 쿠폰 적용이 가능한 지마켓

지마켓은 다른 커머스와 어떤 차이가 있길래 장바구니에서 쿠폰 적용이 가능한 걸까? 지마켓은 발급 가능한 쿠폰 유형을 제한해 장바구니에서 쿠폰 사용이 가능하도록 구조를 설계했다.

쿠폰은 크게 단일 쿠폰, 다중 쿠폰 2개의 유형으로 구분된다.

1. 단일 쿠폰 (상품 쿠폰)
2. 상품 하나에만 적용 가능한 단일 쿠폰
3. 다중 쿠폰 (장바구니 쿠폰)
4. 장바구니에 담긴 모든 상품에 적용 가능한 다중 쿠폰

보통 상품 하나에만 적용할 수 있는 쿠폰을 단일 쿠폰이라 하고 2개 이상의 상품에 적용 가능한 쿠폰을 다중 쿠폰이라 부른다. 간단하게 몇 가지 예제로 단일 쿠폰과 다중 쿠폰을 구분해 보자.

- 코카콜라 10% 할인 (단일 쿠폰)
- 장바구니 전 제품 10% 할인 (다중 쿠폰)
- 의류 2개 이상 구매 시 10% 할인 (다중 쿠폰)

지마켓은 여러 개 상품에 적용 가능한 다중 쿠폰이 없다. 지마켓에서 발급하는 모든 쿠폰은 한 가지 상품에만 적용 가능한 단일 쿠폰이다. 단일 쿠폰만 있으면 장바구니에서 쿠폰을 적용하는 것이 가능하다. 쿠폰을 적용할 때 장바구니에 담긴 전체 상품이 아니라 개별 상품 기준으로 쿠폰을 적용하기 때문이다. 상품마다 쿠폰을 적용하기 때문에 상품을 변경할 때마다 전체 쿠폰의 사용 가능 여부를 체크할 필요가 없다. 해당 상품에서 사용 가능한 쿠폰이 이미 정해져 있기 때문에 해당 쿠폰만 체크하면 된다. 상품 변경에 따른 트래픽을 최소화할 수 있는 구조다.

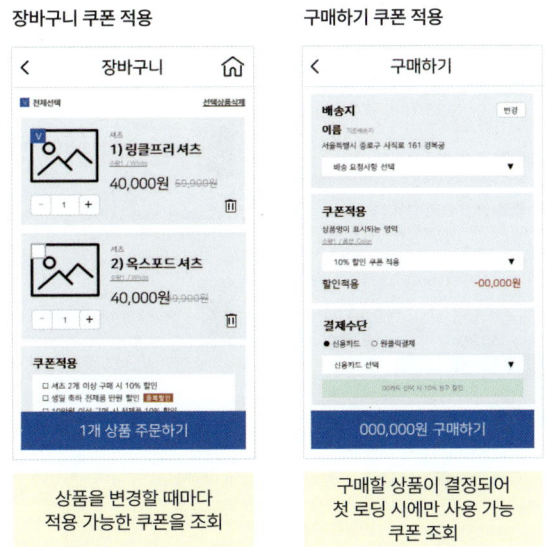

장바구니에서 다중 쿠폰 적용과 단일 쿠폰 적용 비교

지마켓의 이런 구조가 가능한 것은 셀러들이 상품을 입점해 판매하는 오픈마켓이기 때문이다. 오픈마켓은 셀러가 상품 쿠폰을 발급하고 쿠폰은 해당 미니숍에서만 사용할 수 있다. 사실상 소규모 미니숍들의 집합체 같은 형태이기 때문에 모든 상품에 적용할 수 있는 장바구니 쿠폰을 발급하면 관리 이슈나 정산 문제가 발생하게 된다. 그래서 오픈마켓은 상품 하나에만 사용할 수 있는 단일 쿠폰만 발급한다(빅스마일데이 등 이벤트 시 지마켓에서 발급하는 쿠폰은 모든 상품에 적용 가능하지만, 한 개의 상품에만 사용할 수 있는 단일 쿠폰이다). 반대로 모든 상품을 자사에서 관리하는 자사몰은 단일 쿠폰, 다중 쿠폰 관계없이 쿠폰 발급이 가능하다.

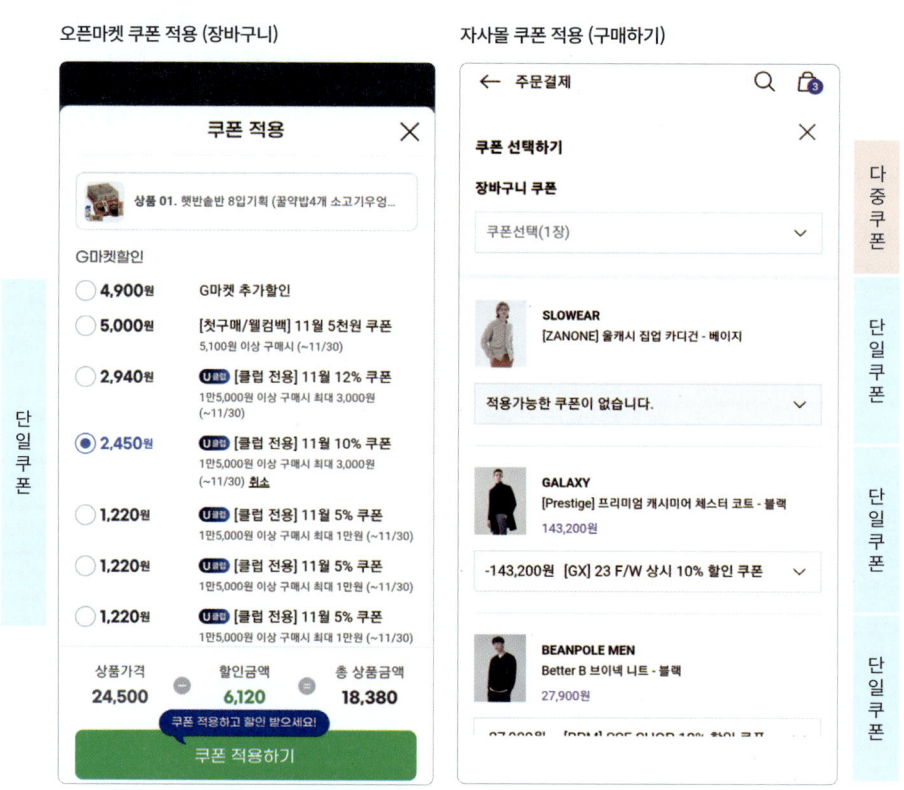

오픈마켓과 자사몰의 쿠폰 적용 비교 (단일 쿠폰/다중 쿠폰)

단일 쿠폰 이외에도 장바구니에서 쿠폰을 적용하기 위해서는 하나의 조건이 더 필요하다. 앞서 언급했던 상세 페이지에서 장바구니를 거치지 않고 바로 구매하기로 이동할 때 쿠폰을 어떻게 적용해야 할까 하는 문제다. 지마켓은 이 문제를 어떻게 해결했을까?

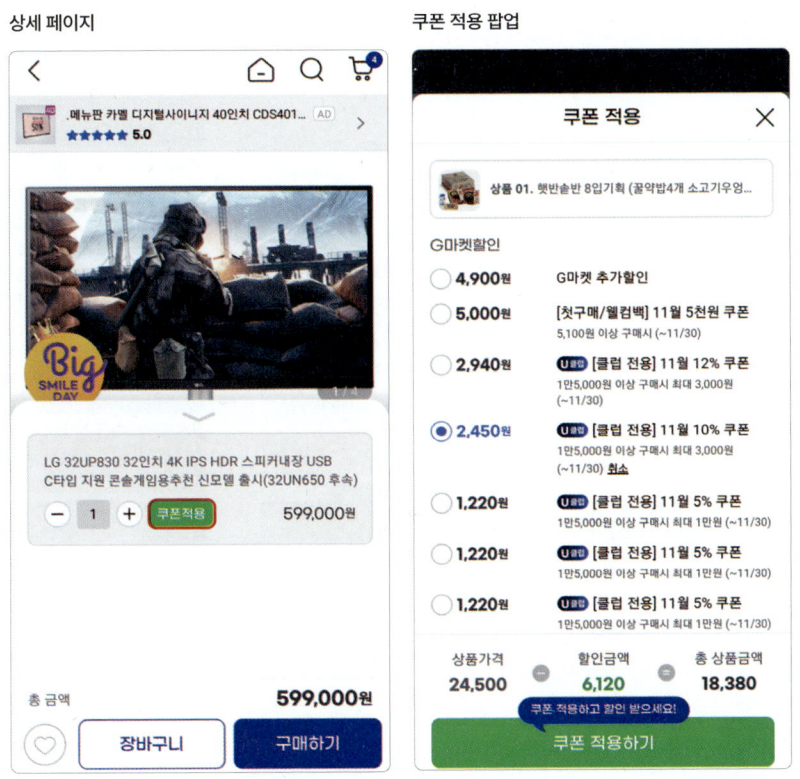

상세 페이지에서 쿠폰 적용이 가능한 지마켓

지마켓은 장바구니뿐만 아니라 상세 페이지에서도 쿠폰 적용이 가능하도록 플로우를 설계해 이 문제를 해결했다. 상세 페이지에서 쿠폰을 적용하려면 한 가지 조건이 필요하다. 상세 페이지에서 쿠폰과 관련된 모든 행위(쿠폰 확인, 다운로드, 적용 및 해제)가 가능해야 상세 페이지에 쿠폰 기능을 넣을 수 있다. 보유 쿠폰 사용 불가 사유를 확인하기 위해 쿠폰 페이지로 이탈한다거나 쿠폰을 다운로드하기 위해 이벤트나 기획전 페이지로 이탈하면 사용자의 편의를 위해 추가한 쿠폰 기능이 오히려 사용성 저하의 원인이 된다. 그래서 쿠폰 기능을 넣을 때는 이탈 없이 현재 페이지 내에서 쿠폰과 관련된 모든 행위가 가능하도록 UI를 설계해야 한다.

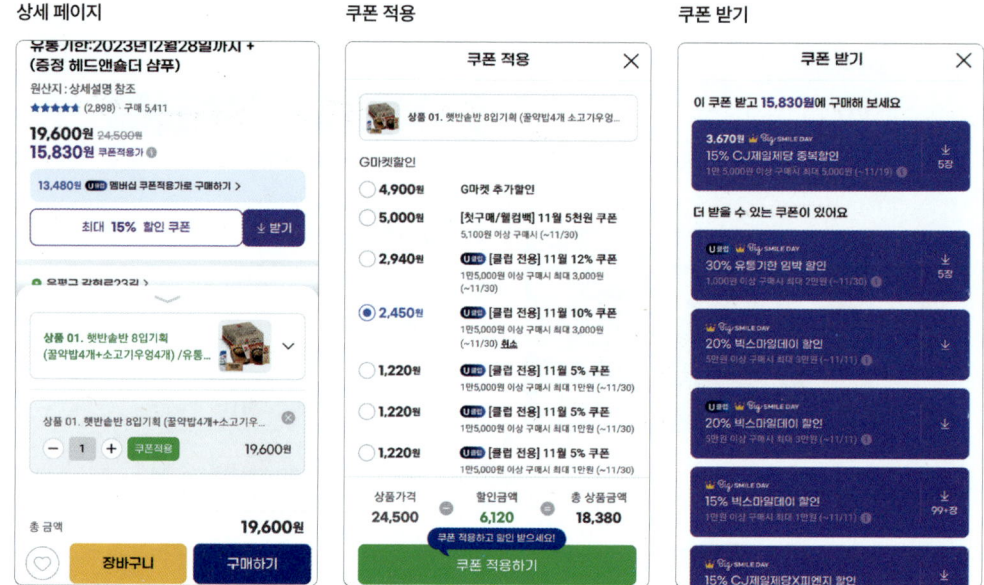

쿠폰과 연계된 모든 액션을 상세 페이지에서 제공하는 지마켓

같은 오픈마켓이라도 장바구니에서 쿠폰을 적용할 수 있는 몇몇 서비스(지마켓, 옥션, 위메프 등)를 제외하고 나머지 오픈마켓은 구매하기에서 쿠폰을 적용한다. 그렇다면 쿠폰 적용 시점의 차이는 사용성에 어떤 영향을 줄까?

오픈마켓은 앞서 언급한 쿠폰 관리와 정산 이슈 때문에 단일 쿠폰만 사용할 수 있다. 장바구니에 10개의 상품이 담겨있고 각 상품에 적용 가능한 쿠폰이 있다고 가정해 보자. 쿠폰을 적용하려면 각 상품마다 쿠폰 적용 버튼을 터치해 쿠폰을 선택하고 이를 상품 개수만큼 반복해야 한다. 이를 앞선 장에서 언급했던 구매하기의 콘셉트, 원클릭 결제와 연계해 생각해 보자. 쿠폰을 상세 페이지나 장바구니에서 적용하는 구조라면 구매하기에서 주소와 결제 수단이 저장되어 있다면 고민 없이 바로 구매하기 버튼만 누르면 된다. 원클릭 결제 콘셉트에 충실한 형태. 반대로, 구매하기에서 쿠폰을 적용하는 구조에서는 각 상품마다 쿠폰을 적용하고 때로는 쿠폰을 이리저리 바꿔가며 어떻게 적용해야 가장 저렴할지 조합을 연구해야 한다. 구매하기 페이지에 머무르는 시간이 길어지고 고민의 여지가 생기는 것이다.

지마켓이 상세 페이지와 장바구니에서 쿠폰 적용이 가능하도록 UI를 설계한 것은 오픈마켓의 특성을 고려한 전략적 결정으로 보인다. 오픈마켓은 판매 촉진을 위해 쿠폰을 적극적으로 활용하는데, 사실상 판매하는 모든 제품에 사용할 수 있는 쿠폰이 존재하고 쿠폰 적용 금액이 실제 구매가일 정도로 마케팅과 판촉에서 쿠폰 의존도가 높다. 어차피 상품 구매 시 쿠폰을 필수로 사용해야 하고 쿠폰을 구매하기에 두면 쿠폰 적용으로 인한 이탈 가능성이 생기니 구매하기에서는 원클릭 결제의 콘셉트를 살리기 위해 쿠폰은 앞단에서 적용하는 것이다.

지금까지 나온 내용을 최종적으로 정리해 보자.

- 우리 커머스에는 단일 쿠폰과 다중 쿠폰이 모두 존재한다: 쿠폰은 무조건 구매하기에 위치
- 단일 쿠폰만 존재하고 쿠폰 사용 비중이 높다: 장바구니와 구매하기 모두에 쿠폰 적용 가능
- 쿠폰이 구매하기에 있으면 이탈의 원인이 된다: 이탈을 방지하기 위한 다양한 장치 필요(쿠폰 자동 적용 등)

커머스는 변화가 빠르다. 이번 장에서 예시로 든 사례 중 상당수가 지금은 사용되지 않는 과거 경향이며 최신 트렌드라고 소개하는 기법들도 이 책이 출간될 때쯤이면 새로운 기법이 발견되어 이미 때 지난 트렌드가 될 수도 있다. UI는 항상 변화하고 발전한다. 이번 장에서 나온 내용을 기초로 커머스의 경향은 어떻게 흘러가고 최신 트렌드는 무엇인지 항상 비교하고 연구하여 지식과 시야를 넓히는 계기가 되길 바란다.

5.6 _ 구매하기 – 쉽고 빠른 결제 지원

지금까지 상세 페이지에서 상품 정보를 확인하고 마음에 드는 상품을 장바구니에 담아 구매 페이지까지 도달하는 고객 여정을 함께했다. 구매하기 페이지까지 도달한 고객을 위해 우리가 해야 할 일은 무엇일까? 고객이 구매에 필요한 정보(배송 정보, 결제 정보)를 쉽고

빠르게 입력할 수 있도록 UI를 설계하고 구매에 방해가 되는 장애물을 제거하여 편리한 결제를 돕는 것이 아닐까?

우선 구매하기 페이지에 필요한 정보를 정리해 보자.

- 상품 정보 (이미지, 상품명, 가격, 수량)
- 배송지 정보 입력
- 적립금, 쿠폰 사용
- 총 구매 금액
- 결제 정보 입력

내가 구매하기 페이지를 설계하는 사람이라고 생각해 보자. 정보를 어떤 순서로 나열해야 할까? 정석은 정보의 흐름대로 나열하는 것이다. **고객이 어떤 순서로 정보를 받아들이고 처리할 때 가장 자연스러운 행동이 될까**를 기준으로 정보를 배치하는 것이다. 예를 들어 보자.

1. 결제 정보를 입력하고 총구매 금액을 확인한 후 적립금 쿠폰을 사용하고 배송지 정보를 입력한 후 상품 정보를 확인한다.
2. 상품 정보를 확인하고 배송지 정보를 입력한 후 적립금과 쿠폰을 사용하고 총구매 금액을 확인한 후 결제 정보를 입력한다.

흐름상 1번과 2번 중 어떤 것이 더 자연스러울까? 1번보다는 2번이 훨씬 더 자연스러운 형태가 될 것이다. 온라인 쇼핑 경험도 결국 오프라인 쇼핑 경험과 유사하다. 오프라인 쇼핑 경험이 상품 정보 확인〉 구매 정보 및 가격 확인〉 결제 순으로 이뤄진다면 온라인 쇼핑 경험도 이 플로우를 그대로 따라가는 것이다. 이 기준대로라면 구매하기 페이지에서 제일 먼저 표시되어야 하는 정보는 구매 상품 정보가 될 것이다. 정말일까? 주요 커머스 서비스들의 구매하기 페이지를 살펴보자.

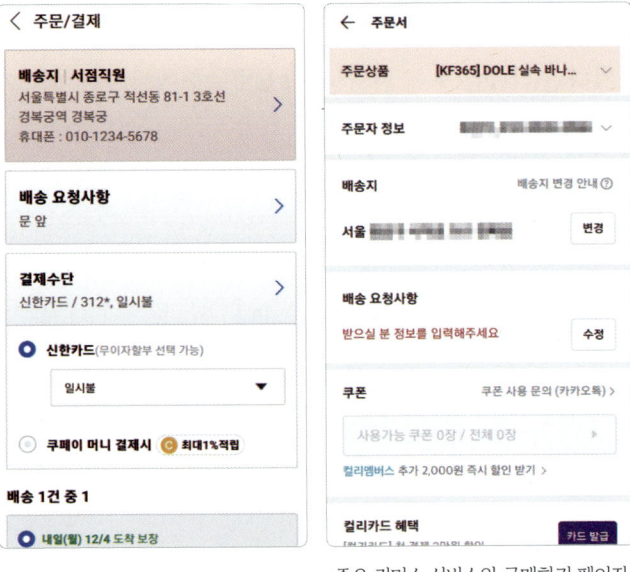

주요 커머스 서비스의 구매하기 페이지

주요 커머스 서비스의 구매하기 페이지를 살펴보면 많은 서비스가 상품 정보보다 배송지 정보를 먼저 노출하는 경우가 많다. 흐름상으로는 상품 정보가 먼저일 텐데 배송지 정보를 먼저 노출하는 이유는 뭘까?

우리가 구매하기 페이지에 도달하기까지의 고객 구매 여정을 생각해 보자. 고객은 상품 상세 페이지에서 상품 정보를 확인하면서 한 번, 장바구니에서 구매하고 싶은 상품을 선택하면서 한 번, 총 두 번의 과정을 거쳐 상품 정보를 확인한다. 구매하기 페이지에 도달한 고객은 이미 자기가 어떤 상품을 구매하려고 하는지 너무 잘 알고 있는 고객일 확률이 높다. 구매하기 페이지에서 상품 정보를 보여주는 이유는 '**구매해야 하는 상품이 이것인데 혹시 옵션이나 수량을 잘못 골랐는지 다시 한번 확인해 주세요**'라는 재확인의 의미다. 그런데 구매하기 페이지까지 온 고객은 내가 구매할 상품이 뭔지 잘 알고 있는 고객일 확률이 높으니 상품 정보를 다시 한번 리마인드하는 것이 큰 의미가 없다. 오히려 **잘 알고 있는 상품 정보보다 배송지 정보를 먼저 보여주는 것이 고객 입장에서 더 중요하고 효율적인 정보 설계일 수 있다는 얘기다.** 그래서 많은 이커머스 서비스들이 구매하기 페이지에서 상품 정보보다 배송 정보를 먼저 노출한다. 레이아웃을 설계할 때는 흐름에 맞춰 정보를 배치하는 것도 중요하지만 정보의 중요도와 우선순위 역시 중요하다.

간단하게 정보 배치에 대해 살펴봤다면 다음은 구매 편의성, 즉 UX 측면에서 구매 페이지를 분석해 보자. 앞선 장에서 언급했듯 이커머스의 트렌드가 기능 중심주의에서 고객 중심주의로 변하면서 구매 전환율을 높이기 위해 다양한 고객 편의 기능이 등장하기 시작했는데 그중 가장 대표적인 것이 바로 원터치 결제다.

고객이 구매 페이지에서 입력하거나 선택해야 하는 정보는 총 3개다.

1. 배송지 정보
2. 쿠폰 및 적립금 사용
3. 결제 정보

회원가입 후 처음 상품을 구매하는 고객이라고 가정해 보자. 구매 이력이 없으니 배송지 정보와 결제 정보, 쿠폰 및 적립금을 모두 입력하거나 선택해야 한다. 하지만 구매 이력이 있는 고객이라면 기존 구매 이력을 바탕으로 배송지 정보를 불러올 수 있고 결제 정보가 저장되어 있다면 결제 정보도 불러올 수 있다. 쿠폰 또한 최적화 할인 로직을 적용하면 보유한 쿠폰 중 가장 높은 할인율을 자동으로 적용할 수 있다.

1. 주소록에 저장되어 있는 주소 정보를 바탕으로 배송지 정보를 자동으로 불러옴
2. 최적화 할인 로직을 적용해 보유한 쿠폰 중 가장 높은 할인율을 자동 적용
3. 기존에 결제한 결제 정보를 자동으로 불러옴

이 모든 조건이 충족되면 사용자가 구매 페이지에서 할 일은 미리 입력되어 있는 정보를 확인한 후 주문 완료 버튼을 누르는 것이다. 원터치 결제 도입 이전에는 구매하기 페이지의 UI가 '어떻게 하면 고객이 쉽고 빠르게 정보를 입력할 수 있을까?'에 주안점을 두고 설계했다면 원터치 결제 도입 이후로는 '어떻게 하면 고객이 쉽고 빠르게 정보를 확인하

고 고민 없이 주문 완료 버튼을 누를 것인가?'가 된 것이다. **구매하기 페이지 정보 설계의 패러다임이 정보 입력에서 정보 확인으로 바뀐 것이다.**

정보 입력에서 정보 확인으로 패러다임이 바뀌면서 UI에 생긴 가장 큰 변화는 주문 완료 버튼의 하단 고정이다. 이전에도 주문 완료 버튼을 하단에 고정으로 두는 UI는 종종 있었지만, 지금처럼 모든 커머스가 주문 완료 버튼을 하단 고정으로 두지 않았다. 배송지 정보를 입력하고 구매 상품의 정보를 확인한 후 결제 정보를 입력하는 구매 정보 입력의 플로우를 따라가다 보면 자연스럽게 마지막에 주문 완료 버튼이 나타날 테니 굳이 주문 완료 버튼을 하단 고정으로 둘 필요가 없었던 것이다.

그런데 구매를 위한 모든 정보가 미리 입력되어 있고 고객이 주문 완료 버튼만 눌러서 결제가 완료되도록 하려면 주문 완료 버튼이 항상 보이는 위치에 고정으로 있어야 한다. 그래서 많은 커머스가 원클릭 결제를 도입하고 주문 완료 버튼을 하단에 고정으로 배치하기 시작했다.

주문 완료 버튼 하단 고정과 함께 구매하기 페이지에 생긴 또 다른 변화는 ATF[5] 최적화다.

ATF는 잘 구성되어 있으면 효율적인 정보 탐색이 가능하고 사용자가 스크롤을 내려 추가 정보를 탐색할 수 있게 하는 판단의 기준점이 된다. 그런데 모바일 시대가 도래하면서 ATF의 양상이 조금씩 변하기 시작했다. 데스크톱은 화면이 크니 ATF 안에 많은 정보를 노출할 수 있었다. 그래서 데스크톱 시절에는 스크롤을 최대한 줄이고 ATF 영역 안에 모든 정보를 넣는 것이 정보 설계의 핵심이었다. 그런데 모바일은 데스크톱에 비해 화면 크기가 작아 많은 정보를 노출할 수 없고 터치스크린 특성상 스크롤에 대한 거부감이 데스크톱에 비해 적다. 그래서 ATF 영역에 핵심 주요 정보를 노출하고 나머지 정보는 하단에 스크롤로 표시하는 것이 모바일 정보 설계의 보편적인 방식이었다.

그런데 원터치 결제가 등장하면서 모바일 정보 설계의 양상이 변하기 시작했다. 주문 완료 버튼의 위치가 하단으로 고정되면서 스크롤을 내리지 않아도 주문이 가능하다 보니 사용

---

5 Above The Fold: 서비스를 실행했을 때 화면에 처음 표시되는 영역. 사용하는 기기의 화면 크기나 해상도에 따라 ATF 영역은 달라질 수 있다.

자가 스크롤을 내리는 행위 자체가 불편하고 불필요한 행위로 인식되기 시작한 것이다. 사용자의 이용 형태가 **스크롤을 내려 모든 정보를 확인한 후 주문하기 버튼 터치**에서 **ATF 화면 안에서 모든 정보를 확인**한 후 주문하기 버튼 터치로 변한 것이다. 다른 페이지는 몰라도 구매하기 페이지에서만큼은 스크롤을 내리지 않고 ATF 영역 안에서 모든 구매 정보를 보여줘야 사용자 친화적인 UI가 되는 것이다. 구매하기에서 보여줘야 하는 정보가 많은데 어떻게 ATF 영역 안에 모든 정보를 넣을 수 있을까? 아코디언이나 팝업을 이용해 정보를 접어 주요 정보만 표시하고 상세 정보가 필요한 사용자는 콘텐츠를 펼쳐 정보를 확인하면 된다.

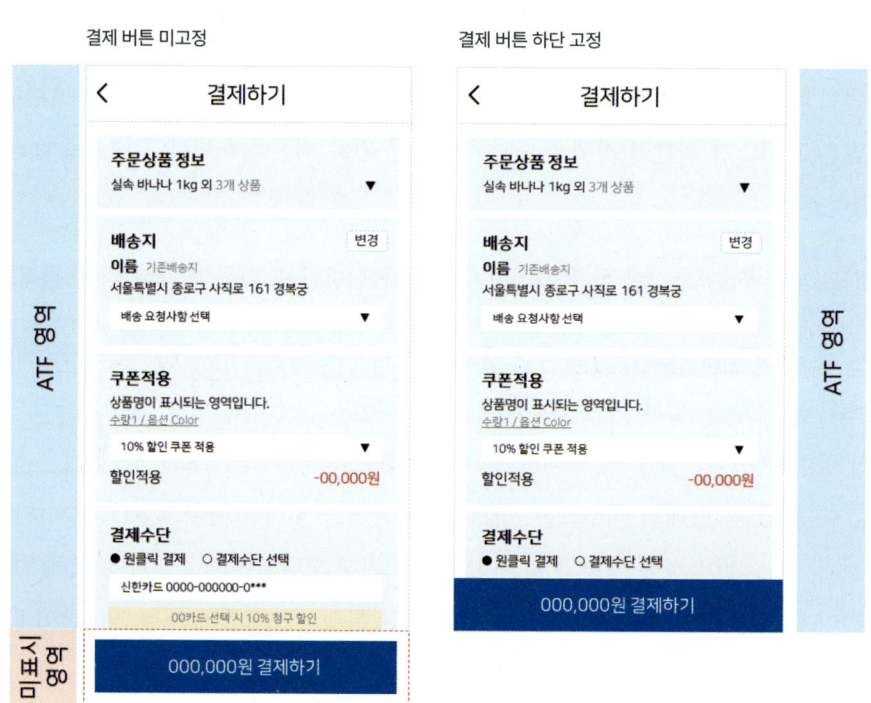

스크롤을 내려야 결제 버튼을 볼 수 있을 때와 결제 버튼이 하단 고정일 때 ATF 차이

여기까지가 이커머스 주요 페이지 고객 여정과 UI/UX에 대한 얘기였다. 이번 장을 통해 이커머스와 UI/UX에 대한 이해가 넓어졌기를 바란다.

CHAPTER

6

실전 UI/UX -
실 사례로 공부하는 실전 UI/UX

이제 정말 실전이다. 지금까지 이론과 예제를 통해 UI/UX를 공부해 보는 시간이었다면 이번 장은 현재 운영 중인 서비스를 예제로 UI/UX에 어떤 관점이나 전략이 숨어있는지 공부해 보는 실전 UI/UX 시간이다. 이번 장에서는 현재 시점에서 사람들이 가장 궁금해할 만한 '왜 편리할까?', '왜 불편할까?', '어떻게 다를까?'라는 3가지 주제로 UI/UX에 어떤 차별성이 있고 어떤 전략이 숨어있는지 속속들이 파헤쳐 보겠다. 그리고 마지막 절에서 가상의 앱을 만들어보는 여정을 함께하며 어떤 과정으로 앱이 만들어지는지 어떤 의사결정 과정이 필요한지 처음부터 끝까지 함께 하며 실전 UI/UX를 마무리하겠다. 그리고 보너스로 이 책에서만 만나볼 수 있는 한국형 UI/UX의 최신 동향과 연구자료가 마지막에 준비되어 있다. 그럼 이 책의 마지막 장, 실전 UI/UX 시작하겠다.

6.1 토스의 계좌개설은 왜 쉽고 간편할까?
6.2 맥도날드 키오스크는 왜 불편할까?
6.3 당근과 번개장터, 중고나라는 무엇이 다를까?
6.4 현물 기부 플랫폼, 따스한 선물 상자(가칭) 만들기

6.1 _ 토스의 계좌 개설은 왜 쉽고 간편할까?

최근 1~2년 동안 가장 혁신적이며 사용자 관점에서 높은 편의성과 사용성을 제공하는 앱을 하나 꼽으라면 단연 토스다. 모든 금융사가 토스의 행보를 예의주시하고 토스를 벤치마킹할 정도로 토스 앱은 쉽고 편리하다.

그런데 다들 '**토스가 편리하다, 혁신적이다**'라고 말만 하지 어떤 부분이 편리한지, 왜 혁신적인지 말해주는 사람은 아무도 없다. 토스는 다른 앱들과 어떤 점이 다르고 어떤 부분이 편리하고 왜 혁신적인지 알아보고자 한다. 모든 기능을 다 분석할 수는 없으니 여기서는 핵심적인 기능 하나만 뽑아 상세하게 알아보자.

사용자 입장에서 금융의 가장 큰 진입 장벽은 계좌 개설이다. 오프라인 창구가 없는 인터넷 은행 특성상 계좌 개설은 온라인을 통한 비대면으로 진행될 수밖에 없는데, 복잡한 사용자 인증과 정보 제공, 약관 동의 절차가 필요해 입력해야 하는 정보와 체크 항목이 많다. 은행에 가서 통장을 만들어도 복잡하고 할 일이 많은데, 그것을 온라인으로 한다고 생각해 보자. 당연히 어렵고 복잡할 수밖에 없다. 비대면 계좌 개설 중 예기치 않은 오류로 입력한 정보가 모두 초기화되거나 인증에 실패에 뒷목을 잡아본 경험, 다들 한 번씩은 있을 것이다.

비대면 계좌 개설은 난이도로만 따지면 회원가입보다 100배는 어렵고 복잡하다. 비대면 계좌 개설이 얼마나 어려운지 한 가지 예를 들어보자. 필자의 경우 시중 은행과 증권사 등 8곳의 계좌를 온라인을 통해 비대면으로 만들었는데, 깔끔하게 한 번에 계좌 개설에 성공한 적이 단 한 번도 없었다. IT로 밥 먹고 사는 나도 한 번에 성공한 적이 없을 정도로 어려운데, 일반 사용자들은 오죽할까? 어떤 은행이나 증권사의 계좌 개설이 필요할 때 계좌 개설 과정의 피곤함을 생각하면 '꼭 만들어야 하나?'라는 생각이 들 정도로 비대면 계좌 개설 과정은 복잡하고 피곤하다. 전체 금융 거래의 80% 이상이 창구가 아닌 온라인을 통한 비대면으로 이루어지는 상황에서 계좌 개설 자체가 복잡하면 은행 입장에서는 신규 고객 유치에 큰 장애가 된다. 그래서 토스와 같은 인터넷 은행은 '**어떻게 하면 계좌 개설을 쉽고 편리하게 할 수 있을까?**'가 전체 서비스의 성패를 좌우할 정도로 중요하며 비대면 계좌 개설은 고객과 처음 만나는 접점으로 서비스의 첫인상과 이미지를 결정하는 핵심 기능이 될 수밖에 없다.

지금까지 은행, 증권사 등 수많은 비대면 계좌 개설 서비스를 이용했지만, 토스만큼 비대면 계좌개설이 쉽고 편리한 서비스는 없었다. 그렇다면 어떤 부분이 다르길래 토스의 비대면 계좌 개설은 쉽고 편리한 걸까?

토스의 비대면 계좌 개설이 쉽고 편리한 이유는 크게 2가지로 요약할 수 있다.

1. 입력 정보 간소화 및 자동화
2. 물 흐르듯이 자연스럽게 흐르는 유려한 UI와 정보구조

토스의 비대면 계좌 개설은 타 서비스와 큰 차이점이 하나 있다. 주요 인터넷 은행 3사(토스, 케이뱅크, 카카오뱅크)의 비대면 계좌 개설 프로세스를 비교해 보자.

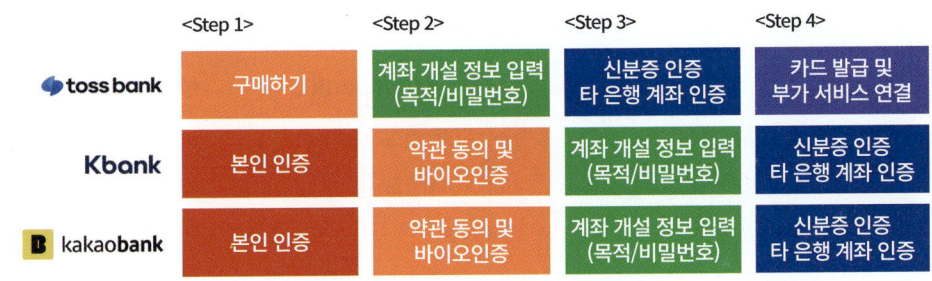

인터넷 은행 3사의 비대면 계좌 개설 프로세스 비교

프로세스를 비교해 보면 케이뱅크와 카카오뱅크는 프로세스명과 순서가 동일하지만, 토스는 Step 1에서 본인 인증을 하지 않고 바로 약관 동의를 받는다. 복잡한 계좌 개설 절차에 있어 단계 하나가 줄어든다는 건 굉장히 큰 메리트다. 왜 토스만 본인 인증을 하지 않아도 되는 걸까? 각 은행 앱의 서비스 성격이 미묘하게 다르기 때문이다.

케이뱅크는 은행 전용 앱이다. 통상적으로 특별한 목적이 없는 한 입출금 통장은 1인당 한 개씩만 만들 수 있다. 은행 앱에서는 계좌가 개설되어 있지 않으면 아무것도 할 수 없다. 그래서 입출금 계좌가 일종의 아이디 역할도 겸한다. 일반 앱으로 치면 은행에 계좌를 가지고 있으면 기존 고객이라는 뜻이고 은행 계좌가 없으면 신규 고객이라는 뜻이다. 그래서 본인 인증을 통해 이 사람이 기존에 계좌를 가지고 있는 사람인지 아닌지 확인한 후 계좌

가 있으면 기존 계좌를 안내하고 계좌가 없으면 계좌 개설을 진행한다. 그래서 케이뱅크는 처음 실행했을 때 별도의 로그인 없이 본인 인증부터 시작한다.

카카오뱅크는 케이뱅크와 기본적인 틀은 비슷하지만, 한 가지 차이가 있다. 법인이나 앱은 분리되어 있지만 모기업인 카카오와 연동해 아이디를 공유한다는 점이다. 카카오뱅크는 계좌가 없어도 카카오톡으로 로그인한 후 계좌를 개설할 수 있다.

토스는 슈퍼 앱 방식이다. **카카오뱅크는 카카오톡과 카카오뱅크가 별도의 앱으로 분리되어 있지만, 토스는 토스앱 안에 토스뱅크가 앱인앱(app in app)[1] 방식으로 들어가 있다.** 토스는 다른 앱과 다르게 토스뱅크라는 별도의 앱을 실행시키는 것이 아니라 토스앱 안에 토스뱅크라는 메뉴를 터치해 실행시켜야 한다. 별도 앱이냐 슈퍼 앱이냐, 이 차이가 **계좌 개설을 위해 본인 인증이 필요하냐, 필요하지 않냐**의 차이를 만들어낸다.

	Kbank	kakaobank	toss bank
아이디	휴대폰번호	카카오 아이디 or 휴대폰번호	토스 아이디
계좌 개설	본인 인증 후 계좌없을 시 계좌 개설	카카오 아이디로 로그인 후 계좌 개설	토스 로그인 상태 〉 계좌 개설

3사 인터넷 뱅킹 차이점

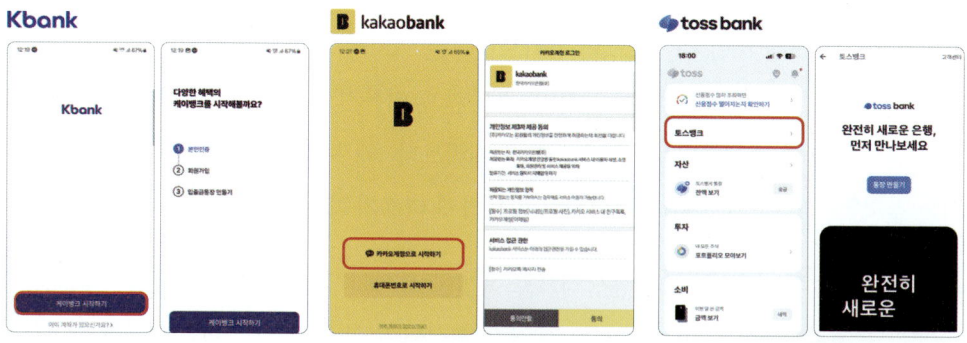

첫 화면에서 케이뱅크 시작하기 터치 시
인증화면 안내로 이동

첫 화면에서 카카오 계정으로 시작하기
터치 시
카카오 계정 로그인 화면으로 이동

토스 앱에 로그인되어 있는 상태에서
토스뱅크 터치 시
통장 개설 안내 화면으로 이동

3사 인터넷 뱅킹 시작 화면 비교

---

1 앱 안에 다른 앱을 호출하여 서비스하는 방식. 별도의 설치 없이 하나의 앱에서 다른 앱을 구동할 수 있다는 장점이 있다.

이해를 돕기 위해 화면을 비교해 보자. 처음 시작하는 회원을 기준으로 케이뱅크는 아이디가 없으면 회원가입 후 입출금통장 개설 화면으로 이동한다. 카카오뱅크는 카카오 아이디를 연동해 로그인 후 연동이 완료되면 통장 개설 화면으로 이동한다. 토스뱅크는 조금 다르다. 앞의 두 은행과 다르게 토스에 이미 로그인되어 있는 상태이기 때문에 토스 앱 내에 있는 뱅크를 클릭하면 계좌개설 안내 화면으로 이동한다.

여기까지 이해했다면 이런 의문이 들것이다. '케이뱅크는 아이디가 없으니 회원가입부터 하는 게 맞는데, 카카오뱅크는 카카오 아이디가 있는데 왜 본인인증을 또 해야 하는 걸까? 토스처럼 본인인증 건너뛰고 약관 동의부터 하면 안 되나?'

카카오톡을 가입할 때 휴대폰 인증을 했고 인증 정보가 카카오톡 서버에 저장되어 있으니 토스처럼 인증 정보를 연동하면 별도의 본인인증을 거치지 않고 바로 약관 동의로 이동하는 것이 가능하다. 그런데 이렇게 사용하려면 한 가지 전제조건이 필요하다. 바로 토스처럼 두 서비스가 같은 앱에 있어야 한다는 것이다.

카카오는 카카오톡과 카카오뱅크 앱이 분리되어 있다. 카카오뱅크 앱에서 카카오 아이디를 이용해 로그인하는 것은 단순히 카카오톡 아이디를 이용해 로그인하는 것이지, 카카오톡에서 인증한 정보를 가져오는 것은 아니다. 별도의 앱이니, 뱅크는 뱅크대로 별도의 인증 절차가 필요하다. 그런데 토스는 다르다. 토스와 토스뱅크가 하나의 앱에서 동작하니 기존에 토스에 가입할 때 인증했던 본인 인증 정보를 연동하는 것이 가능하다. 기존에 토스에 가입할 때 인증한 본인 인증 정보를 연동할 수 있으니 통장 개설 시 별도의 본인 인증 절차가 필요 없다. 토스와 토스뱅크가 하나의 앱으로 동작하는 슈퍼 앱이기 때문에 토스뱅크에서 벌어지는 모든 활동에서 토스의 데이터를 연동하는 것이 가능해지는 것이다. 토스의 데이터를 연동할 수 있으면 통장 개설에서 사용자가 입력해야 하는 정보를 자동으로 입력해 사용자의 수고를 덜어줄 수 있다.

tossbank 계좌 인증

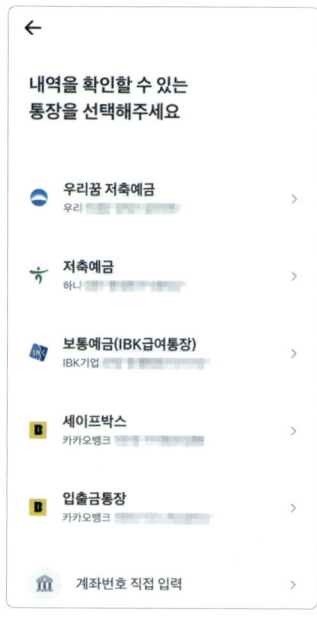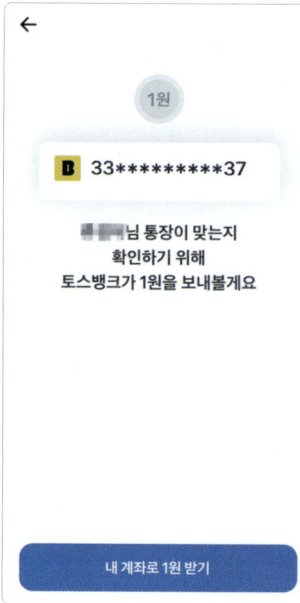

kakaobank 계좌 인증

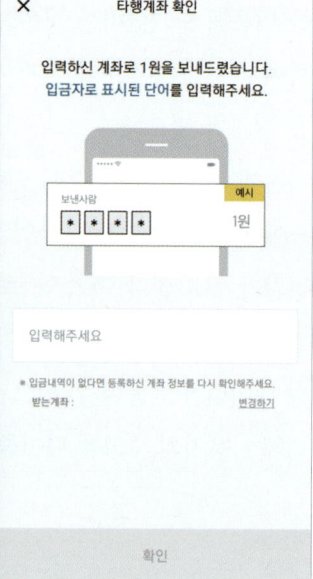

토스와 카카오의 계좌 인증 화면 비교

계좌 개설 과정에서 토스 정보 연동과 자동화의 편의성을 체험해 볼 수 있는 대표적인 화면이 바로 계좌 인증이다. 비대면 계좌 개설 시 본인이 소유한 다른 계좌에 돈을 입금하고 보낸 사람에 기재된 인증 번호를 입력해 인증을 받는 본인 계좌 인증 절차가 필요하다(일명 1원 송금 방식). 가령 다른 금융 앱이라면

1. 은행을 선택하고 계좌번호를 입력한 후 돈이 입금되면
2. 다른 금융 앱을 열어 입금된 내역을 확인한 후 내역에 쓰여 있는 인증 코드를 확인
3. 다시 앱을 열고 인증 코드를 입력한 후 확인 버튼을 클릭

위와 같은 복잡한 절차가 필요하다. 하지만 토스는 이 모든 과정이 자동화되어 있다. 내역을 확인할 수 있는 계좌를 선택하면 자동으로 돈을 보내고 돈을 받으면 토스가 입금 내역을 확인하고 코드를 자동으로 읽어서 계좌 인증을 확인한다. 다른 앱은 다른 금융 앱을 실행시키고 코드를 확인해야 하는데, 왜 토스만 자동으로 코드를 읽어올 수 있는 걸까? 비밀은 간단하다. **토스에 오픈뱅킹[2]을 등록해 토스가 내 계좌 정보를 가지고 있고 내 계좌로 입금된 정보를 확인할 수 있기 때문**이다. 토스가 내 계좌 정보를 가지고 있으니 계좌 정보를 입력하지 않고도 보유한 계좌 목록을 표시할 수 있고 내 계좌로 입금된 정보를 확인할 수 있으니 사용자가 인증 번호를 입력하지 않아도 자동으로 인증 코드를 확인할 수 있는 것이다.

보통 다른 금융 앱에서 오픈뱅킹 등록은 본인 인증을 하고 계좌 개설을 한 이후에나 가능하다. 그런데 토스는 은행이 출범하기 이전에 이미 오픈뱅킹 서비스를 지원하고 있었고 오픈뱅킹에 가입한 회원도 많았기 때문에 이러한 방식이 가능한 것이다. 토스가 혁신적인 기술을 이용해 자동화했다기보다는 남들은 계좌 개설 이후 가질 수 있는 정보들을 미리 가지고 있었기 때문에 가능한 것이다. 이런 방식은 슈퍼 앱인 토스만이 가능한 방식이다.

---

[2] 금융결제원 공동망을 이용해 다른 금융 기관의 금융 정보를 조회하고 이체가 가능하도록 지원하는 서비스. 오픈뱅킹을 이용하면 하나의 앱으로 모든 금융 정보를 조회하고 관리하는 것이 가능해진다.

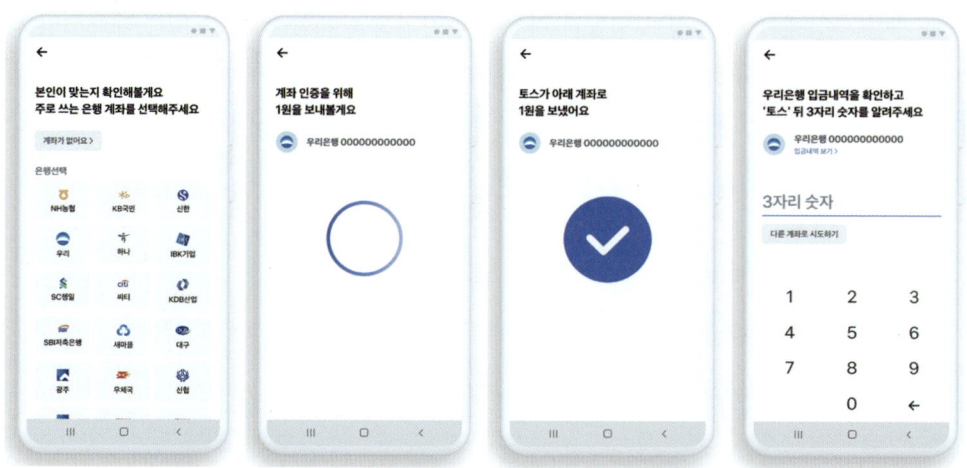

오픈뱅킹 도입 이전 토스의 1원 인증 화면 (사진 출처: 토스 고객센터)

토스 역시 오픈뱅킹 도입 전에는 카카오와 동일하게 계좌번호를 입력하고 타 은행 앱을 열어 코드를 확인한 후 토스 앱에서 인증 코드를 입력해야 했다. 토스가 돈을 마구 뿌려가며 오픈뱅킹 가입을 독려하고 사용자 정보를 수집하는 것 역시 이런 이유다. 사용자 정보가 많으면 많을수록 더 많은 정보를 자동화할 수 있고 정보의 정확도와 신뢰도가 높아지며 사용자 편의성 또한 올라간다. 내 보장을 확인하기 위해 500원을 받고 보험 정보를 토스에 등록하고 금융 관리 미션을 하고 포인트를 받으면서 내 신용정보를 연동하고 하나둘씩 내 정보를 넘겨주다 보면 어느새 토스가 나의 모든 금융 정보를 보유하게 되고 타 앱에 비해 압도적인 편의성과 높은 정확도로 사용자에게 적합한 금융 상품을 추천하게 될 것이다. 우리는 알게 모르게 토스의 마수(?)에 빠져든 것이다.

토스의 비대면 계좌 개설이 물 흐르듯이 끊김 없이 진행되는 이유, 그냥 토스가 시키는 대로 누르다 보면 어느새 계좌 개설이 완료되는 이유도 자동화와 연관이 있다. 다른 앱들은 계좌 개설을 위해 본인 확인 정보를 입력하고 개인정보를 입력하고 타행 계좌 인증(1원 송금)을 해야 한다. 이 과정에서 다른 앱을 실행하거나 오류 또는 이탈의 가능성이 있는 것은 덤이다(휴대폰 본인인증 코드를 확인하기 위해, 1원 송금 코드를 확인하기 위해 타 은행 앱을 실행시킬 때). 그런데 토스는 이 과정이 자동화되어 있으니 앱에서 시키는 대로 다음 버튼을 누르기만 하면 된다. 토스 계좌 개설 단계 중 사용자가 무언가 액션을 취해야 하는 것은 신분증 인증밖에 없다.

신분증 인증의 수월함도 토스의 회원가입이 막힘없이 진행될 수 있는 이유 중 하나다. 계좌 개설 과정에서 신분증 인증은 보통 제일 마지막 단계에서 진행된다. 그런데 신분증 인증은 인증률이 낮고 오류가 자주 발생해 계좌 개설의 의지를 꺾는 것으로 유명하다. 다들 한 번쯤 신분증 인증 실패로 애먹어본 경험이 있을 것이다. 모든 정보를 다 입력하고 신분증 인증만 완료하면 계좌 개설이 끝나는데, 신분증 인증이 안 되면 사용자는 얼마나 짜증이 날까? 그런데 토스는 주민등록증이든 면허증이든 한방에 신분증을 인식한다(이게 얼마나 대단한 일인지 신분증 인증으로 애먹어본 사람은 안다). 수십 번을 시도해 봐도, 밝은 곳에서도 어두운 곳에서도, 신분증의 인식률과 정확도가 높고 오류가 발생하지 않는다. 비대면 계좌 개설을 하면서 한방에 인증에 성공한 건 토스가 처음이었다. 이런 사소한 경험의 차이가 서비스의 신뢰도와 충성심을 만든다(토스 신분증 인증의 수월함을 경험한 순간 '이렇게 편하게 할 수 있는데 다른 앱들은 왜 못하는 거야'라는 생각이 들었다).

UI/UX 부분에서도 토스의 편의성은 돋보인다. 토스는 One Thing per One Page라는 디자인 철학을 잘 활용하는 것으로 유명하다. 인지 측면에서 One Thing per One Page는 잘 사용하면 사용자 이해도와 편의성을 높일 수 있지만, 잘못 사용하면 페이지 수가 많아지고 늘어지는 느낌을 준다. **One Thing per One Page의 핵심은 사용자 인지와 페이지 수 증가 사이에서 어떻게 적절한 밸런스를 유지할 수 있느냐**에 있다.

회원가입을 예로 들어보자. 회원가입에서 입력해야 하는 정보가 11개일 때 정보 하나마다 페이지를 쪼갠다면 11개의 페이지가 필요하고 사용자는 10번의 다음 또는 확인 버튼을 눌러야 한다. 너무 잘게 쪼개면 오히려 한 페이지에서 정보를 받을 때보다 더 불편해지는 경우가 생긴다. One Thing per One Page를 제대로 활용하려면 **유사하거나 연속적인 정보 또는 기능은 최대한 그루핑하여 한 페이지로 구성해 페이지 수를 적절하게 유지**하는 것이 중요하다. 비밀번호와 비밀번호 확인 같은 유사 기능은 한 페이지에서 구성하거나 필수로 입력하지 않아도 되는 선택사항은 한 페이지에 몰아넣는 식으로 말이다.

■ tossbank 금융 거래 정보 입력

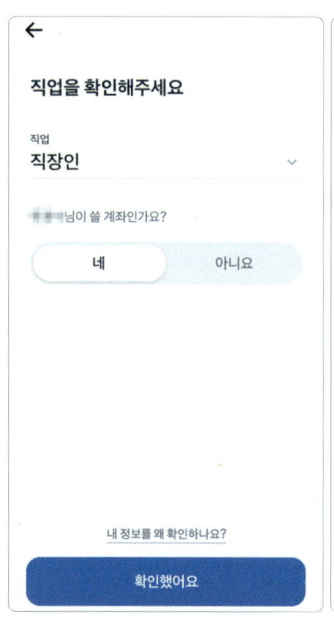

■ kakaobank 금융 거래 정보 입력

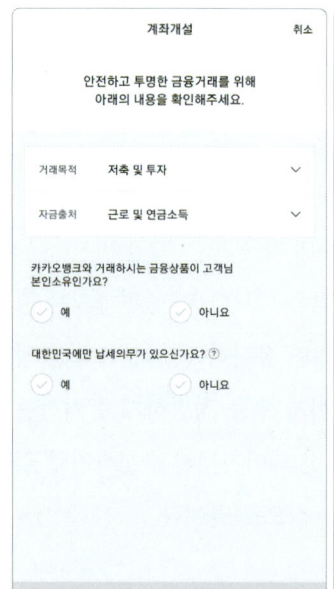

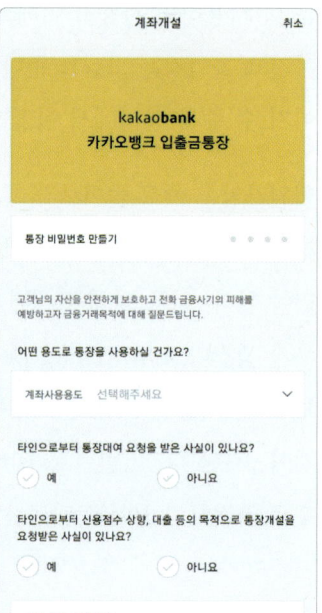

토스와 카카오 뱅크의 금융 거래 정보 입력 화면 비교

이러한 관점에서 토스와 카카오의 금융 거래 정보 입력 화면을 비교해 보자. 두 앱의 정보 입력 화면은 많은 차이가 있는데, 언뜻 보기에도 카카오가 토스보다 한 화면에서 입력해야 하는 정보가 많은 편이다. 우리가 주목해서 봐야 할 것은 카카오뱅크의 첫 번째 화면에 있는 계좌 본인 소유 여부와 납세 의무 체크박스다. 카카오뱅크는 거래 목적, 자금 출처, 계좌 본인 소유 여부, 납세 의무 4가지 정보를 하나의 화면에서 입력한다. 반면 토스는 직업과 계좌 본인 소유 여부를 한 페이지, 거래 목적과 자금 출처, 납세 의무를 한 페이지로 해서 2개 페이지로 분리했다. 토스와 카카오는 정보 입력 방식에도 차이가 있는데, **카카오는 거래 목적과 자금 출처를 고객이 직접 선택해야 하는 반면, 토스는 직업이 직장인으로 자동 선택되어 있고 직장인을 선택하면 거래 목적과 자금 출처가 자동으로 선택**된다(토스 회원 정보를 조합하여 학생, 직장인, 사업자 여부를 판단하여 자동으로 선택해 주는 것 같다). 같은 정보를 입력받더라도 카카오뱅크는 입력해야 할 정보가 많지만 토스는 자동 입력된 정보를 확인한 후 확인했어요 버튼을 누르기만 하면 된다.

카카오와 달리 토스가 직업 정보를 확인하는 이유도 자동화와 관련이 있다. 직업을 알아야 거래 목적과 자금 출처의 자동 입력이 가능하다. 직업을 사업자로 선택하면 거래 목적이 사업상 거래로, 자금 출처가 사업 소득으로 자동 입력된다. 굳이 카카오가 받지 않는 직업 정보를 받는 이유는 직업 정보는 기존 토스 가입 정보를 통해 어느 정도 자동화가 가능하고 직업 정보가 선택되어 있어야 거래 목적과 자금 출처를 선택한 직업 정보에 따라 자동으로 입력할 수 있기 때문이다. 이는 **입력 항목을 최대한 자동화하여 고객의 정보 입력을 최소화하기 위한 정보 설계**다.

이외에도 사용자 친화적인 대화형 문장(UX Writing), 불필요한 동의 절차를 최소화한 약관 동의 페이지, 계좌 개설 후 마치 한 단계인 것처럼 자연스럽게 연결되는 체크카드 만들기와 토스페이 연계, 본 기능에는 없지만 토스에서 처음 선보인 거꾸로 입력하는 입력 정보 화면이나 동의 버튼이 활성화되어 있는 약관 동의 페이지 등 토스의 모든 화면은 기존 금융의 관습을 버리고 철저히 사용자 관점에서 친화적으로 설계되어 있다. 입력 정보 자동화와 사용성을 고려한 정보 설계, 그것이 토스가 쉽고 편한 이유다.

마지막으로 토스의 비대면 계좌 개설이 편리한 이유를 총정리하며 이번 절을 마무리하겠다.

1. 단계 하나에 하나의 정보나 선택만 요구하고 유사 정보끼리 그루핑이 잘 되어 있다.
2. 정보를 입력하거나 선택하고 다음 단계를 넘어가는 것이 물 흐르듯 설계되어 있다.
3. 개인 정보, 인증 코드 입력 등 모든 기능을 최대한 자동화한다.
4. 신분증 인식률이 좋고 정확도도 높다. 한방에 신분증 인증이 성공한 것은 토스가 처음이다.
5. 계좌 개설 후 마치 하나의 단계인 것처럼 자연스럽게 오픈뱅킹과 체크카드 생성을 연계한다.
6. 중간에 에러가 발생한다든가 이탈한다든가 하는 불쾌한 경험이 없다. 그냥 시키는 대로 따라 하기만 해도 계좌 개설이 가능하다.

6.2 _ 맥도날드 키오스크는 왜 불편할까?

앞 장에서 사용자 관점에서 편리한 서비스를 살펴봤으니 이제 불편한 서비스를 살펴볼 차례다. 최근 2~3년 동안 사용자 원성이 가장 높았던 서비스, 남녀노소 가리지 않고 입을 모아 말하는 불편한 사용자 경험의 대명사. 바로 키오스크 서비스다. 그중에서도 특히 맥도날드 키오스크는 불편하기로 악명높다. 그냥 불편한 수준을 넘어 국정감사에 언급될 정도니 말이다.

수많은 언론 보도, 국정 감사, UI/UX를 다루는 아티클에서 키오스크의 불편함에 대해 언급하지만, 키오스크가 어떻게 불편한지, 왜 불편한지에 대해 언급하는 사람은 아무도 없다. 그래서 준비했다. **맥도날드 키오스크는 왜 불편한 것이고 어떻게 개선할 수 있을까?**

맥도날드 키오스크의 불편함에 대해 알아보기 전 이미 고령화가 시작된 초고령 국가, 시니어들도 오래전부터 익숙하게 키오스크를 이용해 온 키오스크 강국, 일본의 사례를 먼저 살펴보자.

이치란 라멘의 식권 자판기[3]

일본의 키오스크는 직관적이고 단순하다.

1. 돈을 넣는다.
2. 원하는 메뉴를 누르면 메뉴와 교환할 수 있는 식권이 나온다.
3. 메뉴 선택을 완료하면 반환 버튼을 눌러 잔돈을 반환한다.
4. 구매한 식권을 가지고 자리에 앉은 후 식권을 종업원에게 전달하면 주문 완료.

---

[3] 사진 출처: https://blog.naver.com/10hee26_/223179755310

사실상 키오스크라기보다는 자판기에 가까운 형태다. 메뉴명과 사진을 함께 표시해서 메뉴를 이해하기 쉽고 물리적으로 버튼이 있어 주문하기도 편리하다(메뉴가 많은 식당은 메뉴명만 표시한다). 복합 주문이나 옵션 추가도 쉬운 편인데, 라면+계란 추가+맥주라는 주문을 처리하려면 라면을 눌러 라면 식권을 받은 후 계란 버튼을 눌러 계란 식권을 받고 맥주 버튼을 눌러 맥주 식권을 받은 후 3개 식권을 종업원에게 전달하면 계란이 추가된 라면과 맥주를 받을 수 있다. 가게에 따라서 자판기에 메뉴별 사이즈 구분이나 세트 메뉴를 구성하는 곳도 있다(라면S, 라면M, 라면L이나 라면+교자만두 같은 식으로). 처음 보는 사람이라도 쉽게 주문할 수 있게끔 자판기에는 숫자를 붙여 순서를 친절하게 안내한다(관광객이 많은 곳은 한국어나 영어 안내도 있다). **모든 자판기의 주문 순서와 작동 방식이 동일**하기 때문에 기본적인 사용 순서와 방법만 이해하면 **어떤 식당, 어떤 자판기에서도 헤맬 필요 없이 쉽게 사용할 수 있는 것도 장점**이다.

물론 구조상의 한계도 존재한다. 돈을 먼저 넣고 메뉴를 선택할 때마다 돈이 차감되는 방식이기 때문에 현금 결제만 가능하고 키오스크처럼 주방과 주문이 연동되는 방식이 아니라 뽑은 식권을 종업원에게 전달해야 주문이 완료된다(그래서 자판기가 대부분 식당 입구 쪽에 있다). 메뉴가 많거나(이자카야) 선택지가 다양한 음식(써브웨이)에는 사용할 수 없는 방식이다.

자, 이제 본격적으로 맥도날드 키오스크를 분석해 보자. 맥도날드 키오스크가 불편한 이유는 크게 5가지다.

1. 너무 많은 광고 노출로 인한 시선 분산
2. 불필요한 터치 요소와 선택 옵션이 너무 많음
3. 불필요한 추가 선택 메뉴 강요
4. 이미지 크기에 비해 작은 텍스트
5. 복잡한 결제 절차

1. 너무 많은 광고 노출로 인한 시선 분산

이건 맥도날드에만 해당하는 문제는 아니고 모든 키오스크에 해당하는 문제다. 그런데 맥도날드 키오스크가 다른 키오스크에 비해 유독 불편한 이유는 광고를 잘못된 방식으로 노출하고 있기 때문이다. 키오스크에서 광고 영역은 보통 신제품 홍보를 위해 사용된다. 여기서 잠시 맥도날드 키오스크의 광고 노출 영역을 살펴보자.

대기 화면의 광고 영역   메뉴 선택 화면의 광고 영역

맥도날드 키오스크의 광고노출 영역

맥도날드 키오스크는 대기화면(첫 화면), 메뉴 선택 화면 2가지 영역에서 광고를 노출한다. 이 광고의 문제점은 광고가 너무 크고 눈에 띈다는 데 있다. 광고 요소를 빼고 비교해 보자.

맥도날드의 메뉴 선택 화면　　　　　　KFC의 메뉴 선택 화면

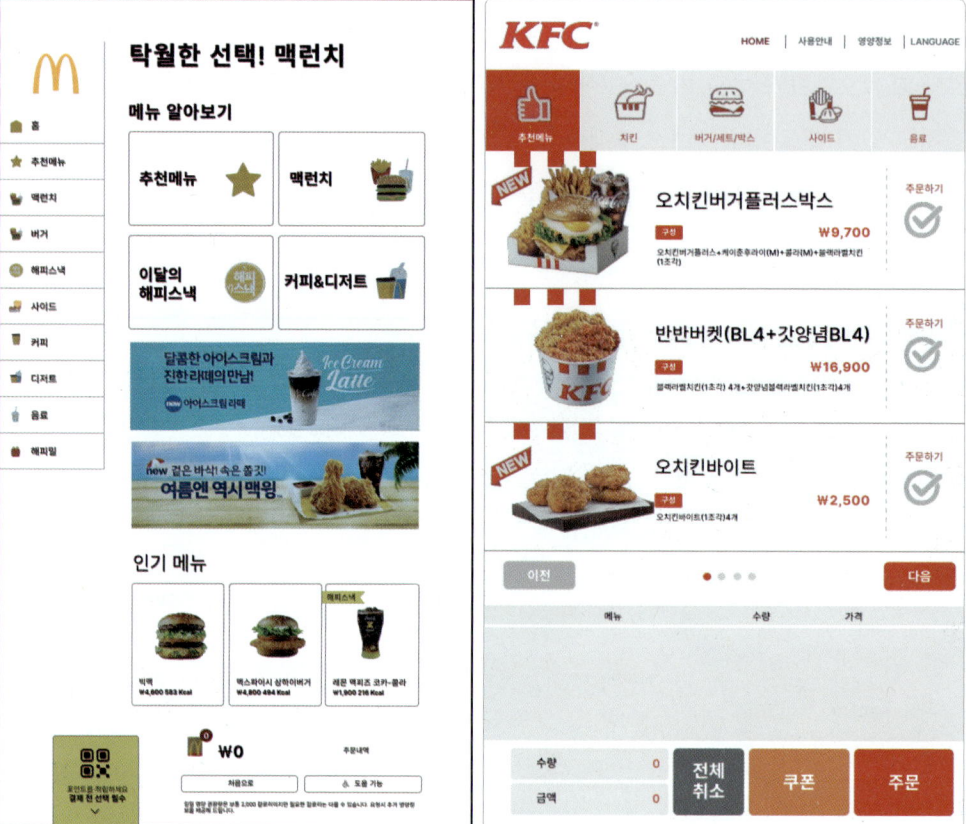

맥도날드와 KFC의 메뉴 선택 화면 비교

한눈에 봐도 차이가 느껴지는가? 맥도날드 키오스크는 다른 키오스크에 비해 디자인이 심플하다. 컬러도 최소화했고 쓸데없는 오브젝트나 디자인 요소를 사용하지 않는다. 이렇게 심플한 디자인에 화려한 컬러가 들어간 광고를 넣는다고 생각해 보자. 고객이 보기엔 어떨까? 밋밋한 메뉴 버튼보다 화려한 컬러의 광고가 먼저 눈에 들어오지 않을까?

'오늘은 빅맥을 먹어볼까' 하는 목적을 가진 고객이 키오스크에 접근했더라도 화려한 광고에 눈을 빼앗길 수밖에 없는 디자인이다. 물론 다른 키오스크에도 광고는 있다. 하지만 맥도날드 키오스크는 다른 키오스크들에 비해 디자인이 심플해 광고에 더 눈이 갈 수밖에 없는 구조다. 심플한 디자인+화려한 광고, 두 가지 요소가 결합되면 고객은 본래 목적보다 광고를 먼저 볼 수밖에 없게 된다. 인지 측면에서 혼란을 줄 여지가 생기는 것이다.

그렇다면 광고를 제거하는 것이 사용성을 높이기 위해 옳은 것일까? PM이라면 사용성뿐만 아니라 비즈니스적인 부분도 함께 고려해야 한다. 광고가 사용성을 다소 해칠지라도 매출 증대에 도움을 줄 수 있다면 없는 것보다 있는 것이 더 낫다.

'오늘은 빅맥을 먹어볼까'하는 목적을 가진 고객이 창녕불고기 버거의 광고를 보고 '오, 저게 더 맛있어 보여 저걸 먹자'하고 메뉴를 변경한다면 비즈니스 관점에서 볼 때 두 가지 효과가 발생한다. 광고가 아니었다면 주문하지 않았을 신제품 홍보 효과, 그리고 원래 주문하려고 했던 빅맥과 신제품의 가격 차이(빅맥이 5,000원, 창녕갈릭버거가 7,000원이라고 가정할 경우)로 인한 매출 증대 효과가 그것이다. 비즈니스적인 효과를 알아보는 방법은 간단하다. 키오스크에서 광고가 터치되는 비율(클릭률), 광고를 통해 상품을 주문한 비율(구매 전환율)을 확인해 보면 광고의 효용성을 알아볼 수 있다. 하지만 우리는 내부 수치를 확인할 수 없으니 대략 추정해 보는 방법밖에 없다.

광고로 인한 매출 증대 효과부터 살펴보자. 그런데 여기에는 함정이 하나 숨어있다. 광고로 인해 매출이 늘어날 수도 있지만 반대로 줄어들 가능성도 존재하는 것이다. 5,000원짜리 빅맥을 먹으려던 고객이 광고를 보고 7,000원짜리 창녕갈릭버거로 메뉴를 변경한다면 2,000원의 매출 증대 효과가 발생하지만, 반대로 8,000원짜리 더블쿼터파운더를 먹으려던 고객이 광고를 보고 7,000원짜리 창녕갈릭버거로 메뉴를 변경하면 1,000원의 매출 감소 효과가 발생한다. 한 가지 케이스가 더 있다. 햄버거를 먹으려고 키오스크 앞에 선 고객이 맥플러리 광고를 보고 '날씨도 덥고 입맛도 없는데 햄버거 말고 아이스크림이나 먹을까?'라고 메뉴를 변경하면 오히려 매출이 감소한다. 키오스크의 광고는 사용성을 해치면서까지 할 정도의 효과가 있는지 증명하기도 어렵고 반대로 역효과가 날 가능성도 존재한다.

유형의 매출 증대 효과가 없다면 무형의 광고 효과는 어떨까? 광고로 인해 신제품이 대중에게 노출되고 인지도가 높아지는 효과 말이다. 그런데 이건 맥도날드가 신제품을 어떤 용도로 활용하는지, 즉 맥도날드의 신제품 활용 유형을 살펴볼 필요가 있다. 맥도날드 신제품은 크게 두 가지 스타일이다. 반응을 살펴보기 위한 시범 메뉴와 기간 한정 판매가 그것이다. 맥도날드는 신제품을 출시하고 고객의 반응이 좋으면 정식 메뉴로 전환하는 식으로 신제품을 일종의 테스트베드처럼 활용한다. 신제품을 발매하고 홍보를 통해 시장에 안착시키기보다 야생에 던져놓고 살아남는 것만 살리는 방식이다. 이런 신제품 출시 방식은 광고의 영향보다 입소문의 영향을 많이 받는다. 광고로 인한 신제품 홍보 효과가 크지 않다는 얘기다.

이를 증명하는 연구 결과도 있다. 연구[4]에 따르면 키오스크 이용 시 시선 이동을 아이트래커[5]로 체크하여 분석한 결과 광고 영역은 안내 문구 다음으로 이용자의 시선 이동 빈도가 낮고 시선이 머무는 시간도 짧았다. 연구에서는 광고 영역을 축소하고 메뉴 주문을 위해 필요한 정보만 노출하는 것이 효율적이라는 실무적 시사점을 제시했다. 광고가 마케팅이나 매출, 사용성 면에서 큰 도움이 되지 않는 것이다.

아이트래커를 이용한 맥도날드 키오스크 시선 이동 분석[6]

---

4 "키오스크 이용 시 나타나는 시니어의 시선 이동 분석 연구: 아이트래커를 활용하여" 홍익대학교 대학원 디자인학부 양여름 / 2020

5 시선추적장치. 눈이 보는 위치와 순서, 즉 사람들이 어디를 가장 많이 보고 어디를 오래 보는지를 분석하여 이를 마케팅 및 서비스 개선 용도로 활용한다. 안구의 움직임을 측정하기 위해 보통 안경같은 형태가 주로 쓰인다.

6 자료 출처: "키오스크 이용 시 나타나는 시니어의 시선 이동 분석 연구: 아이트래커를 활용하여"(2020)

대기화면의 광고 영역도 마찬가지다. 대부분의 키오스크가 대기화면에 화려한 광고를 노출하며 소비자를 유혹한다. 키오스크의 광고 효과가 낮다면 굳이 전면에 광고를 노출할 필요가 없다. 키오스크의 본래 목적인 **주문을 돕기 위한 보조수단**으로의 역할에 충실하기 위해 대기화면에서 광고를 제거하고 사용성을 개선해 보자.

Step 1) 대기 화면

Step 2) 식사 방법 선택

맥도날드 키오스크의 대기화면과 식사 방법 선택 화면

맥도날드 키오스크 대기화면에는 치명적인 문제점이 두 개 있다. 대기화면에서 다음 페이지로 이동하는 주문하기 버튼이 너무 작아 사용자의 눈에 띄지 않고, 광고를 너무 크게 노출해 정작 주문 과정에서 꼭 필요한 식사 방법 선택을 다음 페이지로 쪼개 놓았다는 것이다. 이는 사용자에게 불필요한 터치를 유발하는 구조다.

맥도날드 키오스크 대기화면의 사용성을 개선하려면 다음을 수행해야 한다.

1. 불필요한 광고 영역을 제거하고
2. 다음 페이지로 넘어가지 않아도 식사 방법을 선택할 수 있도록 Step 1과 Step 2 페이지를 하나로 합치고
3. 버튼 영역을 눈에 잘 띄고 터치하기 편한 위치에 배치한다.

말로 길게 어렵게 써놔서 그렇지 사실 개선 방법은 쉽다. Step 1을 없애면 된다. Step 2 화면이 저 모든 요건을 충족하고 있으니 말이다.

AS-IS

TO-BE (서점직원의 개선안)

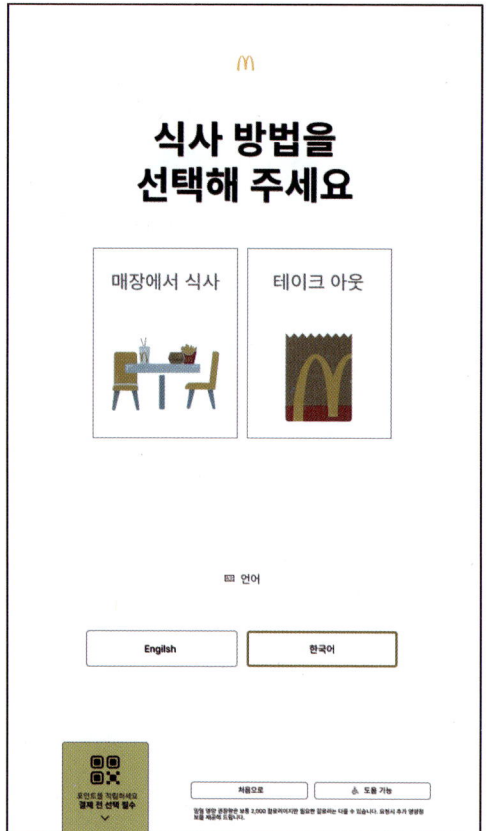

서점직원의 대기화면 개선안

위 그림은 앞에서 설명한 내용을 바탕으로 변경한 개선안이다. 크게 바꾼 것은 없고 몇몇 문구와 디자인만 살짝 변경했다. 우선 사용자 입장에서 딱딱한 한자어 대신 사용자 친화적인 쉽고 편한 대화체로 문구를 변경했고 용어는 용례에 맞게 변경했다. AS-IS에서는 '식사'라는 단어를 타이틀의 '식사 방법을 선택해 주세요'와 '매장에서 식사' 2개 영역에 사용하고 있는데, 이때 '식사'라는 용어의 성격이 각자 다르므로 직관적이고 이해하기 쉬운 용어로 변경했다(주문, 먹기). '테이크아웃'이라는 외래어는 시니어를 고려하여 '포장하기'라는 용어로 대체하고 버튼의 크기를 조금 키우고 아래에 있는 언어 선택을 위로 배치했다. '매장에서 먹기'와 '포장하기' 버튼이 가운데보다 살짝 위에 있는 이유는 사용자의 눈높이와 터치 위치를 고려한 것이다. 사용자의 눈높이와 터치 위치를 고려했을 때 사용자가 보고 터치하기 쉬운 위치는 가운데보다 조금 높은 위치가 좋다(AS-IS도 버튼이 중앙보다 살짝 위에 위치해 있다). 버튼은 컬러를 넣지 않고 선택 시 테두리로 처리했는데, 버튼에 컬러를 넣으면 사용자의 눈에 띄고 터치해야 한다는 무언의 시그널을 주게 된다. 그래서 미리 선택되어 있는 언어는 선택되었다는 표시로 노란색 테두리를 넣었고, '매장에서 먹기', '포장하기' 버튼은 자유로운 선택을 위해 특별한 디자인 요소를 넣지 않았다.

2. 불필요한 터치 요소와 선택 옵션이 너무 많음

맥도날드 키오스크로 햄버거를 주문하려면 총 몇 번의 터치를 해야 할까? 실제 키오스크 화면을 보면서 몇 번의 터치가 필요한지 살펴보자.

Step 1) 전체 메뉴

Step 2) 메뉴 선택

Step 3) 단품, 세트 여부

Step 4) 미디움, 라지 여부

Step 5) 사이드 메뉴 선택 Step 6) 음료 선택 Step 7) 최종 확인 Step 8) 메뉴 추가

맥도날드 키오스크에서 햄버거 세트를 주문할 때 주문 플로우

맥도날드 키오스크에서 햄버거를 주문하려면 총 8번의 Step, 7번의 터치가 필요하다. 과정 자체도 복잡하고 터치해야 할 것도 많아 고객 입장에서 맥도날드 키오스크는 이용하기에 불편하다고 느낄 수밖에 없다. 그런데 맥도날드 키오스크가 이런 UI가 된 데는 나름의 이유가 있다.

햄버거는 선택지가 많다. 단품, 세트 선택부터 세트라도 M 사이즈인지 L 사이즈인지, 사이드 메뉴는 감자튀김을 먹을 것인지 코울슬로를 먹을 것인지, 콜라는 일반 콜라인지 제로 콜라인지 등 어떤 것을 선택하느냐에 따라 조합이 무궁무진하다.

시니어들이 유독 패스트푸드 키오스크 이용을 어려워하는 이유도 이런 햄버거의 특성에 기인한다. 선택할 수 있는 옵션이 많기 때문이다. 맥도날드 키오스크가 유독 터치가 많고 복잡한 것은 사용자가 모든 옵션을 선택할 수 있게끔 펼쳐놓았기 때문이다. 좋게 말하면 다양성을 존중한 것이고 나쁘게 말하면 사용자에게 불필요한 터치를 유발하는 구조라고 할 수 있다. 맥도날드 햄버거 세트 주문 플로우를 살펴보면 철저히 한 페이지에서 하나의 기능만 선택할 수 있게 설계되어 있다. 앞 장에서 언급한 One Page, One Thing을 충실히 따른 디자인이다. 물론 이건 Bad Case다.

선택해야 하는 요소도 많고 그것을 하나하나 다 쪼개 놓았으니 당연히 페이지도 많고 복잡해질 수밖에 없다. 단적인 예로 Step 3의 단품/세트 선택과 Step 4의 미디움/라지 선택은

사실 한 페이지에 합쳐 놓아도 선택에 큰 무리가 없는 화면이다. 한 페이지에서 하나의 기능만 배치해야 한다는 강박이 이런 UI를 만든 것이다. 꼭 기억하자. 한 화면에 하나의 기능을 배치하는 것이 중요한 게 아니다. **유기적으로 이전 페이지와 다음 페이지가 연결되도록 설계하고 비슷한 요소는 묶어 사용자의 불필요한 터치를 최소화하는 것**, 그게 One Page, One Thing의 핵심이다.

이제부터 본격적으로 Step을 하나씩 살펴보며 문제점과 개선 방안을 도출해 보자.

일단 앞서 언급한 단품/세트 선택과 세트 선택 시 미디움, 라지 선택 화면, 이 두 개 화면은 성격이 비슷하니 한 페이지로 통합하여 불필요한 터치를 줄이고 일부 문구를 사용자 친화적으로 수정하자.

맥도날드 키오스크의 세트 선택 여부 화면 개선안

우선 단품/세트 여부와 사이즈 선택으로 분리되어 있는 화면을 한 페이지로 통합했다. 데이터에 따라 단품보다 세트 선택 확률이 높으면 단품을 아래로 내리고 세트를 위로 올리는 식으로 순서를 조정할 수 있게 블록 형태로 UI를 구성했다. 사용자의 이해를 돕기 위해 단품 선택이라는 모호한 명칭을 '햄버거만', '세트 M', '세트 L'로 변경했고 각 요소는 명칭과 가격 위치를 이미지 위로 변경했다. 사람의 시선이 위에서 아래로 내려간다는 것을 고려한 다면 햄버거 단품과 세트는 이미지보다 텍스트가 상품의 속성을 명확히 인지하기에 적합 하다는 판단 때문이다. 단품과 세트만 있다면 이미지만으로 단품과 세트를 구분할 수 있지 만, 세트 M과 세트 L은 상품 이미지는 동일하고 사이즈만 다르기 때문에 이미지로 명확하 게 구분하기가 어렵다. 마지막으로 미디움과 라지 세트는 고객의 이해를 돕기 위해 아래에 용량을 기재했다.

다음으로 사이드 메뉴와 음료 선택 화면을 살펴보자.

Step 5) 사이드 메뉴 선택

Step 6) 음료 선택

Step 7) 최종 확인

맥도날드 키오스크 세트 메뉴의 사이드 메뉴 및 음료 선택 화면

맥도날드 키오스크는 사이드 메뉴를 선택할 때 한 번, 음료를 선택할 때 또 한 번, 마지막 으로 선택한 메뉴를 최종 확인할 때 한 번, 총 3번의 Step을 거쳐야 주문할 메뉴를 장바구 니에 추가할 수 있다. 앞서 말한 전형적인 One page, One Thing 구조인데, Step을 줄이 자고 사이드와 음료 선택을 한 화면에 합쳐버리면 고객 인지 측면에서 과부하가 걸리기도

하고 스크롤이 생겨 한 화면에서 모든 메뉴를 표시할 수 없는 문제가 발생한다(지금도 음료 선택에서 스크롤이 생긴다). 이는 햄버거 세트 메뉴의 선택지가 많기 때문에 생기는 구성상 한계이기도 하다. 그렇다면 단계나 터치를 최대한 줄이면서 고객이 원하는 메뉴를 쉽게 선택할 수 있는 방법은 없을까?

메뉴 구성상 한계가 있다면 발상의 전환으로 문제를 해결해보자.

햄버거 세트 메뉴를 선택할 때 꼭 사이드와 음료를 모두 선택해야 할까? 우리가 햄버거 세트 메뉴를 주문할 때 어떤 사이드 메뉴와 음료를 고르는지 한번 생각해 보자. 필자는 주로 사이드는 감자튀김, 음료는 콜라를 선택한다. 정확한 데이터는 없지만, 아마도 많은 사람이 사이드는 감자튀김, 음료는 콜라를 선택할 것이다(세트 메뉴의 근본이 콜라와 감자튀김이니까). 다른 것을 선택한다고 해봐야 제로 콜라를 선택하거나 오늘은 배가 부르니 감자튀김 말고 코울슬로를 먹어볼까 하는 정도가 사람들이 선택할 수 있는 일반적인 선택지다.

햄버거 세트 메뉴를 주문하는 사람 중 콜라 말고 환타를 고르는 사람의 비율이 과연 얼마나 될까? 사이드 메뉴를 감자튀김이 아니라 코울슬로로 선택하는 사람의 비율은 몇 %일까? 아마 필자의 추정으로는 콜라나 제로 콜라, 감자튀김을 선택하는 사람들이 최소 50%는 될 거라고 생각된다. 맥도날드 매장에서 이 구성 말고 다른 구성을 선택하는 사람을 거의 보지 못했으니까.

데이터상 세트 메뉴를 주문하는 사람 중 60%가 감자튀김과 콜라를 주문한다고 가정해 보자. 전체의 60%가 감자튀김과 콜라를 주문하는데, 감자튀김과 콜라를 기본값으로 설정해 놓고 사이드와 음료를 변경할 수 있는 변경 버튼을 넣으면 최소한 60%의 사용자는 불필요한 사이드와 음료 선택 없이 세트 메뉴를 주문할 수 있을 것이다.

TO-BE (서점직원의 개선안)

맥도날드 키오스크 세트 메뉴 선택 화면 개선안

UI/UX를 설계할 때 많은 사람이 실수하는 것 중 하나가 모든 이용자를 고려하여 UI를 설계하는 것이다. 그게 연령이든 취향이든 말이다. 모든 사람을 만족시킬 수 있는 방법은 없다. UI/UX는 확률 게임이다. 모든 사람이 불편하더라도 모든 이용자를 만족시킬 수 있는 UI와 소수의 사람만 불편하고 나머지 대다수 사용자가 편리할 수 있는 UI 중 하나를 선택해야 한다면 소수를 포기하고 다수를 만족시킬 수 있는 방법이 정답일 수 있다. 맥도날드 키오스크는 환타와 코울슬로를 선택하는 소수 사용자를 위해 콜라와 감자튀김을 선택하는 다수 사용자에게 불필요한 터치를 강요하고 있는 것이다. 선택과 집중, 기획자가 꼭 잊지 말아야 할 원칙이다.

3. 불필요한 추가 선택 메뉴 강요

햄버거를 선택하고 복잡한 옵션 선택 과정을 거쳐 상품을 장바구니에 추가했다. 그럼 이제 결제만 남은 걸까? 아니다. 맥도날드 키오스크는 그렇게 호락호락하지 않다. 결제로 넘어가기 전 한가지 단계가 더 있다.

Step 1) 선택 메뉴 확인

Step 2) 메뉴 추가 완료

Step 3) 추가 메뉴 선택

맥도날드 키오스크의 장바구니 추가 플로우

맥도날드 키오스크는 장바구니에 상품을 담으면 추가 가능한 사이드 메뉴를 안내한다. 말이 좋아 추천이지 사실상 강매에 가깝다.

사용자에게 사이드 메뉴를 추천해 주는 게 꼭 나쁜 것만은 아니다. 추천 상품은 때에 따라 사용자가 놓치고 있었던 정보를 리마인드해 주는 역할도 하니 말이다. 중요한 것은 이게 정말 사용자에게 필요한 정보인가 하는 것이다. 기존 주문 정보를 분석해 상품을 큐레이션 해 주는 것도 아니고 선택한 상품에 맞는 적합한 상품을 추천해 주는 것도 아니다. 단지 관리자가 설정해 놓은 신제품과 잘 팔릴 만한 사이드 상품을 나열하는 것이 전부다.

위 키오스크 장바구니 추가 플로우를 보면서 생각해 보자. 햄버거 세트 메뉴를 주문할 때 '오늘은 배가 많이 고프니 사이드 메뉴를 추가해 볼까?'라고 생각하는 사람에게 스낵랩이나 맥윙을 추천하는 것은 적합한 추천 방식이다. 그런데 햄버거 세트 메뉴를 고른 사람에게 레몬 맥피즈 코카콜라나 아이스크림 라떼를 추천하는 것은 잘못된 추천 방식이다. 세트 메뉴에 이미 음료가 있기 때문이다. 음료는 리필도 되는데, 기존 음료를 두고 새로운 음료를 주문한다는 것은 일반적인 주문 형태로 봤을 때 맞지 않다. 아이스크림도 마찬가지다. '오늘은 햄버거를 먹고 후식으로 아이스크림을 먹어볼까?'라고 생각하는 사람은 햄버거를 주문할 때 아이스크림을 함께 주문하는 것이 아니라 햄버거를 다 먹어가는 시점에 아이스크림을 추가 주문한다. 아이스크림은 녹으니까. 그래서 아이스크림이 들어간 메뉴는 추천 메뉴에 노출하지 않는 것이 좋다.

고객에게 사이드 메뉴를 추천하려면 주문 상품과의 연관성을 고려해 상품을 추천해야 한다. 햄버거 단품만 주문한 사람에게 음료를 추천한다거나(햄버거는 뻑뻑해서 음료 없이 단품으로 먹기가 무척 어렵다) 세트 메뉴를 주문한 사람에게는 음료를 노출하지 않는다는 정도의 성의는 보여줘야 사용자 입장에서 최소한 고민의 여지라도 생긴다. 그런 최소한의 성의 없이 모든 사람에게 똑같은 추천 상품을 노출하는 것은 '**우리는 고객 편의보다 매출 증대가 더 중요해**'라는 경영철학을 스스로 자인하는 꼴이다. 맥도날드 키오스크의 이미지가 최악인 것은 단순히 불편하기 때문만이 아니다. 매출 증대를 위해 고객의 불편함 따위는 아무렇지 않게 생각하는, 맥도날드가 고객을 어떤 관점에서 바라보고 있는지가 키오스크에 고스란히 녹아있기 때문이다. 고객은 그렇게 멍청하지 않다. 브랜드 이미지만 망치고 매출에는 전혀 도움이 되지 않는 이런 불필요한 추천 메뉴 기능은 과감하게 제거하자.

4. 이미지 크기에 비해 작은 텍스트

맥도날드 키오스크는 타 키오스크에 비해 유독 글자 크기가 작아 가독성이 떨어지는 편이다. 맥도날드 키오스크의 글자 크기가 얼마나 작은지 타 키오스크와 비교해 보자.

맥도날드 키오스크   KFC 키오스크

맥도날드와 타 패스트푸드 키오스크의 글자 크기 비교

나란히 놓고 비교해 보면 차이를 확연히 느낄 수 있다. 공간이 부족한 것도 아니고 여백도 많은데, 맥도날드 키오스크만 왜 유독 글자 크기가 작은 걸까? 여기서 잠깐! 많은 사람이 잘 알지 못하는 맥도날드 키오스크의 비밀이 하나 있다.

> 2021년 10월 12일 뉴스핌 (https://www.newspim.com/news/view/20211012000279)
>
> <맥도날드, '글로벌 표준'으로 키오스크 바꿔… '해외 지점과 같은 디자인'>
>
> 국내 맥도날드 매장에서도 **해외 지점과 동일한 디자인의 키오스크**(무인 단말기)를 만날 수 있게 됐다.
>
> 맥도날드는 국내 매장에 설치한 모든 무인 단말기(키오스크)를 자사의 '글로벌 표준'에 맞춰 업그레이드한다고 12일 밝혔다.

우리의 선입견과 다르게 맥도날드 키오스크는 한국 전용이 아닌 글로벌 공용이다. 우리나라뿐만 아니라 수많은 나라의 사람이 불편한 키오스크 UI로 고통받고 있다는 얘기다. 글로벌 표준 템플릿, 이것이 맥도날드 키오스크 글자 크기가 작은 원인이다.

글로벌 표준 템플릿은 보통 하나의 템플릿을 만들어놓고 언어만 바꿔치기 하는 식으로 사용하는 것이 일반적이다. 글로벌 템플릿을 만든다고 할 때 가장 주의해야 할 것이 언어 압축률이다.

가령 '장바구니 추가'라는 용어를 다국어로 표현한다고 해보자.

- **한국어**: 장바구니 추가 (6자)
- **영어**: Add to Cart (9자)
- **러시아어**: Добавить корзину (15자)
- **일본어**: カートに入れる (7자)
- **중국어**: 加入购物车 (5자)

같은 표현이라도 어떤 언어를 쓰느냐에 따라 필요한 글자 수가 달라진다. 이를 문자의 압축률이라고 하는데, 한글은 문자 중에도 압축률이 높은 언어 중 하나다. 알파벳은 글자 하나당 하나의 자음이나 모음을 표현하지만, 한글은 자음과 모음을 조합해 하나의 글자를 만들기 때문에 영어보다 더 짧은 문자로 동일한 표현이 가능하다. 한자를 사용하는 중국어는 단어나 형태를 글자 하나로 표현하기 때문에 한글보다 문자의 압축률이 더 높다. 정리하면 단어마다 뜻을 가지고 있는 표어문자인 중국어가 문자의 압축률이 가장 높고 하나의 글자가 자음 또는 모음인 음소문자 계열의 영어와 러시아어는 문자의 압축률이 낮은 편이다.

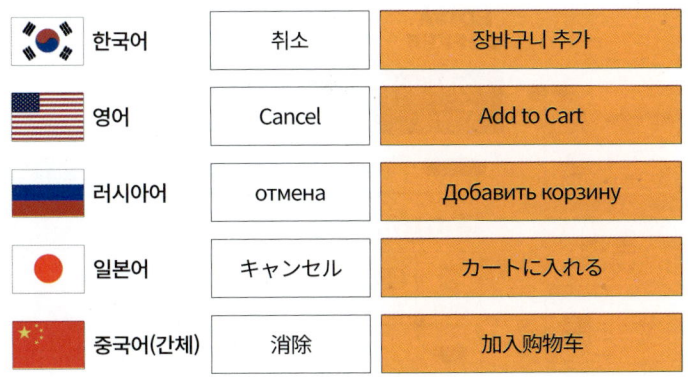

'취소'와 '장바구니 추가' 버튼의 언어별 표기법

버튼에 문자를 표시할 때 문자의 압축률에 따라 텍스트가 차지하는 영역이 달라진다. 동일한 크기의 버튼이라도 압축률이 높은 중국어는 여백이 많고 반대로 압축률이 낮은 러시아어는 여백이 적다. 글로벌 표준 템플릿은 다양한 언어를 고려해야 하기 때문에 일반적으로 문자의 압축률이 낮은 영어를 기준으로 디자인한다. 버튼이나 텍스트 명칭이 변경되는 추후 확장성까지 고려하면 버튼은 적정 크기보다 훨씬 더 여유롭게, 좌우 여백은 넓고 텍스트 크기는 작게 보수적으로 만들 수밖에 없는 것이다.

이제 눈치챘는가? 맥도날드 키오스크의 글자 크기가 작은 이유는 문자의 압축률이 낮은 영어나 러시아어를 기준으로 디자인되었기 때문이다. 영어 베이스로 디자인된 템플릿에 압축률이 높은 한국어를 넣으니 상대적으로 여백이 많고 비어 보일 수밖에 없다. 그렇다고 전체적으로 폰트 사이즈를 키우자니 자칫 잘못하면 텍스트가 오버되거나 레이아웃이 깨져 버릴 수 있다. 이건 전반적인 가이드의 문제이기 때문에 처음 만들 때 디자인을 잘하는 것밖에 방법이 없다.

5. 복잡한 결제 절차

키오스크를 이용하는 데 있어 큰 장벽 중 하나가 바로 복잡한 결제 절차다. 여기서 잠깐 타 업체들의 키오스크 결제 화면을 살펴보자.

   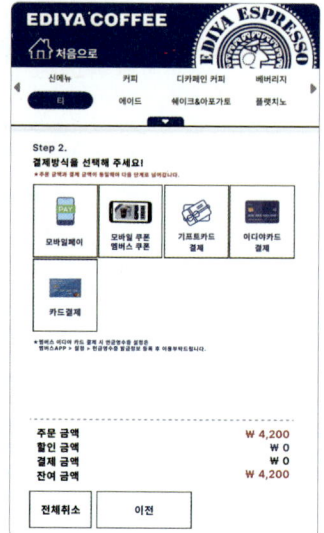 

다양한 결제 수단을 지원하는 키오스크 결제 화면

키오스크에 따라 다르지만, 간단하게는 신용카드와 기프티콘부터 복잡한 곳은 카카오페이나 제로페이 같은 간편 결제 서비스까지 다양한 결제 수단을 지원한다. 여기에 배스킨라빈스처럼 제휴 할인이나 포인트 적립까지 추가되면 가뜩이나 복잡한 결제 절차가 두세 배로 복잡해져 IT 기기 활용에 익숙한 젊은 세대마저 주문이 쉽지 않을 정도로 결제 프로세스가 복잡해진다. 복잡한 결제 절차, 쉽게 바꿀 수 있는 방법은 없을까?

여기서 잠깐 본격적인 UI 개선에 앞서 키오스크의 도입 취지를 살펴볼 필요가 있다. 이전부터 조금씩 키오스크가 보급되긴 했지만, 본격적으로 키오스크가 대중화되기 시작한 건 2018년부터다. 최저 시급이 크게 인상되면서 인건비 부담을 줄이기 위해 업체들이 하나둘 키오스크를 도입하기 시작했고 대형 프랜차이즈 업체들이 앞다투어 키오스크를 도입하면서 키오스크가 대중화되기 시작했다. 업체들은 표면적으로 고객 편의를 위해 키오스크를 도입했다고 주장하지만, 키오스크는 고객 편의보다 인건비 절감을 위한 측면이 강하다. 주문을 키오스크에 위탁하면 주문 전담 직원이 필요 없어지고 그만큼 인건비 절감이 가능하기 때문이다. 주문을 전적으로 키오스크에 위탁하려면 신용카드부터 기프티콘, 간편 결제 수단 지원, 제휴 할인과 적립, 포인트 사용까지 결제 과정 자체가 복잡해질 수밖에 없다.

앞 장에서 계속 강조했던 이야기지만 복잡한 프로세스를 UI로 단순하게 만들 수 있는 방법은 없다. UI는 도구일 뿐이니까! 관점을 바꿔서 생각해 보자.

대부분 키오스크가 현금 결제를 지원하지 않는다. 아무리 키오스크에 주문을 맡긴다고 해도 스타벅스처럼 현금 없는 매장을 운영하지 않는 이상 현금 결제 손님을 위해 키오스크와는 별개로 주문 카운터는 유지해야 한다. 키오스크와 주문 카운터를 동시에 운영해야 한다면 둘의 성격을 분리하면 어떨까? 키오스크는 신용카드 결제 전용으로 주문 카운터는 현금, 기프티콘, 간편 결제 서비스 전용으로 말이다. 이렇게 키오스크를 카드 결제 전용 서비스로 만든다면 결제 프로세스를 대폭 줄일 수 있다. 결제하기를 누르는 순간 결제 수단을 선택하는 것이 아니라 바로 카드 결제 화면을 띄워버리는 것이다.

지금까지 맥도날드 키오스크의 문제점과 개선 방안을 살펴봤고, 이제 지금까지 언급한 내용을 종합하여 AS-IS/TO-BE를 비교해 보겠다.

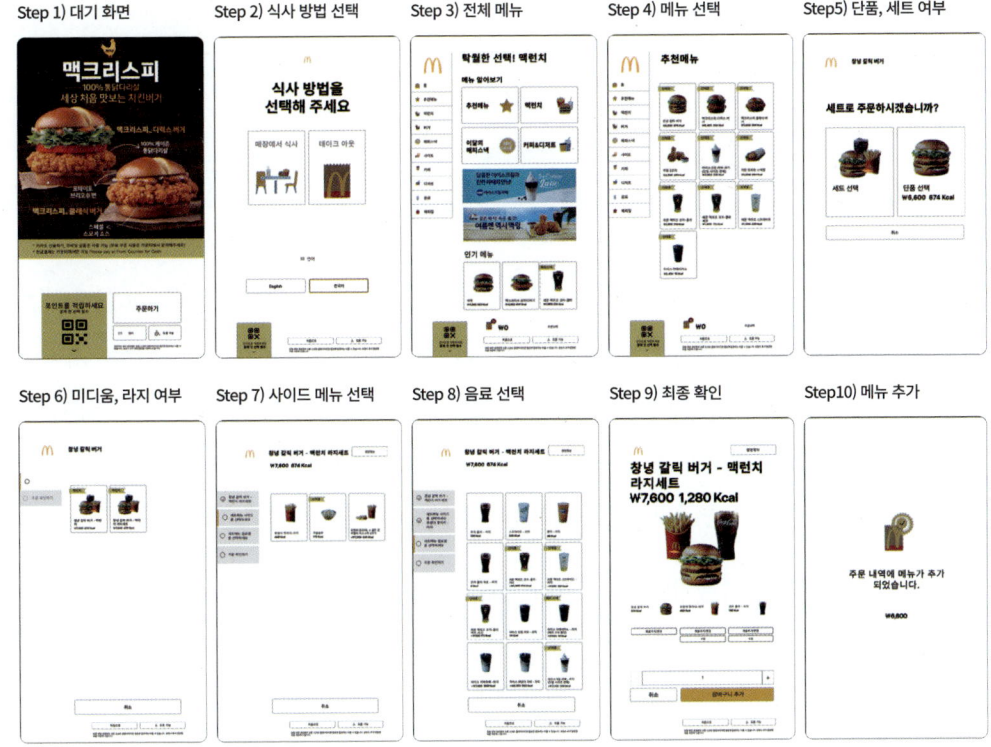

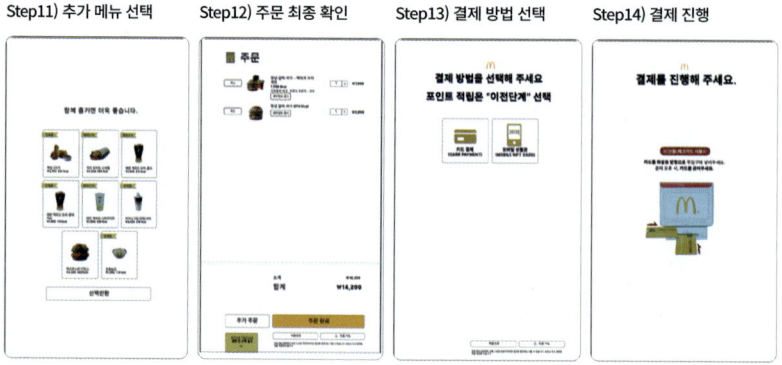

AS-IS) 맥도날드 키오스크 – 창녕갈릭버거 라지 세트 주문 시 플로우

TO-BE) 맥도날드 키오스크 – 창녕갈릭버거 라지 세트 주문 시 플로우

위쪽 이미지는 기존 키오스크 주문 플로우, 아래쪽 이미지는 서점직원의 개선안이다. 똑같은 창녕갈릭버거 라지 세트를 주문한다고 할 때 기존 키오스크는 14개의 단계를 거쳐야 하지만 개선안에서는 5단계만 거치면 된다. 비교해 보면 알겠지만, 개선안이라고 해서 기존 레이아웃을 180도 바꾸거나 참신한 UI는 아니다. 기존 틀을 유지하면서 불필요한 단계를 제거하거나 통합하고 공급자 관점의 UI를 사용자 관점으로 개선한 것뿐이다.

이번 절을 읽으면서 느꼈겠지만, 이번 키오스크 개선안에는 단순히 사용성 개선만 담겨있지 않다. 키오스크에서 노출되는 광고의 효용성, UI 변경 시 발생할 수 있는 매출 하락 가능성에 대한 검토, 결제 수단 제한으로 인한 점원의 업무 부담 가중 등 키오스크로 인해 파생될 수 있는 여러 가지 사이드 이펙트를 다각도로 고려하고 충분히 검토하여 디자인되었다. UI와 UX가 다른 이유가 여기에 있다. 사용성만 고려해서 화면 안의 디자인만 바꾸는 것이 UI이고, 화면 밖의 모든 사이드 이펙트를 고려하여 설계하는 것이 UX다. 항상 잊지 말자. UX는 화면 안에 있는 것이 아니라 화면 밖에 있다.

6.3 _ 당근과 중고나라, 번개장터는 무엇이 다를까?

고물가로 인한 경기 불황과 자원 재순환, 환경을 생각하는 가치소비가 트렌드로 자리 잡으면서 최근 중고 거래 시장이 급성장하고 있다. 2024년 한국인터넷진흥원이 발표한 "안전한 개인 간 전자거래를 위한 가이드북"[7]에 따르면 국내 중고 거래 시장의 거래 규모는 2008년 4조 원에서 2021년 24조 원으로 6배 성장했으며, 중고 거래 시장이 커짐에 따라 온라인 플랫폼의 성장세도 두드러졌다. 주요 온라인 중고 거래 플랫폼 3사의 거래 규모도 21년 기준 7조 원에 이르는 것으로 조사되었다.

이제 중고 거래 플랫폼은 우리 생활에 빠질 수 없는 필수 요소로 자리 잡았고 다양한 중고 거래 플랫폼이 각자의 개성을 앞세워 소비자를 유혹하고 있다. 중고 거래 플랫폼은 언뜻 보면 비슷해 보이지만, 세세하게 뜯어보면 서비스의 방향성이나 특징, 각자 지향하는 바가 명확하게 다르다. 하지만 '그래서 당근과 중고나라는 어떻게 다른데?', '번개장터는 당근과 어떤 차별점이 있는데?'라는 질문에는 다들 쉽사리 대답하지 못한다. 그래서 준비했다. 당근과 중고나라, 번개장터는 어떻게 그리고 무엇이 다를까?

우선 당근과 번개장터, 중고나라를 한눈에 보기 쉽게 비교해 보자.

	당근	번개장터	중고나라
서비스의 성격	중고 거래를 기반으로 한 지역 기반 하이퍼로컬 플랫폼	중고 거래 플랫폼	중고 거래 플랫폼

---

[7] https://www.kisa.or.kr/402/form?postSeq=2264

	당근	번개장터	중고나라
제공 플랫폼	모바일앱, PC Web	모바일앱, PC Web	모바일앱, 네이버 카페
수익모델	지역 기반 광고	중고거래 수수료(번개페이) 전문 판매자 거래 수수료	전문 판매자
22년 매출(영업이익)	499억(-565억) 원	304억(-380억) 원	101억(-94억) 원
월간 활성 이용자 수(MAU, 모바일인덱스 제공, 24년 1월)	1,809.8만 명	414.8만 명	151.1만 명

주요 중고 거래 앱 비교

당근은 한 마디로 정의하면 중고 거래를 기반으로 한 지역 기반 하이퍼로컬 플랫폼이다. 언뜻 보면 중고 거래가 메인일 것 같지만, 사실 중고 거래는 모객을 위한 수단일 뿐이고 진짜 당근이 지향하는 바는 동네 생활 커뮤니티 앱이다. 지역 기반이라는 서비스의 성격이 당근이 가진 가장 큰 장점이자 당근이 가진 가장 큰 한계이기도 하다.

번개장터는 순수하게 중고 거래에 중점을 둔 중고 거래 플랫폼이다. 당근과 다르게 전국 기반이며 커뮤니티보다 거래에 중점을 둔다. 당근에 비하면 지향하는 바도 앞으로 나아가야 할 방향성도 명확하다. 지금까지 중고 거래 플랫폼으로 성장해 왔고 앞으로도 중고 거래 플랫폼으로 성장하면 된다.

중고나라 역시 중고 거래 플랫폼이나 번개장터와 시작점이 약간 다르다. 시작부터 독립 앱으로 시작했던 번개장터에 비해 중고나라의 시작은 네이버 카페 중고나라다. 네이버 카페 중 가장 많은 회원 수를 보유하고 있으며 규모도 가장 크다. 중고나라의 고민은 바로 이 지점이다. 지나치게 네이버 카페에 의존적이라는 점, 네이버 카페라는 한계 때문에 확장성에 제한이 생긴다는 점, 별도의 중고나라 앱을 만들고 네이버 카페라는 틀을 벗어나기 위해 노력하고 있지만 여전히 네이버 카페의 의존도가 높다는 점, 네이버 카페를 벗어나 독립 앱 중고나라로서 우뚝 서는 것이 중고나라의 가장 큰 숙제다.

중고로 거래되는 상품은 크게 5가지 유형으로 구분된다.

1. 수요층이 한정적이고 가격이 비싸며 전문가 집단이나 마니아층이 사용하는 물건
    ex) 하이엔드 DSLR, 고가 자전거, 골동품이나 예술품 등
2. 고가의 명품이나 사치품
3. 대형 가전, 가구
4. 수요가 많고 환금성이 좋은 물건
    ex) 애플 제품
5. 1만 원 이하의 생활용품

중고 거래 플랫폼은 모든 유형의 상품을 취급하지만 상품 유형에 따라 주로 거래되는 채널이 다르다. 하나씩 예를 들어보자.

1번 유형은 수요가 한정적이라 일반 중고 거래 플랫폼보다는 해당 수요층이 모여 있는 커뮤니티에서 거래되는 경우가 많다. 천만 원이 넘는 고가 자전거라면 자전거 커뮤니티가 될 것이고 하이엔드 DSLR이라면 DSLR 커뮤니티 같은 곳이 될 것이다. 이런 물건은 당근이나 번개장터 같은 곳에서는 찾아보기가 어렵다.

2번 유형은 고가이며, 가품 위험이 있어 우편 거래보다는 직거래가 선호된다. 하지만 안전 결제[8]를 지원하고 백화점 구매 영수증처럼 확실하게 정품 보장이 된다면 택배 거래도 가능하다.

3번 유형은 운반과 파손 위험성으로 근거리 직거래가 아니면 거래하기가 어렵다. 이런 물품은 중고나라나 번개장터보다는 당근같이 지역 내 중고 거래 플랫폼에서 주로 거래되는 편이다.

4번 유형은 어떤 플랫폼이든 무방하다. 당근으로 팔아도 되고 번개장터로 팔아도 되고 중고나라로 팔아도 된다. 상품을 많은 사람에게 노출하고 싶다면 당근보다는 번개장터나 중고나라 같이 지역 구분이 없는 플랫폼에 판매하는 것이 좋고, 당장 오늘 저녁이라도 빨리 팔고 싶다면 당근에 올리는 것이 좋다.

---

8 제삼자가 결제 대금을 예치하고 있다가 구매자가 상품을 수령한 후 상품에 이상 없음을 확인하고 나서 판매자에게 대금을 지급하는 결제 서비스

5번 유형은 쓰지는 않는데 버리기는 아깝고 싸게 팔아서 단돈 몇 천 원이라도 벌고 싶은 물건이다. 이런 유형은 당근 같은 지역 기반 플랫폼이 가장 좋다. 배송비 부담이 큰 경우도 있고(배송비가 물건 가격과 비슷하거나 비싼 경우) 구매자가 우리 집 앞까지 찾아오면 팔수 있지만 택배 접수라는 번거로운 과정을 감수하고 싶지 않은 판매자가 꽤 많다.

이렇듯 같은 중고 물품이라도 상품 유형에 따라 거래 방식이나 주로 거래되는 플랫폼에 큰 차이가 있다. 일부 상품 유형은 플랫폼이 겹치는 경우도 있지만, 판매자 또는 구매자 성향에 따른 차이일 뿐 플랫폼 성격에 따라 주로 거래되는 물품이 정해져 있는 편이다.

고가의 취미물품/전문가용 물품				전문 커뮤니티
명품/사치품		번개장터	중고나라	
대형 가전/가구	당근마켓			
대중적인 물건		번개장터	중고나라	
1만 원 이하 생활용품				

거래 물품별 주거래 플랫폼

이제 각 플랫폼의 성격과 차이점을 하나씩 살펴보자.

당근의 시작은 판교 장터다. 판교에서 일하는 직장인끼리 상품을 거래하는 중고 거래 플랫폼이었다. 이 서비스를 전국으로 확장하며 당근마켓이 되었고, 동네 생활로 기능을 확장하며 지역 기반 중고 거래 플랫폼에서 지역 기반 동네 생활권 플랫폼이 되었다. 당근마켓 등장 이전의 중고 거래는 주로 카페나 커뮤니티를 통해 이뤄졌고 대부분 전국 기반 시스템이었는데(대표적으로 중고나라가 그렇다), 전국 기반 중고 거래의 가장 큰 문제점은 사기였다. 중고 거래 사기의 대부분이 우편 거래에서 발생하는데(물건값만 받고 연락이 두절된다거나 벽돌을 보낸다거나) 당근마켓은 지역 기반 중고 거래 플랫폼이라 우편 거래보다는 직거래 중심으로 거래가 진행되다 보니 타 플랫폼에 비해 사기 위험성이 현저하게 적었다.

타 플랫폼은 택배비 부담이 큰 만 원 이하 생활용품은 잘 거래되지 않지만, 직거래 중심인 당근마켓은 천 원, 이천 원짜리 물건도 부담 없이 거래가 가능하다는 것도 타 플랫폼이 가지지 못한 큰 장점이었다.

당근의 가장 큰 장점이자 가장 큰 한계는 당근이 지역 기반 서비스라는 점이다. 지역 기반 중고 거래 서비스는 수익화하기가 어렵다. 중고 거래 서비스로 매출을 올릴 수 있는 방법은 다음과 같이 크게 두 가지다.

1. 상품 판매 시 판매 금액의 일정 비율을 수수료로 받는 방식
2. 비즈니스 판매자에게 월정액이나 매출의 일정 비율을 수수료로 받는 방식

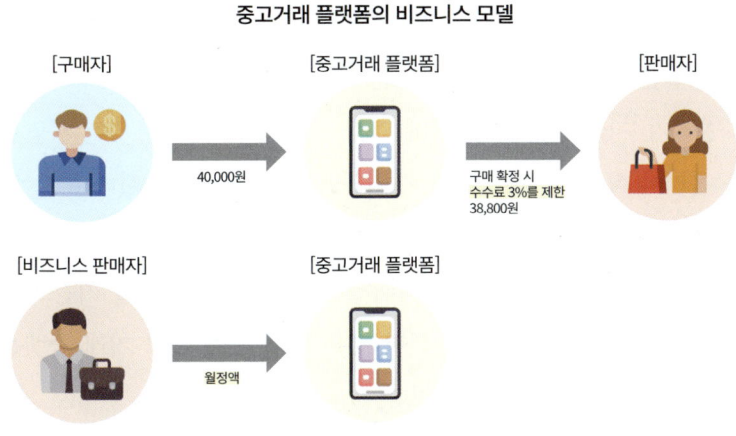

중고 거래 유료화 모델

이 중 1번 방식은 당근에 적용하기가 어렵다. 판매 금액의 일정 비율을 수수료로 받으려면 당근이 판매 금액을 가지고 있다가 구매가 확정되면 수수료를 제외하고 판매자에게 정산해 주는 방식이어야 하는데, 직거래 중심의 당근은 구매자가 판매자에게 직접 돈을 주는 방식이라 수수료를 받을 수 있는 방법이 없기 때문이다. 판매자가 상품 등록 시 건별로 등록비를 받는다든지 월정액 서비스를 출시해 월정액에 가입한 사람만 상품을 등록하게 하는 방법도 있지만, 섣불리 유료화 모델로 전환했을 시 사용자 이탈이 우려된다.

2번 방식도 마찬가지인데, 당근은 지역 내 거래라는 특성상 구매자층이 지역 내로 한정된다. 지역 내에서만 제공하는 특화 서비스(아이 돌보기, 방문 세차 등)라면 몰라도 판매하는 것이 서비스가 아닌 물건이라면 비즈니스 판매자 입장에서 지역 내 소수를 대상으로 하는 것보다 전국을 대상으로 하는 것이 더 유리하다. 당근은 지역 기반 중고 거래 플랫폼이라는 서비스 성격상 비즈니스 판매자보다는 일반인 중심으로 거래가 이루어지는 플랫폼이다. 당근이 높은 활성 사용자 수에도 불구하고 항상 수익성에 대한 물음표가 따라붙을 수밖에 없었던 것도 바로 이 지점이다. 중고 거래가 메인인 플랫폼이 중고 거래로 수익을 창출할 수 없다면 어떤 방식으로 매출을 일으키고 수익을 창출해야 할까? 당근마켓의 해법은 서비스의 확장이었다. 중고 거래 이외에 지역에서 할 수 있는 모든 일을 해주는 플랫폼으로 피보팅(Pivoting)[9]하는 것이다.

서비스 확장 전략은 벌레 잡기 게시물에서 힌트를 얻었을 가능성이 높다. 당근에 벌레 잡기나 전등 교체 같은 일을 해준다고 올려놓는 사람이 은근히 많다. 이런 것을 당근에 올린다는 것은 사용자가 '지금 당장 우리 집에 와서 벌레를 잡아줄 수 있는 사람을 찾으려면 어디에 글을 올려야 할까?'를 생각했을 때 당근을 가장 먼저 떠올렸다는 말이다. 이때 중고 거래 이외에도 지역 기반 서비스나 커뮤니티에 대한 수요, 지역 기반 서비스로서 성공 가능성을 확인했을 것이다. 당근이 중고거래 플랫폼에서 중고거래를 기반으로 한 하이퍼 로컬 플랫폼으로 서비스의 방향성을 전환한 것은 **지역 기반 중고 거래 플랫폼으로는 수익을 낼 수 없다**는 이유가 가장 컸을 것이다.

당근의 딜레마는 여기에 있다. 아직 당근에 대한 대중들의 인식은 지역 기반 로컬 플랫폼이 아니라 지역 기반 중고 거래 플랫폼이다. 이런 인식을 벗어버리기 위해 당근마켓에서 당근으로 이름을 바꿨지만, 고작 이름 하나 바꾼다고 대중의 인식이 바뀔 리 없다(야놀자가 모텔 플랫폼이라는 인식을 바꾸기 위해 야놀자 테크놀로지에 얼마나 많은 광고비를 썼는지 생각해 보자). 당근이 로컬 플랫폼이 되려면 당근을 실행하는 이유가 '우리 동네에 무슨 물건이 올라왔는지 볼까'가 아니라 '우리 동네에 내가 모르는 소식이나 핫한 맛집

---

[9] 기존 사업 아이템이나 모델을 바탕으로 사업의 방향을 전환하거나 확장하는 것

이 있나'로 사람들이 서비스를 실행하는 목적 자체가 바뀌어야 한다. 하지만 아직 사람들이 당근을 실행하는 가장 큰 이유는 중고 거래 때문이다. 지금은 거래의 비중을 줄이고 생활 밀착 플랫폼으로서 존재감을 높여야 하는 과도기적인 시기다. 당근이 언론보도에서 자사 서비스를 소개할 때 지역 기반 로컬 플랫폼이 아니라 중고 거래를 기반으로 한 지역 기반 하이퍼로컬 플랫폼으로 서비스를 소개하는 이유도 **하이퍼로컬 플랫폼이 되고 싶지만 아직 중고 거래가 메인이니 중고 거래를 버릴 수 없다**는 속내가 담겨 있다.

당근은 중고 거래가 서비스의 정체성이자 핵심 축이지만, 중고 거래를 메인으로 내세울 수 없다. 중고 거래는 지역 기반 로컬 플랫폼으로써 하나의 기능일 뿐이지, 서비스의 메인이 되면 안 된다는 얘기다. 이런 서비스의 방향성과 한계 때문에 당근에서 절대 제공할 수 없는 기능이 하나 있다. 바로 택배 접수 기능이다.

당근을 자주 사용해 본 사람은 알겠지만, 당근은 모든 물품이 직거래로 거래되지 않는다. 때에 따라 반값 택배(일명 반택) 방식도 많이 사용된다. 당근의 지역 기반은 생각보다 커버리지가 넓다. 서대문구에 사는 사람은 은평구와 마포구, 종로구의 물건을 일부 볼 수 있다. 서대문구에서 마포구까지 가는 기름값이나 대중교통 왕복 비용, 시간 등을 생각하면 1,800원인 반값 택배가 비용면에서 더 저렴할 수 있다는 얘기다(물론 판매자의 신뢰도가 높다는 전제조건이 필요하다). 그래서 당근에서는 반값 택배로 거래하는 것이 일상적이고 꽤 활발한 편이다.

번개장터의 택배 접수 기능

당근을 이용하는 많은 사람이 반값 택배로 물건을 보내지만, 당근은 택배 접수와 배송 조회 등 배송과 관련된 일체의 서비스를 제공하지 않는다. 이유가 뭘까? 택배 서비스를 제공하면 지역 기반이라는 당근의 정체성이 흔들리기 때문이다.

택배는 일반적으로 거리가 먼 사람끼리 물건을 거래하는 방식이다. 당근은 공식적으로 직거래를 권장하지만 직거래로 할지 택배로 거래할지는 판매자와 구매자의 협의 사항이지 당근이 강제할 수 있는 사항은 아니다. 하지만 당근이 택배 접수 서비스를 제공하는 것은 다른 문제다. 택배 접수 서비스를 제공하는 것은 그동안 사용자들끼리 암묵적으로 진행되었던 택배 거래를 당근이 공식적으로 허용한다는 말과 같기 때문이다. 택배 거래를 공식적으로 허용하면 지역 기반 로컬 앱이라는 당근의 정체성이 흔들릴 뿐만 아니라 택배 거래에 따른 사기 위험과 그에 따른 C/S 부담까지 져야 한다. 이런 이유로 당근은 많은 사람이 반값 택배 혹은 일반 택배로 물건을 거래한다는 사실을 알고 있으면서도 택배 접수 서비스를 공식적으로 제공할 수 없는 것이다.

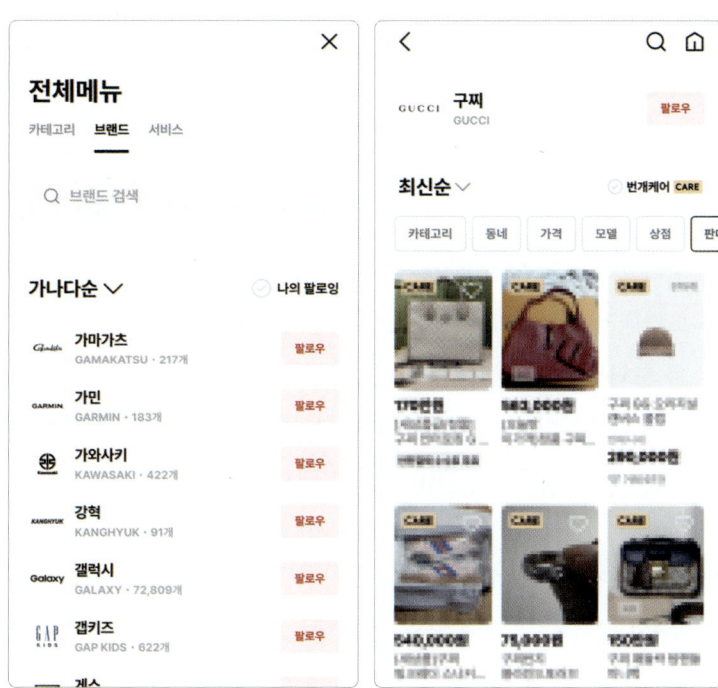

번개장터의 브랜드숍

브랜드숍도 마찬가지다. 당근에서 브랜드 의류나 명품이 많이 거래되기는 하지만, 번개장터처럼 브랜드숍을 운영하지 않는다. 지역 기반이라는 한계상 전국 대상인 번개장터에 비해 매물이 적은 탓도 있지만, 서비스 콘셉트와 맞지 않기 때문이다. 브랜드숍은 필연적으로 가품의 위험이 존재한다. 브랜드숍을 만들기 위해서는 정품 감정 또는 보증 시스템이 필요한데, 전국 망인 번개장터는 정품 감정 시스템(번개케어)을 구축해 인증 중고 제품을 판매할 수 있다. 하지만 지역 망인 당근은 이런 시스템을 구축하기가 어렵다. 정품 감정 시스템은 자사가 운영하는 정품 감정 센터에 물건을 보내고 센터에서 정품 인증 후 물건을 판매하는 방식인데, 정품 감정 센터에 물건을 보내는 순간 지역 기반이라는 당근마켓의 정체성이 깨져버린다. 정품 감정 센터에는 전국의 모든 중고 물품이 한곳에 모이기 때문이다. 그렇다고 지역마다 정품 감정 센터를 운영하자니 운영비가 많이 드는데, 이에 따른 매출을 기대하기는 어렵다. 당근은 거래로 수익을 창출하지 않기 때문이다. 당근의 콘셉트는 당근이 개입하지 않는 개인 간의 직거래다. 당근은 거래에 따른 수수료를 받지 않기 때문에 제품이 가품이든 사기이든 구매자가 꼼꼼하게 체크하지 않은 문제지 당근의 문제는 아닙니다. 하지만 브랜드숍이 생기는 순간 정품과 관리의 문제가 구매자의 문제가 아닌 당근의 문제가 되고 만다. 그래서 당근은 브랜드숍을 만들 수 없다.

번개장터는 당근과 정반대다. 지역 기반이라는 제한이 없고 중고 거래에 특화된 서비스라 당근에 비하면 수익화가 용이하다. 페이 서비스도 마찬가지다. 직거래 위주인 당근은 일찍이 당근페이를 도입했지만 활성화에 어려움을 겪은 반면, 택배 거래가 주인 번개장터는 안심 결제 서비스를 도입해 번개페이를 활성화하는 데 성공했다. 페이 서비스가 활성화되면 수익화가 용이하다. 번개장터가 거래 자금을 예치하고 있다가 구매 확정이 되면 수수료를 제하고 판매자에게 나머지 금액을 전달하면 되기 때문이다.

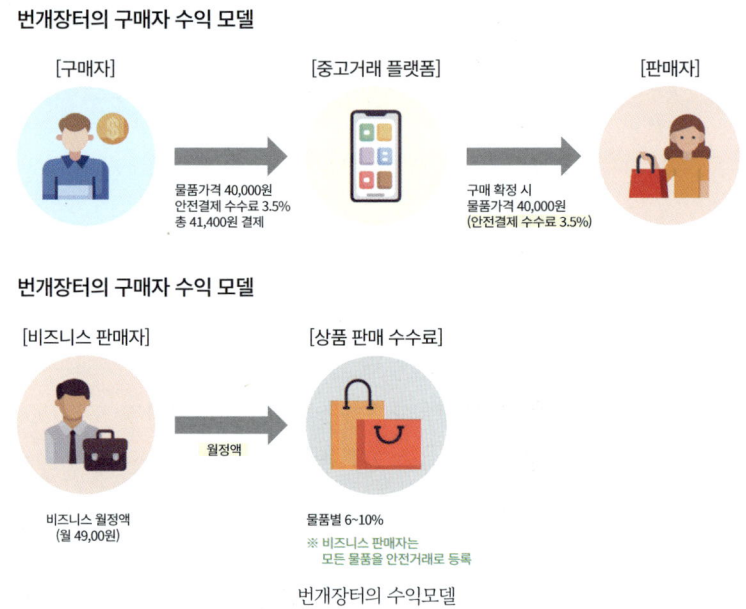

번개장터의 수익모델

번개장터는 정석적인 중고 거래 플랫폼의 수익모델을 따른다. 상품을 전문적으로 판매하는 전문판매자(비즈니스 판매자)에게는 월정액과 상품 판매 시 수수료를 받고 구매자에게는 전문판매자가 아닌 사람에게 번개페이(안전거래)로 물품을 구매했을 때 일정 비용의 수수료를 받는다. 이는 옆 나라 일본의 최대 중고 거래 플랫폼인 메루카리를 보면 알 수 있는

데, 언론에서는 메루카리를 일본의 당근이라 소개하고 있지만 메루카리는 사실 당근보다 번개장터에 가깝다. 메루카리는 지역 기반이 아닌 중고 거래에 특화된 전국 망 중고 거래 플랫폼이고 모든 거래가 100% 안전 거래로 이루어지며 메루카리의 주 수입원 역시 중고 거래 수수료이기 때문이다(물건 가격의 10%를 수수료로 받는다).

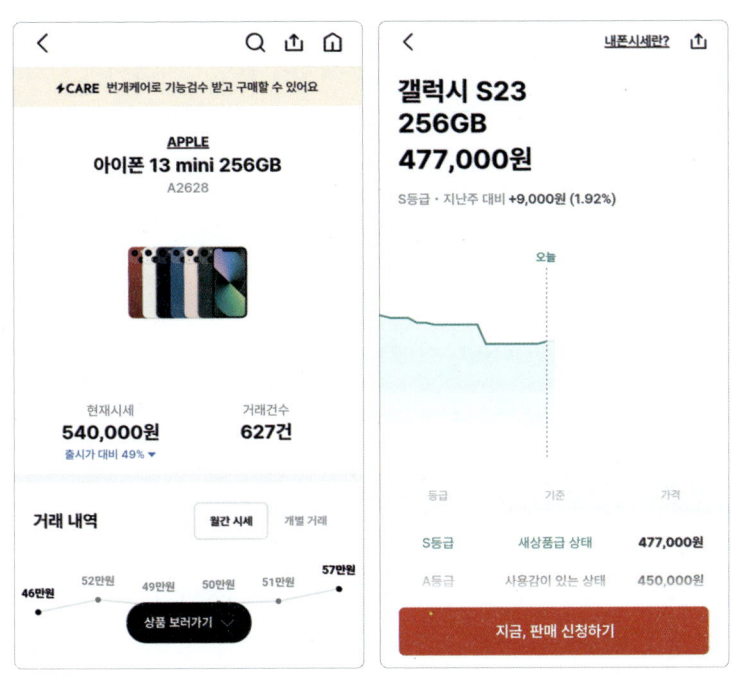

번개장터의 시세 안내 기능

지역 기반 중고 거래 앱 vs 전국 기반 중고 거래 앱은 어떨까? 어찌 보면 사소해 보이는 이 차이가 서비스 측면에서는 많은 것을 좌우한다. 지역 기반이라는 한계 때문에 당근에서는 할 수 없는 서비스도 번개장터에서는 자유롭게 가능하다. 앞서 언급했던 브랜드숍이 대표적인데, 당근에서는 할 수 없는 정품 감정 서비스와 브랜드숍이 번개장터에서는 가능하고 조금 더 확장하면 상품을 기반으로 한 시세 추적 서비스도 제공할 수 있다. 당근에서는 아이패드 에어 5세대의 거래 평균 가격과 최저가를 보여줄 수 없지만, 번개장터에서는 평균 가격과 최저가뿐만 아니라 현재 판매 중인 물건 중에 가장 저렴한 가격까지 보여줄 수 있다. 당근은 안 되지만 번개장터는 시세 추적이 가능한 것은 직거래와 우편 거래의 차이 때문이다. 당근마켓은 실제 판매자가 당근마켓을 통해 물건을 팔았는지 얼마에 팔았는지 정확하게 확인할 수 있는 방법이 없다. 당근에는 50만 원에 올렸지만 구매자와 협의를 통해 48만 원에 팔았을 수도 있다. 하지만 번개장터는 다르다. 안전 결제로 물건이 판매되면 물건 금액을 번개장터가 예치하고 있기 때문에 어떤 물건이 정확히 얼마에 팔렸는지 알 수 있다.

서비스의 확장성과 방향성에 대한 고민이 있는 당근과 달리 번개장터가 나아가야 할 방향성은 명확하다. 중고 거래 플랫폼이라는 정체성은 유지하면서 이용자층을 넓히기만 하면 된다. 현재는 적자 상태지만 중고 거래 플랫폼 특성상 거래 규모가 커지면 자연스럽게 흑자 전환이 가능할 것이다. 번개장터의 고민은 전체 중고 거래 시장 규모와 그중 번개장터가 얼마의 점유율을 가져갈 수 있냐 정도다.

중고나라는 번개장터와 유사한 비즈니스 모델을 가지고 있지만, 결정적인 차이가 있다. 시작부터 독립 앱이었던 번개장터와 달리 중고나라는 네이버 카페에서 시작한 플랫폼이다(2003년 12월). 네이버라는 플랫폼에 지나치게 종속적이라는 점, 이것이 중고나라가 가진 가장 큰 문제점이자 해결해야 할 숙제다.

네이버 카페는 여러 가지 장점이 있다. 네이버의 자산을 이용하기 때문에 별도의 서버비나 운영비가 들지 않고 사실상 전 국민이 사용하는 네이버의 모든 회원이 잠재고객이라서 독립 앱에 비해 회원 유치가 수월하고 홍보비가 들지 않는다. 하지만 장점 못지않게 치명적인 단점이 있는데, 서비스나 기능의 자율성이 떨어진다는 점이다. 즉, 네이버 카페에 세 들어 사는 형태라 네이버 카페가 제공하는 기능만 쓸 수 있고 독자적으로 새로운 기능을 만들 수 없다. 단적인 예가 바로 사기 예방 시스템인데, 독립 앱이라면 쉽게 만들 수 있는 당근의 온도 같은 신뢰 지수나 번개장터의 안전 결제 시스템을 만들 수 없다. 사기가 횡행하고 중고나라의 신뢰도가 떨어지는 와중에도 중고나라가 할 수 있었던 것은 공지사항에 사기 예방 주의보나 사기 피해 사례 검색 서비스인 더치트 링크를 제공하는 것 정도가 전부였던 것도 바로 이런 이유였다.

물론 중고나라도 이 문제점을 잘 알고 있었다. 그래서 네이버 카페로부터 독립하고자 2019년 중고나라 앱을 런칭했지만, 중고나라 앱의 시장점유율과 MAU는 미미한 상태다. 이미 고객 신뢰도가 많이 낮아진 상태이고, 번개장터와 당근이라는 대체제가 생긴 탓도 있지만 결정적인 이유는 따로 있다. 고객 입장에서 네이버 카페 중고나라가 아닌 중고나라 앱을 이용해야 할 결정적 이유를 주지 못한다는 것이 그것이다. 중고나라 앱은 중고나라 네이버 카페에 비해 다양한 기능을 제공하지만, 고객이 앱을 다운로드 받고 회원가입이라는 불편함을 감수해 가면서까지 카페가 아닌 앱을 이용해야 할 유인이 딱히 없다는 것이다. 이것이 2천만 회원을 가진 네이버 카페 중고나라의 독립 앱이 활성화되지 못한 이유다.

중고나라 말고도 네이버 카페로 시작해 독립 앱을 런칭하여 네이버 카페의 그늘에서 벗어나고자 시도했던 서비스들이 몇몇 있지만, 결국은 네이버 카페의 그늘을 벗어나지 못했다. 우리가 이름을 알 만한 유명 스타트업 중 네이버 카페에서 시작해 대형 스타트업으로 성장한 서비스가 없는 이유도 이와 일맥상통한다(물론 네이버 카페는 아니지만 다음 카페로 시작해 유니콘 기업이 된 야놀자의 사례가 있기는 하다).

중고나라의 당면 과제는 네이버 카페의 그늘에서 벗어나 독자 서비스인 중고나라로 독립하는 것이다(물론 현실적인 여건을 봤을 때 쉽지 않아 보이는 것이 사실이다). 여기까지가 중고 거래 플랫폼 당근, 번개장터, 중고나라가 어떻게 다른가에 대한 이야기였다. 어땠는가? 이제 같은 중고 거래 플랫폼이라도 서비스의 방향성에 따라 수익 모델이 어떻게 달라지고 어떤 서비스를 제공하고 제공할 수 없는지 이해가 좀 가는가? 이는 중고 거래 플랫폼에 국한되지 않는다. 같은 분야에서 경쟁하는 서비스라도 서비스가 지향하는 방향성에 따라 UI/UX와 제공하는 기능이 다르다. 쿠팡과 컬리가 비슷해 보이지만 다른 것처럼 말이다. UX는 기능에 국한되지 않는다. 시장 상황, 타깃 고객, 서비스의 방향성에 따라 유사 서비스라도 UI/UX가 완전히 달라질 수 있다는 사실을 항상 명심하길 바란다.

6.4 _ 현물 기부 플랫폼, 따스한 선물상자(가칭) 만들기

외부 기고로 생애 첫 원고료를 받은 서점군, 첫 원고료니 의미 있는 곳에 써야겠다는 마음으로 기부를 결심한다.

믿을 만한 기부처를 찾아봤지만, 기부 단체에서 돈을 횡령했다는 뉴스, 기부한 돈의 10%만 기부에 사용된다는 커뮤니티 글 등 기부에 대한 부정적인 얘기가 떠돌아 믿을 만한 기부처를 찾는 것이 생각보다 쉽지 않았다.

고민의 고민을 거듭하던 서점군은 이내 좋은 생각을 떠올린다.

"그래, 지역 보육원에 물품을 직접 기부하면 되겠구나!"

인터넷으로 물품을 기부할 만한 보육원을 찾아봤지만, 보육원을 찾는 것도 그렇고 어떤 물품을 기부해야 하는지를 찾는 일도 생각보다 쉽지 않았다. 지역 보육원에 물품을 기부하려면 보육원에 직접 전화를 걸어 필요한 물품이 있는지 문의한 후 물품을 구매해 택배로 발송해야 한다. MBTI가 I로 시작하는 극 내향형인 서점군에게는 다소 무리한 방법이었다.

하지만 기부를 해야겠다는 일념으로 지역 보육원에 전화를 돌려 필요한 물품을 확인한 후 물품을 구매해 택배 발송에 성공한 서점군, 이 과정에서 생각보다 물품 기부를 하고 싶어 하는 사람이 많고 다들 똑같은 어려움을 겪고 있다는 사실을 알게 된다.

"기부를 하고 싶어 하는 사람이 이렇게 많은데, 꼭 이렇게 불편한 과정을 거쳐서 기부해야 할까? 기부를 원하는 단체와 기부를 하고 싶은 사람들을 연결해 주는 플랫폼이 있으면 좋지 않을까?"

좋은 사업 아이템을 발굴한 서점군은 사업화를 위해 사업 계획서부터 작성해 보기로 한다.

> **서비스명: 행복한 선물 상자 (가칭)**
>
> **서비스 개요:**
>
> 영국의 자선지원재단(CAF)이 발표한 2021 세계 기부 지수에 따르면 우리나라의 기부 지수는 114개국 중 110위로 2년 전 57위에 비해 53단계 하락한 것으로 조사되었다. 기부 지수가 하락한 주요

원인 중 하나로 최근 연이은 기부금 횡령으로 인한 기부 단체에 대한 불신 여론이 큰 영향을 미친 것으로 풀이된다.

이는 통계 자료로도 증명되는데, 통계청이 발표한 <2023년 사회조사 결과>[10]에 따르면 기부를 하지 않는 이유로 경제적 여유가 없어서(46.5%)와 함께 기부 단체를 신뢰할 수 없어서(10.9%)가 주요 이유로 꼽혔다. 기부 의향은 있지만 내 기부금이 제대로 사용되지 않을 거라는 불안감에 많은 사람이 기부를 꺼리는 것이다.

물품 기부는 이런 기부 불신 여론의 훌륭한 대안이 될 수 있다. 물품 기부는 기부를 필요로 하는 단체가 필요한 물품을 요청하면 기부자가 해당 물품을 구매해 전달하는 방식이다. 단체는 필요한 물품을 기부받을 수 있고 기부자는 '내 기부금이 제대로 사용되고 있는 걸까?'하는 걱정 없이 기부가 필요한 곳에 마음을 전달할 수 있다.

기부 단체에 대한 불신이 만연한 상황에서 물품 기부는 단체와 기부자 모두 윈윈할 수 있는 훌륭한 기부 모델이지만, 현재 물품 기부를 중계하는 적합한 플랫폼이 없는 상태다. 물품이 필요한 단체는 기부자를 찾기 위해, 기부자는 기부가 필요한 단체와 물품을 찾기 위해 발품을 팔아야 하는 상황이 반복되고 있다.

물품 기부 중계 플랫폼은 이런 사회적 낭비를 줄이고 단체와 기부자를 연결하여 우리 사회에 만연한 기부 불신 의식을 해소하고 더 나아가 기부를 활성화할 수 있는 사회적 플랫폼이 되고자 한다.

여기까지가 대략적인 서비스 개요다. 기본적인 서비스 개요를 만들었다면 이제 프로세스와 방향성을 잡아볼 차례다.

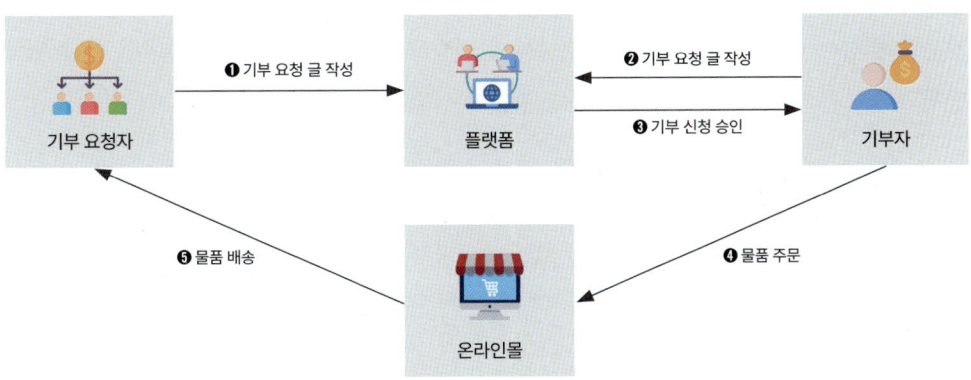

온라인 물품 기부 프로세스 흐름도

---

[10] https://eiec.kdi.re.kr/policy/materialView.do?num=244465

용어 정의

기부 요청자	물품 기부를 원하는 단체의 담당자
기부 희망자	물품 기부를 희망하는 개인 또는 단체의 담당자
기부 요청 글	기부 요청자가 기부 단체 정보와 원하는 물품을 적은 요청 글
기부 신청	기부 희망자가 기부 요청 글 확인 후 해당 요청대로 기부를 신청하는 행위
기부자	기부 희망자가 기부 신청 버튼을 눌러 기부 의사를 밝힌 경우 기부 희망자에서 기부자가 됨

기부를 필요로 하는 단체나 개인이 기부 요청 글을 작성하면 기부하고 싶은 사람이 글을 확인한 후 기부 의사가 있을 시 기부 신청 버튼을 눌러 기부자가 된다. 기부자는 온라인 또는 오프라인에서 기부 물품을 구매한 후 발송한다.

여기까지가 대략적인 기부 흐름도다. 기본적인 프로세스를 정의했으니 다음은 화면별 세부 요소를 정의해 보자. 우선 가장 중요한 기부 요청 글 상세 페이지에 노출될 항목부터 정의해 보자.

기부 요청 글 상세 화면을 구성하는 데 필요한 항목은 크게 3가지다.

1. 기부를 원하는 단체의 정보
2. 기부를 원하는 물품의 정보
3. 기부 물품이 필요한 사유

기부를 원하는 단체의 정보는 어떤 정보를 입력받고 어디까지 노출해야 할까? 일단 대략 단체의 정보를 나열한 후 어떤 정보를 노출할지 선별해 보자.

1. **기부를 원하는 단체정보**
   ① 단체명
   ② 단체구분명 (ex. 사회복지법인)
   ③ 설립일
   ④ 주소

⑤ 단체, 시설 사진

⑥ 홈페이지 URL

⑦ 담당자 정보 (부서명, 이름, 연락처)

위 정보 중 기부할 때 꼭 필요한 정보는 ①번, ④번, ⑦번 3개다. 주소와 이름, 연락처가 있어야 기부 물품을 보낼 수 있다. 나머지는 필수는 아니지만 있으면 좋은 부가 정보에 가깝다. 일단 필수 정보로 화면을 구성한 뒤 필요시 추가하는 형태로 화면을 구성해 보자.

2. 기부를 원하는 물품의 정보

① 물품명

② 물품 사진

③ 브랜드

④ 물품 가격

⑤ 물품 구매처

⑥ 필요한 수량

⑦ 총금액

물품 정보 중 기부자가 물품 구매를 위해 꼭 필요한 정보는 뭘까? ①번 물품명은 물품을 식별하기 위해 반드시 필요한 정보지만, ②번 물품 사진과 ③번 브랜드는 물품명만으로 물품을 식별할 수 있다면 꼭 필요한 정보는 아니다. ④번 물품 가격과 ⑥번 수량 ⑦번 총금액은 기부자가 기부 금액을 판단하기 위해 반드시 필요한 정보다. 기부자가 20만 원 정도 기부할 의사가 있다면 20만 원 언저리에서 구매할 수 있는 기부 물품을 찾을 테니 말이다. 물품 구매처는 구매자가 구매를 결정하는 데 있어 도움을 줄 수 있는 정보지만, 필수 정보보다는 선택 정보에 가깝다. 일단 화면 구성이나 서비스의 성격에 따라 추후에 추가 여부를 결정하자.

물품 기부 서비스 상세 페이지를 구성하기 위한 필수 정보는 다음과 같다.

1. 단체 정보	2. 기부 물품 정보	3. 물품 필요 사유
① 단체명	① 물품명	① 물품 요청 제목
② 단체구분명	② 물품 사진	② 물품 필요 사유
③ 설립일	③ 브랜드	
④ 주소	④ 물품 가격	
⑤ 단체, 시설 사진	⑤ 물품 구매처	
⑥ 홈페이지 URL	⑥ 필요한 수량	
⑦ 담당자 정보 (부서명, 이름, 연락처)	⑦ 총금액	

상세 페이지에 노출할 필수 정보 정의

노출해야 할 필수 정보를 정의했다면 다음으로 정보의 노출 순서를 정의할 차례다.

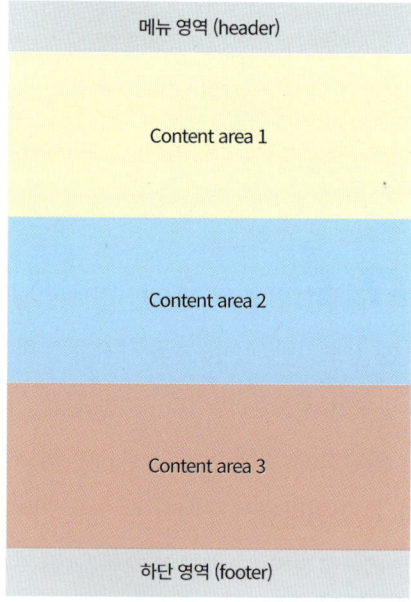

상세 페이지 레이아웃 정의

상세 페이지의 레이아웃을 3등분으로 나눴을 때 **1. 단체정보, 2. 기부 물품 정보, 3. 물품 필요 사유** 3가지 정보는 어떤 순서로 나열해야 할까?

정보 노출 순서를 정할 때 가장 첫 번째로 고려해야 할 것은 정보 중요도와 흐름이다. 어떤 정보가 가장 중요한 정보인지 중요도 순으로 나열했을 때 정보의 흐름상 어색하지 않은지를 고려해 정보를 배치하는 것이다. **1. 단체정보, 2. 기부 물품 정보, 3. 물품 필요 사유** 3개 중 가장 중요한 정보는 무엇일까?

이 플랫폼의 본래 취지를 생각해 보자. 이 플랫폼은 단체가 필요한 물품을 요청하면 기부자가 물품을 구매하여 기부하는 현물 기부 플랫폼이다. 현금을 기부하는 플랫폼이라면 단체나 기관의 신뢰도가 기부를 결정하는 데 중요한 요소가 되지만, 현물 기부 플랫폼은 특성상 현금 기부 플랫폼에 비해 횡령 이슈가 현저히 적다. 그래서 단체 정보보다는 어떤 물품이 필요한지, 왜 필요한지가 더 중요한 정보가 된다. 그래서 **1. 단체 정보**는 3개 정보 중 중요도가 가장 낮다.

그러면 남은 2개 정보 **2. 기부 물품 정보**와 **3. 물품 필요 사유** 중 어떤 정보를 먼저 배치해야 할까?

당신이 기부자라고 생각하고 정보의 흐름 관점에서 생각해 보자.

1) 전기매트가 필요해요. 왜냐하면 외풍이 심하고 난방이 좋지 않아 아이들이 추워합니다.
2) 외풍이 심하고 난방이 좋지 않아서 아이들이 추워합니다. 그래서 전기매트가 필요해요.

1번과 2번 중 기부자 입장에서 기부하고 싶은 것은 어느 쪽일까? 필요한 물품이 어떤 것인지 물품 정보를 빠르게 확인할 수 있는 것은 1번이지만, 기부가 하고 싶은 마음이 들게 하는 것은 2번이다. 기부를 유도하는 것은 감성의 영역이다. 기부를 홍보하는 TV 광고에서 '한 달에 2만 원만 후원해 주세요. 그러면 지구 온난화로 인해 서식지를 잃어가고 있는 북극곰을 도울 수 있습니다' 가 아니라 '지구 온난화로 인해 북극곰이 서식지를 잃어가고 있습니다. 한 달에 2만 원이면 북극곰을 도울 수 있습니다'라고 말하는 이유도 감성을 자극하기 위해서다. 기부에서 가장 중요한 것은 **사연**이다.

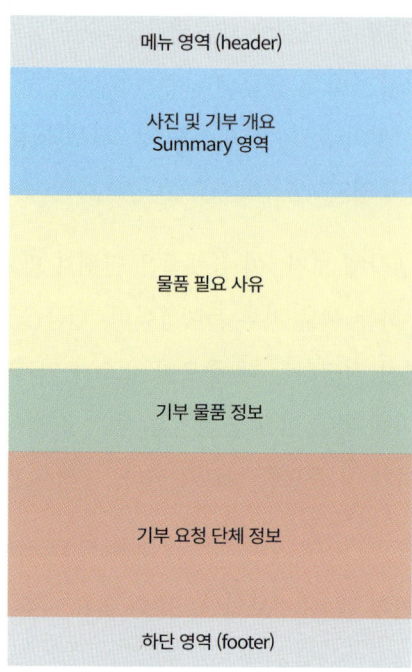

상세 페이지 레이아웃과 정보 배치

정보 요소와 레이아웃을 정했으니 이제 레이아웃에 맞춰서 정보를 배치해 볼 차례다. 제일 먼저 상단 Summary 영역부터 시작해 보자.

Summary는 상세 페이지의 주요 정보를 요약해서 표시하는 영역이다. 잘 만든 Summary 영역은 Summary 영역만 보고도 상세 페이지의 모든 정보를 파악할 수 있어야 한다. 그럼 Summary 영역에 어떤 정보를 노출해야 할까? 상세 페이지 노출 정보를 살펴보자.

1. 단체 정보	2. 기부 물품 정보	3. 물품 필요 사유
① 단체명	① 물품명	① 물품 요청 제목
② 단체구분명	② 물품 사진	② 물품 필요 사유
③ 설립일	③ 브랜드	
④ 주소	④ 물품 가격	
⑤ 단체, 시설 사진	⑤ 물품 구매처	
⑥ 홈페이지 URL	⑥ 필요한 수량	
⑦ 담당자 정보 (부서명, 이름, 연락처)	⑦ 총금액	

핵심 정보를 꼽는 방법은 간단하다. 영역마다 가장 중요하다고 판단되는 정보를 하나씩 꼽으면 된다. **1. 단체 정보**에서 가장 중요한 정보는 ① 단체명이고 **2. 기부 물품 정보**에서 가장 중요한 정보는 ① 물품명이며 **3. 물품 필요 사유**에서는 ① 물품 요청 제목이 가장 중요한 정보가 된다. 단체명, 물품명, 물품 요청 제목 3개 정보를 앞서 정의한 영역 배치 순서(물품 필요 사유 → 기부 물품 정보 → 단체 정보)에 맞춰 배치하면 물품 요청 제목, 물품명, 단체명 순서로 콘텐츠를 노출하면 된다.

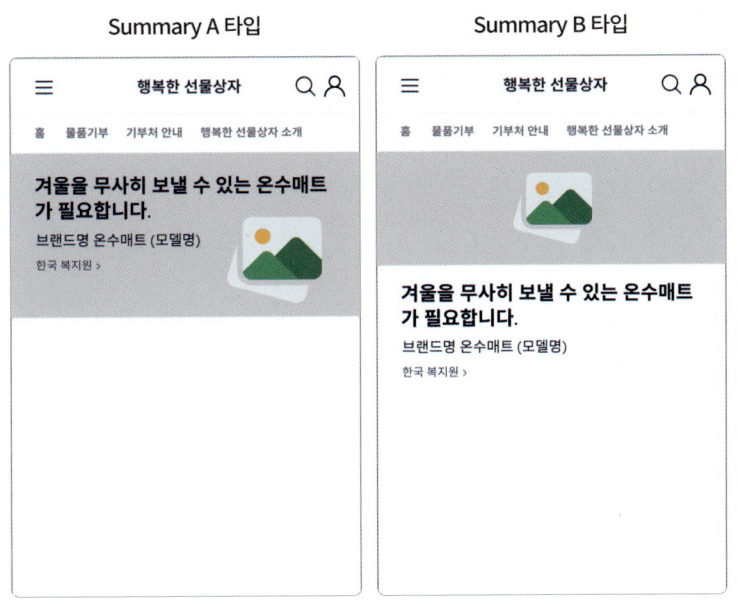

Summary A, B 타입 비교

Summary 영역 레이아웃은 크게 2가지 형태로 구성할 수 있다. 이미지를 배경에 깔고 이미지 위에 텍스트를 노출하는 A 타입, 이미지를 상단에 노출하고 텍스트를 아래에 노출하는 B 타입이 그것이다. 타입마다 장단점이 존재한다.

A 타입은 B 타입보다 Summary 영역이 차지하는 비중이 적어 ATF[11]를 기준으로 할 때 한 화면에서 더 많은 콘텐츠를 노출할 수 있다. 반대로 Summary 영역이 작은 만큼 확장성

---

11 Above The Fold: 서비스를 실행했을 때 화면에 처음 표시되는 영역. 사용하는 기기의 화면 크기나 해상도에 따라 ATF 영역은 달라질 수 있다.

에 일부 제한이 있는데 이미지 위에 텍스트를 노출하는 UI여서 제목이 길어지거나 기부 상품명이 길어질 경우 말줄임 처리가 필요하다. B 타입은 A 타입과 정반대다. Summary 영역이 차지하는 비중은 A 타입보다 크지만, 텍스트 노출에 대해서는 A타입보다 확장성이 높다.

A 타입과 B 타입 중 어떤 UI가 우리 서비스에 더 적합한지 어떤 기준으로 판단해야 할까? 답은 간단하다. Summary 영역에 어떤 이미지를 노출하느냐, 그 이미지의 성격에 따라 UI를 선택하면 된다.

B 타입은 사용자가 상세 페이지에 접속했을 때 가장 먼저 보게 되는 것이 이미지이기 때문에 이미지가 중심이 되는 UI다. 우리 서비스에서 이미지가 가장 중요한 정보라면 B 타입 같은 UI가 적합하다. 커머스 상세 페이지에서 상품 이미지가 가장 먼저 나오는 것도 이런 이유다.

결국 이미지를 고민해 보면 된다. 우리 서비스가 이미지가 중요한 서비스인지 중요하지 않은 서비스인지 말이다.

당신이 기부 요청 글을 올리는 단체의 담당자라고 생각해 보자. 기부 요청 글에는 어떤 사진을 올려야 할까? 시설 사진? 사용할 어린이 사진? 시설 사진은 기부 요청이라는 목적에 부합하지 않고 아동 사진은 목적에는 부합하나 초상권 문제가 있다. 아동의 사진을 잘못 올리면 오히려 역효과가 일어날 가능성이 높다. 기부 요청의 본래 취지를 생각해 보자. 기부 요청에서 가장 중요한 정보는 왜 이 물품이 필요한지와 어떤 물품이 필요한지, 2가지 정보다. 기부 요청에서 이미지는 전혀 중요한 정보가 아니다. 기부 요청 글 등록 시 이미지 등록을 강제하면 오히려 글 등록에 부담을 느끼는 역효과가 일어날 가능성이 높다. 그래서 이미지로 구성된 템플릿이라도 직접 이미지를 등록하지 않고 여러 개의 샘플 템플릿 이미지 중 하나를 선택하게 하는 방법도 가능하다. 이 서비스는 B 타입보다는 A 타입이 더 적합한 형태다.

Summary 영역을 결정했다면, 이제 Content 영역을 설계해 보자. 위에서 정의했던 상세 페이지 노출 정보의 우선순위와 레이아웃 기준으로 Content를 나열해 보자.

Content A, B Type 비교

Content 영역을 설계할 때 고려할 UI 요소 중 하나는 탭 사용 유무다. 탭 사용 유무를 결정하는 기준은 ① 보여줘야 할 콘텐츠가 얼마나 많은가, ② 콘텐츠의 성격상 탭으로 바로 이동할 필요성이 있는가의 2가지다.

보여줘야 할 콘텐츠가 얼마나 많은가는 결국 스크롤이 얼마나 생길 것인가와 직결된다. 보여줘야 될 콘텐츠가 많으면 ATF 영역을 넘어서게 되고 스크롤이 생긴다. 보여줘야 할 정보가 많아서 스크롤이 생긴다면 탭으로 콘텐츠를 구분하는 방법도 고려해 볼 수 있지만, 내용이 많지 않아 한 화면에 모든 내용을 보여줄 수 있다면 굳이 탭으로 콘텐츠를 분리할 필요는 없다.

콘텐츠 성격상 탭으로 바로 이동할 필요성이 있는지는 콘텐츠 간의 연간 관계와 탭 이동 효율성, 2가지를 고려해야 한다. 콘텐츠 간에 연결성이 있고 부드럽게 연결되는 구조라면 스크롤이 길어져도 탭을 굳이 둘 필요가 없다. 콘텐츠의 연결성은 장편소설과 단편소설의 차이를 생각해 보면 된다. 장편소설은 내용이 연결되는 구조라 첫 장이 재미없거나 지루하다고 첫 장을 건너뛰고 두 번째 장을 읽으면 전체적인 흐름이나 내용을 이해하기가 어렵다. 그런데 단편소설집이라면 첫 번째 단편을 읽다가 재미가 없으면 다음 편으로 넘어가도 내용을 이해하는 데 큰 지장이 없다. 앞의 내용을 숙지해야 다음 내용을 이해할 수 있는 구조라면 탭을 두면 안 된다. 반대로 콘텐츠 간의 연관성은 있지만 연결성은 없고 콘텐츠 성격상 탭이 필요한 구조라면 탭을 둬야 한다.

쇼핑몰을 예로 들어보자. 대부분의 쇼핑몰은 탭이 존재한다. 쇼핑몰에서 탭이 있는 이유는 제품을 설명하는 상세 콘텐츠의 길이가 긴 이유도 있지만, 노출되는 콘텐츠 성격상 탭이 필요한 구조이기 때문이다.

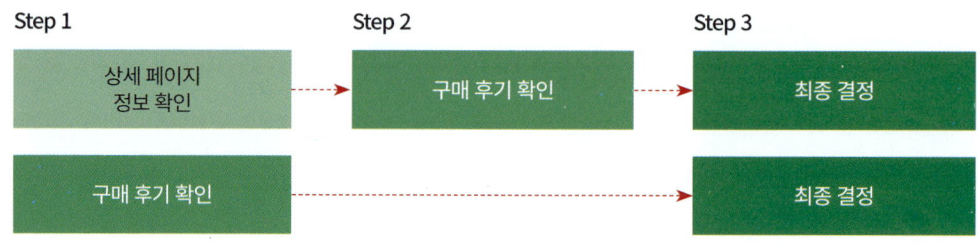

상세 페이지의 상품 구매 결정 과정

같은 물건이라도 구매를 결정하는 요인은 사람마다 다르다. 일반적으로는 첫 번째로 상세 페이지 정보를 확인하고 구매 의사가 있을 시 두 번째로 구매 후기를 확인한 후 최종적으로 구매를 결정하지만, 제품의 상세 정보를 어느 정도 알고 있는 고객이라면 상세 정보는 패스하고 바로 구매 후기를 보고 싶은 니즈가 있을 수 있다. 이럴 때 탭이 없다면 나는 별로 보고 싶지 않은 상세 정보 페이지의 스크롤을 내려 구매 후기 콘텐츠를 찾아야 하는 불편함이 발생한다. 이렇게 상세 정보와 구매 후기처럼 정보의 연관성은 있지만 연결성은 없고 해당 정보로 바로 이동하고 싶은 고객의 니즈가 있는 경우라면 탭을 둬야 한다.

두 가지 관점에서 우리 서비스는 탭이 필요한 서비스인지 아닌지 생각해 보자.

콘텐츠 영역에 노출되는 정보, 즉 왜 물품이 필요한가, 어떤 물품이 필요한가, 우리는 어떤 단체인가의 3가지 정보는 어느 정도 연결성이 있는 정보다. 앞서 말했지만 기부에서 중요한 것은 사연이다. 세상에 기부가 필요한 곳은 많고 기부자는 항상 부족하다. 내가 기부한 돈이나 물건이 꼭 필요한 곳에 꼭 필요한 사람에게 쓰였으면 하는 것이 기부자의 마음이다. 꼭 필요한 곳인지 꼭 필요한 사람인지를 확인할 수 있는 방법은 사연을 읽는 것이다. 탭은 '나는 내 기부금이 어디에 어떻게 쓰는지 관심 없고 그냥 돈만 내고 싶어. 그러니까 사연 됐고 어떤 물품이 필요한지 알고 싶으니까 바로 갈 수 있는 탭을 만들어줘'라는 기부자가 있어야 필요한데, 기부자 중 그런 사람은 없다. 커머스의 상품 구매는 수많은 정보 중 한두 가지만으로 구매가 이뤄질 수 있지만, 기부는 모든 요소를 종합적으로 고려해야 한다. 왜 물품이 필요한지 사유를 확인하고 어떤 물건이 필요한지 내가 지불할 수 있는 정도의 비용인지 검토한 후 최종적으로 단체가 믿을 만한 곳인지 단체의 신뢰도까지 확인한 후에야 기부 여부를 결정한다. 심금을 울리는, 정말 절절하게 기부가 필요해 보이는 사연일지라도 기부 단체가 횡령 이력이 있다면 기부가 꺼려지는 것처럼 말이다. 기부는 노출되는 정보의 성격상 탭이 필요하지 않은 구조다.

콘텐츠의 길이 측면도 검토해 보자. 정보 성격상 탭이 필요하지 않은 구조더라도 노출돼야 하는 콘텐츠가 지나치게 많고 스크롤도 길다면 탭이 필요하다. 우리 서비스 상세 페이지에서 노출해야 하는 정보는 양이 많을까 적을까?

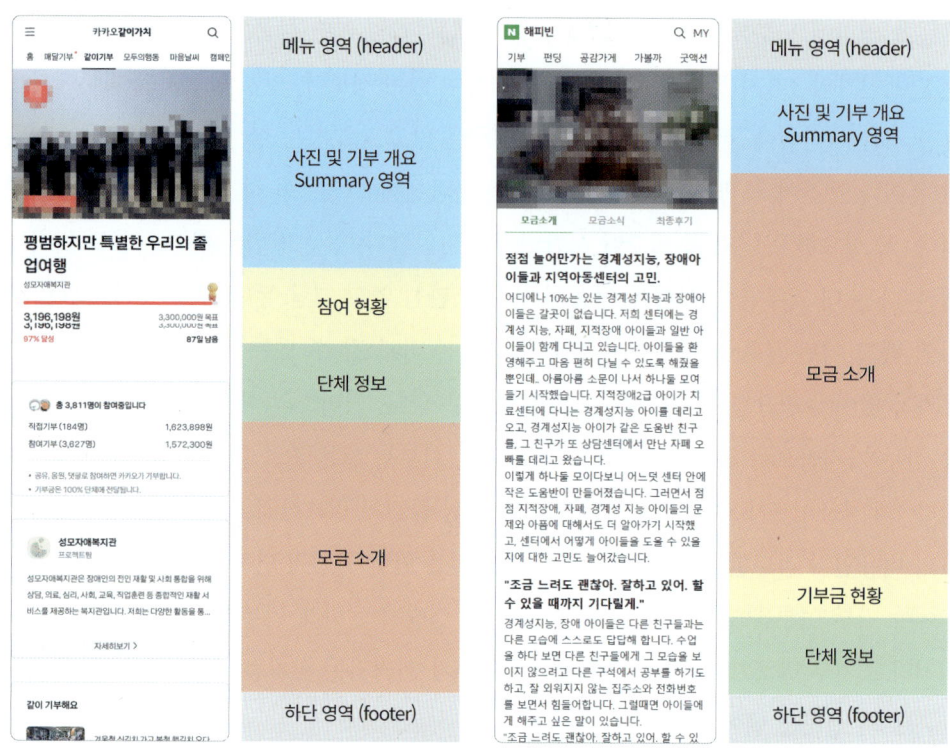

타 플랫폼의 기부 상세 페이지 설명 영역

① 왜 물품이 필요한가, ② 어떤 물품이 필요한가, ③ 우리는 어떤 단체인가 3가지 정보 중 ②번과 ③번은 길이가 제한적인 정보라 어느 정도 이상은 길어지지 않겠지만 ①번 물품 필요 사유는 충분히 내용이 길어질 가능성이 있는 정보다. 다른 기부 플랫폼을 살펴봐도 기부 소개나 사연은 스크롤을 몇 번이나 내려야 할 정도로 긴 것들이 많고 이 때문인지 상세 페이지에 탭이 있는 기부 플랫폼들이 꽤 있다. 그렇다면 우리 서비스도 왜 물품이 필요한가에 대한 내용이 길어질 가능성이 있으니 스크롤을 둬야 할까?

타 기부 플랫폼과 우리 플랫폼은 결정적인 차이가 하나 있다. 타 기부 플랫폼은 현금을 기부하지만, 우리 플랫폼은 물건을 기부한다. 현금을 기부하는 플랫폼은 기부금 횡령의 위험성이 있어 돈이 왜 필요한지 모인 기부금을 어떤 항목에 어떻게 사용할 것인지를 하나하나 세세하게 적어야 기부의 신뢰도와 참여도를 높일 수 있어 내용이 길어질 수밖에 없다. 하지만 우리 플랫폼은 물건을 기부하는 플랫폼이기 때문에 구구절절한 스토리텔링 필요 없이 뭐가 필요하고, 왜 필요한지 2가지 정보만 있으면 된다. 현금이 아닌 물품을 취급하는 서비스 특성상 기부에 대한 신뢰도가 높아 내용이 짧아도 기부에 큰 문제가 없는 것이다.

글을 작성하는 기부 요청자의 입장도 고려해야 한다. 글을 작성할 때 써야 하는 항목이나 내용이 많다면 글 작성자 입장에서 부담감을 느끼게 된다. 이 플랫폼은 기부 요청자가 필요한 물건에 대해 요청 글을 직접 올리는 플랫폼이다. 현금이라면 몰라도 물품이 필요한 사유는 크게 복잡하지 않다. 항목이나 내용은 최대한 간단하게 작성하도록 가이드해야 기부 요청 글 작성에 부담감이 줄고 기부가 활성화될 수 있다.

콘텐츠의 길이, 성격 등 종합적인 면을 고려했을 때 우리 서비스는 탭을 둬야 할 만큼 콘텐츠 길이가 길지 않고 콘텐츠 간 연결성이 높아 탭으로 개별 콘텐츠를 바로 보고 싶은 니즈도 낮은 편이다. 그래서 탭이 있는 B Type보다는 탭이 없는 A Type 레이아웃이 더 적합하다.

콘텐츠까지 어느 정도 결정됐다면 마지막으로 서비스와 관련된 정책적인 요소들을 결정해 UI에 반영할 차례다. 상세 페이지에서 결정해야 할 정책적인 요소는 다음과 같다.

1. 한 번에 몇 개의 물품을 신청할 수 있을까?
2. 한 개의 기부에 최대 몇 명까지 참여할 수 있을까?
3. 기부 신청부터 완료의 기준은 무엇인가?
4. 한 명이 몇 건까지 동시에 기부에 참여할 수 있을까?

UI/UX가 어려운 것은 정책을 어떻게 정하느냐에 따라 UI/UX의 방향성이 180도 바뀔 수 있다는 데에 있다. 정책에 따라 UI/UX가 어떻게 바뀔 수 있는지 하나씩 자세하게 살펴보자.

첫째, 기부 요청자가 한 번에 몇 개의 물품을 신청할 수 있을까?

둘째, 한 개의 기부에 최대 몇 명까지 참여할 수 있을까?

겨울이 다가오는데 방한용품이 부족하다. 따뜻한 이불과 온수매트가 필요해 기부 요청 글을 올린다고 가정해 보자. 몇 개의 글을 올려야 할까?

1. 이불과 온수매트 기증을 한꺼번에 요청하는 글을 하나만 올린다.
2. 글 하나에 물품 하나씩(이불 요청 글 하나, 온수매트 글 하나) 총 두 개의 글을 올린다.

이 선택에 따라 앞에서 언급한 정책 요소 두 번째 항목인 '한 개의 기부에 몇 명까지 참여할 수 있을까?'의 정책이 달라진다. 글 하나에 한 개만 물품만 요청한다고 하면 기부 글 하나당 한 명만 참여할 수 있다. 그런데 글 하나에 여러 개의 물품을 요청할 수 있다면 한 명이 기부하기에는 부담스러운 금액이 될 수 있어 여러 명의 기부자가 나눠서 기부하는 기능을 제공해야 한다.

이때 선택할 수 있는 Case는 총 3가지다.

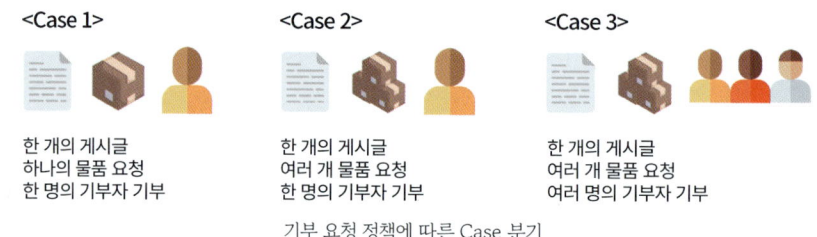

기부 요청 정책에 따른 Case 분기

초보 기획자들이 많이 하는 실수 중 하나는 기능 추가에 따른 프로세스 복잡도를 대수롭지 않게 생각한다는 것이다. 기능 하나가 늘어나면 늘어나는 기능만큼 프로세스가 추가되겠지, 라고 생각하지만 기능에 따른 프로세스 복잡도 증가는 +1이 아니라 제곱이 된다. 추가된 기능이 기존 프로세스에 큰 영향을 끼치기 때문이다. 기존 기능 2개에 기능을 한 개 더 추가한다고 했을 때 프로세스 복잡도는 2의 +1인 3이 되는 것이 아니라 2의 제곱인 4가 된다.

프로세스 영향도 측면에서 한 개의 게시 글에 한 개의 물품만 요청하느냐, 여러 개의 물품을 요청하느냐는 프로세스 복잡도에 큰 영향을 끼치지 않는다. 물품 요청 글을 쓸 때 한 개만 쓰느냐, 여러 개를 쓸 수 있게 기능을 제공하느냐 정도의 차이만 있기 때문이다. 하지만 기부자가 한 명이냐, 여러 명이냐는 프로세스 복잡도에 큰 영향을 끼친다. 예를 들어보자.

기부자가 한 명일 때

| 기부 상세 페이지 확인 | → | 기부 신청 | → | 기부 물품 구매 | → | 구매 정보 입력 |

기부자가 여러 명일 때

| 기부 상세 페이지 확인 | → | 기부 신청 | → | 기부할 물품 선택 | → | 기부 물품 구매 | → | 구매 정보 입력 |

기부자가 한 명일때와 여러 명일 때 프로세스 비교

단순히 프로세스만 보면 기부자가 한 명일 때와 여러 명일 때 기부할 물품을 선택하는 프로세스만 늘어나는 것처럼 보인다. 그런데 화면단은 그렇지 않다. 기부 물품 선택에 따른 다양한 케이스가 존재하기 때문이다.

한 개의 기부 글에 한 명만 기부가 가능하다고 하면 기부 현황을 노출할 필요가 없다. 이 기부 글은 기부가 필요한 상태인지, 즉 기부가 진행 중인지 완료된 상태인지에 관한 상태 값만 있으면 된다. 그런데 여러 개의 기부 물품이 있고 여러 명이 참여할 수 있다면 기부 물품 중 어느 물건은 기부된 상태이고 어느 물품은 기부가 필요한 상태인지에 관한 현황을 표시하는 상태 표시 영역이 필요하다. 기부 신청 페이지도 한 명만 기부가 가능하면 기부에 따른 알림 메시지만 표시하면 되지만, 여러 명이 기부할 수 있다면 어떤 물품을 기부할지 선택하는 선택 기능이 필요하다. 시스템 구조상 여러 명이 기부할 수 있는 구조라도 한 개의 상품만 기부 요청이 올라왔다면 한 명만 기부가 가능하기 때문에 이를 구분하는 분기 처리도 필요하다.

| 한 명만 기부 가능할 때의 화면 | 여러 명 기부가 가능할 때의 화면 |

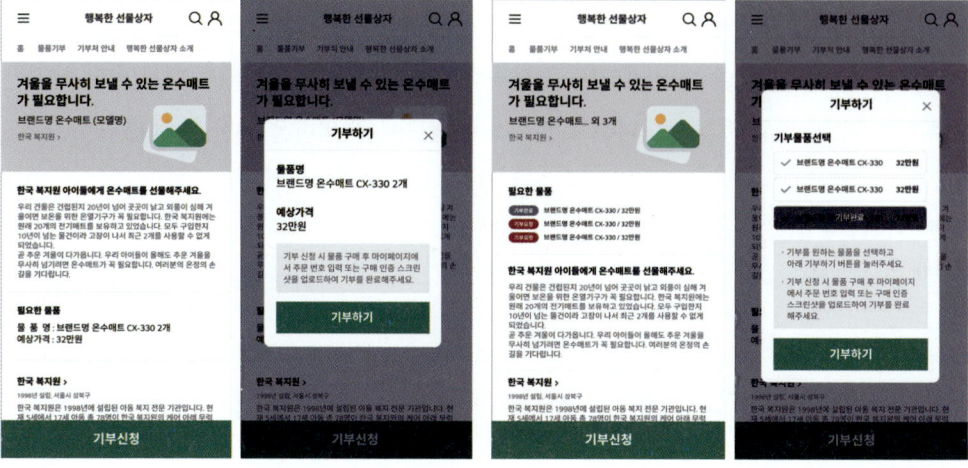

한 명만 기부 가능할 때와 여러 명이 기부 가능할 때의 화면 차이

이제 생각해 보자. 우리 서비스는 선택할 수 있는 3개의 Case 중 어떤 정책을 선택해야 할까?

우리 서비스의 취지를 생각해 보자. 우리 서비스는 현금 기부와 횡령에 대한 불신을 타파하고 물품을 필요로 하는 단체와 기부를 원하는 기부자를 연결해 주는 서비스다. 한발 더 나아가면 기부의 신뢰도를 높여 많은 사람이 기부에 참여함으로써 기부를 생활화하고 대중화하여 올바른 기부문화를 정착하는 것이 본 플랫폼의 지향점이다. 기부가 대중화되려면 어렵고 복잡한 기부가 아니라 단순하고 직관적이며 높은 편의성을 가진 기부 시스템을 구축해야 한다.

기능이 많아지면 필연적으로 시스템이 복잡해질 가능성이 높다. 한 명이 하나의 상품만 기부할 수 있다면 프로세스가 단순해지지만, 여러 명이 여러 개의 상품을 기부할 수 있다면 프로세스가 복잡해진다. 기능이 복잡해지면 접근성과 편의성이 떨어지고 대중화에 방해가 된다.

동일한 5개의 물품을 기부받는다고 가정할 때 5개의 게시글로 나눠서 기부받으면 기부자가 목록 페이지를 봤을 때 참여할 수 있는 기부도 많아 보이고 선택권도 넓어진다. 그런데 한 개의 기부 글에 5개의 물품을 기부받는다고 하면 목록 페이지만 봐서는 직관적으로 어떤 물품을 기부할 수 있는지 어떤 물품은 기부가 완료된 것인지 파악하기가 쉽지 않다. 커뮤니티에 대입해 보면 게시글이 많은 커뮤니티는 이용자가 많고 활성화된 커뮤니티처럼 보이지만, 게시글이 적은 커뮤니티는 이용자도 적고 활동도 많지 않은 커뮤니티처럼 보이는 것과 비슷한 원리다.

개발 측면에서도 마찬가지다. 기능이 많아지면 프로세스도 복잡해지고 개발 기간도 늘어난다. 빠르게 필요한 기능만 만들어서 최소한의 기능으로 런칭하는 것이 최근의 트렌드라는 것을 생각해 보면 개발 기간이 긴 것보다 짧은 쪽이 훨씬 더 유리하다. 서비스를 빠르게 런칭해서 반응을 살펴보고 여러 개의 물품을 기부하는 기능이 필요하다고 생각되면 그때 빨리 개발해서 고도화하는 것이 요즘 앱 서비스의 개발 트렌드다.

다양한 요소를 고려해 봤을 때 이 서비스는 한 개의 게시글에 하나의 물품만 기부하는 정책이 현재로서는 가장 베스트다.

상세 페이지 설계 초안이 어느 정도 정리되었다면 상세 페이지에 영향을 주는 정책을 정리할 차례다. 상세 페이지에 영향을 주는 정책은 무엇이 있을까?

1. 기부 신청과 완료의 기준은 무엇인가?
2. 온라인 기부 외에 오프라인 직접 기부도 가능한가??
3. 한 명이 몇 건까지 동시에 기부를 신청할 수 있나?

위 정책들은 어떻게 정의해야 하고 UI에 어떤 영향을 줄까? 첫 번째 정책부터 하나씩 살펴보자.

첫 번째 정책: 기부 신청과 완료의 기준은 무엇인가?

기부 신청부터 기부 완료까지 프로세스를 정리해 보면 이렇다.

① 기부자가 기부하기를 눌러 기부 신청

② 기부 물품을 온라인으로 구매

③ 기부 물품이 택배로 발송됨

④ 기부 요청자가 택배로 물품을 수령

실제 기부가 완료되는 시점은 ④ 기부 요청자가 택배로 물품을 수령했을 때가 된다. 그렇다면 서비스에서 기부 요청 글 상태가 기부 중 → 기부 완료로 바뀌는 시점도 실제 기부가 완료되는 시점과 동일하게 기부 요청자가 택배로 물품을 수령했을 때로 해야 할까?

실제 물품 수령 시점을 기부 완료로 설정하려면 기부 요청자가 물품을 수령한 후 수령 완료 버튼을 누르게 해서 기부 완료 시점을 체크하거나 기부자가 택배 송장 번호를 입력하여 택배 조회 시스템과 연계하여 택배 배송이 완료된 시점을 기부 완료로 체크해야 한다. 그런데 수령 완료 버튼을 누르는 것은 생각보다 번거로운 행위다. 쇼핑몰의 구매 확정 버튼을 생각해 보면 쉽게 이해가 갈 것이다. 프로세스상 꼭 필요한 기능도 아니고 단순히 기부 완료를 체크하기 위해 기부 요청자가 수령 완료 버튼을 클릭하는 방식은 비효율적이다. 택배 조회 시스템과 연계에 기부 완료 시점을 체크하는 방식은 자동화가 가능하지만, 개발 비용이 많이 든다는 단점이 있다.

관점을 바꿔서 생각해 보자. 기부 요청자의 입장에서는 물품을 수령한 시점이 기부 완료가 되지만 기부자 입장에서는 물품을 주문한 시점이 기부 완료가 된다. 기부 요청자의 관점이 아니라 기부자 관점에서 기부 완료를 정의해 보는 것은 어떨까?

기부자 관점에서 보면 주문이 완료된 시점부터 기부 요청자가 물품을 수령할 때까지 기부자가 할 수 있는 일은 없다. 물건이 품절됐다거나 주문이 취소되거나 물품이 배송 도중 분실되는 예외 사항이 발생할 수 있지만 빈도가 높지 않은 편이다. 상태가 **물품 수령 완료**라면 물품을 실제 수령한 시점이 되겠지만, **기부 완료**이기 때문에 기부자가 실제 기부를 행한 시점, 즉 물품을 주문한 시점을 기부 완료로 해도 문맥상 큰 문제는 없다.

정책상 기부자가 물품 주문을 완료한 시점을 기부 완료로 정의하면 프로세스상 기부자가 물품을 주문하고 주문 정보를 입력(주문 번호를 입력하거나 주문 완료 화면 캡처)한 시점을 기부 완료 상태로 처리할 수 있다. 기부 요청자가 물품을 수령한 시점을 기부 완료로 정의한다면 기부자가 물품을 주문한 주문 정보도 입력해야 하고 급하게 필요한 물건일 경우 물건이 언제 올지 알아야 하니 운송장 번호도 입력해야 한다. 마지막으로 기부 요청자가 물품을 수령한 후 앱에 접속해서 수령 완료 버튼을 눌러줘야 화면의 상태 값이 기부 완료로 변경된다. 수령 완료 기능을 넣으려면 기부 요청자가 수령 완료 버튼을 누르지 않았을 경우를 고려해 케이스 정의도 해야 한다(주문 완료 후 5일 이상 수령 완료를 누르지 않으면 자동으로 기부 완료 처리 등). 완료 시점 차이에 따른 기능과 프로세스 차이를 비교해보자.

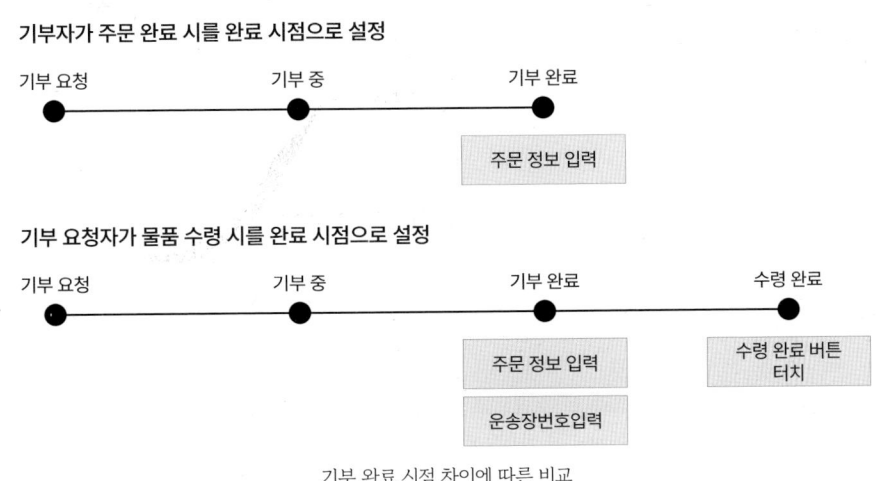

기부 완료 시점 차이에 따른 비교

단순한 완료 시점 차이라고 생각할 수 있지만, 정책을 어떻게 정의하느냐에 따라 필요한 기능도 달라지고 개발해야 하는 범위나 프로세스도 훨씬 더 복잡해진다. 개발의 복잡도나 편의성을 고려했을 때 주문을 완료한 때를 완료 시점으로 설정하는 것이 좋다.

두 번째 정책: 온라인 기부 이외에 오프라인 기부도 가능한가?

원칙적으로 우리 플랫폼은 온라인 구매 기부가 원칙이지만, 기부 요청자가 요청한 물품을 내가 새 상품으로 보유하고 있거나 집 앞 마트에서 온라인 판매가보다 저렴하게 판매해 직접 구매하여 택배로 발송하거나 직접 방문하여 물품을 전달하는 방식을 원하는 기부자가 있을 수 있다. 이럴 경우 온라인 구매 기부 이외에 오프라인 구매 기부 방식도 지원해야 할까?

첫 번째 정책 정의에서 기부 완료 시점을 기부자가 물품 구매 정보를 입력한 시점으로 정의했다. 오프라인도 물품 구매 정보를 입력할 수 있다면 이론상으로 큰 문제는 없다. 단, 온라인 기부만 지원할 때는 기부 종류를 선택할 필요가 없었지만 오프라인 기부도 지원한다고 하면 기부 유형을 선택하는 영역이 필요하다.

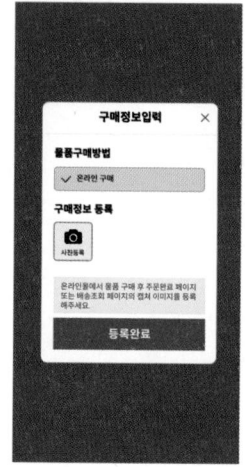

온라인 기부 전용과 오프라인 기부 지원 화면 비교

위 예시 이미지처럼 온라인 기부만 지원할 때는 구매 정보만 입력하면 되지만, 오프라인 기부를 지원하면 기부 방법 선택과 택배 발송 시 송장번호를 입력하는 기능이 추가로 필요하다.

세 번째 정책: 한 명이 동시에 몇 건까지 기부가 가능한가?

이건 극히 예외적인 케이스지만, 노쇼를 방지하기 위함이다. 기부자는 회원가입만 하면 별도의 승인이나 자격심사 없이 기부에 참여할 수 있다. 악의적인 사용자가 여러 건의 기부 요청에 기부 신청을 한 후 실제 기부를 하지 않으면 타인의 기부 기회를 빼앗는 것이 되기 때문에 적절한 제한이 필요하다. 하루에 3건만 기부에 참여가 가능하다거나 일주일에 최대 5건까지만 기부에 참여할 수 있다는 제한 정책이 필요하다. 기부 제한은 노쇼를 막기 위한 것도 있지만, 많은 사람의 참여를 유도하기 위한 것도 있다. 익명의 독지가가 모든 기부에 참여하여 기부 요청을 싹쓸이한다면 다른 기부자들의 참여 기회가 사라지고 소수의 큰손만 참여하는 기부 플랫폼이 될 확률이 높다. 최대한 많은 사람이 기부에 참여하고 기부의 즐거움을 누릴 수 있게 하기 위해서라도 적절한 제한은 필요하다.

앞에서 언급한 정책 이외에도 실제 플랫폼을 설계하면 고려해야 할 정책들이 많다. 기부를 완료했는데 택배 분실이나 사고로 물품이 오지 않았을 경우의 처리 프로세스라든가 주문 정보를 입력하여 기부를 완료했을 때 바로 상태 값을 기부 완료로 변경할 것인지 관리자가 입력 정보를 확인한 후 승인해야 기부 완료로 처리할 것인지와 같은 정책 말이다. 지면 관계상 모든 정책을 다룰 수는 없고, 여기서는 서비스를 만들 때 어떤 정책들을 고려해야 하는지, 정책에 따라 UI/UX가 어떻게 바뀌는지에 관해 주요 정책 몇 가지만 예시를 들어 실제 서비스를 만드는 느낌으로 진행해 봤다.

마지막으로 가장 중요한 이야기를 짚고 넘어가려고 한다. 이처럼 좋은 아이디어를 가지고 어느 정도 화면과 정책을 구체화했음에도 불구하고 이 아이템으로 사이드 프로젝트를 진행하거나 창업하지 않고 이렇게 책 속의 예제로 끝나는 이유가 무엇일까?

그 답은 단순하다. 이 서비스는 아이디어도 좋고 활성화 가능성도 있지만, 사업성이 없기 때문이다.

내가 이 서비스를 착안하게 된 가장 중요한 계기는 기부에 대한 만연한 불신이었다. 기부 단체나 기부 플랫폼이 기부금을 제대로 사용하지 않을 거라는 불신과 불안, 그게 이 플랫폼을 만들게 된 가장 중요한 계기다. 그래서 서비스를 이용한 수익화 모델, 서비스로 돈을 벌겠다는 생각과는 철저하게 거리를 두고 서비스를 설계했다. 플랫폼에서 돈을 벌겠다는 의지가 느껴지면 서비스의 취지와 본래 의도가 퇴색되기 때문이다.

수익화와는 거리를 두고 서비스를 설계했지만, 수익 모델이 아예 없는 것은 아니다. 링크프라이스나 쿠팡 파트너스를 이용해 우리 플랫폼을 통해 물건을 구매할 경우 일정 금액 리워드를 받는 방식으로 수익화를 추구할 수도 있고 애드센스를 이용해 기부 요청자가 요청한 물품을 추천하는 배너를 넣어 광고비를 받는 방식도 있다. 하지만 그런 방식으로 수익화를 추구하면 사용자들이 과연 우리 플랫폼을 순수한 기부 플랫폼으로 생각해 줄까? '겉으로 깨끗한 척하면서 결국 똑같은 부류였어'라고 생각하지 않을까? 그래서 이 서비스는 수익을 추구하기 어려운 서비스다.

최소한의 인건비, 즉 기부가 필요한 단체를 돌아다니며 서비스를 홍보하는 영업 비용과 기부자들에게 서비스를 홍보하는 마케팅 비용에 서버 운영비까지 이 서비스는 전형적으로 들어가는 비용은 많은데 수익화 모델은 딱히 없다. 결국 취지는 좋지만 사업성이 부족한 서비스의 표본인 셈이다.

기성 기부 단체에서 기부 활성화를 위해 운영비를 써가며 운영하는 것이라면 몰라도, 일개 스타트업에서 자본금을 써가며 운영하기에는 사업성이 부족하다. '사용자를 많이 유치해서 피보팅을 통해 서비스의 방향성을 바꿔 수익화를 추구하면 되지 않을까?'라고 얘기하는 사람이 있을지도 모른다. 그건 애초에 돈을 버는 서비스가 고객을 모아 몸집을 키워서 손익분기점을 맞추는 방법이지, 돈을 벌 구멍이 없는 서비스가 할 수 있는 방식은 아니다. 이래저래 다양한 요소를 고려해 봤을 때 이건 하면 안 되는 사업이다. 이게 필자가 내린 결론이다.

기가 막힌 사업 아이템이 떠올랐을 때 제일 먼저 검토해야 할 것은 사업성이다. 아무리 좋은 사업 아이템이라고 한들 돈을 벌지 못하면 아무 소용이 없다. 좋은 아이템이 떠올랐다면 다시 한번 생각해 보자. 이 아이템으로 진짜 돈을 벌 수 있을까? 나 말고 이 아이템을 생각한 사람이 한 명도 없을까?

이것으로 실전 UI/UX 본편을 마무리하겠다. 포기하지 않고 끝까지 함께 해준 독자 여러분께 감사드린다. 이 책을 통해 여러분의 UI/UX에 대한 이해가 높아지고 지식과 시야가 넓어지는 계기가 되었기를 바란다.

부록
A

AI를 활용한 실전 UI/UX 디자인

A.1 AI를 이용한 이미지 제작
A.2 AI를 이용해 프로토타입 만들기
A.3 AI를 이용한 UX Writing

이대로 끝내기가 아쉬워 여러분에게 드리는 첫 번째 보너스는 바로 요즘 핫한 AI를 이용한 UI/UX 디자인 방법론이다.

2022년 11월 30일, OpenAI의 ChatGPT 공개 이후 산업계의 최대 화두로 AI가 떠오르고 있다. 누군가는 이미 발 빠르게 AI를 업무에 도입해 생산성 향상을 도모하는가 하면 누군가는 AI의 발달로 인해 일자리를 잃지 않을까 노심초사하며 AI 관련 소식에 촉각을 곤두세우고 있다.

이러한 변화 가운데 2023년 골드만삭스는 전 세계 노동자의 18%가 AI로 인해 일자리를 잃게 될 것이라는 우울한 전망이 담긴 보고서를 발간하며 사람들의 불안감을 부채질했다.

이는 IT 업계도 예외가 아니다. 그동안 첨단의 최전선이자 고용 한파의 무풍지대로 여겨졌던 IT 업계마저 AI가 선보이는 충격적인 퍼포먼스에 일자리 소멸을 걱정하는 처지가 되었다.

혁명을 넘어 이미 우리의 일상에 깊숙이 파고든 AI, 이제 AI는 선택이 아니라 필수다. 피할 수 없다면 정복하자. 이번 장에서는 UI/UX 디자인에서 AI를 활용하는 방법을 알아보고 AI 시대에 발맞춰 UI/UX는 어떻게 변화하고 달라질지 분석해 보는 시간을 갖도록 하겠다.

우선 본격적인 AI 활용법에 대해 알아보기 전에 요즘 화제가 되고 있는 생성형 AI부터 공부해 보자.

생성형 AI의 기본 원리는 사용자가 텍스트를 입력하면 인공지능이 사용자가 입력한 텍스트를 분석해 그에 맞는 결과물을 만들어내는 방식이다. 가령 "코카콜라 회사의 설립일에 대해 알려줘"라는 텍스트를 입력하면 AI가 데이터를 분석해 코카콜라 회사의 설립일을 알려준다거나, "고질라가 인천공항을 공격하고 있는 사진을 만들어줘"라는 텍스트를 입력하면 AI가 사진을 합성하여 정말 고질라가 인천공항을 공격하는 것 같은 사진을 만들어낸다. 인공지능이 입력한 텍스트에 대한 결과물을 만들어내는 방식이라서 **생성형 AI**라 부른다.

생성형 AI는 이미지를 만드는 AI, 동영상을 만드는 AI, 작곡을 하는 AI 등 사람이 설정한 조건 내에서 특정 분야의 제한된 업무만 가능하다. 사람과 동일하게 인지능력을 갖추고 스스로 업무를 수행할 수 있는 AI를 범용 AI라고 하는데, AI가 빠르게 발전하고는 있지만 인간을 대체할 수 있는 수준의 범용 AI는 아직 나오지 않았다. (ChatGPT를 만든 OpenAI의 샘 올트먼은 4년 이내에, 엔비디아의 젠슨 황은 5년 이내에 인간과 비슷한 수준의 범용 AI가 출시될 것으로 전망했다.)

UI/UX 분야 역시 마찬가지다. UI 디자인, UX Writing 등 특정 분야에 대해 사용자가 입력한 텍스트를 바탕으로 결과물을 만들어주는 AI는 있지만, "파이썬을 이용해 물건을 필요로 하는 사람에게 현물로 기부가 가능한 신뢰받을 수 있는 안드로이드 기부 플랫폼 앱을 만들어줘"라는 텍스트를 입력했을 때 디자인부터 UX Writing, UX, 프로그램까지 한 방에 결과물을 만들어낼 수 있는 AI는 아직 없다. (유사한 기능을 제공하는 AI가 있긴 하지만, 프로토타입 수준으로 완성도가 많이 떨어진다.)

실무에서도 크게 다르지 않다. 제한적으로 일부 업무에 한해 생성형 AI를 사용하기는 하지만 아직 업무 전반에서 AI를 적극적으로 활용하고 있지는 않다. 실무에서 사용하는 AI는 어떤 것이 있는지, 어떤 방식으로 어떤 업무에 사용하는지 하나씩 살펴보자.

A.1 _ AI를 이용한 이미지 제작

- Stable diffusion
  - https://stablediffusionweb.com/
  - 제한적 무료/유료
- Midjourney
  - https://www.midjourney.com/
  - 유료

기획을 하다 보면 제안, 보고 등의 문서 작업이나 서비스에 들어가는 이미지 배너, 아이콘 등 특정 이미지를 필요로 할 때가 많다. 기존에는 유료 이미지 사이트를 구독해 적합한 이미지를 찾거나 여러 개의 이미지를 합성하여 적합한 이미지를 만들어야 했지만 생성형 AI를 활용하면 이미지를 찾거나 만들지 않아도 키워드만 입력하면 AI가 알아서 이미지를 만들어준다.

시니어를 위한 금융 앱 제작 제안서를 만든다고 가정해 보자. 이 제안서에는 오프라인 지점 축소로 돈을 뽑기 위해 ATM기를 찾아 헤매는 시니어의 이미지나, 은행 앱을 설치했으나 이용에 어려움을 겪고 있는 시니어의 이미지가 들어갈 것이다. 기존에는 이런 이미지를 넣으려면 유료 이미지 사이트에서 적당한 이미지를 찾거나 직접 일러스트를 그리는 방법밖에 없었다. 그런데 생성형 AI를 활용하면 적절한 텍스트를 입력하는 것만으로 손쉽게 원하는 이미지를 만들 수 있다.

Stable diffusion을 이용해 이미지를 만드는 모습

Stable diffusion을 이용해 만든 이미지와 일러스트 예[1]

물론 몇 가지 한계는 있다. 해외 서비스라 영어 입력만 지원해 한국어 대비 100% 원하는 뉘앙스를 표현하는 데 어려움이 있고 원하는 이미지를 한방에 만드는 것이 아니라 텍스트를 조금씩 바꿔가면서 여러 가지 이미지를 만들고 원하는 이미지의 느낌을 찾는 과정이 필요하다.

---

1 이미지 생성 프롬프트
　왼쪽: Asian senior having trouble finding an ATM to withdraw money
　오른쪽: Asian senior who is having trouble using the banking app because he is not familiar with it

시중에 나와 있는 AI 툴 중 실무에서 가장 요긴하게 사용할 수 있는 것이 이미지 제작 AI다. 일반적으로 디자인 업무를 100이라고 했을 때 적합한 이미지 소스를 찾거나 만드는 데 30~40 정도의 리소스가 소요된다. AI 이미지 제작 툴을 사용하면 이런 리소스를 줄일 수 있다.

A.2 _ AI를 이용해 프로토타입 만들기

- Uizard
  - 〉 https://uizard.io
  - 〉 제한적 무료/유료
- Galileo AI
  - 〉 https://www.usegalileo.ai
  - 〉 제한적 무료/유료

Uizard와 Galileo AI는 AI를 이용해 UI 프로토타입을 만들 수 있는 디자인 툴이다. 기본적인 기능은 피그마와 유사하고 여기에 AI를 이용한 UI 프로토타입 자동 생성 기능이 추가된 형태다.

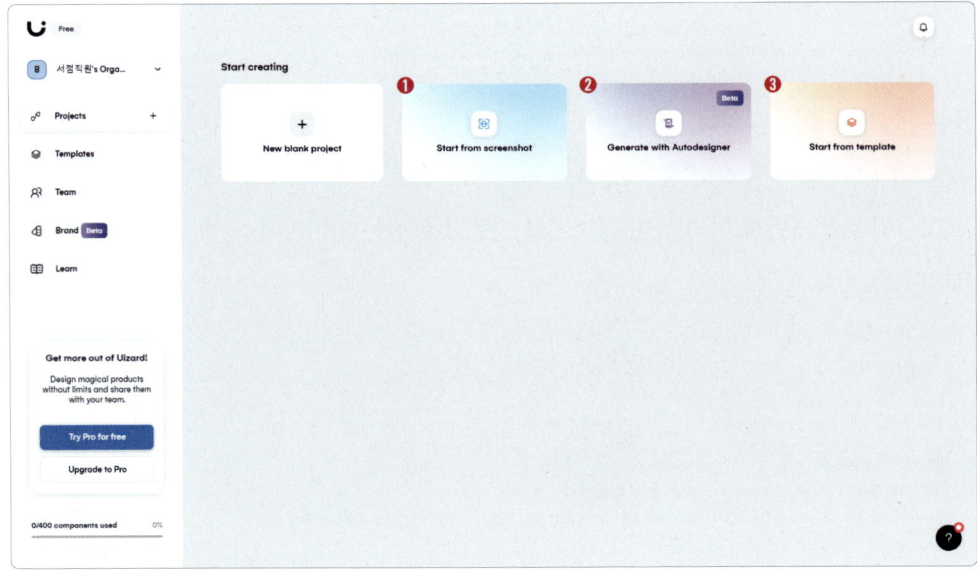

Uizard의 제공 기능

Uizard와 Galileo AI에서 제공하는 기능은 다음과 같다.

1. 스크린 숏이나 와이어프레임 업로드 시 AI가 프로토타입 UI 제작
2. 사용자가 입력한 텍스트를 기반으로 AI가 프로토타입 UI를 자동 생성
3. 자체 UI 템플릿 또는 타 사용자가 제작한 템플릿 사용 가능
4. 제작한 프로토타입 UI 커스터마이징 지원

이제 생성형 AI를 이용해 실제 프로토타입을 만들어보자.

우리가 만들 프로토타입 화면은 **쿠폰 사용이 가능한 SPA 의류 브랜드의 장바구니 페이지**(Shopping cart page for SPA clothing brands where coupons can be used)다.

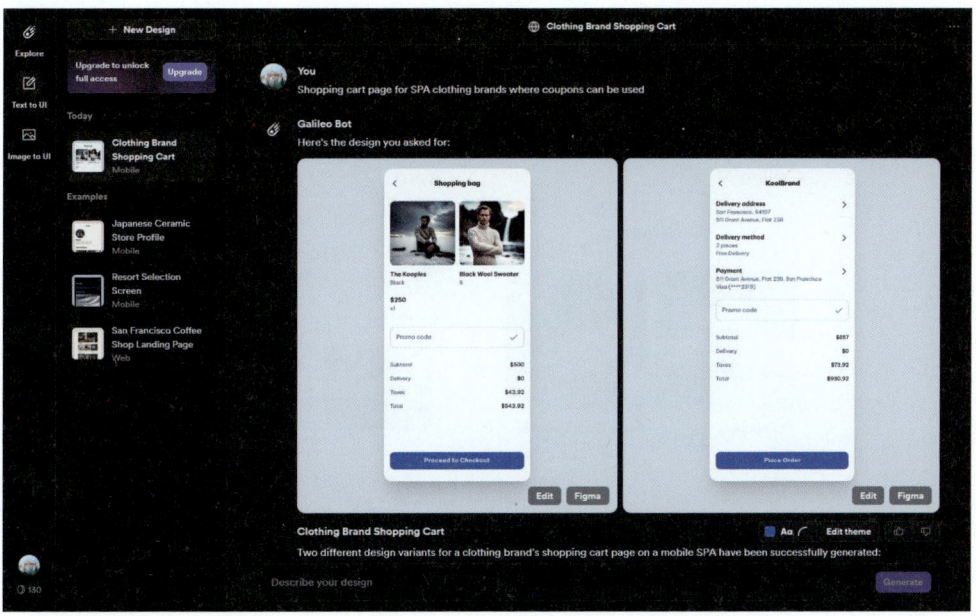

Galileo AI가 만든 프로토타입 화면

부록 A _ AI를 활용한 실전 UI/UX 디자인   311

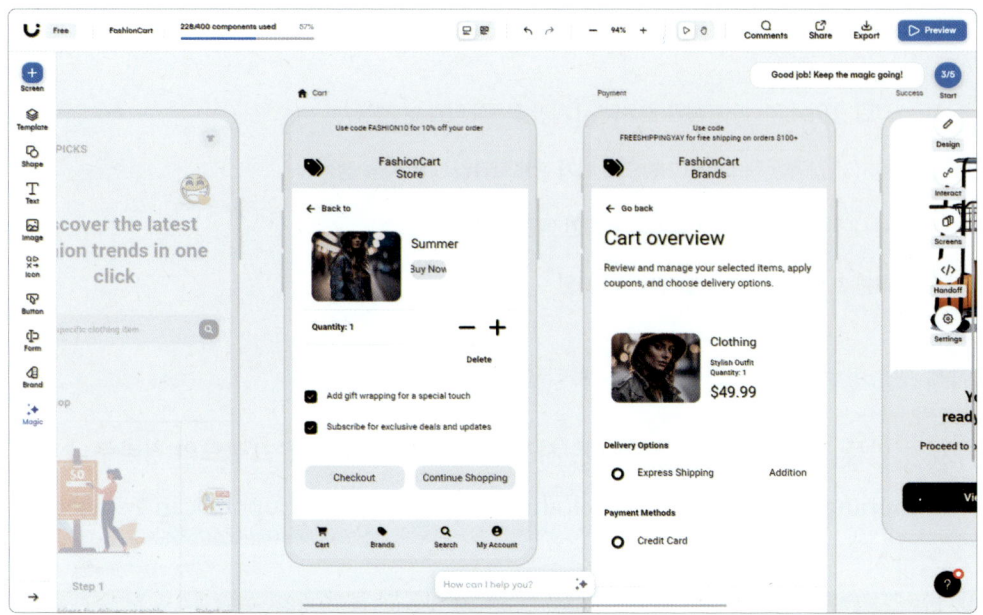

Uizard가 만든 프로토타입 화면

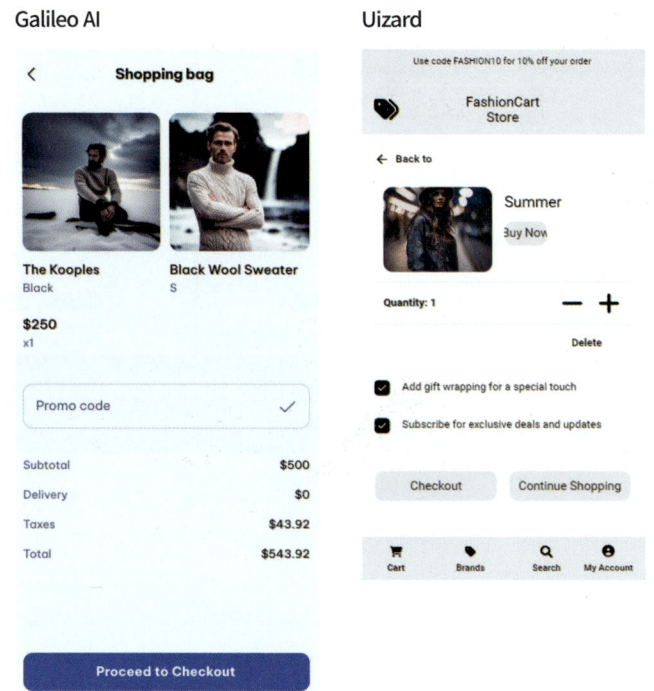

Galileo AI와 Uizard가 만든 프로토타입 UI 비교

쿠폰 사용이 가능한 SPA 브랜드의 장바구니 페이지라는 키워드로 Galileo AI와 Uizard 가 생성한 프로토타입 화면을 비교해 보자. 두 서비스 모두 쿠폰 사용 UI 부분에 있어서는 아쉬움이 있었다. 쿠폰 선택이나 보유 쿠폰이 몇 퍼센트 할인되는지 쿠폰의 정보를 보여주는 UI가 명확하지 않았고, 상품 UI에서 Galileo AI는 수량 선택과 금액이, Uizard는 상품 금액을 표시하는 요소가 누락되어 있었다. 디자인적으로 그럴듯해 보여도 기능 요소나 UI 적으로 누락된 부분이 많아 프로토타입 레벨로 쓰기에도 아쉬운 부분이 많았다. 이 정도 결과물이라면 사람 손을 많이 타야 할 것으로 보인다.

다른 화면도 하나 더 만들어보자.

이번에 만들 화면은 **실시간 주문 추적이 가능하고 주문 취소와 반품 기능을 지원하는 My order 페이지**(My order page allows real-time order tracking and supports order cancellation and return functions)다.

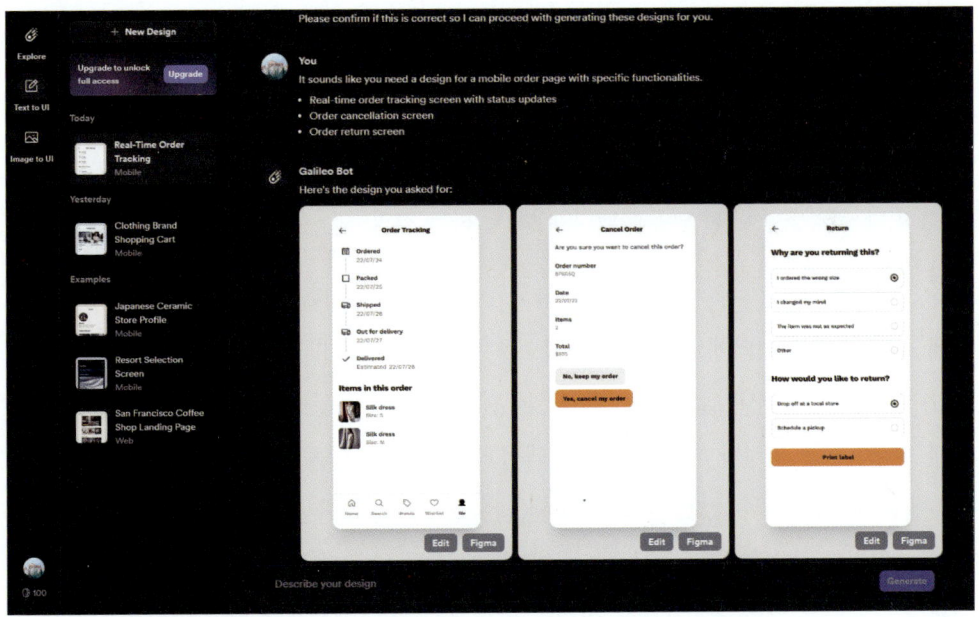

Galileo AI가 만든 프로토타입 화면

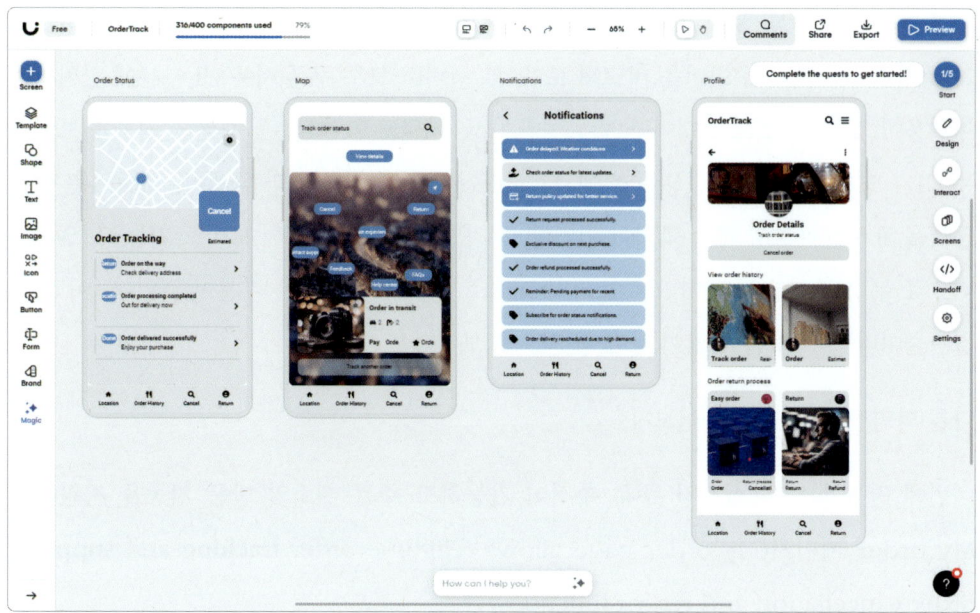

Uizard가 만든 프로토타입 화면

Galileo AI에 키워드를 입력하자 Galileo는 내가 입력한 키워드가 자기가 이해한 것이 맞는지 확인한 후 실시간 주문 확인이 가능한 화면 하나, 반품 페이지 하나, 취소 페이지 하나의 총 3개 페이지를 만들었다. Uizard는 같은 키워드를 입력하자 내가 예상했던 결과물과 전혀 다른 엉뚱한 UI를 만들어냈다. 내가 원하는 결과물은 주문 상태 실시간 확인 및 취소와 반품 기능이 한 페이지에 모두 있는 주문 페이지였다.

위에 소개한 예제 이외에도 다양한 키워드를 입력해 AI의 UI 자동 생성 기능을 테스트해 보았다. AI가 만들어낸 결과물을 분석해 본 결과 몇 가지 공통점이 있었는데, 기능이 없는 콘텐츠 페이지를 생성할 때는 예상한 결과물과 80% 이상 일치하거나 몇 가지만 수정하면 실무에 바로 써먹을 수 있을 정도로 꽤 괜찮은 결과물을 뽑아낸 반면, 조금이라도 기능이 있는 페이지를 생성할 때는 예상했던 결과물과 전혀 다르거나 중요한 주요 기능이 빠져 있거나 디자인은 그럴듯해 보여도 허점이 너무 많아 실무에서 사용하기 어려운 경우가 많았다.

현재 AI 수준으로는 이러한 AI 서비스를 업무 보조도구로 사용하여 기능이 없는 콘텐츠 페이지나 기능이 단순한 페이지의 프로토타입 UI를 만드는 정도로 제한적으로 활용할 수 있을 것 같다. 그마저도 AI가 만들어낸 결과물을 바로 사용할 수 있는 수준이 아니라 인간의 검수와 상황에 맞는 커스터마이징이 꼭 필요하다.

A.3 _ AI를 이용한 UX Writing

- ChatGPT
  - https://chatgpt.com
  - 무료

실무에서 AI를 가장 적극적으로 활용하는 곳은 글쓰기 분야다. ChatGPT가 처음 등장했을 때 한국어 데이터베이스가 많지 않아 부정확한 결과물을 뽑아내는 경우가 왕왕 있었지만, ChatGPT 4 버전 등장 이후로는 누적된 학습 데이터가 많이 쌓인 덕인지 꽤 괜찮은 결과물을 뽑아낸다. 백문이 불어일견, 다양한 상황을 가정한 키워드로 ChatGPT를 이용해 UX Writing을 진행해 보자.

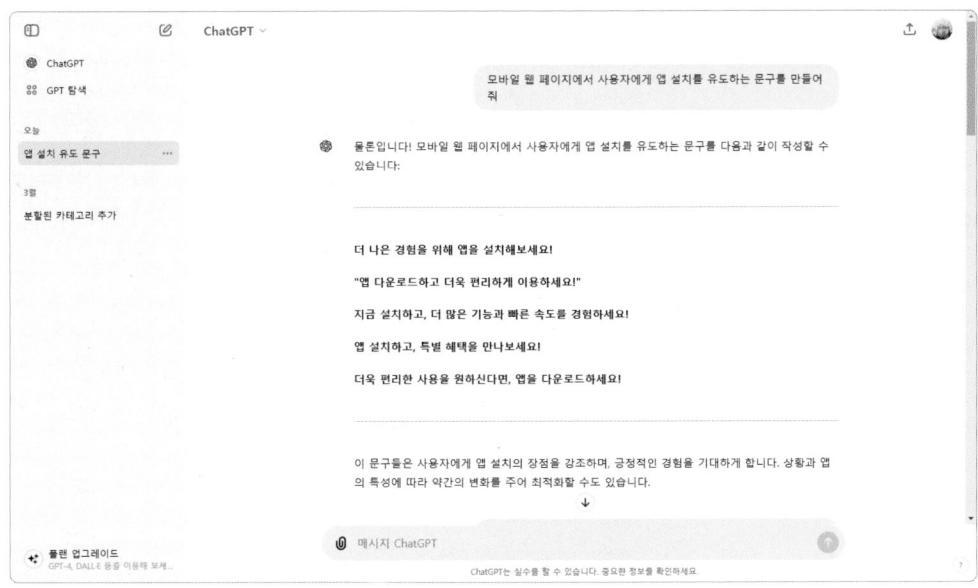

ChatGPT에게 UX Writing을 요청하는 예제 화면

문구 생성 예제 1

모바일 웹 페이지에서 사용자에게 앱 설치를 유도하는 문구를 만들어줘	
답변1	더 나은 경험을 위해 앱을 설치해보세요.
답변2	"앱 다운로드하고 더욱 편리하게 이용하세요!"
답변3	지금 설치하고, 더 많은 기능과 빠른 속도를 경험하세요!
답변4	앱 설치하고, 특별 혜택을 만나보세요!
답변5	더욱 편리한 사용을 원하신다면, 앱을 다운로드하세요!

첫 번째 예제는 모바일 웹 페이지에 접속했을 때 앱 설치를 유도하는 팝업 안내 문구다. 전반적으로 평이하고 무난한 문구가 나왔다. ChatGPT가 뽑아낸 문구 중 각 서비스 상황에 맞춰 적합한 문구를 사용하거나 살짝 조합해서 사용하면 괜찮을 것 같다.

문구는 무난했지만 서비스의 특징이 녹아 있지 않은 점이 개인적으로 아쉬웠다. 요즘 앱 설치 유도 문구의 트렌드는 웹과 대비해 앱에서만 사용할 수 있는 기능이나 혜택을 강조하는 경우가 많은데 ChatGPT가 뽑아낸 결과물은 이런 면에서 사용자를 확 잡아끄는 요소가 부족하다.

이건 내가 요청 내용을 무난하게 입력한 탓도 있지만, ChatGPT 자체의 한계도 있다. ChatGPT가 우리 서비스를 분석해 제공하는 기능이나 혜택 중 어떤 부분이 앱에서만 제공되고 사용자에게 소구력이 있을지 파악해 적합한 문구를 뽑아내야 하는데, ChatGPT에 입력하는 단 몇 줄의 요청 내용에 우리가 제공하는 서비스의 기능이나 혜택을 모두 담아내는 것은 불가능하다. 결국 사용자가 요청 내용을 얼마나 잘 입력하느냐에 따라 결과물이 크게 달라질 수 있다는 얘기다.

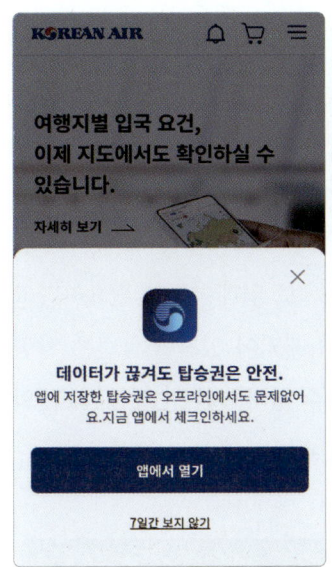 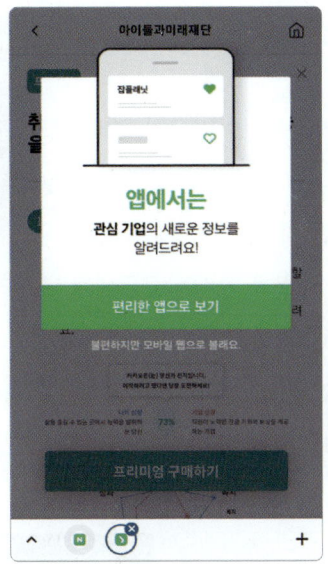 

앱에서만 사용 가능한 기능이나 혜택을 강조하는 앱 설치 유도 문구

문구 생성 예제 2

	앱을 업데이트하지 않으면 사용할 수 없다는 앱 업데이트 안내 문구를 만들어줘
답변1	앱 업데이트 필요 최신 버전으로 업데이트해야 계속해서 앱을 사용할 수 있습니다. 지금 업데이트하여 더 나은 기능과 성능을 경험하세요!
답변2	업데이트 필수 더 나은 보안과 성능을 위해 최신 버전으로 업데이트가 필요합니다. 지금 업데이트를 진행해주세요.
답변3	앱 업데이트 안내 앱의 원활한 사용을 위해 최신 버전으로 업데이트가 필요합니다. 업데이트 후 더욱 향상된 기능을 이용하실 수 있습니다.
답변4	중요 업데이트 알림 계속 사용하려면 최신 버전으로 업데이트가 필요합니다. 새로운 기능과 개선된 성능을 경험해보세요.

두 번째 예제는 앱 업데이트 안내 문구다. 결과물은 첫 번째 예제와 마찬가지로 평이하지만, 몇몇 답변은 요청한 내용과 다른 결과물이 나왔다. 내가 요청한 내용은 강제 업데이트에 따른 안내 문구를 만들어달라는 것이었으니 업데이트하지 않을 시 사용 불가라는 문구가 명시적으로 들어가야 한다. 그런데 3번 답변은 '사용 불가'라는 뉘앙스보다는 '현재도 사용할 수 있지만 업데이트하면 더 좋은 기능을 제공한다'와 같은 뉘앙스로 들린다. 4번 답변도 뉘앙스가 조금 모호하다. 1번과 2번은 제목에서 명시적으로 업데이트가 필요하다고 표시하고 본문에서도 앱을 업데이트해야 사용할 수 있다고 기재되어 있지만, 4번은 알림이나 필요 같은 다소 모호한 표현으로 사용자에게 혼란을 줄 수 있다. 나는 UX Writing의 핵심은 명확한 표현이라고 생각한다. 그 점에 있어서 3번과 4번 답변은 조금 아쉽다.

명확한 표현으로 앱 업데이트 안내를 제공하는 예제

문구 생성 예제 3

	상품을 주문했는데 재고가 없어서 주문 실패 시 고객에게 죄송하다고 사과하는 alert 문구를 만들어줘.
답변1	죄송합니다 고객님이 주문하신 상품이 현재 재고가 없어 주문이 완료되지 않았습니다. 불편을 드려 죄송합니다. 더 나은 서비스 제공을 위해 노력하겠습니다.
답변2	재고 부족 안내 고객님, 죄송합니다. 주문하신 상품이 현재 재고가 부족하여 주문이 완료되지 않았습니다. 불편을 드려 정말 죄송합니다.
답변3	주문 실패 죄송합니다. 주문하신 상품의 재고가 부족하여 주문을 처리할 수 없었습니다. 불편을 끼쳐 드려 죄송합니다.
답변4	주문 처리 실패 고객님, 죄송합니다. 현재 주문하신 상품의 재고가 부족하여 주문을 완료할 수 없습니다. 이로 인한 불편을 드려 진심으로 사과드립니다.

세 번째 예제의 답변은 전반적으로 고개를 갸우뚱하게 만드는 결과였다. 3번 답변은 '주문을 처리할 수 없었습니다.'라는 표현을 사용했는데, 주문을 처리한다는 표현보다는 주문 완료라는 표현이 더 사용자 친화적이다. 4개 답변 모두 아쉬운 부분이 하나 있는데, 주문 실패 이후 후속 조치를 안내하지 않았다는 점이다. 주문이 실패했으면 그다음 후속 조치, 즉 '확인 버튼을 누르면 장바구니 페이지로 이동합니다.'라든가 '상세 페이지로 이동합니다.'라든가 '페이지를 새로 고침합니다.' 같은 후속 조치를 안내하는 표현이 있어야 하는데, 그 부분이 부족했다. 이 점 역시 내가 입력한 내용에 대한 피드백만 주는 생성형 AI의 고질적인 한계다. 나는 안내 문구만 만들어달라고 했지, 다음에 이어질 후속 조치를 안내하는 문구를 만들어달라고 하지는 않았으니까! 내가 문구를 만든다면 아마 이런 식으로 만들었을 것 같다.

> **재고 부족에 따른 주문 실패 안내**
> 고객님이 주문하신 상품이 현재 재고가 없어 주문이 완료되지 않았습니다. 불편을 드려 죄송합니다. 확인 버튼을 누르면 장바구니 페이지로 이동합니다.

문구 생성은 여기까지 테스트해 보고 이제 ChatGPT를 이용해 기존 문구를 다듬어보자.

문구 교정 예제 1

원문	주문하신 상품의 재고가 없어 주문처리가 불가합니다. 상세 페이지로 이동하기
ChatGPT	죄송합니다 주문하신 상품의 재고가 현재 부족하여 주문을 완료할 수 없습니다. 불편을 드려 죄송합니다. 상품 상세 페이지로 이동

첫 번째 문구 교정 예제는 ChatGPT가 제시한 한국어 문장이 매끄럽지 않은 문제가 있었다. '현재'라는 단어는 문장 구조상 없어도 되는 단어다.

문구 교정 예제 2

원문	가입이 성공적으로 처리되었습니다.
ChatGPT	가입이 성공적으로 완료되었습니다.

두 번째 문구 교정 예제 역시 첫 번째처럼 '성공적으로'라는 단어는 없어도 문맥상 크게 문제가 없는 부분이다.

문구 교정 예제 3

원문	지금 그만두면 10% 할인 쿠폰을 받을 수 없어요.
ChatGPT	지금 그만두면 10% 할인 쿠폰을 받을 수 없습니다.

세 번째 문구 교정은 문장의 어미를 '~요'에서 '~습니다'로 변경했다. 이것은 서비스의 UX Writing Gudie에 '~요'가 맞는지 '~습니다'가 적절한지 판단하기 어렵다.

문구 교정 예제 4

원문	요즘 20대가 자주 쓰는 인기 서비스
ChatGPT	요즘 20대가 자주 사용하는 인기 서비스입니다.

네 번째 문구 교정은 문장을 풀어서 표현했다. 원문 문장은 타이틀로 사용되는 문구다. 타이틀은 보통 단어 조합으로 되어 있으며 문장형으로 쓰지 않는다. 원문 문장의 전후 맥락을 고려하면 ChatGPT보다는 원문이 더 적합하다.

ChatGPT의 UX Writing 능력을 평가하자면 전반적으로 모범생 같은 평이한 답변이 많았고 영문 베이스라 그런지 한국어 표현법에 있어서 아쉬운 부분이 종종 눈에 띄었다. 문장이 쓰이는 전후 사정이나 맥락을 고려하지 않고 입력된 정보 그대로 결과물을 도출하는 생성형 AI의 고질적인 문제점도 아쉬운 부분이었다.

이상으로 AI를 사용한 실전 UI/UX 디자인, 즉 UI/UX 디자인에 AI를 어떻게 활용해야 할지와 AI의 한계점에 대해 알아봤다. 마지막으로 여러분이 가장 궁금해할 부분으로, AI가 앞으로 UI/UX 디자인을 어떻게 변화시킬지, 또 우리는 AI로 인해 직업을 잃게 될지 아닐지에 대한 서점직원의 분석과 결론을 알아보려고 한다.

결론부터 말하자면, AI는 업무에 제한적으로 활용이 가능하나 인간을 완전히 대체하지는 못할 것이고, 대체할 수 있다고 해도 그렇게 되기까지는 꽤 오랜 시간이 필요할 것으로 보인다. AI로 인해 직업을 잃게 될까 봐 두려움에 떨고 있는 사람이 있다면 안심해도 된다.

이 책에서 소개하는 AI와 현재 시장에 출시된 AI는 모두 생성형 AI다. 생성형 AI는 앞서 소개했던 것처럼 사용자가 입력한 텍스트나 문장에 따른 결과물을 내놓는 방식으로 작동한다. 이 말은 곧 사용자가 어떤 내용을 입력하느냐에 따라 결과물이 달라질 수 있다는 얘기다.

생성형 AI에 업무를 지시할 때는 지시하는 사람이 얼마나 구체적이고 명확하게 원하는 바를 설명하고 지시하느냐가 중요하다. 다들 한 번씩 경험해 본 적이 있을 것이다. 같은 업무를 해도 일하기 쉽게 업무 지시를 하는 사람이 있는가 하면 업무 지시가 모호해서 뭘 해야 할지 모르겠는 상사도 있다. 생성형 AI는 스스로 문제를 분석하고 해결하는 능력, 소위 말해 개떡같이 말해도 찰떡같이 알아듣는 능력이 없다. 오직 시키는 일만 할 수 있다. 사용자의 수준, 즉 어떤 내용을 입력했느냐에 따라 결과물이 달라질 수 있다.

그리고 생성형 AI는 특성상 UI/UX와 궁합이 좋지 않다. UI/UX는 맥락과 흐름이 중요하다. 맥락과 흐름을 이해하려면 서비스의 모든 정보를 머릿속에 담고 전체적인 프로세스와 흐름을 이해하고 있어야 한다. 그런데 생성형 AI는 많은 데이터를 입력할 수 없다. 입력할 수 있는 몇 줄의 정보에 서비스의 전체적인 맥락과 흐름을 모두 담을 수 없는 것이다. 맥락과 흐름을 이해하지 못하면 단편적인, 반쪽짜리 UI/UX가 될 수밖에 없다.

서비스의 모든 정보를 AI에 담을 수 있다고 해도 문제는 있다. AI 솔루션은 모두 클라우드 기반 서비스다. AI에 우리 서비스의 모든 정보를 담으려면 모든 정보를 클라우드에 통째로 넘겨줘야 한다. 경쟁사와 우리 서비스가 같은 AI 서비스를 사용하고 있다면 우리가 클라우드에 넘긴 정보가 경쟁사의 서비스를 개선하는 데 쓰일 수 있다. 당신이라면 고작 UI/UX 자동화를 위해 모든 정보를 AI에 넘기겠는가?

AI가 활성화된다고 해도 또 다른 문제가 발생한다. AI는 다양한 경우의 수 중 항상 최선의 결과만 내놓는다. 모든 서비스가 같은 AI를 사용하고 비슷한 질문을 한다면 유사하거나 동일한 결과물이 나올 수밖에 없다. 이는 곧 서비스의 획일화, 동질화로 이어진다.

한편 AI로 인해 직업을 잃게 되지는 않겠지만, 일자리 양극화는 지금보다 더 심해질 것으로 예측된다. 사용자의 수준에 따라 AI가 내놓는 결과물이 달라지고 AI가 내놓는 결과물에 대한 검수가 필수로 요구되니 신입보다는 고급 경력직 쏠림 현상이 지금보다 더 심해질 것으로 보인다. 그리고 신입 직원이 하던 단순 반복 작업을 AI가 할 수 있게 되면 기업 입장에서 비용을 들여 신입을 키울 이유가 없어진다. 경력직은 최소 지금 수준을 유지하겠지만, 신입의 진입 문턱은 지금보다 훨씬 더 좁아지지 않을까? 이것이 내가 생각하는 AI 발전에 따른 UI/UX 업계 전망이다.

부록

B

2024년 판 서점직원 표 모바일 디바이스 파지 방법론

이대로 끝내기가 아쉬워 여러분께 드리는 두 번째 보너스는 2024년 판 서점직원 표 모바일 디바이스 파지 방법론이다.

이론 편에서 설명했던 스티븐 후버의 모바일 디바이스 파지 방법론, 다들 기억할 것이다. 이 이론을 보면서 항상 아쉬운 마음이 있었다. '그때와 지금은 환경이 너무 다른데 많은 사람이 이 이론을 너무 맹신하는 게 아닐까? 한국의 문화와 특수성에 맞는 한국적 파지 방법론이 있지 않을까?'

이런 고민을 하다가 문득 생각했다. '그래 아무도 할 수 없다면 내가 해보자'

통계학에서 1,000명을 표본으로 잡아야 유의미한 결과가 나온다고 하니 인원을 1,000명으로 잡고 조사를 시작했다. 지하철이나 버스정류장에서 사람들이 어떤 휴대폰을 쓰는지, 연령대별로 사용 패턴은 어떻게 다른지, 핸드폰을 한 손으로 파지하는지 양손으로 파지하는지, 어떤 손가락으로 화면을 터치하는지 같은 것들 말이다. 스티븐 후버의 조사 인원이 700명이니 정확도 면에서나 한국적 특성을 반영한 부분에서는 필자의 자료가 더 유의미하고 유용할 수 있을 거로 생각된다.

<조사 개요>

조사: 서점직원
대상: 은평구, 서대문구, 종로구, 강서구, 성동구, 강남구 대중교통 탑승 승객 1,051명
기간: 2023년 12월 3일 ~ 2024년 3월 27일
방법: 기기 파지 및 사용 애플리케이션 관찰 조사 (연령 추정)
조사 항목: 성별, 추정 연령, 사용 기기, 파지 방법, 터치 손가락(엄지/검지), 이용 화면, 그립톡 사용 여부, 폰 케이스 사용 여부

조사 대상 연령 분포

- 10대: 118 (11.23%)
- 20대: 166 (15.79%)
- 30대: 368 (35.01%)
- 40대: 201 (19.12%)
- 50대 이상: 198 (18.84%)

자, 본격적으로 시작해 보자. 먼저 기기부터 살펴보자.

2030여성은 아이폰을 얼마나 쓸까?

2030여성을 콕 집어서 가져온 이유는 2030여성이 다른 성별이나 연령대보다 아이폰을 쓰는 비중이 높기 때문이다. 아이폰과 안드로이드의 UI는 다르다. 특정 연령대와 특정 성별에서 아이폰을 많이 쓴다면 UI/UX도 그에 맞게 고려할 필요가 있다.

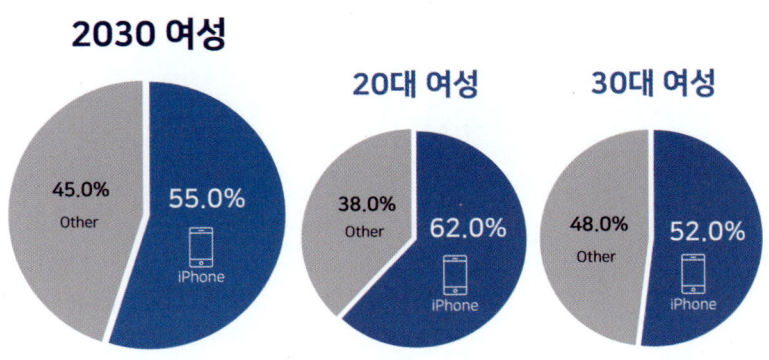

2030여성의 사용 스마트폰 통계

조사에 따르면 2030여성 중 55%가 아이폰을 사용한다. 연령별로 세분화해서 보면 20대 여성은 62%, 30대 여성은 52%가 아이폰을 사용한다.

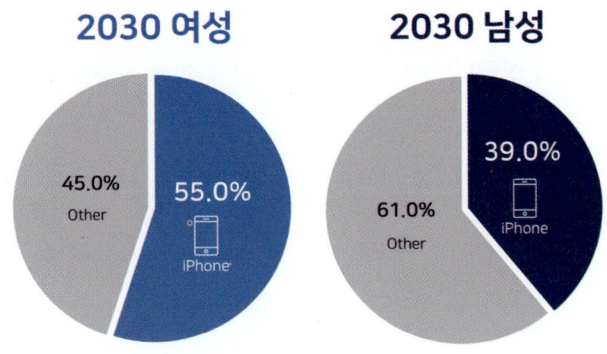

2030여성과 2030남성의 사용 스마트폰 통계

동일 연령대에서 성별로 나눠 비교해 보자.

2030여성은 55%가 아이폰을 사용하는 데 반해, 2030남성은 39%가 아이폰을 사용한다. 비율로 따지면 꽤 유의미한 차이가 난다.

다른 연령대와도 비교해 볼까?

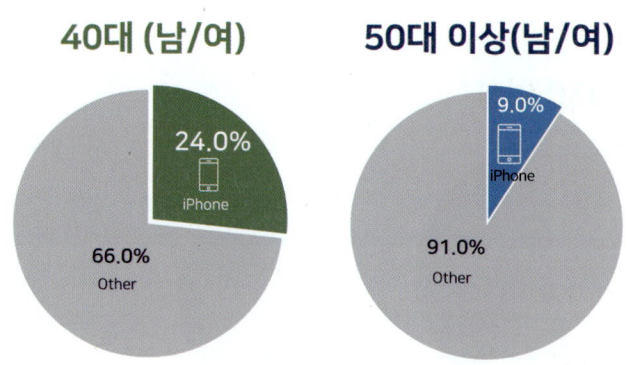

4050여성과 4050남성의 사용 스마트폰 통계

남녀 구분 없이 연령대로 비교해 보면 50대 이상은 9%, 40대 이상은 24%가 아이폰을 사용한다. 통계에 따르면 2030여성, 특히 20대 여성은 타 연령대에 비해 아이폰을 많이 사용한다. 따라서 2030여성이 주 타깃인 앱은 아이폰 UI를 연구해서 아이폰에 적합한 UI로 화면을 구성하는 게 사용자에게 익숙함과 편안함을 줄 확률이 높다. 예를 들어 우리 서비스의 주 타깃이 2030여성인데 우리 앱에 사진첩이 있다면 아이클라우드나 아이폰 기본 사진첩과 유사하게 UI를 구성하면 사용자가 사진첩 UI에 쉽게 적응할 수 있을 것이다.

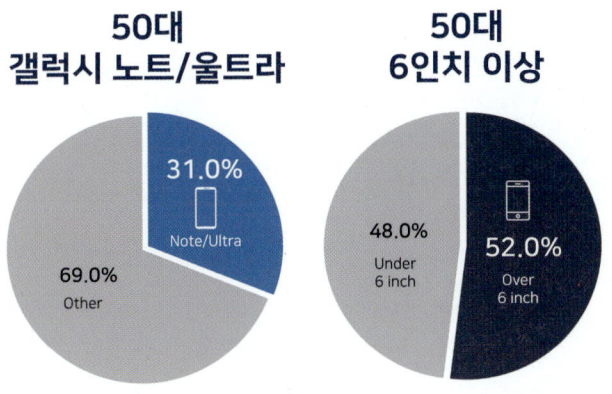

50대 스마트폰 이용 특성

다음으로 시니어의 스마트폰 이용 행태를 살펴보자.

50대 사용자 중 전체의 31%가 갤럭시 노트와 울트라를 사용한다. 전체 연령으로 확대하면 전체의 18%가 노트와 울트라를 사용하므로, 50대 이상의 사용자는 노트와 울트라 사용 비중이 높다고 볼 수 있다.

이번에는 기기의 종류가 아닌 액정 크기로 비교해 보자. 50대 사용자는 절반 이상이 6인치 이상의 화면이 큰 기기를 사용한다. 뻔한 이야기일지 모르지만, 시니어들은 액정이 큰 스마트폰을 선호한다는 것이 통계 자료로 드러난다.

간단하게 연령대별 기기 특성을 살펴봤으니, 이제 본격적으로 파지 방법을 살펴보자.

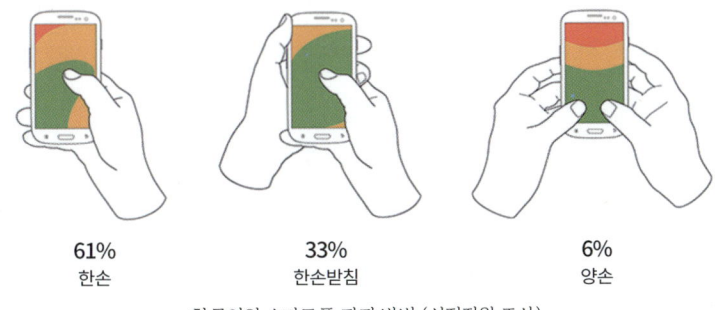

한국인의 스마트폰 파지 방법 (서점직원 조사)

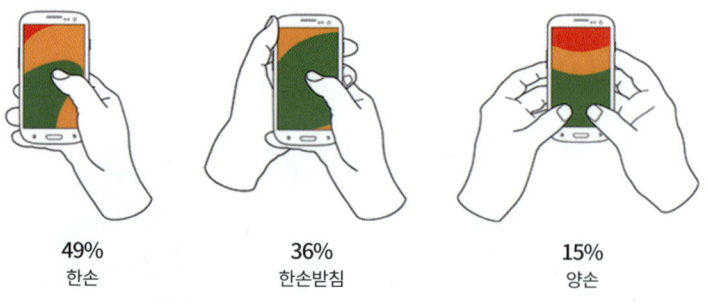

스티븐 후버의 모바일 디바이스 파지 방법 (2013년)

서점직원 자체 조사에서는 다음과 같은 결과가 나왔다.

- 한 손으로 스마트폰을 사용하는 사람은 전체의 61%
- 한 손은 받치고 검지나 엄지로 스마트폰을 사용하는 사람은 33%
- 양손으로 스마트폰을 사용하는 사람은 전체의 6%

2013년 스티븐 후버의 파지 방법론과 비교해 보면 꽤 큰 차이가 난다는 것을 알 수 있는데, 가장 큰 차이점은 한 손 사용자가 2013년에 비해 10% 이상 증가했다는 점이다. 앞서 이론 파트에서 언급했던 것처럼 2013년에 비해 화면 크기가 커졌으니 한 손 파지 비중은 떨어져야 정상인데 더 올라갔다. 뭔가 조금 이상했다. 그래서 데이터를 더 세부적으로 분석해 보기로 했다.

2013년과 현재를 비교해 봤을 때 가장 크게 달라진 부분은 뭘까? 고민에 고민을 거듭하다가 문득 한 가지 가설이 떠올랐다. 화면이 커지면서 그립톡 사용 비중이 올라가고 그립톡이 대중화되면서 한 손 이용 비중이 올라간 건 아닐까? 그래서 가설을 검증하기 위해 그립톡 사용자들의 스마트폰 파지 방법을 분석해 봤다.

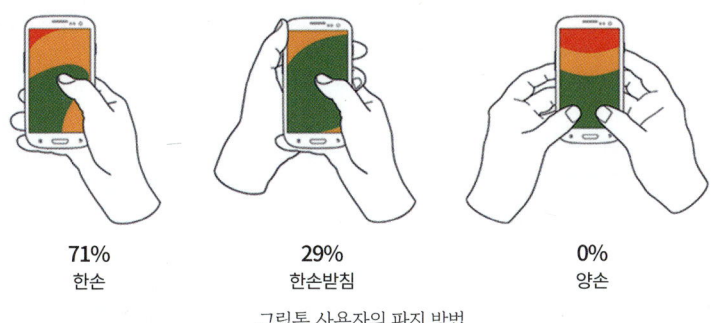

71% 한손　　**29%** 한손받침　　**0%** 양손

그립톡 사용자의 파지 방법

그립톡 사용자는 일반 사용자에 비해 한 손 사용 비중이 10%가량 높다. 한국인의 한 손 파지 비율이 높은 것은 그립톡의 영향이 크다. 그립톡 자체가 한 손 파지에 최적화된 스타일이기 때문이다. 액정 크기가 커지면서 그립톡이 생겼는데, 그립톡이 한 손 파지 비율을 높이고 있는 것이다.

필자가 그립톡에 주목한 것은 바로 이 지점이다. 액정 크기가 커지면 생물학적으로 남성에 비해 손이 작은 여성들은 한 손 이용에 어려움이 있고 그로 인해 이용 행태가 바뀔 거라고 예상했다. 2030여성은 한 손보다 한 손 받침이나 양손으로 스마트폰을 사용하지 않을까? 그렇다면 그립톡이 사용 행태에 얼마나 영향을 줄 수 있을까?

그래서 연령대별 그립톡 사용 유무를 알아봤다.

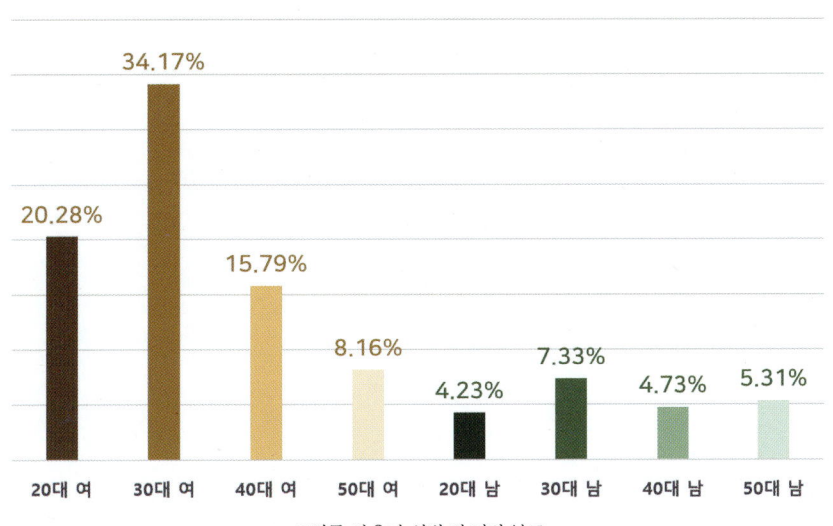

그립톡 사용자 성별 및 연령 분포

그래프만 봐도 눈에 띄는 차이를 알 수 있다. 그립톡 사용 비중은 2030여성, 특히 30대 여성이 가장 높다. 그렇다면 2030 전체 여성 중 몇 %가 그립톡을 쓸까? 데이터를 살펴보자.

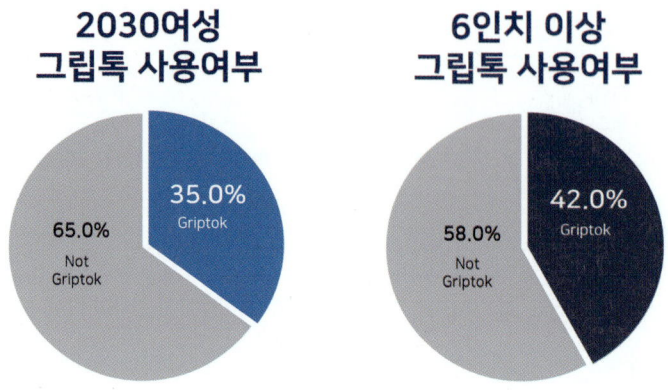

2030 여성 그립톡 사용 여부

보다시피 2030여성 전체 중 35%, 또한 2030여성 중 6인치 이상 스마트폰 이용자의 42%가 그립톡을 사용한다. 그렇다면 반대 자료도 한번 살펴보자. 2030여성 중 그립톡을 사용하지 않는 사람들은 휴대폰을 어떻게 파지할까?

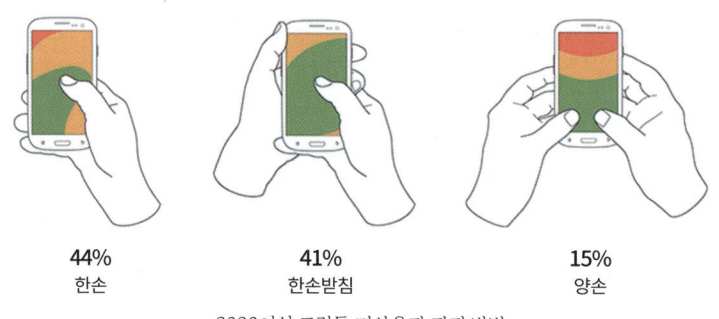

2030여성 그립톡 미사용자 파지 방법

전체 사용자의 한 손 사용 비중은 61%였는데, 2030여성 중 그립톡을 사용하지 않는 사람의 한 손 이용 비중은 44%로 낮아졌다. 여성의 신체적 특성과 그립톡 이용 유무가 사용성에 큰 영향을 준 것이다.

2030여성의 통계 자료만 상세하게 파고든 것은 바로 이런 이유다. 타 연령대는 나름대로 획일화된 사용법이 있다. 30대 남성은 갤럭시를 많이 사용하고 화면이 크더라도 한 손 사용 비중이 높다. 획일화된 사용법이 있으니 타깃을 정하고 UI를 짜기가 쉽다. 화면이 커도 한 손으로 폰을 잡을 수 있으니 한 손 터치를 가정하고 터치 포인트의 중심이 아래쪽이 되도록 UI를 설계하면 된다.

반대로 2030여성은 손이 작지만 큰 폰을 사용하려는 경향이 있다. 같은 아이폰이라도 미니나 SE보다는 프로나 프로 맥스를 선호한다. 손은 작은데 큰 폰을 사용하니 그립톡이 없으면 한 손 터치가 어렵다. 그렇다면 큰 화면을 선호하니 한 손 받침 터치를 가정하고 UI를 설계하면 될까? 그것도 옳은 방식은 아니다. 그립톡의 특성 중 하나로 터치 유효 영역이 가운데로 몰리는 경향이 있는데, 한 손 이용을 예상하고 UI를 설계하면 터치 유효 영역이 하단에 몰려 그립톡 이용자들의 사용성이 떨어진다. 반대로 그립톡 사용자들의 편의를 고려해서 터치 유효 영역을 가운데로 잡고 UI를 설계하면 화면이 큰 스마트폰을 사용하지만 그립톡을 사용하지 않는 사용자들의 사용성이 떨어지는 결과를 낳는다. 그래서 2030여성은 사용 행태가 다채롭기 때문에 특정 이용 행태에 맞춰 UI를 설계하는 것이 아니라 다채로운 사용 행태를 고려해 UI를 설계해야 한다.

2030여성 사용자의 이용 행태가 얼마나 다채로운지 한 가지 예를 더 살펴보자. 근래 십 수 년간 이어져 온 스마트폰 이용 행태를 바꿀 만한 새로운 유형의 기기가 등장했는데, 그것은 **바로 수직으로 접는 폴더폰, 바로 갤럭시 플립**이다.

플립 사용자의 성별과 연령 분포를 살펴보자.

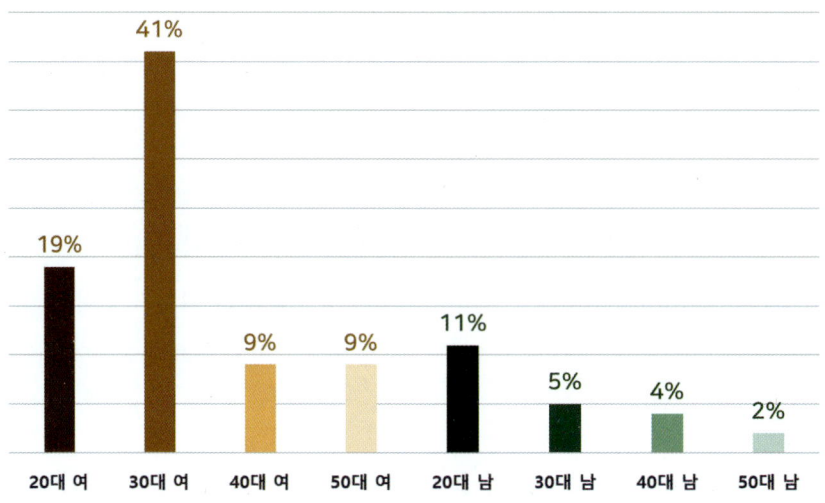

갤럭시 플립 사용자 성별 및 연령 분포

플립 사용자는 그립톡 사용 그래프와 유사한 경향을 보인다. 플립 폰은 다른 기기와 다른 독특한 특성이 하나 있는데, 다른 바형 스마트폰에 비해 세로 길이가 길기 때문에 파지할 때 필수로 그립톡이 필요하다는 점이 그것이다. 플립의 폰 케이스는 그립톡 같은 고리가 기본으로 달려있는 경우가 많다. 가뜩이나 폰이 세로로 긴데 그립톡까지 쓰니 플립 기기 구조상 극단적으로 가운데에 터치 유효 범위가 몰릴 수밖에 없다.

갤럭시 플립 사용자의 파지 방법

플립 사용자의 파지 방법은 이러한 기기 특성을 반영한다. 성별이나 연령, 기기를 불문하고 보통은 한 손 파지 비중이 높은 게 일반적이지만, 플립 사용자만 한 손 받침 파지 비중이 높다. 이유가 뭘까? 하단 메뉴바, 햄버거 메뉴 등 상단이나 하단에 위치한 아이콘들은 세로로 긴 기기 구조상 절대 엄지로 누를 수 없기 때문이다. 그러니까 그립톡을 끼고 한 손으로 받쳐놓고 다른 손으로 터치하는 한 손 받침의 비중이 높다.

마지막으로 시니어의 파지 방법을 분석하면서 부록 B의 내용을 마무리하겠다.

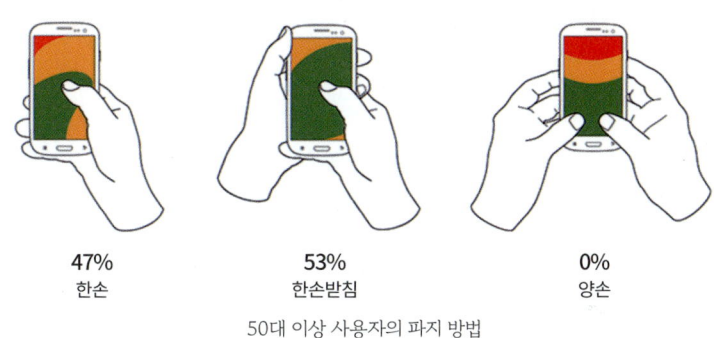

47% 한손   53% 한손받침   0% 양손

50대 이상 사용자의 파지 방법

앞에서 플립 사용자의 파지 방법 분석에서 플립 사용자만 한 손 받침 파지가 높은 경향을 보인다고 했는데, 50대 이상 시니어들은 남녀를 불문하고 한 손 받침의 비중이 높다. 50대 이상은 화면이 큰 6인치 이상의 휴대폰을 선호하니 한 손 받침이 더 높은 게 아닐까 하고 추론해 볼 수 있다.

그런데 이건 반은 맞고 반은 틀린 얘기다. 시니어들의 파지 방법에는 다른 연령대에 비해 결정적인 영향을 주는 요소가 하나 있다. 지하철에서 시니어들의 폰을 살펴보자. 정말 특이한 공통점이 하나 있다. 바로 가죽 폰 케이스가 그것이다.

50대 이상 사용자는 80% 이상이 화면을 덮는 가죽 폰 케이스를 많이 사용한다. 가죽 폰 케이스를 사용하면 양손을 쓰기 어렵다. 가죽 폰 케이스 구조상 한 손을 받치고 검지로 타이핑하는 경우가 많다. 이것이 다른 연령대와 구분되는 시니어의 특성이다. 카드를 꽂을 수 있는 가죽 폰 케이스, 시니어 앱을 만들 계획이 있다면 참고하기 바란다.

이상으로 서점직원의 보너스 특별 부록인 'AI를 활용한 실전 UI/UX 디자인'과 '2024년 판 서점직원 표 모바일 디바이스 파지 방법론'을 마무리한다.

어땠는가? UI를 보는 눈과 UX를 이해하는 관점이 조금은 넓어진 게 느껴지는가?

당신의 UI/UX는 이제부터 시작이다. 형식화된 틀에 얽매이지 않고 외국의 아티클에 의존하지 않는 한국적 UI/UX를 이 책과 함께 연구하고 발전시켜 나갔으면 하는 바람이다.

Special Thanks to
책을 만드는데 많은 도움과 영감을 주신 분들

- Daseul
- 달님
- Hoy
- Terry Jo
- Seo jieun
- Rachel Kim
- Yoon gahee

그 외 도움을 주신 많은 분들께 감사드립니다.